Wegweiser Lebensmittel

Herausgeber:
Peter Hoffmann

Herausgeber:	Peter Hoffmann
Herausgeberbeirat:	Prof. Dr. med. P.-H. **Althoff**, Frankfurt am Main; Prof. Dr. habil. B. **Gassmann**, Bergholz/Rehbrücke; Prof. Dr. med. M. **Hanefeld**, Dresden; o. Prof. Dr. D. **Hötzel**, Bonn; Prof. Dr. med. J. **Keul**, Freiburg; Priv.-Doz. Dr. med. Dr. sc. med. Chr. **Metzner**, Köln; Prof. Dr. med. W. **Rösch**, Frankfurt am Main; Prof. Dr. med. P. **Schwandt**, München; Prof. Dr. agr. habil. Dr. rer. nat. H. **Steinhart**, Hamburg; Prof. Dr. agr. W. **Wirths**, Bonn
Redaktion:	Dipl. oec. troph. Andrea Giese-Seip, Dipl.-Biologin Susanne Kudicke, Dr. oec. troph Klaus-Georg Maiwald
Produktion:	Berthold Seggelke

pmi Verlagsgruppe GmbH
August-Schanz-Straße 21 · D-60433 Frankfurt am Main
Telefon: 069/548000 · Telefax: 069/54800077
(internationale Vorwahl: 0049)

universimed Verlagsges. mbH
Bendlgasse 16 · A-1120 Wien
Telefon: 0222/8156430 · Telefax: 0222/815643020
(internationale Vorwahl: 0043)

alpha-med AG
Hofstraße 1 · CH-9466 Sennwald/SG
Telefon: 081/7572131 · Telefax: 081/7571220
(internationale Vorwahl: 0041)

Alle Rechte der Verbreitung, auch durch Film, Funk, Fernsehen, fotomechanische Wiedergabe, Tonträger jeder Art, sind vorbehalten.

Nachdruck, auch auszugsweise, Einspeicherung und Rückgewinnung in Datenverarbeitungsanlagen aller Art nur mit schriftlicher Genehmigung des Verlages.

ISBN 3-89119-243-6

Printed in Germany © 1993 pmi Verlagsgruppe GmbH

Frankfurt, Budapest, Den Haag, Jena, Kairo, Mailand, Moskau, Sennwald, Wien

Die pmi Verlagsgruppe GmbH, Frankfurt am Main ist

Mitglied des
Börsenvereins
des Deutschen
Buchhandels e.V.

Die Deutsche Bibliothek – CIP Einheitsaufnahme

Wegweiser Lebensmittel/[Hrsg.: Peter Hoffmann]. – Frankfurt am Main; Budapest; Den Haag; Jena; Kairo; Mailand; Moskau; Sennwald; Wien: pmi-Verl.-Gruppe, 1993
  ISBN 3-89119-243-6
NE: Hoffmann, Peter [Hrsg.]

Inhaltsverzeichnis

Herausgeberbeirat	VIII
Danksagung	IX
Ein Wort vorweg	1
Anmerkungen zu den statistischen Angaben	3
Verbrauchsdaten	5
Hinweise zu den Nährstofftabellen	10
Empfohlene Nährstoffzufuhr	11
Erklärungen zu den Bezugsgrößen und den Schulnoten	12

Teil 1

Obst allgemein	16
Apfel	17
Banane	19
Apfelsine	22
Birne	25
Clementine und Mandarine	27
Pflaumen	29
Weintraube	32
Pfirsich	34
Beerenobstarten	36
Johannisbeeren	
Stachelbeeren	
Himbeeren	
Brombeeren	
Preiselbeeren	
Heidelbeeren	
Kirsche	45
Erdbeere	47
Zitrone	49
Grapefruit	51
Aprikose	53
Sonstige Obstarten	53
Nüsse (Schalenobst)	55
Walnuß	
Haselnuß	
Mandel	
Erdnuß	

INHALT

Milch und -produkte allgemein 61
Konsummilch (Trinkmilch) 62
Sauermilcherzeugnisse 68
   Dickmilch
   saure Sahne
   Joghurt
   Kefir
Sahne 75
Kondensmilch 75

Fleisch allgemein 78
Schweinefleisch 80
Rindfleisch 84
Geflügel 87
   Hähnchen
   Truthahn
   Suppenhuhn
   Ente
   Gans
Innereien 94
   Leber
   Niere
Kalbfleisch 98
Schaffleisch 100
Sonstige Tierarten 102
Wurst 102

Gemüse allgemein 103
Tomate 105
Speisezwiebel 107
Möhre 110
Gurke 113
Kohlgemüse, allgemein 116
Weißkohl 117
Rotkohl 117
Blumenkohl 121
Brokkoli 121
Kohlrabi 124
Rosenkohl 124
Wirsing 128
Chinakohl 128
Grünkohl 132
Salatgemüse 135

INHALT

Speisepilze allgemein	140
Champignon	140
Bohnen	143
Spargel	146
Erbsen	148
Porree (Lauch)	150
Sellerie	153
Spinat	155
Rettich	157
Sonstige Gemüsesorten	157
Hülsenfrüchte	159
Bohnen	
Erbsen	
Linsen	
Sojabohnen	
Getreide allgemein	**166**
Weich- und Hartweizen	169
Roggen	173
Mais	177
Reis	180
Hafer	184
Gerste	187
Hirse	190
Weitere Getreidesorten	192
Brot	193
Kartoffeln	**203**
Zucker	**207**
Öle und Fette allgemein	**211**
Margarine	213
Speiseöl	216
Butter	219
Schlachtfette (Schmalz, Talg)	221
Pflanzenfette	224
Käse allgemein	**226**
Frischkäse	229
Schnittkäse	233
Weichkäse	237
Schmelzkäse und -zubereitungen	240
Hartkäse	242
Sauermilch- und Kochkäse	245

INHALT

Hühnerei	247
Fisch allgemein	250
Hering	252
Seelachs	254
Seehecht	254
Thunfischarten	254
Rotbarsch	258
Makrele	258
Kabeljau	261
Scholle	261
Sonstige Fischarten (Meeresfrüchte)	264
Karpfen	
Forelle	
Miesmuschel	
Salz	268
Honig	272

Teil 2

Nährstoffregister mit kleiner Nährstofflehre	276
Energie	276
Eiweiß (Protein)	280
Fett	284
Mehrfach ungesättigte Fettsäuren (MUF)	287
Cholesterin	290
Kohlenhydrate	294
Ballaststoffe	298
Vitamine allgemein	302
Vitamin A	302
Vitamin D	306
Vitamin E	309
Vitamin K	312
Vitamin B_1	315
Vitamin B_2	318
Vitamin B_6	321
Vitamin B_{12}	324
Niacin	327

INHALT

Folsäure	330
Pantothensäure	333
Biotin	336
Vitamin C	339
Mineralstoffe allgemein	342
Kalium	342
Kalzium	345
Phosphor	348
Magnesium	351
Eisen	354
Fluor	357
Jod	360
Selen	363
Zink	365
Natrium	368
Literaturverzeichnis	371

Herausgeberbeirat Wegweiser Lebensmittel

Professor Dr. med. P.-H. **Althoff**,
Medizinische Klinik am Bürgerhospital
Frankfurt
Nibelungenallee 37–41
60318 Frankfurt am Main

Professor Dr. med. W. **Rösch**,
Krankenhaus Nordwest
Medizinische Klinik
Steinbacher Hohl 2–26
60488 Frankfurt am Main

Professor Dr. habil. B. **Gassmann**,
Jean-Paul-Straße 12
14558 Bergholz-Rehbrücke

Professor Dr. med. M. **Hanefeld**,
Abteilung Stoffwechselkrankheiten und
Endokrinopathien,
Klinik für Innere Medizin,
Medizinische Akademie
„Carl Gustav Carus"
Fetscherstraße 74
01307 Dresden

Professor Dr. med. P. **Schwandt**,
Medizinische Klinik II
Klinikum Großhadern
der Ludwig-Maximilian-Universität
Marchioninistraße 15
81377 München

Professor Dr. agr. habil. Dr. rer. nat.
H. **Steinhart**,
Institut für Biochemie und
Lebensmittelchemie
der Universität Hamburg
Martin-Luther-King-Platz 6
20146 Hamburg

o. Professor Dr. D. **Hötzel**,
Institut für Ernährungswissenschaft
Rheinische Friedrich-Wilhelms-Universität
Bonn
Endenicher Allee 11–13
53115 Bonn

Professor Dr. agr. W. **Wirths**,
Lehrstuhl für Ernährungsphysiologie
Rheinische Friedrich-Wilhelms-Universität
Bonn
Römerstraße 164
53117 Bonn

Professor Dr. med. J. **Keul**,
Abteilung Sport- und Leistungsmedizin
Med. Universitätsklinik und Poliklinik
der Albert-Ludwigs-Universität Freiburg
Hugstetter Straße
79106 Freiburg

Privatdozentin Dr. med. Dr. sc. med.
Chr. **Metzner**,
Max-Pechstein-Straße 30
50858 Köln

DANKSAGUNG

Wir bedanken uns bei den Unternehmen, Verbänden und Organisationen der Ernährungswirtschaft, die uns bei der Erstellung dieses Buches mit wertvollen Informationen unterstützt haben.

American Soybean Association
Pelzerstraße 13
20095 Hamburg

Verband der Deutschen Brot- und Backwarenindustrie e.V.
In den Diken 33
40472 Düsseldorf

Bund Deutscher Campignonzüchter e.V.
Godesberger Allee 142–148
53175 Bonn

Deutsche Gesellschaft für Ernährung (DGE)
Feldbergstraße 28
60323 Frankfurt

Bundesministerium für Ernährung, Landwirtschaft und Forsten
Rochusstraße 1
53123 Bonn

Fischwirtschaftliches Marketing-Institut (FIMA) e.V.
Am Baggerloch 1
27572 Bremerhaven

Bundesverband der Deutschen Fleischwarenindustrie e.V.
Schedestraße 11
53113 Bonn

Vereinigung Getreide-, Markt- und Ernährungsforschung e.V. (GMF)
Kronprinzenstraße 51
53173 Bonn

3 Glocken GmbH
Werderstraße 4
69469 Weinheim

Köllnflockenwerke
Westerstraße 22–24
25336 Elmshorn

Förderungsgemeinschaft der Kartoffelwirtschaft e.V.
Dethlingen
29633 Munster

Arbeitsgemeinschaft der Deutschen Kartoffelwirtschaft
Godesberger Allee 142–148
53175 Bonn

Wirtschaftsvereinigung Deutsches Lammfleisch e.V.
Godesberger Allee 142–148
53175 Bonn

Deutsches Maiskomitee e.V.
Haydnstraße 4
53115 Bonn

Centrale Marketinggesellschaft der deutschen Agrarwirtschaft m.b.H.
Koblenzer Straße 148
53177 Bonn

Verband der Deutschen Milchwirtschaft e.V.
Meckenheimer Allee 137
53115 Bonn

Bundesverband des Groß- und Außenhandels mit Molkereiprodukten e.V.
Buschstraße 2
53113 Bonn

Bundesvereinigung der Erzeugerorganisationen Obst und Gemüse e.V.
Adenauerallee 127
53113 Bonn

Bundesausschuß Obst und Gemüse
Godesberger Allee 142–148
53175 Bonn

Verband Deutscher Oelmühlen e.V.
Kronprinzenstraße 24
53173 Bonn

DANKSAGUNG

Verein Deutsche Salzindustrie e.V.
Herwarthstraße 36
53115 Bonn

Bundesverband der Deutschen Talg-
und Schmalzindustrie
Markt 9
53111 Bonn

Bundesmarktverband
für Vieh und Fleisch
Godesberger Allee 142–148
53175 Bonn

Bundesverband Deutscher
Vorzugsmilcherzeuger
Rosenstraße 14
65388 Schlangenbad

Zentrale Markt- und Preisberichtstelle für Erzeugnisse
der Land-, Forst- und
Ernährungswirtschaft (ZMP)
Godesberger Allee 142–148
53175 Bonn

Verein der
Zuckerindustrie e.V.
Am Hofgarten 8
53113 Bonn

Ein Wort vorweg

„Die Deutschen essen zu viel, zu fett, zu süß und zu salzig" – wer kennt diese Schlagzeile nicht schon zur Genüge! Einige Beispiele zur Illustration: Statistiken zufolge verbraucht ein Bundesbürger pro Jahr etwa 5 kg Speisesalz. Nach fünf Jahren hat er bereits einen halben, in nur zehn Jahren einen ganzen Zentner Speisesalz verbraucht. Ein ähnliches Beispiel zum Zucker: bei einem jährlichen Pro-Kopf-Verbrauch von etwa 33 kg beläuft sich die verbrauchte Menge an Zucker nach zehn Jahren auf knapp 7 Zentner. Diese Beispiele veranschaulichen den **Lebensmittelverbrauch**.

Anhand der Daten des Ernährungsberichtes 1988 haben wir außerdem eine kleine Hochrechnung zum **Nährstoffverbrauch** der Bundesbürger aufgestellt: Im Jahresdurchschnitt verbraucht ein männlicher Bundesbürger 31 kg Protein, 51 kg Fett und etwa 109 kg Kohlenhydrate. Sein weibliches Pendant liegt mit einem Verbrauch von 27 kg Protein, 47 kg Fett und 95 kg Kohlenhydraten pro Jahr nur um ein geringes niedriger. Der Verbrauch an Protein und Fett liegt damit insgesamt zu hoch, der Verbrauch an Kohlenhydraten könnte noch etwas zulegen.

Die hochgerechneten Daten zum Lebensmittel- und Nährstoffverbrauch zeigen: Man sollte die Gedanken über die Ernährung nicht allein um die morgendliche Butterstulle oder die täglichen Löffel Zucker kreisen lassen. Weitsicht ist gefragt. Denn daß die Ernährungsweise der Bundesbürger eher krankmacht als guttut, ist mittlerweile unumstritten. Die Folgekosten von Fehlernährung belaufen sich auf ca. 80 Milliarden DM jährlich!

Aber wie kann man auf eine möglichst einfache Weise seine Ernährung langfristig verändern?

Zunächst einmal sind genauere Kenntnisse über die einzelnen Lebensmittel, ihre Nährstoffe und ihre „Qualität" für die tägliche Ernährung erforderlich. Denn nur wenn genau bekannt ist, was man eigentlich ißt, kann bewußt etwas verändert werden.

Dazu einige notwendige Begriffserläuterungen: Wenn in diesem Buch von **Lebensmitteln** die Rede ist, sind gemäß den gesetzlichen Bestimmungen all die Stoffe gemeint, die dazu bestimmt sind, in unverändertem, zubereitetem oder verarbeitetem Zustand von Menschen verzehrt zu werden. Der Begriff Lebensmittel umfaßt Nahrungsmittel und Genußmittel. Nahrungsmittel werden überwiegend zum Zweck der Ernährung, also zur Versorgung mit Nährstoffen, Genußmittel zu Genußzwecken verzehrt. Über Detailfragen, ob z. B. Kakao wegen seines relativ hohen Fettgehaltes ein Nahrungs- oder aufgrund des Genußwertes ein Genußmittel ist, scheiden sich die Geister.

Die Bestandteile, also Inhaltsstoffe von Lebensmitteln werden auch als **Nährstoffe** bezeichnet. Ein Ausdruck, der die Bedeutung dieser Stoffe für die Ernährung unterstreicht. Ausnahmen gibt es allerdings auch hier. Unerwünschte Inhaltsstoffe wie bestimmte Schwermetalle und giftige Substanzen gelten verständlicherweise nicht als Nährstoffe.

Oft ist es schwer, wissenschaftliche Erkenntnisse und Empfehlungen in die Praxis zu übertragen. Wenn Sie schon einmal versucht haben, mit Taschenrechner und Nährstofftabelle bewaffnet, den Nährstoffgehalt einzelner Lebensmittel zu berechnen, wissen Sie sicherlich,

EIN WORT VORWEG

wie mühsam und zeitaufwendig dies ist. Daher stellen wir Ihnen in diesem Buch ein neues, einfaches Beurteilungssystem für Lebensmittel vor: **die Nährstoffangaben werden durch Schulnoten ersetzt.**

Zu den Lebensmitteln gibt es außer den Nährstofftabellen Interessantes über ihre Geschichte, ihre Bedeutung für die Ernährung, aber auch Warenkunde, Kurioses und praktische Tips zu lesen.

Wir haben in dieses Buch die 100 Lebensmittel aufgenommen, die von den Bundesbürgern bevorzugt verbraucht werden. In der Statistik sind sie nach den **Verbrauchsmengen der unverarbeiteten Lebensmittel** in absteigender Reihenfolge aufgeführt. Die Angabe jedes einzelnen Lebensmittelerzeugnisses in Verbrauchsstatistiken würde zu aufwendig und kompliziert sein. Zur Vereinfachung wurden die Erzeugnisse in Frischgewicht umgerechnet. Zusätzlich haben wir die wichtigen bearbeiteten Lebensmittel Brot, Käse, Öle und Fette sowie Zucker aufgenommen.

Ein Hinweis am Rande: Gerade beim Kauf industriell hergestellter Lebensmittel steht man oft dem Problem gegenüber, daß den enthaltenen Nährstoffen nur schwer auf die Spur zu kommen ist. Eine ausführliche Kennzeichnung solcher Lebensmittel, aus der die Nährstoffgehalte und die Qualität der Lebensmittel für unsere tägliche Ernährung hervorgehen, wäre wünschenswert. Ein Ansatz ist die bereits vorgeschriebene Zutatenliste auf abgepackten Lebensmitteln. In der Reihenfolge ihres Gehaltes sind hier zumindest alle verwendeten Zutaten aufgeführt.

Im Anschluß an den Tabellen- und Textteil in diesem Buch folgt ein **Register** zu jedem Nährstoff. Hier können Sie nachlesen, welche Aufgabe welcher Nährstoff im menschlichen Körper erfüllt und wieviel von ihm in welchem Lebensmittel enthalten ist. Wir haben in die Auflistung Lebensmittelbeispiele aufgenommen, die viel bzw. wenig von dem jeweiligen Nährstoff enthalten.

Fehlernährung läßt sich durch die richtige Wahl aus dem reichlichen Lebensmittelangebot vermeiden. Ziel dieses Buches ist es, Ihnen ein einfacher Ratgeber für die Beurteilung von Lebensmitteln sowie deren gezielte Auswahl und Zusammenstellung für eine gesunde Ernährung zu sein.

HINWEISE

Anmerkungen zu den statistischen Angaben

Eines sollten Sie bei den folgenden Zahlen nicht aus den Augen verlieren: Die Daten, die unsere statistischen Angaben ausmachen, sind Zahlen über den **Verbrauch** der einzelnen Lebensmittel. Der Verbrauch ist unbedingt gegenüber dem tatsächlichen **Verzehr** abzugrenzen. Der Lebensmittelverbrauch ist die insgesamt zur Verfügung stehende, nicht aber die tatsächlich verzehrte Menge. So umfassen z. B. die statistischen Angaben zum Fleischverbrauch neben dem menschlichen Verzehr auch die Knochen, Verluste, die durch Zubereitung entstehen sowie die als Tierfutter verwendeten Mengen. Der Fleischverzehr z. B. liegt deutlich niedriger als der Verbrauch. Da Lebensmittelerzeugnisse in Frischgewicht umgerechnet in der Statistik angegeben werden, umfaßt z. B. der Pro-Kopf-Verbrauch von Fisch sowohl das frische Seelachsfilet als auch die Fischstäbchen.

Angaben zu den Lebensmittelmengen, die wir tatsächlich **essen**, lassen sich nur sehr schwer machen. Allein in der eigenen Küche fallen erhebliche Verluste an, was nicht ohne weiteres statistisch erfaßt werden kann. Die in diesem Buch angegebenen **Daten zum Verzehr beruhen daher auf Schätzungen.**

Die aufgeführten Verbrauchsdaten entstammen überwiegend Mitteilungen des Bundesministeriums für Ernährung, Landwirtschaft und Forsten (BML). Zum Teil gehen die Angaben auf die aktuellsten Daten der Zentralen Markt- und Preisberichtstelle (ZMP) und von Industrieverbänden zurück.

Mit Ausnahme von Getreide, Kakao und Bienenhonig (89/90) sowie Brot (91/92) beziehen sich die Verbrauchsdaten auf die Jahre 1990/91 bzw. 91 und schließen die neuen Bundesländer ein.

Vorbemerkungen:

1. Obst und Schalenobst (Nüsse)
Umfaßt den Nahrungsverbrauch, nicht abgesetzte Mengen, Außenhandel mit Obsterzeugnissen in Frischgewicht und den Verbrauch aus inländischer Verarbeitung. Für den Verkauf bestimmte Mengen. Einschließlich Hausgarten- und Streuobstproduktion.

2. Milch und -produkte
ohne Käse und Butter, Nahrungsverbrauch einschließlich Eigenverbrauch und Direktabsatz der Erzeuger.

3. Fleisch
Nahrungsverbrauch einschließlich Knochen, Verluste, industrielle Verwertung und Futter für Haustiere.

4. Gemüse und Hülsenfrüchte
Nahrungsverbrauch frisch und verarbeitet, Verwendung einschließlich nicht verarbeiteter Mengen.

HINWEISE

5. Getreide
Nahrungsverbrauch in Produktgewicht. Ohne Futter, Saatgut, Verluste und industrielle Verwertung.

6. Brot
Nahrungsverbrauch.

7. Nudeln
Nahrungsverbrauch.

8. Kartoffeln
Nahrungsverbrauch, frisch und veredelt. Verbrauch importierter Veredelungsprodukte enthalten.

9. Zucker
Nahrungsverbrauch, Haushalt und Industrie einschließlich importierter zuckerhaltiger Waren.

10. Öle und Fette
in Produktgewicht, Nahrungsverbrauch.

11. Käse
Nahrungsverbrauch.

12. Eier
Schaleneiwert, Nahrungsverbrauch.

13. Fisch
Fanggewicht, Nahrungsverbrauch Fisch und -waren.

14. Salz
Speisesalz, Nahrungsverbrauch Haushalt und Industrie.

15. Bienenhonig
Nahrungsverbrauch.

Getränke
Verbrauch.

Verbrauchsdaten

Rangfolge von Lebensmittelgruppen nach **Verbrauch** in Kilogramm pro Kopf und Jahr

1.	Obst und Schalenobst (Nüsse)	129,0 kg
2.	Milch und -produkte (ohne Käse und Butter)	102,8 kg
3.	Fleisch	96,3 kg
4.	Gemüse und Hülsenfrüchte	81,0 kg
5.	Getreide	76,9 kg
6.	Kartoffeln	75,0 kg
7.	Zucker	33,0 kg
8.	Öle und Fette	29,4 kg
9.	Käse	17,4 kg
10.	Eier	14,6 kg (= 240 Stück)
11.	Fisch	14,2 kg
12.	Salz	5,4 kg
13.	Bienenhonig	1,5 kg
	Getränke (ohne Milch, in Litern)	581,3 l

VERBRAUCHSDATEN

		kg
1.	**Obst und Schalenobst (Nüsse)**	129,0
	davon: Frischobst	93,0
	Eingeführte Erzeugnisse in Frischgewicht	32,3
1.1	Äpfel	31,2
1.2	Bananen	14,6
1.3	Apfelsinen	8,3
1.4	Birnen	6,8
1.5	Clementinen u. a.	5,3
1.6	Pflaumen, Zwetschen, Mirabellen und Renekloden	4,0
1.7	Trauben	3,9
1.8	Pfirsiche	3,8
1.9	Johannis-, Stachel-, Himbeeren	3,6
1.10	Kirschen	3,0
1.11	Erdbeeren	1,8
1.12	Zitronen	1,6
1.13	Grapefruits	1,0
1.14	Aprikosen	0,4
1.15	Brom-, Preisel-, Heidelbeeren	0,2
	Sonstiges (z. B. Melonen, Ananas)	3,5
1.16	Nüsse (Schalenobst)	3,7
2.	**Milch und -produkte**	
	ohne Käse und Butter	102,8
2.1	Konsummilch insgesamt	69,1
	davon:	
	Vollmilch (3,5 % Fett)	46,6
	teilentrahmte Milch (1,5 % Fett)	18,9
	Buttermilcherzeugnisse	2,7
	entrahmte Milch (0,3 % Fett)	0,9
2.2	Sauermilch und Milchmischgetränke	21,7
	davon:	
	Joghurt	12,1
2.3	Sahne	6,8
2.4	Kondensmilch	5,2
3.	**Fleisch**	96,3
3.1	Schweinefleisch	55,8
3.2	Rindfleisch	20,1
3.3	Geflügel	12,1
3.3.1	Hähnchen	7,0
3.3.2	Truthähne	3,0

VERBRAUCHSDATEN

		kg
3.3.3	Suppenhühner	1,0
3.3.4	Enten	0,8
3.3.5	Gänse	0,3
3.4	Innereien	5,3
3.5	Kalbfleisch	1,0
3.6	Schaffleisch	1,0
Sonstiges (Wild, Kaninchen, Pferdefleisch)		1,0
4.	**Gemüse und Hülsenfrüchte**	**81,0**
4.1	Tomaten	15,3
4.2	Speisezwiebeln	6,0
4.3	Möhren	5,5
4.4	Schälgurken	4,4
4.5	Weißkohl	4,3
4.6	Blumenkohl	3,2
4.7	Kopfsalat	2,5
4.8	Champignons	2,5
4.9	Bohnen	1,9
4.10	Rotkohl	1,5
4.11	Einlegegurken	1,3
4.12	Spargel	1,3
4.13	Erbsen	1,1
4.14	Kohlrabi	1,0
4.15	Porree (Lauch)	0,9
4.16	Sellerie	0,7
4.17	Rosenkohl	0,7
4.18	Spinat	0,6
4.19	Wirsing	0,5
4.20	Chinakohl	0,4
4.21	Grünkohl	0,2
4.22	Chicoree	0,2
4.23	Rettich	0,2
Sonstiges (z. B. Mais, Paprika, Zucchini)		13,9
4.24	Hülsenfrüchte	0,7
5.	**Getreide**	**76,9**
5.1	Weichweizen	49,8
5.2	Roggen	12,0
5.3	Mais	5,9
5.4	Hartweizen	4,1

Wegweiser Lebensmittel

VERBRAUCHSDATEN

		kg
5.5	Reis	2,8
5.6	Hafer	1,7
5.7	Gerste	0,4
5.8	Sorghum und Hirse	0,2
Brot		80,6
Nudeln		4,6
6.	**Kartoffeln**	**75,0**
	davon:	
	frische Speise- und Speisefrühkartoffeln	46,0
	Veredelungsprodukte (umgerechnet in Frischwert)	29,0
7.	**Zucker**	**33,0**
8.	**Öle und Fette**	**29,4**
8.1	Margarine	8,2
8.2	Speiseöl	7,7
8.3	Butter	6,9
8.4	Schlachtfett (Schmalz, Talg)	5,5
8.5	Pflanzenfett	1,1
9.	**Käse**	**17,4**
9.1	Frischkäse	7,8
	davon:	
	Quark und Schichtkäse	4,7
9.2	Schnittkäse	5,2
9.3	Weichkäse	1,5
9.4	Schmelzkäse und -zubereitungen	1,5
9.5	Hartkäse	1,0
9.6	Sauermilch- und Kochkäse	0,4
10.	**Eier**	**14,6** (= 240 Stück)
11.	**Fisch**	**14,2**
11.1	Hering	3,9
11.2	Seelachs	3,1
11.3	Seehecht	1,3
11.4	Boniten (Thunfischarten)	1,3
11.5	Rotbarsch	1,1
11.6	Makrele	0,93
11.7	Kabeljau	0,4
11.8	Scholle	0,2
Sonstiges (z. B. Forelle, Muscheln)		ca. 2,0

VERBRAUCHSDATEN

		kg
12.	**Salz**	5,4
13.	**Bienenhonig**	1,5

Getränke (ohne Milch, in Litern)	581,3
Kaffee	178,8
Bier	143,0
Erfrischungsgetränke	87,3
Mineral-, Quell- und Tafelwasser	71,2
Fruchtsäfte	34,5
Tee	25,0
Wein	18,3
Ersatzkaffee	8,5
Spirituosen	8,2
Sekt	4,3
Sonstige (z. B. Apfelwein)	2,2

HINWEISE

Hinweise zu den Nährstofftabellen

Angegeben ist jeweils der absolute Gehalt eines Nährstoffs in 100 g und in einer üblicherweise verzehrten Portion eines Lebensmittels. Die **Portionsgröße** ist in Klammern hinter dem entsprechenden Lebensmittel aufgeführt. Die Schulnoten für die einzelnen Nährstoffgehalte beziehen sich auf eine Portion.

Die Nährstoffangaben gelten für den verzehrbaren Anteil eines Lebensmittels (nicht den käuflichen Teil) und, soweit nicht anders angegeben, für rohe, ungegarte Ware. Es handelt sich bei diesen Angaben um gerundete **Mittelwerte**. Sie können im einzelnen starken Abweichungen unterliegen.

Um eventuellen Verwirrungen vorzubeugen, hier ein Verzeichnis der verwendeten **Abkürzungen** und **Zeichen**:

kcal = Kilokalorie. Meßeinheit der Energie. Eine Kilokalorie ist die Wärmemenge, mit der ein Kilogramm Wasser um ein Grad Celsius erwärmt werden kann. 1 kcal entspricht 4,184 Kilojoule (kJ).

MUF = mehrfach ungesättigte Fettsäuren. Fettsäuren sind Bausteine der Fette. Sie bestehen aus Kohlenstoffteilchen, die einfach oder doppelt miteinander verknüpft sind. Nach der Anzahl der doppelten Verknüpfungen (Doppelbindungen) unterscheidet man einfach und mehrfach ungesättigte Fettsäuren.

g = Gramm

mg = Milligramm (1/1000 Gramm)

ml = Milliliter (1/0000 Liter)

µg = Mikrogramm (1/1000 Milligramm)

Äq = Äquivalent, wirkungsgleich dem jeweiligen Nährstoff

mg bzw. **µg RÄq** = Retinol-Äquivalent, wirkungsgleich mit 1 mg bzw. 1 µg Vitamin A

mg TÄq = Tocopherol-Äquivalent, wirkungsgleich mit 1 mg Vitamin E

EL = Eßlöffel

TL = Teelöffel

i.Tr. = in der Trockenmasse (z. B. bei der Angabe des Fettgehaltes in Käse: F. i.Tr.)

– = keine Daten vorhanden

(0) = praktisch gleich Null

NÄHRSTOFFZUFUHR

Empfohlene Nährstoffzufuhr
von der Deutschen Gesellschaft für Ernährung (DGE)
(Erwachsene, vorwiegend sitzende Tätigkeit)

Energie	2400 kcal
Protein	48–60 g
Fett	67–80 g
davon MUF*	11 g
Cholesterin	< 300 mg
Kohlenhydrate	etwa 300 g
	(mind. 50 % der täglichen Energiezufuhr)
Ballaststoffe	30 g

Vitamine

Vitamin A	0,8–1 mg RÄq
Vitamin D	5 µg
Vitamin E	12 mg TÄq
Vitamin K	60–80 µg
Vitamin B_1	1,1–1,3 mg
Vitamin B_2	1,5–1,7 mg
Vitamin B_6	1,6–1,8 mg
Vitamin B_{12}	3 µg
Niacin	15–18 mg Äq
Folsäure	300 µg
Pantothensäure	6 mg
Biotin	30–100 µg
Vitamin C	75 mg

Mineralstoffe

Kalium	2–4 g
Kalzium	800–1200 mg
Phosphor	ca. 1400 mg obligat, etwa 800 mg empfohlen
Magnesium	300–350 mg
Eisen	10–15 mg
Fluor	1,5–4 mg
Jod	ca. 200 µg
Selen	20–100 µg
Zink	12–15 mg
Natrium	ca. 2000 mg

* MUF = mehrfach ungesättigte Fettsäuren

SCHULNOTEN

Erklärungen zu den Bezugsgrößen und den Schulnoten

Jedes aufgeführte Lebensmittel erhält eine **Schulnote für jeden Nährstoff**. Die Noten beziehen sich auf eine üblicherweise verzehrte **Portion**. Wird mit einer solchen Portion die empfohlene Tageszufuhr eines Nährstoffs zu über **12%** erreicht, erhält das Lebensmittel für den betreffenden Nährstoffgehalt **generell** die **Note 1**.

Generelle Bezugsgrößen (Prozent der empfohlenen täglichen Zufuhr eines Nährstoffes)	Note
>12%	1
10–12%	2
7– 9%	3
4– 6%	4
>0– 3%	5
0%	6

Und da Ausnahmen bekanntlich die Regel bestätigen, verhält es sich bei der Energie und den folgenden Nährstoffen genau umgekehrt: Fett, Cholesterin, Natrium und Phosphor. Je höher der Gehalt eines Lebensmittels an diesen Nährstoffen ist, desto ungünstiger fällt die entsprechende Note aus. Denn ein „Zuviel" an Energie, Fett, Cholesterin, Natrium und Phosphor ist unserer Gesundheit nicht zuträglich. In den Fällen, wo wir andere Bezugssysteme für die Schulnoten entwickeln mußten, ist jeweils das dort gültige System unter „hier Bezugsgröße" angegeben.

Bei unserem Benotungssystem bleiben die Art der Zubereitung und der Verarbeitungsgrad in den meisten Fällen unberücksichtigt, da wir uns bei den Nährstoffangaben auf die unverarbeiteten Lebensmittel beschränken. Bei der Zubereitung sollten Sie auf vitamin- und mineralstoffschonende sowie fettsparende Garmethoden achten (z. B. in wenig Wasser dünsten oder über Wasserdampf garen).

Es ist zu beachten, daß sich die Schulnoten auf **eine** üblicherweise verzehrte Portion eines Lebensmittels beziehen. Ißt man mehr bzw. weniger als die angegebene Menge, ändert sich die Note.

Die genauen Bezugsgrößen für die einzelnen Nährstoffe können Sie der folgenden Aufstellung entnehmen.

SCHULNOTEN

Generelle Bezugsgrößen (siehe Seite 12)	Note
> 12 %	1
10–12 %	2
7– 9 %	3
4– 6 %	4
>0– 3 %	5
0 %	6

Vitamin A, µg RÄq	Note
> 110 µg	1
81–110 µg	2
51– 80 µg	3
21– 50 µg	4
>0– 20 µg	5
0 µg	6

Vitamin B_1, mg	Note
> 0,14 mg	1
0,12–0,14 mg	2
0,08–0,11 mg	3
0,04–0,07 mg	4
> 0–0,03 mg	5
0 mg	6

Kohlenhydrate, g	Note
> 36 g	1
27,1–36 g	2
18,1–27 g	3
9,1–18 g	4
>0– 9 g	5
0 g	6

Vitamin D, µg	
> 0,60 µg	1
0,46–0,60 µg	2
0,31–0,45 µg	3
0,16–0,30 µg	4
> 0–0,15 µg	5
0 µg	6

Vitamin B_2, mg	
> 0,20 mg	1
0,16–0,20 mg	2
0,11–0,15 mg	3
0,06–0,10 mg	4
> 0–0,05 mg	5
0 mg	6

Ballaststoffe, g	
> 3,6 g	1
2,8–3,6 g	2
1,9–2,7 g	3
1,0–1,8 g	4
>0–0,9 g	5
0 g	6

Vitamin E, mg TÄq	
> 1,44 mg	1
1,09–1,44 mg	2
0,73–1,08 mg	3
0,37–0,72 mg	4
> 0–0,36 mg	5
0 mg	6

Vitamin B_6, mg	
> 0,20 mg	1
0,16–0,20 mg	2
0,11–0,15 mg	3
0,06–0,10 mg	4
> 0–0,05 mg	5
0 mg	6

Mehrfach ungesättigte Fettsäuren (MUF), g	
> 1,32 g	1
1,0 –1,32 g	2
0,67–0,99 g	3
0,34–0,66 g	4
> 0–0,33 g	5
0 g	6

Vitamin K, µg	
> 8,0 µg	1
6,1–8,0 µg	2
4,1–6,0 µg	3
2,1–4,0 µg	4
>0–2,0 µg	5
0 µg	6

Vitamin B_{12}, µg	
> 0,40 µg	1
0,31–0,40 µg	2
0,21–0,30 µg	3
0,11–0,20 µg	4
> 0–0,10 µg	5
0 µg	6

SCHULNOTEN

Niacin, mg Äq	Note	Kalium, mg	Note	Jod, µg	Note
> 2,0 mg	1	> 360 mg	1	> 24 µg	1
1,51–2,0 mg	2	271–360 mg	2	18,1–24 µg	2
1,01–1,5 mg	3	181–270 mg	3	12,1–18 µg	3
0,51–1,0 mg	4	91–180 mg	4	6,1–12 µg	4
> 0–0,5 mg	5	>0– 90 mg	5	>0– 6 µg	5
0 mg	6	0 mg	6	0 µg	6

Folsäure, µg		Kalzium, mg		Eisen, mg	
> 36 µg	1	> 120 mg	1	> 1,5 mg	1
27,1–36 µg	2	91–120 mg	2	1,25–1,50 mg	2
18,1–27 µg	3	61– 90 mg	3	0,87–1,24 mg	3
9,1–18 µg	4	31– 60 mg	4	0,50–0,86 mg	4
> 0– 9 µg	5	>0– 30 mg	5	>0–0,49 mg	5
0 µg	6	0 mg	6	0 mg	6

Pantothensäure, mg		Magnesium, mg		Selen, µg	
> 0,68 mg	1	> 40 mg	1	> 8 µg	1
0,52–0,68 mg	2	31–40 mg	2	6,1–8 µg	2
0,35–0,51 mg	3	21–30 mg	3	4,1–6 µg	3
0,18–0,34 mg	4	11–20 mg	4	2,1–4 µg	4
> 0–0,17 mg	5	>0–10 mg	5	>0–2 µg	5
0 mg	6	0 mg	6	0 µg	6

Biotin, µg		Fluor, µg		Zink, µg	
> 8 µg	1	> 200 µg	1	> 1620 µg	1
6,1–8 µg	2	151–200 µg	2	1216–1620 µg	2
4,1–6 µg	3	101–150 µg	3	811–1215 µg	3
2,1–4 µg	4	51–100 µg	4	406– 810 µg	4
>0–2 µg	5	>0– 50 µg	5	>0– 405 µg	5
0 µg	6	0 µg	6	0 µg	6

SCHULNOTEN

Jeweils andere Bezugsgrößen
gelten für die Energie
und folgende Nährstoffe:

Eiweiß, g hier Bezugsgröße:		Note
0–10 %	0 – 5 g	4
11–20 %	5,1–11 g	3
21–30 %	11,1–16 g	2
31–40 %	16,1–21 g	1
41–50 %	21,1–26 g	(2)
51–60 %	26,1–31 g	(3)
> 60 %	> 31 g	(4)

Energie, kcal hier Bezugsgröße:		Note
0– 4 %	0–100 kcal	1
5– 8 %	101–200 kcal	2
9–12 %	201–300 kcal	3
13–16 %	301–400 kcal	4
17–20 %	401–500 kcal	5
> 20 %	> 500 kcal	6

Vitamin C, mg hier Bezugsgröße:		
> 32 %	> 24 mg	1
25–32 %	19–24 mg	2
17–24 %	13–18 mg	3
9–16 %	7–12 mg	4
>0– 8 %	>0– 6 mg	5
0 %	0 mg	6

Fett, g hier Bezugsgröße:		
0–10 %	0– 8 g	1
11–20 %	8,1–16 g	2
21–30 %	16,1–22 g	3
31–40 %	22,1–29 g	4
41–50 %	29,1–37 g	5
> 50 %	> 37 g	6

Phosphor, mg hier Bezugsgröße:		Note
0–10 %	0–100 mg	1
11–20 %	101–200 mg	2
21–30 %	201–300 mg	3
31–40 %	301–400 mg	4
41–50 %	401–500 mg	5
> 50 %	> 500 mg	6

Cholesterin, mg hier Bezugsgröße:		Note
0– 7 %	0– 21 mg	1
8–14 %	22– 42 mg	2
15–21 %	43– 63 mg	3
22–28 %	64– 84 mg	4
29–35 %	85–105 mg	5
> 35 %	> 105 mg	6

Natrium, mg hier Bezugsgröße:		
0– 5 %	0–100 mg	1
6–10 %	101–200 mg	2
11–15 %	201–300 mg	3
16–20 %	301–400 mg	4
21–25 %	401–500 mg	5
> 25 %	> 500 mg	6

Obst allgemein

Nicht nur wegen seines Wohlgeschmacks ist Obst ein wertvoller Bestandteil der täglichen Ernährung. Für Ihren Vitamin- und Mineralstoffhaushalt können Sie kaum etwas Besseres tun, als zwischendurch Obst zu essen.

Der **Energie**gehalt der meisten frischen Obstarten (ausgenommen Schalen- und Trockenobst) ist sehr gering. Im wesentlichen bestehen sie aus **Wasser** und **Kohlenhydraten**. **Fett** und **Eiweiß** sind kaum enthalten. Der Geschmack von Obst wird v. a. durch das sortenspezifische Verhältnis von Zucker zu Fruchtsäuren bestimmt.

Das Verhältnis von **Vitamin-** und **Mineralstoff**gehalt zum Energiegehalt (die sogenannte „Nährstoffdichte") liegt beim Obst in einem besonders günstigen Rahmen, d. h. Obst enthält viele Vitamine und Mineralstoffe und demgegenüber wenig Energie. Obst liefert viel Vitamin C und Karotin, eine Vorstufe des Vitamin A. Auch Kalium, Magnesium und Eisen sind oft reichlich enthalten.

Obendrein wird Obst in der Regel roh verzehrt, d. h., die Verarbeitungsverluste, die bei Vitaminen und Mineralstoffen erheblich sein können (bis zu 50 %), halten sich in Grenzen. Früchte sind einfach zu genießen: außer evtl. einem Löffel ist meist nichts an Küchengerät nötig.

Der **Cholesterin**gehalt von pflanzlichen Lebensmitteln ist zwar für den Lebensmittelchemiker von Interesse, in den meisten Fällen ist der Gehalt an Cholesterin jedoch so gering, daß er vernachlässigt werden kann.

Ballaststoffe können vom menschlichen Magen-Darm-Trakt nicht abgebaut werden. Es handelt sich um schwer verdauliche Kohlenhydrate, die nur in pflanzlichen Lebensmitteln vorkommen. Die im Obst enthaltenen Ballaststoffe tragen zur schnellen Sättigung bei, wirken günstig auf den Darm und senken z. T. den Cholesterinspiegel.

Eine Aufschlüsselung des Obstverbrauchs ergibt, daß in der Bundesrepublik besonders der Frischverzehr von großer Bedeutung ist. Relativ starke Zunahmen, wenn auch auf einem insgesamt sehr niedrigen Niveau, verzeichnen exotische Obstarten wie Kiwis, Avocados u. a.

Apfel

Verbrauch
Pro Kopf und Jahr: 31,2 kg
Verzehr pro Tag (geschätzt): 60,0 g

Geschichte
Schon in vorgeschichtlicher Zeit wurde der Apfel verzehrt. Als Urform der Vielzahl von Kultursorten gilt u.a. der auch heute noch in Hecken und Wäldern Europas anzutreffende, mit Dornen besetzte Holzapfel.
Durch Auslese und Züchtung entstanden aus den kleinen Wildäpfelchen unsere heutigen Früchte.

Ernährung
Der Verzehr von frischen Äpfeln wurde und wird vor allem zur Versorgung mit Vitamin C empfohlen. Interessant ist jedoch, wie unterschiedlich der Gehalt dieses Vitamins in den einzelnen Apfelsorten sein kann: „Granny Smith"-Äpfel enthalten ca. 5–10 mg Vitamin C in 100 g verzehrbarer Ware, die Sorte „Jonagold" zwischen 10 und 20 mg und „Boskoop"-Äpfel zwischen 20 und 30 mg.
Apfelschalen sind besonders reich an Pektin, einem Ballaststoff, der günstig auf einen erhöhten Cholesterinspiegel wirkt. Mit der Schale geriebene Äpfel gelten auch als ein altbewährtes Mittel gegen Durchfall.

Warenkunde
Obstart: Kernobst
Angebotszeit: ganzjährig
Keine zweite Obstart weist eine solche Fülle an Geschmacksabstufungen auf wie der Apfel. Die Sortenvielfalt beim Apfel ist nahezu unübersehbar, die Zahl der angebauten Apfelsorten geht in die Hunderte.
Erzeuger und Handel unterscheiden die Äpfel nach dem Reifezeitpunkt in: *Sommersorten* (Juli–August): Klarapfel, James Grieve etc.; *Herbstsorten* (September): Cox Orange, Elstar, Ingrid Marie etc.; *Wintersorten* (Oktober): Boskoop, Berlepsch, Gloster etc.
Bei den Sommersorten, aber auch bei den meisten Herbstsorten fallen Pflück- und Genußreife zusammen.

Wissenswertes
Bei einer Reihe von Obstarten – so auch beim Apfel – unterscheiden wir die Baum- oder Pflückreife und die Mund- bzw. Genußreife. Pflückreif ist ein Apfel dann, wenn sich der Stiel beim Anheben der Frucht leicht von seiner Ansatzstelle löst. Genußreif ist er, wie das Wort schon vermuten läßt, wenn der Apfel seine optimalen geschmacklichen Eigenschaften erreicht hat. Dies kann je nach Sorte Tage, Wochen oder gar Monate nach der Pflückreife der Fall sein. Die Pflückreife des „Roten Boskoop" liegt z.B. in den Monaten September bis Oktober, die Genußreife in den Monaten November bis März.

OBST

Apfel (120 g)
absolute Menge in

	100 g	1 Portion	Note
Energie, kcal	55,00	66,00	1
Wasser, g	85,00	102,00	
Eiweiß, g	0,34	0,41	4
Fett (gesamt), g	0,40	0,50	1
davon mehrfach ungesättigte Fettsäuren, g	0,23	0,28	5
Cholesterin, mg	0,00	0,00	1
Kohlenhydrate, g	12,00	15,00	4
Ballaststoffe, g	2,30	2,80	2
davon wasserlöslich	0,90	1,10	
Vitamine			
Vitamin A, µg RÄq	8,00	10,00	5
Vitamin D, µg	(0)	(0)	6
Vitamin E, mg TÄq	0,50	0,60	4
Vitamin K, µg	2,00	2,40	4
Vitamin B_1, mg	0,04	0,05	4
Vitamin B_2, mg	0,03	0,04	5
Vitamin B_6, mg	0,05	0,06	4
Vitamin B_{12}, µg	(0)	(0)	6
Niacin, mg Äq	0,30	0,40	5
Folsäure, µg	6,50	7,80	5
Pantothensäure, mg	0,10	0,12	5
Biotin, µg	4,00	5,00	3
Vitamin C, mg	12,00	14,00	3
Mineralstoffe			
Kalium, mg	144,00	173,00	4
Kalzium, mg	7,00	8,00	5
Phosphor, mg	12,00	14,00	1
Magnesium, mg	6,40	7,70	5
Eisen, mg	0,50	0,60	4
Fluor, µg	7,00	8,40	5
Jod, µg	2,00	2,40	5
Selen, µg	1,00	1,20	5
Zink, µg	120,00	144,00	5
Natrium, mg	3,20	3,80	1

OBST

Banane

Verbrauch
Pro Kopf und Jahr: 14,6 kg
Verzehr pro Tag (geschätzt): 25,0 g

Geschichte
Als Urheimat der Banane wird Südostasien angesehen und nicht, wie früher angenommen, das tropische Amerika. Sie wurde vermutlich in der ersten Hälfte des 16. Jahrhunderts nach Mittelamerika eingeführt. Der Name der Banane leitet sich übrigens vom arabischen Wort für Finger = banan ab.
Die Banane ist zwar eine der ältesten Kulturpflanzen, kam aber erst in der Mitte des 19. Jahrhunderts nach Europa. Mit der besseren Transportmöglichkeit der Früchte aus den Tropen in die gemäßigteren Breiten hat auch die wirtschaftliche Bedeutung stark zugenommen.

Ernährung
Mit ihrem relativ hohen Anteil an gut verdaulichen Kohlenhydraten gilt die Banane als vorzüglicher Energiespender. Bei Magen-Darm-Störungen wirkt sie beruhigend. Auch an Mineralstoffen hat sie einiges zu bieten. Die Banane enthält soviel Kalium und Magnesium wie kaum ein anderes Obst.
Der Großteil der weltweit gehandelten Ernte wird roh verzehrt. Aber die Banane ist auch als Beigabe zu pikanten Salaten oder z. B. Currygerichten bestens geeignet.

Warenkunde
Obstart: Beerenobst
Angebotszeit: ganzjährig
Bananen läßt man nie vollständig an der Pflanze reifen – auch für den Eigenverbrauch in den Anbauländern nicht. Sie würden sonst sehr rasch mehlig werden und faulen. Deshalb schneidet man die Bananen vor der Reife grün ab und läßt sie nachreifen. Bei Exportbananen erfolgt die Endreifung in klimatisierten Kammern spezieller Bananenreifereien. Bei Temperaturen unter 13°C färben sich die Schalen dunkel – man sollte Bananen daher nicht im Kühlschrank aufbewahren.
Namen wie Chiquita, Delmonte oder Dole sind keine Sortenbezeichnungen der Bananen, sondern die Markenzeichen der großen Fruchthandelsfirmen. Der Handel unterscheidet vielmehr zwischen: *Obstbananen*, deren Fruchtfleisch weich und süßlich mild ist, *Kochbananen*, die für den Rohverzehr ungeeignet sind und als Brei oder ähnlich wie „Pommes frites" zubereitet werden, *Apfelbananen*, die nur 8–10 cm lang werden und entfernt nach Apfel schmecken, sowie *Babybananen*, die als extrem kleine Bananen gezüchtet wurden und einen besonders ausgeprägten Bananengeschmack haben.

Tip
Wenn Sie Probleme haben, Tabletten unzerkaut einzunehmen, weil sie immer im Hals „kleben" bleiben, sollten Sie es mal zusammen mit einem gut gekauten Bissen Banane versuchen. Sie werden sehen, die Tabletten rutschen dann viel besser.

Wegweiser Lebensmittel

OBST

Wissenswertes
Botanisch gehört die Banane zur Gruppe der Beerenfrüchte wie auch die Weintraube oder die Johannisbeere.
Die Banane ist tatsächlich nicht deshalb krumm, weil ein Affe auf ihr geritten ist. Die leichte Krümmung entsteht vielmehr dadurch, daß jede einzelne Frucht zunächst nach unten wächst und sich später unter pflanzeneigenem Hormoneinfluß nach außen und nach oben dreht. Man sagt dazu auch: sie wächst negativ geotropisch.

Aktuelles
Die Mitgliedschaft in der Europäischen Gemeinschaft (EG) wird der Bundesrepublik Deutschland ab Mitte 1993 einen teuren Bananengenuß bescheren. Ehemalige Kolonialländer wie Frankreich und Staaten der EG, die selbst Bananen produzieren (z. B. Spanien, Griechenland), haben einem Beschluß zugestimmt, der einen Zollsatz von 20 % für Bananen aus Lateinamerika vorsieht. Bisher hat die Bundesrepublik keinen Zoll für diese sogenannten „Dollar-Bananen" erhoben – ein Grund für die bei uns so billigen Bananen. EG-weit dürfen dem Beschluß zufolge nur noch 2 Millionen Tonnen Dollar-Bananen pro Jahr eingeführt werden. Jeder weitere Import würde mit einem Zollsatz von 170 % belegt werden. Allein die Bürger der Bundesrepublik verbrauchen jedoch jährlich schon an die 1,4 Millionen Tonnen. Die Lücke zur tatsächlichen Nachfrage sollen EG-Bananen schließen. Sie sind kleiner und süßer als die lateinamerikanischen, kosten aber auch mehr.
Eine Klage der Bundesregierung gegen den EG-Beschluß vor dem Europäischen Gerichtshof hatte keinen Erfolg, d. h.: gleich ob wir kleine oder große Bananen in unseren Geschäften finden, der Energiespender wird teurer.

OBST

Banane (140 g)
absolute Menge in

	100 g	1 Portion	Note
Energie, kcal	92,00	129,00	2
Wasser, g	74,00	104,00	
Eiweiß, g	1,20	1,70	4
Fett (gesamt), g	0,20	0,30	1
davon mehrfach ungesättigte Fettsäuren, g	0,06	0,08	5
Cholesterin, mg	0,00	0,00	1
Kohlenhydrate, g	21,40	30,00	2
Ballaststoffe, g	2,00	3,00	2
davon wasserlöslich	0,60	0,80	

Vitamine

	100 g	1 Portion	Note
Vitamin A, µg RÄq	38,00	53,00	3
Vitamin D, µg	(0)	(0)	6
Vitamin E, mg TÄq	0,30	0,40	4
Vitamin K, µg	2,00	2,80	4
Vitamin B_1, mg	0,04	0,06	4
Vitamin B_2, mg	0,06	0,08	4
Vitamin B_6, mg	0,37	0,50	1
Vitamin B_{12}, µg	(0)	(0)	6
Niacin, mg Äq	0,70	1,00	4
Folsäure, µg	20,00	28,00	2
Pantothensäure, mg	0,20	0,30	4
Biotin, µg	5,50	7,70	2
Vitamin C, mg	12,00	17,00	3

Mineralstoffe

	100 g	1 Portion	Note
Kalium, mg	393,00	550,00	1
Kalzium, mg	9,00	13,00	5
Phosphor, mg	28,00	39,00	1
Magnesium, mg	36,00	50,00	1
Eisen, mg	0,60	0,80	4
Fluor, µg	20,00	28,00	5
Jod, µg	3,00	4,00	5
Selen, µg	4,40	6,00	3
Zink, µg	220,00	308,00	5
Natrium, mg	1,00	1,40	1

Wegweiser Lebensmittel

OBST

Apfelsine (Orange)

Verbrauch
Pro Kopf und Jahr: 8,3 kg
Verzehr pro Tag (geschätzt): 16,0 g

Geschichte
Die botanische Bezeichnung der Apfelsine, „citrus sinensis", gibt einen Hinweis auf ihre Urheimat China. Bereits im 2. Jahrhundert v. Chr. soll es hier Apfelsinen gegeben haben. Der zweite Name dieser Frucht, Orange, leitet sich vom arabischen Wort „naräng" (= bitter) ab. Der Anbau von Orangen in Europa erfolgte zunächst nur zur Zierde von fürstlichen Gärten. Die ersten Orangenkulturen wurden dann gegen Ende des 18. Jahrhunderts in Spanien angelegt.

Ernährung
Der säuerliche Geschmack der Apfelsine wird durch ihren Gehalt an erfrischenden Fruchtsäuren geprägt, ihre Süße erhält sie durch verschiedene Zucker.
Die Orange ist nicht nur eine gute Vitamin-C-Lieferantin – bereits mit einer großen Frucht kann man den empfohlenen Tagesbedarf von 75 mg decken –, auch die Vitamine B_1 und Folsäure sowie der Mineralstoff Kalzium sind in ihr in Relation zu anderen Obstsorten reichlich enthalten.

Warenkunde
Obstart: Zitrusfrucht
Angebotszeit: v. a. November bis Juni, auch ganzjährig
Von den über 400 bekannten Orangensorten sind „nur" etwa 30 von wirtschaftlicher Bedeutung, wobei auch diese lediglich von geschulten Fachleuten auseinandergehalten werden können. Die Einteilung der Sorten erfolgt nach ihrer unterschiedlichen Reifezeit.
Die frühreifen Sorten werden als *Blondfrüchte* bezeichnet. Die häufigsten Vertreter dieser Apfelsinensorte sind die Navelorangen. Die Blondfrüchte haben Saison von November bis August.
Blutorangen werden die später reifenden Früchte genannt, sie werden v. a. von Januar bis April angeboten.
Im Gegensatz zu den Blondsorten schmecken die Blutorangen kräftig herb. Die bekanntesten Vertreterinnen dieser Orangensorte sind die „Moro" mit leicht rot gefärbtem Fruchtfleisch und die tiefrote „Sanguinello".
Für Verarbeitungsprodukte (z. B. Orangeat oder Zitrusaroma) werden v. a. dickschalige Wildorangen wie die Pomeranze oder die Bergamotte verwendet.

OBST

Wissenswertes

Die Schalenfarbe einer Orange ist kein sicheres Zeichen für die Reife der Frucht. Die orangegelbe Färbung bildet sich bei Nachttemperaturen nahe 0°C. Eine blaß orange gefärbte oder auch grün gesprenkelte Frucht ist nicht unbedingt unreif. Diese Färbung zeigt nur, daß das Wetter kurz vor der Ernte der Orangen zu warm war und sich Blattgrün (Chlorophyll) gebildet hat. Eine zuverlässige Aussage über den Reifegrad einer Orange und damit auch über die Export-Eignung liefert ein sogenannter „Reife-Index". Die reife Frucht muß ein bestimmtes Verhältnis von Zucker zu Säure aufweisen.
Einmal gepflückte Orangen reifen im übrigen – anders als Bananen – nicht mehr nach.

OBST

Apfelsine (180 g)
absolute Menge in

	100 g	1 Portion	Note
Energie, kcal	43,00	77,00	1
Wasser, g	86,00	155,00	
Eiweiß, g	1,00	1,80	4
Fett (gesamt), g	0,20	0,40	1
davon mehrfach ungesättigte Fettsäuren, g	0,08	0,14	5
Cholesterin, mg	0,00	0,00	1
Kohlenhydrate, g	9,20	16,60	4
Ballaststoffe, g	2,20	3,90	1
davon wasserlöslich	1,30	2,30	
Vitamine			
Vitamin A, µg RÄq	15,00	27,00	4
Vitamin D, µg	(0)	(0)	6
Vitamin E, mg TÄq	0,24	0,43	4
Vitamin K, µg	2,50	4,50	3
Vitamin B_1, mg	0,08	0,14	2
Vitamin B_2, mg	0,04	0,07	4
Vitamin B_6, mg	0,05	0,09	4
Vitamin B_{12}, µg	(0)	(0)	6
Niacin, mg Äq	0,30	0,54	4
Folsäure, µg	24,00	43,00	1
Pantothensäure, mg	0,24	0,43	3
Biotin, µg	2,30	4,10	3
Vitamin C, mg	50,00	90,00	1
Mineralstoffe			
Kalium, mg	177,00	319,00	2
Kalzium, mg	42,00	76,00	3
Phosphor, mg	23,00	41,00	1
Magnesium, mg	14,00	25,00	3
Eisen, mg	0,40	0,72	4
Fluor, µg	5,00	9,00	5
Jod, µg	2,10	3,80	5
Selen, µg	3,50	6,30	2
Zink, µg	100,00	180,00	5
Natrium, mg	1,40	2,50	1

OBST

Birne

Verbrauch
Pro Kopf und Jahr: 6,8 kg
Verzehr pro Tag (geschätzt): 13,0 g

Geschichte
Die Birne ist eine sehr alte Obstsorte, bereits vor etwa 4000 Jahren war sie bei unseren Vorfahren bekannt. Im 16. Jahrhundert wurden etwa 50 Birnensorten in Mitteldeutschland registriert.
Als Heimat der ersten Birnenpflanze werden der Kaukasus und Anatolien angesehen.

Ernährung
Die Birne enthält relativ wenig Fruchtsäuren und dafür relativ viel Zucker, was ihren süßen Geschmack erklärt. Reife Früchte sind sehr saftig und meist nicht lange lagerfähig. Sie sollten möglichst bald nach dem Kauf bzw. der Ernte verzehrt werden.
Begehrt sind Birnen, besonders die Sorte „Williams Christ", auch z. B. für die Produktion von Spirituosen bzw. „Obstwässern".

Warenkunde
Obstart: Kernobst
Angebotszeit: v. a. August bis Oktober, auch ganzjährig
Das Angebot von Birnen aus heimischem Anbau hat in den letzten Jahren stetig abgenommen, nur etwa jede vierte gekaufte Birne stammt noch aus dem hiesigen Anbau. Die wesentlichen Birnenlieferanten sind heute Italien und Frankreich.
Die Sortenvielfalt der Birnen ist ähnlich groß wie bei den Äpfeln, ständig entstehen neue Arten. Die bekanntesten Sorten auf dem Markt sind die „Williams Christ", große, hellgelbe und sehr saftige Früchte, sowie die „Clapps Liebling", eine sehr aromatische Birne, die bereits im Juli in den Handel kommt.

Tip
Rohe, ganze Birnen sind – wie auch Äpfel – nicht zum Einfrieren geeignet. Man sollte sie zuvor in Stücke schneiden und 2 bis 3 Minuten blanchieren (damit das Vitamin C nicht durch fruchteigene Wirkstoffe weiter abgebaut werden kann).

OBST

Birne (140 g)

absolute Menge in

	100 g	1 Portion	Note
Energie, kcal	55,00	77,00	1
Wasser, g	84,00	118,00	
Eiweiß, g	0,50	0,70	4
Fett (gesamt), g	0,30	0,40	1
davon mehrfach ungesättigte Fettsäuren, g	0,14	0,20	5
Cholesterin, mg	0,00	0,00	1
Kohlenhydrate, g	12,70	17,80	4
Ballaststoffe, g	2,80	4,00	1
davon wasserlöslich	0,60	0,80	
Vitamine			
Vitamin A, µg RÄq	5,30	7,40	5
Vitamin D, µg	(0)	(0)	6
Vitamin E, mg TÄq	0,43	0,60	4
Vitamin K, µg	–	–	
Vitamin B$_1$, mg	0,03	0,04	4
Vitamin B$_2$, mg	0,04	0,06	4
Vitamin B$_6$, mg	0,02	0,03	5
Vitamin B$_{12}$, µg	(0)	(0)	6
Niacin, mg Äq	0,22	0,31	5
Folsäure, µg	14,00	20,00	3
Pantothensäure, mg	0,06	0,08	5
Biotin, µg	0,10	0,14	5
Vitamin C, mg	5,00	7,00	4
Mineralstoffe			
Kalium, mg	126,00	176,00	4
Kalzium, mg	10,00	14,00	5
Phosphor, mg	15,00	21,00	1
Magnesium, mg	8,00	11,00	4
Eisen, mg	0,26	0,36	5
Fluor, µg	12,00	17,00	5
Jod, µg	1,50	2,10	5
Selen, µg	1,20	1,70	5
Zink, µg	230,00	322,00	5
Natrium, mg	2,00	2,80	1

OBST

Clementine und Mandarine

Verbrauch
Pro Kopf und Jahr: 5,3 kg
Verzehr pro Tag (geschätzt): 10,0 g

Geschichte
Als Zufallsprodukt ist die Clementine vermutlich aus einer Kreuzung von Mandarine und Pomeranze entstanden. Erst Anfang dieses Jahrhunderts wurde sie im Garten eines algerischen Paters namens Clement entdeckt.
Aufgrund ihrer Abstammung wird die Clementine, zusammen mit anderen Abkömmlingen der Mandarine, zur „Mandarinen-Gruppe" gezählt.

Ernährung
Clementinen wie auch Mandarinen enthalten im Vergleich zu anderen Zitrusfrüchten relativ wenig Fruchtsäuren und viel Zucker, was sie süßer schmecken läßt. Ist der Gehalt an Vitamin C auch typisch für Zitrusfrüchte, so liegt der Vitamin-C-Gehalt von Clementinen und Mandarinen mit 30 mg in 100 g doch relativ niedrig.

Warenkunde
Obstart: Zitrusfrüchte
Angebotszeit: v. a. November bis Februar
Wie auch Apfelsinen, Zitronen, Grapefruits u. a. gehören Mandarinen und Clementinen zu den Zitrusfrüchten. Sie reifen früher als Apfelsinen, sind meist kleinfrüchtig und schmecken sehr süß und aromatisch. Im Gegensatz zu den Mandarinen enthalten Clementinen weniger bis gar keine Kerne.
Die Schale der Clementine ist intensiv orange bis rötlich gefärbt und läßt sich etwas schwerer als die der Mandarine lösen. Dennoch gehören beide zu den leicht schälbaren Zitrusfrüchten („easy peeler") und steigen stetig in der Verbrauchergunst.
Satsumas sollen als Mutation der Mandarine in der Provinz Satsuma in Japan entstanden sein. Einer anderen Version zufolge sind diese Zitrusfrüchte eine spanische Kreation.

Wissenswertes
Die Schalen von Mandarinen wie auch anderen Zitrusfrüchten sind reich an sogenannten „Ölzellen". Aus ihnen wird ätherisches Öl gewonnen, das u. a. zur Parfümherstellung benutzt wird.

OBST

Clementine, Mandarine (50 g)
absolute Menge in

	100 g	1 Portion	Note
Energie, kcal	46,00	23,00	1
Wasser, g	87,00	44,00	
Eiweiß, g	0,70	0,40	4
Fett (gesamt), g	0,30	0,20	1
davon mehrfach ungesättigte Fettsäuren, g	Spuren	Spuren	5
Cholesterin, mg	0,00	0,00	1
Kohlenhydrate, g	10,10	5,00	5
Ballaststoffe, g	2,00	1,00	4
davon wasserlöslich	–	–	

Vitamine

	100 g	1 Portion	Note
Vitamin A, µg RÄq	56,00	29,00	4
Vitamin D, µg	(0)	(0)	6
Vitamin E, mg TÄq	–	–	
Vitamin K, µg	–	–	
Vitamin B_1, mg	0,06	0,03	5
Vitamin B_2, mg	0,03	0,02	5
Vitamin B_6, mg	0,02	0,01	5
Vitamin B_{12}, µg	(0)	(0)	6
Niacin, mg Äq	0,20	0,10	5
Folsäure, µg	7,00	4,00	5
Pantothensäure, mg	–	–	
Biotin, µg	0,50	0,30	5
Vitamin C, mg	30,00	15,00	3

Mineralstoffe

	100 g	1 Portion	Note
Kalium, mg	210,00	105,00	4
Kalzium, mg	33,00	17,00	5
Phosphor, mg	20,00	10,00	1
Magnesium, mg	11,00	6,00	5
Eisen, mg	0,30	0,15	5
Fluor, µg	10,00	5,00	5
Jod, µg	0,80	0,40	5
Selen, µg	17,00	8,50	1
Zink, µg	80,00	40,00	5
Natrium, mg	1,40	0,70	1

OBST

Pflaumen
Pflaume, Zwetsche (süddeutsch: Zwetschge), Mirabelle und Reneklode (auch: Reineclaude)

Verbrauch
Pro Kopf und Jahr: 4 kg
Verzehr pro Tag (geschätzt): 8 g

Geschichte
Bereits bei den Römern waren Pflaumen eine bekannte Delikatesse, und die Vermutung liegt nahe, daß sie auch damals schon ihrer abführenden Wirkung wegen besonders geschätzt wurden.
Durch Züchtungen und zufällige Kreuzungen sind bisher viele Sorten aus der Urform, deren Heimat in Vorderasien liegt, hervorgegangen.

Ernährung
Verzehrt man größere Mengen frischer Pflaumen, wirken diese leicht abführend. Dieser Effekt tritt bei getrockneten Früchten verstärkt auf. Als natürliches, mildes Abführmittel sind Pflaumen sowohl in frischem als auch in getrocknetem Zustand daher sehr geschätzt. Wie fast alle Obstarten ist auch die Pflaume arm an Natrium; ihr Vitamin-E-Gehalt liegt im Vergleich zu anderen Früchten mit 0,8 mg in 100 g Rohware relativ hoch.

Warenkunde
Obstart: Steinobst
Angebotszeit: v. a. Juli bis September
Die vier Obstsorten (Pflaumen, Zwetschen, Mirabellen und Renekloden) gehören alle zur botanischen Art mit dem lateinischen Namen „prunus domestica". Verwandt sind sie auch mit dem Schlehdorn.
Zwetschen sind meist blau bis violett gefärbt und von der Form her länglich mit spitz zulaufenden Enden. Sie eignen sich besonders als Frisch- und „Kuchen"frucht. *Pflaumen* dagegen sind rot- bis blauschalig, rundlich geformt, meist größer als Zwetschen und besitzen eine ausgeprägte Bauchnaht. Pflaumen reifen etwas früher als Zwetschen und sind meist weicher und saftiger. Die Steine von Pflaumen lassen sich jedoch leider schwerer herauslösen.
Renekloden können grün, gelb, rot oder auch violett gefärbt sein. Sie haben ein festes Fruchtfleisch und schmecken sehr süß, der Stein läßt sich schlecht lösen.
Mirabellen schließlich sind etwa kirschgroß mit gelber Außenhaut, die sonnenseits oftmals rotpunktiert ist. Ihr Stein läßt sich gut vom Fruchtfleisch lösen.
Auch gehören die *Susinen* (japanische Pflaumen) zur Gruppe der Pflaumen. Die Früchte sind gelb oder rot, aber nie blau gefärbt. Das Fruchtfleisch ist meist mit dem Stein verwachsen. Ihr Geschmack wird allgemein als „edel" bezeichnet.

OBST

Wissenswertes
Der weiße Belag auf Pflaumen und Zwetschen ist ein natürlicher „Reif", der die Früchte vor dem Austrocknen schützt. Er wird von der Haut der Früchte produziert und ist ohne weiteres abwischbar. Man sollte diesen natürlichen Schutzmantel bis zum Verzehr oder zur Verarbeitung der Früchte auf ihnen belassen.
Pflaumen und Zwetschen, die bereits im Juli pflückreif sind, schmecken in rohem Zustand süß, beim Kochen werden sie jedoch ziemlich sauer. Zum Einkochen sind die späteren Sorten besser geeignet.

Küchentip
Wenn der Teig von Zwetschenkuchen nicht so durchgeweicht sein soll, verwenden Sie zum Backen am besten kleine, am Stielansatz eingeschrumpelte Früchte – sie sind süßer und weniger wäßrig.

In unserer Nährwerttabelle haben wir nur die Werte für Pflaumen aufgeführt. Die Werte der anderen hier beschriebenen Obstsorten (Zwetschgen, Mirabellen und Renekloden) unterscheiden sich im Nährstoffgehalt nur unwesentlich.

OBST

Pflaume (150 g, 5 St.)
absolute Menge in

	100 g	1 Portion	Note
Energie, kcal	50,00	75,00	1
Wasser, g	84,00	126,00	
Eiweiß, g	0,60	0,90	4
Fett (gesamt), g	0,27	0,40	1
davon mehrfach ungesättigte Fettsäuren, g	0,09	0,14	5
Cholesterin, mg	0,00	0,00	1
Kohlenhydrate, g	11,00	16,40	4
Ballaststoffe, g	1,70	2,60	3
davon wasserlöslich	0,90	1,30	
Vitamine			
Vitamin A, µg RÄq	35,00	52,00	3
Vitamin D, µg	0,00	0,00	6
Vitamin E, mg TÄq	0,80	1,20	2
Vitamin K, µg	–	–	
Vitamin B_1, mg	0,07	0,10	3
Vitamin B_2, mg	0,04	0,06	4
Vitamin B_6, mg	0,05	0,08	4
Vitamin B_{12}, µg	0,00	0,00	6
Niacin, mg Äq	0,44	0,66	4
Folsäure, µg	2,00	3,00	5
Pantothensäure, mg	0,18	0,27	4
Biotin, µg	0,10	0,20	5
Vitamin C, mg	5,00	7,50	4
Mineralstoffe			
Kalium, mg	221,00	332,00	2
Kalzium, mg	14,00	21,00	5
Phosphor, mg	18,00	27,00	1
Magnesium, mg	10,00	15,00	4
Eisen, mg	0,44	0,66	4
Fluor, µg	2,00	3,00	5
Jod, µg	1,00	1,50	5
Selen, µg	0,20	0,30	5
Zink, µg	70,00	105,00	5
Natrium, mg	1,60	2,40	1

OBST

Weintraube (Tafeltraube)

Verbrauch
Pro Kopf und Jahr: 3,9 kg
Verzehr pro Tag (geschätzt): 8,0 g

Geschichte
Als Urheimat der heutigen Weintraube gilt Mittelasien. Die Existenz von Weinreben läßt sich bis in die frühe Erdgeschichte zurückverfolgen. Bereits die Griechen und Römer verstanden es, aus den Trauben Wein zu keltern, und genossen dessen Wirkung bekanntlich reichlich. Auch heute werden nahezu 85 % der Weltproduktion an Trauben zu Wein gekeltert. Etwa 10 % der Ernte landet als Frischware auf dem Tisch.

Ernährung
Weintrauben liefern viele wertvolle Nährstoffe wie Vitamine und Mineralstoffe und außerdem schnell verwertbare Zucker (Glukose und Fruktose), die rasch ins Blut gehen und Energie zur Verfügung stellen. Bekannt ist auch die anregende Wirkung der Trauben auf die Darm- und Nierentätigkeit.
Da Weintrauben im Laufe ihres Wachstums mehrmals gegen Krankheiten und tierische Schädlinge behandelt werden, sollte man sie vor dem Verzehr gründlich waschen – am besten geht das mit warmem Wasser.
Die blaue Farbe der dunklen Traubensorten stammt vom natürlichen Farbstoff „Anthocyan".

Warenkunde
Obstart: Beerenobst
Angebotszeit: v. a. Juli bis Oktober
Grundsätzlich werden zwei Sorten von Weintrauben unterschieden: die Tafel- und die Keltertrauben. Tafeltrauben sind fast nur großbeerige, eigens für den Frischverzehr angebaute Sorten, wobei die „weißen" am häufigsten vorkommen.
Außer den weißen und den dunklen Traubensorten kennen wir:
– kernlose Trauben,
– Datteltrauben, die von der Form her Datteln ähneln,
– Muskattrauben mit ihrem charakteristischen Duft und Geschmack und
– Gewächshaustrauben (aus Holland und Belgien).

Die deutschen Reben liefern fast ausschließlich Trauben für die Weinherstellung. Für den Frischverzehr sind sie meist zu sauer. Wir führen daher jedes Jahr große Mengen an Tafeltrauben aus Italien, Spanien und Frankreich ein.

Wissenswertes
Ähnlich wie bei Pflaumen findet man auch auf Weintrauben häufig einen weißen Belag. Bei den Trauben entsteht diese mehlartige Schicht jedoch nicht durch Ausscheidungen der Fruchthaut wie bei den Pflaumen. Bei einem Wechsel der Luftfeuchtigkeit bildet sich auf den Trauben ein Kondensniederschlag, der, wenn er verdunstet ist, den natürlichen weißen Belag auf den Früchten hinterläßt.

OBST

Weintraube (24 g, 10 St.)

absolute Menge in

	100 g	1 Portion	Note
Energie, kcal	70,00	16,80	1
Wasser, g	81,00	19,00	
Eiweiß, g	0,78	0,26	4
Fett (gesamt), g	0,38	0,07	1
davon mehrfach ungesättigte Fettsäuren, g	0,15	0,04	5
Cholesterin, mg	0,00	0,00	1
Kohlenhydrate, g	16,10	3,90	5
Ballaststoffe, g	1,60	0,49	5
davon wasserlöslich	0,40	0,10	
Vitamine			
Vitamin A, µg RÄq	5,00	1,20	5
Vitamin D, µg	0,00	0,00	6
Vitamin E, mg TÄq	–	–	
Vitamin K, µg	–	–	
Vitamin B_1, mg	0,05	0,01	5
Vitamin B_2, mg	0,03	0,01	5
Vitamin B_6, mg	0,07	0,02	5
Vitamin B_{12}, µg	0,00	0,00	6
Niacin, mg Äq	0,23	0,06	5
Folsäure, µg	5,40	1,30	5
Pantothensäure, mg	0,06	0,01	5
Biotin, µg	1,50	0,36	5
Vitamin C, mg	4,00	1,00	5
Mineralstoffe			
Kalium, mg	192,00	46,00	5
Kalzium, mg	18,00	4,00	5
Phosphor, mg	20,00	5,00	1
Magnesium, mg	9,00	2,00	5
Eisen, mg	0,51	0,12	5
Fluor, µg	14,00	3,36	5
Jod, µg	0,70	0,27	5
Selen, µg	2,80	0,77	5
Zink, µg	82,00	20,00	5
Natrium, mg	2,00	0,48	1

Wegweiser Lebensmittel

Pfirsich

Verbrauch
Pro Kopf und Jahr: 3,8 kg
Verzehr pro Tag (geschätzt): 7,0 g

Geschichte
Auch wenn der lateinische Name „Prunus persica" auf eine persische Herkunft des Pfirsichs hindeutet, stammt der wärmeliebende Pfirsichbaum ursprünglich aus China.

Ernährung
Im Pfirsich ist im Unterschied zu vielen anderen Obstsorten keine Oxalsäure enthalten. Er ist als erfrischende Frucht daher besonders für Personen zu empfehlen, die zur Bildung von oxalsäurehaltigen Nierensteinen neigen.

Warenkunde
Obstart: Steinobst
Angebotszeit: v. a. Juni bis September, z.T. auch von Januar bis Mai
Die Einteilung der Früchte erfolgt u.a. nach der Beschaffenheit der Schale. So gibt es Früchte mit samtartiger, flaumiger Behaarung und Früchte mit glatter Haut. (*Nektarinen!* Diese sind entweder als Mutation des ursprünglichen Pfirsichs entstanden oder als Kreuzung aus Pfirsich und Pflaume hervorgegangen).
Der Pfirsich kann weiß-, gelb-, oder auch rotfleischig sein, wobei die gelbfleischigen Sorten in der Verbrauchergunst ganz oben stehen.

Wissenswertes
Der im Stein von Pfirsichen enthaltene Samen dient wie auch der von Aprikosen zur industriellen Herstellung von „Persipan", einem Marzipanersatz. Hierfür müssen die Samen jedoch zunächst entbittert, d.h. vom Amygdalin, einer blausäurehaltigen Substanz, befreit werden.

Küchentip
Eine nette Idee als Begrüßungscocktail ist der „Kullerpfirsich". Häuten Sie den Pfirsich, stechen ihn rundherum ein, geben ihn in ein Sektglas und füllen dieses mit Sekt auf.

OBST

Pfirsich (115 g)

absolute Menge in

	100 g	1 Portion	Note
Energie, kcal	42,00	48,00	1
Wasser, g	88,00	101,00	
Eiweiß, g	0,80	0,90	4
Fett (gesamt), g	0,10	0,10	
davon mehrfach ungesättigte Fettsäuren, g	Spuren	Spuren	5
Cholesterin, mg	0,00	0,00	1
Kohlenhydrate, g	9,40	10,80	4
Ballaststoffe, g	1,70	2,00	3
davon wasserlöslich	0,90	1,00	
Vitamine			
Vitamin A, µg RÄq	73,00	84,50	2
Vitamin D, µg	(0)	(0)	6
Vitamin E, mg TÄq	0,60	0,70	4
Vitamin K, µg	–	–	
Vitamin B_1, mg	0,03	0,03	5
Vitamin B_2, mg	0,05	0,06	4
Vitamin B_6, mg	0,03	0,03	5
Vitamin B_{12}, µg	0,00	0,00	6
Niacin, mg Äq	0,85	0,96	4
Folsäure, µg	3,00	3,50	5
Pantothensäure, mg	0,14	0,16	4
Biotin, µg	1,90	2,20	4
Vitamin C, mg	9,50	11,00	4
Mineralstoffe			
Kalium, mg	205,00	236,00	3
Kalzium, mg	8,00	9,00	5
Phosphor, mg	23,00	26,00	1
Magnesium, mg	9,00	10,00	4
Eisen, mg	0,48	0,55	4
Fluor, µg	21,00	24,00	5
Jod, µg	1,00	1,20	5
Selen, µg	0,40	0,50	5
Zink, µg	20,00	23,00	5
Natrium, mg	1,40	1,61	1

OBST

Beerenobstarten

Verbrauch
Johannis-, Stachel- und Himbeeren
Pro Kopf und Jahr: 3,6 kg
Verzehr pro Tag (geschätzt): 8,0 g

Brom-, Preisel- und Heidelbeeren
Pro Kopf und Jahr: 0,2 kg

In der amtlichen Verbrauchsstatistik, die unserem Buch zugrunde liegt, werden Johannis-, Stachel- und Himbeeren zusammen erfaßt; getrennt von Brom-, Preisel- und Heidelbeeren, obwohl alle zu den Beerenobstarten zählen.

Geschichte
Von den Beerenobstarten wurden nur Weintrauben schon frühzeitig kultiviert (siehe dort). Die übrigen Arten wuchsen zunächst als einfache Wald- und Heckenpflanzen. Erst Ende des 16. Jahrhunderts wurden zum ersten Mal Kultursorten von Beeren erwähnt.

Ernährung
Der typische süß-säuerliche Geschmack der Beeren bleibt leider nur relativ kurze Zeit erhalten, weswegen sie am besten gleich nach der Ernte bzw. noch am Einkaufstag verzehrt werden sollten.
Allgemein sind Beeren leicht bekömmlich und auch hinsichtlich ihrer Nährstoffdichte (s. S. 16) sehr zu empfehlen.
Das Spurenelement Eisen liegt im Beerenobst in einer gut verfügbaren Form vor. Durch den hohen Vitamin-C-Gehalt wird die Aufnahme des Eisens für den Körper noch erleichtert.
Das günstige Verhältnis von Natrium zu Kalium im Beerenobst sorgt für eine Förderung der Wasserausscheidung.

Warenkunde
Im Gegensatz zu Kern- und Steinobst wächst Beerenobst vorwiegend an Sträuchern. Anstelle eines Kerngehäuses oder eines Steines in der Mitte der Frucht sind die Samenkerne im Fruchtfleisch verteilt. Beerenobst ist sehr safthaltig und wenig haltbar. Weil es längere Transporte schlecht übersteht, wird Beerenobst nur in geringem Umfang eingeführt (meist aus Holland oder Belgien).

Johannisbeeren
Angebotszeit: v. a. Juli/August
Johannisbeeren können rot-, weiß- oder schwarzschalig sein. Die roten Beeren sind die am weitesten verbreitete Form, sie schmecken leicht säuerlich. Weiße Johannisbeeren sind süßer im Geschmack; schwarze werden kaum roh gegessen. Sie schmecken so eigentümlich herb, daß man sie fast nur zu Saft, Gelee oder Konfitüre verarbeitet.
Rote Johannisbeeren eignen sich besser für den Transport und damit den Frischmarkt als schwarze, da diese empfindlicher sind. Die schwarzen Johannisbeeren mit ihrem außergewöhnlich hohen Vitamin-C-Gehalt sind eine Besonderheit unter den ohnehin vitaminreichen Beeren. Bereits 50 Gramm der schwarzen Johannisbeeren decken den empfohlenen täglichen Bedarf.

OBST

Stachelbeeren
Angebotszeit: Mitte Mai bis August
Alle Stachelbeeren haben eine feste, derbe Schale, deren Farbvariationen von grün über goldgelb bis rot reichen. Je nach Sorte sind sie glatt oder behaart.
Zum Einkochen oder Backen eignen sich v. a. die grünen, unreif gepflückten Früchte.

Himbeeren
Angebotszeit: Juni bis September, v. a. aber August
Die Himbeere ist eigentlich keine einzelne Beere, sondern eine Sammelfrucht aus vielen kleinen Einzelfrüchten. Sie ist rot bis weinrot gefärbt und gilt als unsere aromatischste heimische Obstart – besonders die wildwachsende Waldhimbeere.

Weniger Bedeutung auf dem Frischobstmarkt haben Brom-, Preisel- und Heidelbeeren. Sie werden überwiegend im eigenen Garten angebaut bzw. „wild" gesammelt und als Konserve angeboten.

Brombeeren
Die schwarzblauen Früchte sind die größten Karotin-Lieferanten unter dem Beerenobst. Sie schmecken süß-säuerlich und sehr aromatisch. Wichtig für jede Art der Verwendung ist, daß die Beeren voll ausgereift sind, denn erst dann erreichen sie ihr volles Aroma und lösen sich problemlos vom Stiel.

Preiselbeeren
Die leuchtend roten Preiselbeeren (auch: Kronsbeeren) entwickeln erst in gekochter Form den charakteristischen herben Geschmack – roh werden sie kaum verzehrt. Die Wildfrüchte eignen sich gut zum Einkochen, weil sie von Natur aus einen wirksamen Konservierungsstoff (Benzoesäure) enthalten. Preiselbeeren reifen von Ende August bis in den Oktober hinein. Sie sollten beim Pflücken nicht unreif sein, da sie kaum nachreifen.

Heidelbeeren
Die Heidelbeere, oder Bick- bzw. Blaubeere, ist eigentlich nur als Wildfrucht bekannt, die von Juli bis September vor allem in moorigen Gebieten reift. Sie ist erbsengroß, dunkel- bis schwarzblau gefärbt und meist bereift. Waldheidelbeersaft ist stark färbend. Deshalb aufgepaßt bei weißer Kleidung! Daneben gibt es auch Sumpf- oder Moosheidelbeeren, deren Saft nicht färbend ist. Getrocknete Heidelbeeren sind ein altes Heilmittel gegen Durchfall.

Tip
Beerenobst eignet sich gut zum Einfrieren. Am besten geht's, wenn Sie die Beeren auf einem Blech oder einer Platte kurz im Gefrierfach vorgefrieren und erst dann verpacken – so kleben die Früchte nicht zusammen und lassen sich prima portionieren.

OBST

Johannisbeere, rot (125 g)
absolute Menge in

	100 g	1 Portion	Note
Energie, kcal	36,00	45,00	1
Wasser, g	85,00	106,00	
Eiweiß, g	1,10	1,40	4
Fett (gesamt), g	0,20	0,25	1
davon mehrfach ungesättigte Fettsäuren, g	0,07	0,09	5
Cholesterin, mg	0,00	0,00	1
Kohlenhydrate, g	7,40	9,20	4
Ballaststoffe, g	3,50	4,40	1
davon wasserlöslich	0,50	0,60	
Vitamine			
Vitamin A, µg RÄq	6,30	7,88	5
Vitamin D, µg	(0)	(0)	6
Vitamin E, mg TÄq	0,21	0,26	5
Vitamin K, µg	–	–	
Vitamin B_1, mg	0,04	0,05	4
Vitamin B_2, mg	0,03	0,04	5
Vitamin B_6, mg	0,05	0,06	4
Vitamin B_{12}, µg	(0)	(0)	6
Niacin, mg Äq	0,23	0,09	5
Folsäure, µg	–	–	
Pantothensäure, mg	0,06	0,08	5
Biotin, µg	2,60	3,30	4
Vitamin C, mg	36,00	45,00	1
Mineralstoffe			
Kalium, mg	238,00	298,00	2
Kalzium, mg	29,00	36,00	4
Phosphor, mg	27,00	34,00	1
Magnesium, mg	13,00	16,00	4
Eisen, mg	0,91	1,14	3
Fluor, µg	23,00	29,00	5
Jod, µg	1,00	1,30	5
Selen, µg	0,10	0,13	5
Zink, µg	200,00	250,00	5
Natrium, mg	1,40	1,50	1

OBST

Johannisbeere, schwarz (125 g)
absolute Menge in

	100 g	1 Portion	Note
Energie, kcal	47,00	58,80	1
Wasser, g	81,00	101,00	
Eiweiß, g	1,30	1,60	4
Fett (gesamt), g	0,22	0,28	1
davon mehrfach ungesättigte Fettsäuren, g	0,10	0,13	5
Cholesterin, mg	0,00	0,00	1
Kohlenhydrate, g	9,90	12,40	4
Ballaststoffe, g	6,80	8,50	1
davon wasserlöslich	0,40	0,50	
Vitamine			
Vitamin A, µg RÄq	23,30	29,10	4
Vitamin D, µg	(0)	(0)	6
Vitamin E, mg TÄq	1,00	1,25	2
Vitamin K, µg	–	–	
Vitamin B_1, mg	0,05	0,06	4
Vitamin B_2, mg	0,04	0,05	5
Vitamin B_6, mg	0,08	0,10	4
Vitamin B_{12}, µg	0,00	0,00	6
Niacin, mg Äq	0,30	0,40	5
Folsäure, µg	–	–	
Pantothensäure, mg	0,40	0,50	3
Biotin, µg	2,40	3,00	4
Vitamin C, mg	177,00	221,00	1
Mineralstoffe			
Kalium, mg	310,00	388,00	1
Kalzium, mg	46,00	58,00	4
Phosphor, mg	40,00	50,00	1
Magnesium, mg	17,00	21,00	3
Eisen, mg	1,30	1,63	1
Fluor, µg	29,00	36,00	5
Jod, µg	1,00	1,30	5
Selen, µg	–	–	
Zink, µg	180,00	225,00	5
Natrium, mg	1,60	2,00	1

OBST

Stachelbeere (125 g)
absolute Menge in

	100 g	1 Portion	Note
Energie, kcal	39,00	49,00	1
Wasser, g	87,00	109,00	
Eiweiß, g	0,80	1,00	4
Fett (gesamt), g	0,20	0,30	1
davon mehrfach ungesättigte Fettsäuren, g	0,07	0,09	5
Cholesterin, mg	0,00	0,00	1
Kohlenhydrate, g	8,50	10,60	4
Ballaststoffe, g	3,00	3,80	1
davon wasserlöslich	–	–	
Vitamine			
Vitamin A, µg RÄq	35,00	43,80	4
Vitamin D, µg	(0)	(0)	6
Vitamin E, mg TÄq	0,37	0,46	4
Vitamin K, µg	–	–	
Vitamin B_1, mg	0,02	0,03	5
Vitamin B_2, mg	0,02	0,03	5
Vitamin B_6, mg	0,01	0,01	5
Vitamin B_{12}, µg	(0)	(0)	6
Niacin, mg Äq	0,25	0,31	5
Folsäure, µg	–	–	
Pantothensäure, mg	0,20	0,31	4
Biotin, µg	0,50	0,60	5
Vitamin C, mg	35,00	44,00	1
Mineralstoffe			
Kalium, mg	203,00	254,00	3
Kalzium, mg	29,00	36,00	4
Phosphor, mg	30,00	38,00	1
Magnesium, mg	15,00	19,00	4
Eisen, mg	0,63	0,79	4
Fluor, µg	11,00	14,00	5
Jod, µg	0,20	0,25	5
Selen, µg	–	–	
Zink, µg	100,00	125,00	5
Natrium, mg	1,60	2,00	1

OBST

Himbeere (125 g)
absolute Menge in

	100 g	1 Portion	Note
Energie, kcal	36,00	45,00	1
Wasser, g	85,00	106,00	
Eiweiß, g	1,30	1,60	4
Fett (gesamt), g	0,30	0,40	1
davon mehrfach ungesättigte Fettsäuren, g	Spuren	Spuren	5
Cholesterin, mg	0,00	0,00	1
Kohlenhydrate, g	6,90	8,60	5
Ballaststoffe, g	4,70	5,80	1
davon wasserlöslich	1,00	1,25	
Vitamine			
Vitamin A, µg RÄq	13,30	16,60	5
Vitamin D, µg	(0)	(0)	6
Vitamin E, mg TÄq	0,50	0,63	4
Vitamin K, µg	–	–	
Vitamin B_1, mg	0,02	0,03	5
Vitamin B_2, mg	0,05	0,06	4
Vitamin B_6, mg	0,08	0,10	4
Vitamin B_{12}, µg	(0)	(0)	6
Niacin, mg Äq	0,30	0,40	5
Folsäure, µg	–	–	
Pantothensäure, mg	0,30	0,37	3
Biotin, µg	–	–	
Vitamin C, mg	25,00	31,00	1
Mineralstoffe			
Kalium, mg	170,00	213,00	3
Kalzium, mg	40,00	50,00	4
Phosphor, mg	44,00	55,00	1
Magnesium, mg	30,00	38,00	2
Eisen, mg	1,00	1,25	2
Fluor, µg	–	–	
Jod, µg	0,60	0,80	5
Selen, µg	–	–	
Zink, µg	500,00	625,00	4
Natrium, mg	1,20	1,50	1

OBST

Brombeere (125 g)

absolute Menge in

	100 g	1 Portion	Note
Energie, kcal	43,00	53,80	1
Wasser, g	85,00	106,30	
Eiweiß, g	1,20	1,50	4
Fett (gesamt), g	1,00	1,30	1
davon mehrfach ungesättigte Fettsäuren, g	–	–	
Cholesterin, mg	0,00	0,00	1
Kohlenhydrate, g	7,20	9,00	5
Ballaststoffe, g	3,20	4,00	1
davon wasserlöslich	0,96	1,20	
Vitamine			
Vitamin A, µg RÄq	45,00	56,30	3
Vitamin D, µg	(0)	(0)	6
Vitamin E, mg TÄq	0,72	0,90	3
Vitamin K, µg	10,00	12,50	1
Vitamin B_1, mg	0,03	0,04	4
Vitamin B_2, mg	0,04	0,05	5
Vitamin B_6, mg	0,05	0,06	4
Vitamin B_{12}, µg	(0)	(0)	6
Niacin, mg Äq	0,40	0,50	5
Folsäure, µg	12,00	15,00	4
Pantothensäure, mg	0,22	0,28	4
Biotin, µg	–	–	
Vitamin C, mg	17,00	21,30	2
Mineralstoffe			
Kalium, mg	189,00	236,30	3
Kalzium, mg	44,00	55,00	4
Phosphor, mg	30,00	37,50	1
Magnesium, mg	30,00	37,50	2
Eisen, mg	0,90	1,13	3
Fluor, µg	–	–	
Jod, µg	0,40	0,50	5
Selen, µg	–	–	
Zink, µg	–	–	
Natrium, mg	3,00	3,75	1

OBST

Preiselbeere (125 g)
absolute Menge in

	100 g	1 Portion	Note
Energie, kcal	36,00	45,00	1
Wasser, g	87,00	108,80	
Eiweiß, g	0,28	0,35	4
Fett (gesamt), g	0,53	0,66	1
davon mehrfach ungesättigte Fettsäuren, g	–	–	
Cholesterin, mg	0,00	0,00	1
Kohlenhydrate, g	7,60	9,50	4
Ballaststoffe, g	2,90	3,63	1
davon wasserlöslich	1,06	1,33	

Vitamine

	100 g	1 Portion	Note
Vitamin A, µg RÄq	3,83	4,79	5
Vitamin D, µg	(0)	(0)	6
Vitamin E, mg TÄq	–	–	
Vitamin K, µg	–	–	
Vitamin B_1, mg	0,01	0,01	5
Vitamin B_2, mg	0,02	0,03	5
Vitamin B_6, mg	0,01	0,01	5
Vitamin B_{12}, µg	(0)	(0)	6
Niacin, mg Äq	0,26	0,33	5
Folsäure, µg	2,60	3,25	5
Pantothensäure, mg	0,13	0,16	5
Biotin, µg	–	–	
Vitamin C, mg	12,00	15,00	3

Mineralstoffe

	100 g	1 Portion	Note
Kalium, mg	72,00	90,00	5
Kalzium, mg	14,00	18,00	5
Phosphor, mg	9,70	12,00	1
Magnesium, mg	5,50	6,90	5
Eisen, mg	0,50	0,63	4
Fluor, µg	–	–	
Jod, µg	5,00	6,30	4
Selen, µg	–	–	
Zink, µg	250,00	313,00	5
Natrium, mg	2,00	2,50	1

Wegweiser Lebensmittel

OBST

Heidelbeere (125 g)

absolute Menge in

	100 g	1 Portion	Note
Energie, kcal	37,00	46,00	1
Wasser, g	84,60	105,80	
Eiweiß, g	0,60	0,75	4
Fett (gesamt), g	0,60	0,75	1
davon mehrfach ungesättigte Fettsäuren, g	–	–	
Choloctorin, mg	0,00	0,00	1
Kohlenhydrate, g	7,40	9,30	4
Ballaststoffe, g	4,90	6,10	1
davon wasserlöslich	1,40	1,80	
Vitamine			
Vitamin A, µg RÄq	21,67	27,08	4
Vitamin D, µg	(0)	(0)	6
Vitamin E, mg TÄq	0,50	0,63	4
Vitamin K, µg	10,00	12,50	1
Vitamin B_1, mg	0,02	0,03	5
Vitamin B_2, mg	0,02	0,03	5
Vitamin B_6, mg	0,06	0,08	4
Vitamin B_{12}, µg	(0)	(0)	6
Niacin, mg Äq	0,40	0,50	5
Folsäure, µg	6,00	7,50	5
Pantothensäure, mg	0,16	0,20	4
Biotin, µg	1,10	1,38	5
Vitamin C, mg	22,00	27,50	1
Mineralstoffe			
Kalium, mg	65,00	81,30	5
Kalzium, mg	10,00	12,50	5
Phosphor, mg	13,00	16,30	1
Magnesium, mg	2,40	3,00	5
Eisen, mg	0,74	0,93	3
Fluor, µg	2,00	2,50	5
Jod, µg	–	–	
Selen, µg	–	–	
Zink, µg	100,00	125,00	5
Natrium, mg	1,00	1,25	1

OBST

Kirsche

Verbrauch
Pro Kopf und Jahr: 3,0 kg
Verzehr pro Tag (geschätzt): 6,5 g

Geschichte
Als Urheimat der Kirsche gilt das heutige Europa. Die Kulturarten leiten sich von der Vogelkirsche ab – auch heute noch ist dieser bis zu 20 m hohe Baum bei uns weit verbreitet.

Warenkunde
Obstart: Steinobst
Angebotszeit: Süßkirschen: v. a. Juni/Juli
Sauerkirschen: Juli/August
Deutschland gilt als ausgesprochenes Kirschenland – etwa 15 Millionen Kirschbäume stehen in der Bundesrepublik.
In der Systematik der Kirschen werden unterschieden: *Süßkirschen*, die fast nur frisch verzehrt werden, und *Sauerkirschen*, die sich wegen ihres färbenden Saftes besonders für die Verarbeitung zu Fruchtsaft eignen. Sauerkirschen reifen später als Süßkirschen und sind bekanntlich säuerlicher im Geschmack – bedingt durch den höheren Gehalt an Fruchtsäuren.
Bei den Süßkirschen erfreuen sich die Knorpelkirschen mit ihrem bißfesten und wohlschmeckenden Fruchtfleisch besonderer Beliebtheit. Herzkirschen, eine weitere Abart der Süßkirschen, sind weichfleischiger – sie reifen etwas früher als Knorpelkirschen und schmecken weniger aromatisch.

Wissenswertes
Nicht nur die Frucht des Kirschbaums ist vom Verbraucher begehrt. Auch das Kirschbaumholz ist als Möbelholz und für die Herstellung von Musikinstrumenten gefragt.
Oft wird Diabetikern empfohlen, anstelle von Süß- lieber Sauerkirschen zu essen, da sie weniger Zucker enthalten, d.h. Kohlenhydrate, die leicht ins Blut gehen. Die Unterschiede im Kohlenhydratgehalt sind jedoch zu vernachlässigen. Bezogen auf eine übliche Portion von 150 g enthalten Süßkirschen 3,8 g mehr Kohlenhydrate als Sauerkirschen, das entspricht etwa 0,3 Broteinheiten (Maßeinheit für Kohlenhydrate bei Diabetikern). Der relativ hohe Gehalt an Fruchtsäuren in Sauerkirschen „täuscht" einen sehr geringen Zuckergehalt vor.

OBST

Kirsche, süß (150 g)

absolute Menge in

	100 g	1 Portion	Note
Energie, kcal	63,00	95,00	1
Wasser, g	83,00	125,00	
Eiweiß, g	0,90	1,40	4
Fett (gesamt), g	0,30	0,50	1
davon mehrfach ungesättigte Fettsäuren, g	0,09	0,14	5
Cholesterin, mg	0,00	0,00	1
Kohlenhydrate, g	14,00	21,00	3
Ballaststoffe, g	1,90	2,90	2
davon wasserlöslich	0,90	1,40	
Vitamine			
Vitamin A, µg RÄq	14,00	21,00	4
Vitamin D, µg	(0)	(0)	6
Vitamin E, mg TÄq	0,13	0,20	5
Vitamin K, µg	–	–	
Vitamin B_1, mg	0,04	0,06	4
Vitamin B_2, mg	0,04	0,06	4
Vitamin B_6, mg	0,05	0,08	4
Vitamin B_{12}, µg	0,00	0,00	6
Niacin, mg Äq	0,27	0,41	5
Folsäure, µg	6,00	9,00	5
Pantothensäure, mg	0,19	0,29	4
Biotin, µg	0,40	0,60	5
Vitamin C, mg	15,00	23,00	2
Mineralstoffe			
Kalium, mg	229,00	344,00	2
Kalzium, mg	17,00	26,00	5
Phosphor, mg	20,00	30,00	1
Magnesium, mg	11,00	17,00	4
Eisen, mg	0,35	0,53	4
Fluor, µg	18,00	27,00	5
Jod, µg	1,00	1,50	5
Selen, µg	–	–	
Zink, µg	150,00	225,00	5
Natrium, mg	2,80	4,20	1

Erdbeere

Verbrauch
Pro Kopf und Jahr: 1,8 kg
Verzehr pro Tag (geschätzt): 4,0 g

Geschichte
Schon bei den Römern war die Erdbeere bekannt – als Delikatesse war sie jedoch nur den Tafeln der Adeligen vorbehalten.
Vor über 200 Jahren entstand aus Kreuzungen zwischen kleinen Walderdbeeren und großfrüchtigen Chileerdbeeren die bei uns bekannte „Königin der Beerenfrüchte".

Ernährung
Der Wert der Erdbeere gründet sich vor allem auf ihren Gehalt an Mineralstoffen und Vitaminen sowie nicht zuletzt auf ihr einmaliges Aroma.
Nach der schwarzen Johannisbeere ist die Erdbeere die Frucht mit dem höchsten Vitamin-C-Gehalt unserer heimischen Obstarten. Auch ist sie reich an Folsäure und Vitamin K (unter den Obstsorten übertrifft nur die Hagebutte die Erdbeere in ihrem Vitamin-K-Gehalt), beides wichtige Vitamine für unseren Blutkreislauf. Der hohe Eisengehalt der Erdbeere ergänzt die positiven Wirkungen der vorgenannten Vitamine auf das Blutbild. Ihre harntreibende Wirkung beruht auf dem günstigen Verhältnis von Natrium zu Kalium.

Warenkunde
Obstart: Sammelnußfrucht
Angebotszeit: v. a. April bis Juli (Importe auch früher)
Die Zahl der Erdbeersorten ist schier unübersehbar. Eine Folge davon ist, daß sie im Handel kaum nach Sorten angeboten werden. Neben einmal tragenden Sorten kennen wir auch zwei- oder mehrmals tragende Pflanzen sowie „Klettererdbeeren".
Angebaut wird die Erdbeere in fast allen Ländern der Erde – die Züchtung hat Sorten hervorgebracht, die nahezu jedes Klima vertragen.
Importe in den Frühjahrsmonaten kommen v. a. aus Israel, Spanien und Italien.

OBST

Erdbeere (200 g)
absolute Menge in

	100 g	1 Portion	Note
Energie, kcal	33,00	66,00	1
Wasser, g	90,00	180,00	
Eiweiß, g	0,80	1,60	4
Fett (gesamt), g	0,40	0,80	1
davon mehrfach ungesättigte Fettsäuren, g	0,20	0,40	4
Cholesterin, mg	0,00	0,00	1
Kohlenhydrate, g	6,50	13,00	4
Ballaststoffe, g	2,00	4,00	1
davon wasserlöslich	0,50	1,00	
Vitamine			
Vitamin A, µg RÄq	8,20	16,40	5
Vitamin D, µg	(0)	(0)	6
Vitamin E, mg TÄq	0,12	0,24	5
Vitamin K, µg	13,00	26,00	1
Vitamin B_1, mg	0,03	0,06	4
Vitamin B_2, mg	0,05	0,10	4
Vitamin B_6, mg	0,06	0,12	3
Vitamin B_{12}, µg	(0)	(0)	6
Niacin, mg Äq	0,51	1,02	3
Folsäure, µg	16,00	32,00	2
Pantothensäure, mg	0,30	0,60	2
Biotin, µg	4,00	8,00	2
Vitamin C, mg	64,00	128,00	1
Mineralstoffe			
Kalium, mg	147,00	294,00	2
Kalzium, mg	26,00	52,00	4
Phosphor, mg	29,00	58,00	1
Magnesium, mg	15,00	30,00	3
Eisen, mg	0,96	1,92	1
Fluor, µg	24,00	48,00	5
Jod, µg	1,00	2,00	5
Selen, µg	–	–	
Zink, µg	120,00	240,00	5
Natrium, mg	2,40	4,80	1

OBST

Zitrone

Verbrauch
Pro Kopf und Jahr: 1,6 kg
Verzehr pro Tag (geschätzt): 3,5 g

Geschichte
Die Heimat der Zitrone liegt in den Ländern Westasiens. Schon 500 v. Chr. kannte man sie bei den Chinesen. Durch die Araber kam sie dann um 1000–1200 n. Chr. zu uns nach Europa.

Ernährung
Das sehr saftige Fruchtfleisch der Zitrone ist reich an Vitamin C, ansonsten aber relativ vitamin- und mineralstoffarm. Durch ihren hohen Gehalt an Fruchtsäuren – besonders Zitronensäure – wirkt sie appetitanregend und fördernd auf die Speichelabsonderung. Heißer Zitronensaft gilt bekanntlich als altbewährtes Hausmittel gegen Erkältungen.

Warenkunde
Obstart: Zitrusfrucht
Angebotszeit: ganzjährig
Zitronenbäume tragen oft gleichzeitig Blüten, unreife und reife Früchte, so daß bei zwei Blütezeiten aus ein und demselben Baum drei Jahreszeitenernten hervorgehen können. Spanische und italienische Zitronen beherrschen heute den europäischen Markt.
Im allgemeinen werden Zitronen vor der Vollreife in noch grünem Zustand geerntet, wenn sie eine bestimmte Größe erreicht haben. Im Gegensatz zu Apfelsinen reifen Zitronen noch nach. Bei Zitronen wird der Reifegrad nicht nach ihrer Farbe beurteilt, sondern nach ihrem Glanz. Reife Zitronen besitzen eine gleichmäßig glänzende Schale.
Die *Zitronatzitrone* – sie gilt gemeinhin als Stammfrucht der gesamten Zitrusfamilie – liefert eine äußerst dicke Schale zur Herstellung von Zitronat (in Norddeutschland: Sukkade).

Wissenswertes
Limetten sind übrigens keine Zitronen, wie manchmal angenommen wird, sondern eine eigenständige Obstsorte. Im deutschsprachigen Raum wird vielfach als Synonym für die Limette der Begriff Limone verwendet. In fast allen anderen Sprachen werden jedoch Zitronen als Limonen bezeichnet. Begriffsverwirrungen sind daher sozusagen vorprogrammiert.

OBST

Zitrone, Saft (50 ml, 4 EL)

absolute Menge in

	100 g	1 Portion	Note
Energie, kcal	41,00	20,00	1
Wasser, g	90,00	45,00	
Eiweiß, g	0,70	0,40	4
Fett (gesamt), g	0,60	0,30	1
davon mehrfach ungesättigte Fettsäuren, g	–	–	
Cholesterin, mg	0,00	0,00	1
Kohlenhydrate, g	8,00	4,00	5
Ballaststoffe, g	0,30	0,20	4
davon wasserlöslich	–	–	

Vitamine

	100 g	1 Portion	Note
Vitamin A, µg RÄq	2,60	1,30	5
Vitamin D, µg	(0)	(0)	6
Vitamin E, mg TÄq	–	–	
Vitamin K, µg	–	–	
Vitamin B_1, mg	0,05	0,03	5
Vitamin B_2, mg	0,02	0,01	5
Vitamin B_6, mg	0,06	0,03	5
Vitamin B_{12}, µg	(0)	(0)	6
Niacin, mg Äq	0,17	0,09	5
Folsäure, µg	6,00	3,00	5
Pantothensäure, mg	0,27	0,14	5
Biotin, µg	–	–	
Vitamin C, mg	53,00	27,00	1

Mineralstoffe

	100 g	1 Portion	Note
Kalium, mg	149,00	75,00	5
Kalzium, mg	11,00	6,00	5
Phosphor, mg	16,00	8,00	1
Magnesium, mg	28,00	14,00	4
Eisen, mg	0,45	0,23	5
Fluor, µg	10,00	5,00	5
Jod, µg	0,50	0,30	5
Selen, µg	1,20	0,60	5
Zink, µg	120,00	60,00	5
Natrium, mg	2,80	1,40	1

OBST

Grapefruit

Verbrauch
Pro Kopf und Jahr: 1,0 kg

Geschichte
Um 1750 soll die Grapefruit aus einer Kreuzung zwischen Pampelmuse und Apfelsine entstanden sein. Die bis zu 10 m hohen Bäume wachsen nur in den Subtropen. Ihr Anbau für Handelszwecke begann erst im 19. Jahrhundert in den USA.

Warenkunde
Obstart: Zitrusfrucht
Angebotszeit: nahezu ganzjährig
Grapefruits sind deutlich größer als Apfelsinen und haben die gelbe Schalenfarbe der Zitrone. Ihr Fruchtfleisch enthält nur wenig, oft gar keine Kerne und schmeckt säuerlich-bitter. Die Grapefruit wirkt verdauungsfördernd und appetitanregend. Je größer die Früchte sind, desto saftreicher sind sie. Immer größerer Beliebtheit erfreuen sich die rosafleischigen Grapefruits. Sie schmecken weniger bitter und sind meist saftreicher als die gelben Sorten. Grapefruits werden vorwiegend frisch verzehrt, indem man mit einem Löffel das saftige Fruchtfleisch aus den Fruchthälften herauslöst – manche mögen's nur mit Zucker.
Die Grapefruit wird oft fälschlich als **Pampelmuse** bezeichnet. Dabei gehört diese einer anderen botanischen Art an. Pampelmusen können bis zu 6 kg schwer werden und einen Durchmesser bis 25 cm haben. Sie sind damit die größten aller Zitrusfrüchte. Im Gegensatz zu Grapefruits enthält das Fruchtfleisch der Pampelmuse oftmals gelbweiße Kerne. Auf dem Markt haben sie keine nennenswerte Bedeutung.

OBST

Grapefruit (200 g)

absolute Menge in

	100 g	1 Portion	Note
Energie, kcal	40,00	80,00	1
Wasser, g	89,00	178,00	
Eiweiß, g	0,60	1,20	4
Fett (gesamt), g	0,15	0,30	1
davon mehrfach ungesättigte Fettsäuren, g	–	–	
Cholesterin, mg	0,00	0,00	1
Kohlenhydrate, g	8,95	17,90	4
Ballaststoffe, g	0,58	1,16	4
davon wasserlöslich	0,30	0,60	
Vitamine			
Vitamin A, µg RÄq	2,50	5,00	5
Vitamin D, µg	(0)	(0)	6
Vitamin E, mg TÄq	0,25	0,50	4
Vitamin K, µg	2,50	5,00	3
Vitamin B_1, mg	0,05	0,10	3
Vitamin B_2, mg	0,02	0,04	5
Vitamin B_6, mg	0,03	0,06	4
Vitamin B_{12}, µg	(0)	(0)	6
Niacin, mg Äq	0,24	0,48	5
Folsäure, µg	11,00	22,00	3
Pantothensäure, mg	0,25	0,50	3
Biotin, µg	0,35	0,70	5
Vitamin C, mg	44,00	88,00	1
Mineralstoffe			
Kalium, mg	180,00	360,00	2
Kalzium, mg	18,00	36,00	4
Phosphor, mg	17,00	34,00	1
Magnesium, mg	10,00	20,00	4
Eisen, mg	0,34	0,68	4
Fluor, µg	24,00	48,00	5
Jod, µg	1,30	2,60	5
Selen, µg	0,20	0,40	5
Zink, µg	170,00	340,00	5
Natrium, mg	1,60	3,20	1

Aprikose

Verbrauch
Pro Kopf und Jahr: 0,4 kg

Warenkunde
Obstart: Steinobst
Angebotszeit: Mai bis September
Aprikosen, auch Marillen, genannt, gehören wie Pfirsiche zu den wärmeliebenden Obstarten. Sie haben eine rauhe, samtartige Haut, deren Färbung vom Hellgelben bis ins Rötliche reichen kann. Ihre Kerne sind glatt und lösen sich, wenn die Früchte genügend reif sind, leicht vom Fruchtfleisch. Sofern die Aprikose genügend Sonne und Wärme erhalten hat, ist ihr Fruchtfleisch äußerst saftig und wohlschmeckend säuerlich.
Neben dem Rohgenuß werden Aprikosen vor allem als Trockenfrüchte verwendet. Beliebt sind auch die aus Aprikosen hergestellten Liköre.

Sonstige Obstarten

In zunehmendem Maße erobern exotische Früchte unsere Märkte. Jedoch liegen über den Pro-Kopf-Verbrauch von Ananas, Kiwi, Mango, Melone & Co. keine statistischen Angaben vor, so daß wir sie nicht in dieses Buch aufgenommen haben.

OBST

Aprikose (50 g)
absolute Menge in

	100 g	1 Portion	Note
Energie, kcal	45,00	23,00	1
Wasser, g	85,00	43,00	
Eiweiß, g	0,90	0,45	4
Fett (gesamt), g	0,13	0,07	1
davon mehrfach ungesättigte Fettsäuren, g	–	–	
Cholesterin, mg	0,00	0,00	1
Kohlenhydrate, g	9,90	4,90	5
Ballaststoffe, g	2,02	1,01	4
davon wasserlöslich	1,18	0,59	
Vitamine			
Vitamin A, µg RÄq	298,00	149,00	1
Vitamin D, µg	(0)	(0)	6
Vitamin E, mg TÄq	0,50	0,25	5
Vitamin K, µg	10,00	5,00	3
Vitamin B_1, mg	0,04	0,02	5
Vitamin B_2, mg	0,05	0,03	5
Vitamin B_6, mg	0,07	0,04	5
Vitamin B_{12}, µg	0,00	0,00	6
Niacin, mg Äq	0,77	0,39	5
Folsäure, µg	3,60	1,80	5
Pantothensäure, mg	0,29	0,15	5
Biotin, µg	–	–	
Vitamin C, mg	9,40	4,70	5
Mineralstoffe			
Kalium, mg	278,00	139,00	4
Kalzium, mg	16,00	8,00	5
Phosphor, mg	21,00	10,50	1
Magnesium, mg	9,20	4,60	5
Eisen, mg	0,65	0,33	5
Fluor, µg	9,60	4,80	5
Jod, µg	0,50	0,25	5
Selen, µg	–	–	
Zink, µg	70,00	35,00	5
Natrium, mg	2,00	1,00	1

Nüsse (Schalenobst)

Verbrauch
Pro Kopf und Jahr: 3,7 kg
Verzehr pro Tag (geschätzt): 8,0 g

Auch Nüsse gehören, was oft vergessen wird, zu den Obstarten. Man faßt sie unter dem Sammelbegriff Schalenobst zusammen, weil die eßbaren Samen oder Früchte von einer Schale umgeben sind. Sie gehören jedoch sehr verschiedenen Pflanzenfamilien an.

Ernährung
Im Unterschied zu anderen Obstarten enthält Schalenobst wenig Wasser und auch wenig Vitamin C. Der hohe Gehalt an Fett und Eiweiß macht es sehr nahrhaft, aber auch kalorienreich. 100 Gramm enthalten mehr als 600 Kilokalorien – fast soviel wie eine Mittagsmahlzeit enthalten sollte (etwa 700 kcal)! Der Mineralstoffgehalt von Schalenobst liegt bemerkenswert hoch, besonders Kalzium, Magnesium und Eisen sind reichlich enthalten. Was die Vitamine angeht, sind vor allem Vitamin E und Folsäure zu erwähnen. Das Fett von Nüssen ist übrigens reich an essentiellen, d.h. lebensnotwendigen Fettsäuren.

Warenkunde
Obstart: Schalenobst
– Mandeln und Walnüsse sind die eßbaren Samen aus Steinfrüchten
– Haselnüsse sind Samen aus Nußfrüchten, d.h. „echte" Nüsse
Angebotszeit: ungeschälte Nüsse v.a. im Spätherbst, geschältes Schalenobst ganzjährig

Walnuß
Das bedeutendste Anbauland ist Kalifornien. Bei uns werden Walnüsse v.a. in den Weinanbaugebieten kultiviert. Frisch geerntet werden sie hier als sogenannte „Schälnüsse", bei denen die noch grüne Haut entfernt werden muß, zum Wein gereicht.
Walnüsse haben nicht von Natur aus eine helle Schale, wie wir sie kennen. In der äußeren Schale, die die eigentliche Nußschale umgibt, ist reichlich Tannin enthalten, was die Nußschale bei der Reife schwarz färbt. Durch eine bleichende Behandlung der Nüsse nach der Ernte wird diese oft als unschön empfundene Färbung entfernt.

Mandel
Nach dem Geschmack der Mandel unterscheidet man in süße und bittere Sorten. Äußerlich unterscheiden sie sich kaum voneinander. Die bitteren Mandeln sind nur ein wenig kleiner und spitzer. Sie enthalten eine Substanz (Amygdalin), die die äußerst giftige Blausäure freisetzen kann. Man sollte bittere Mandeln deshalb so aufbewahren, daß sie für Kinder nicht erreichbar sind – 5 bis 10 roh verzehrte bittere Mandeln können für sie tödlich sein. Beim Kochen oder Backen verflüchtigt sich die Blausäure.

SCHALENOBST

Haselnuß
Der größte Teil der Haselnußernte gelangt in die Süß- und Backwarenindustrie, nur etwa 20% in den Lebensmittelhandel. Die in der Bundesrepublik verzehrten Haselnüsse importieren wir vorwiegend aus den östlichen Mittelmeerländern.
Am besten schmecken Haselnüsse unmittelbar nach der Ernte, bei längerer Lagerung läßt ihr milder Geschmack nach – er wird statt dessen „kratzig".
Nach der Form unterscheidet man die rundlichen *Zellernüsse* und die meist wohlschmeckenderen, länglichen *Lambertsnüsse*.

Erdnuß
Die Erdnuß gehört – botanisch gesehen – nicht zu den Nüssen, sondern wie die Erbse zu den Hülsenfrüchten. Die Stengel der Erdnuß neigen sich nach der Befruchtung nach unten und drücken die Frucht an ihrem Ende einige Zentimeter tief in den Boden.
Besondere Beachtung für die Ernährung verdient der für Schalenobst ungewöhnlich hohe Niacingehalt von Erdnüssen (eine Portion Erdnüsse von 50 Gramm deckt bereits ¾ des täglichen Niacinbedarfs).

Neben den hier erwähnten Nüssen zählen außerdem zum Schalenobst: Pistazien, Kaschu-, (auch Cashew)nüsse, Paranüsse, Macadamianüsse, Eßkastanien und Kokosnüsse.

SCHALENOBST

Walnuß (20 g, 5 St.)

absolute Menge in

	100 g	1 Portion	Note
Energie, kcal	694,00	139,00	2
Wasser, g	4,00	0,80	
Eiweiß, g	14,40	2,90	4
Fett (gesamt), g	62,50	12,50	2
davon mehrfach ungesättigte Fettsäuren, g	41,52	8,30	1
Cholesterin, mg	0,00	0,00	1
Kohlenhydrate, g	12,10	2,40	5
Ballaststoffe, g	4,60	0,90	5
davon wasserlöslich	2,10	0,40	

Vitamine

	100 g	1 Portion	Note
Vitamin A, µg RÄq	8,00	1,60	5
Vitamin D, µg	(0)	(0)	6
Vitamin E, mg TÄq	6,20	1,24	2
Vitamin K, µg	–	–	
Vitamin B_1, mg	0,32	0,06	4
Vitamin B_2, mg	0,12	0,02	5
Vitamin B_6, mg	0,87	0,17	2
Vitamin B_{12}, µg	(0)	(0)	6
Niacin, mg Äq	1,00	0,20	5
Folsäure, µg	77,00	15,40	4
Pantothensäure, mg	0,82	0,16	5
Biotin, µg	20,00	4,00	4
Vitamin C, mg	3,00	0,60	5

Mineralstoffe

	100 g	1 Portion	Note
Kalium, mg	544,00	109,00	4
Kalzium, mg	87,00	17,00	5
Phosphor, mg	409,00	82,00	1
Magnesium, mg	129,00	26,00	3
Eisen, mg	2,50	0,50	4
Fluor, µg	680,00	136,00	3
Jod, µg	3,00	0,60	5
Selen, µg	–	–	
Zink, µg	2700,00	540,00	4
Natrium, mg	2,40	0,48	1

Wegweiser Lebensmittel

SCHALENOBST

Haselnuß (10 g, 10 St.)

absolute Menge in

	100 g	1 Portion	Note
Energie, kcal	672,00	67,00	1
Wasser, g	5,00	0,50	
Eiweiß, g	12,00	1,20	4
Fett (gesamt), g	61,20	6,20	1
davon mehrfach ungesättigte Fettsäuren, g	6,40	0,65	4
Cholesterin, mg	0,00	0,00	1
Kohlenhydrate, g	11,40	1,10	5
Ballaststoffe, g	7,40	0,70	5
davon wasserlöslich	2,80	0,30	
Vitamine			
Vitamin A, µg RÄq	4,83	0,48	5
Vitamin D, µg	(0)	(0)	6
Vitamin E, mg TÄq	26,20	2,62	1
Vitamin K, µg	–	–	
Vitamin B_1, mg	0,39	0,04	4
Vitamin B_2, mg	0,21	0,02	5
Vitamin B_6, mg	0,45	0,05	5
Vitamin B_{12}, µg	(0)	(0)	6
Niacin, mg Äq	1,35	0,14	5
Folsäure, µg	71,00	7,00	5
Pantothensäure, mg	1,15	0,12	5
Biotin, µg	–	–	
Vitamin C, mg	3,00	0,30	5
Mineralstoffe			
Kalium, mg	636,00	61,00	5
Kalzium, mg	226,00	23,00	5
Phosphor, mg	333,00	33,00	1
Magnesium, mg	156,00	16,00	4
Eisen, mg	3,80	0,38	5
Fluor, µg	17,00	1,70	5
Jod, µg	1,50	0,20	5
Selen, µg	2,00	0,20	5
Zink, µg	1870,00	187,00	5
Natrium, mg	2,00	0,20	1

SCHALENOBST

Mandel (15 g, 10 St.)
absolute Menge in

	100 g	1 Portion	Note
Energie, kcal	623,00	94,00	1
Wasser, g	6,00	1,00	
Eiweiß, g	18,70	2,80	4
Fett (gesamt), g	54,10	8,10	2
davon mehrfach ungesättigte Fettsäuren, g	10,12	1,52	1
Cholesterin, mg	0,00	0,00	1
Kohlenhydrate, g	9,10	1,40	5
Ballaststoffe, g	9,80	1,50	4
davon wasserlöslich	3,30	0,50	

Vitamine

	100 g	1 Portion	Note
Vitamin A, µg RÄq	20,00	3,00	5
Vitamin D, µg	(0)	(0)	6
Vitamin E, mg TÄq	24,80	3,72	1
Vitamin K, µg	–	–	
Vitamin B_1, mg	0,22	0,03	5
Vitamin B_2, mg	0,62	0,09	4
Vitamin B_6, mg	0,06	0,01	5
Vitamin B_{12}, µg	(0)	(0)	6
Niacin, mg Äq	4,18	0,63	4
Folsäure, µg	45,00	7,00	5
Pantothensäure, mg	0,58	0,09	5
Biotin, µg	12,00	1,80	5
Vitamin C, mg	4,00	0,60	5

Mineralstoffe

	100 g	1 Portion	Note
Kalium, mg	835,00	125,00	4
Kalzium, mg	252,00	38,00	4
Phosphor, mg	454,00	68,00	1
Magnesium, mg	170,00	26,00	3
Eisen, mg	4,13	0,62	4
Fluor, µg	90,00	13,50	5
Jod, µg	2,00	0,30	5
Selen, µg	2,00	0,30	5
Zink, µg	2100,00	315,00	5
Natrium, mg	22,40	3,36	1

SCHALENOBST

Erdnuß (50 g)
absolute Menge in

	100 g	1 Portion	Note
Energie, kcal	608,00	304,00	4
Wasser, g	5,00	3,00	
Eiweiß, g	25,20	13,00	2
Fett (gesamt), g	48,10	24,00	4
davon mehrfach ungesättigte Fettsäuren, g	14,43	7,20	1
Cholesterin, mg	0,00	0,00	1
Kohlenhydrate, g	12,10	6,00	5
Ballaststoffe, g	7,10	3,60	2
davon wasserlöslich	0,80	0,40	
Vitamine			
Vitamin A, µg RÄq	1,80	0,90	5
Vitamin D, µg	(0)	(0)	6
Vitamin E, mg TÄq	9,10	4,60	1
Vitamin K, µg			
Vitamin B_1, mg	0,90	0,45	1
Vitamin B_2, mg	0,10	0,05	5
Vitamin B_6, mg	0,30	0,02	5
Vitamin B_{12}, µg	(0)	(0)	6
Niacin, mg Äq	15,30	7,70	1
Folsäure, µg	53,00	27,00	2
Pantothensäure, mg	2,60	1,30	1
Biotin, µg	34,00	17,00	1
Vitamin C, mg	0,00	0,00	6
Mineralstoffe			
Kalium, mg	706,00	353,00	2
Kalzium, mg	59,00	30,00	5
Phosphor, mg	372,00	186,00	2
Magnesium, mg	163,00	82,00	1
Eisen, mg	2,10	1,05	3
Fluor, µg	130,00	65,00	4
Jod, µg	13,00	7,00	4
Selen, µg	2,00	1,00	5
Zink, µg	3070,00	1535,00	2
Natrium, mg	5,20	2,60	1

Milch und -produkte allgemein

Geschichte
Erste bildliche Darstellungen über die Haltung von Milchkühen fand man bereits in sumerischen Reliefen aus dem dritten Jahrtausend vor Christus. Die Milchwirtschaft gibt es demnach schon seit 5000 Jahren. Bei Indern und Ägyptern galt – und gilt teilweise heute noch – die Kuh als heiliges Tier.
Die Römer kannten schon das Herstellungsverfahren von Molke, und bei den römischen Frauen war ein Bad in Kuhmilch heiß begehrt. Bereits die Germanen verstanden sich auf die Herstellung von Quark.
In den letzten Jahrzehnten hat sich die Milchwirtschaft enorm entwickelt. Eine Milchkuh gibt heute im Durchschnitt etwa 4700 Liter Milch pro Jahr. Davon hätten die alten Sumerer sicher nicht zu träumen gewagt.

Ernährung
Die Milch und ihre Produkte sind für den Menschen hochwertige Lebensmittel. Vor allem die Milch enthält fast alle Nährstoffe, die der Mensch zum Leben braucht.
Das **Milcheiweiß** ist besonders wertvoll, weil darin „essentielle" Aminosäuren enthalten sind. Dies sind Eiweißbausteine, die unser Körper nicht selbst herstellen kann und die regelmäßig mit der Nahrung aufgenommen werden müssen. Das Eiweiß Kasein ist das wichtigste Milcheiweiß für die Käseherstellung.
Das **Milchfett** ist gut bekömmlich, weil es bereits bei Körpertemperatur schmilzt und in der Milch fein verteilt ist. Außerdem ist das Milchfett Träger der fettlöslichen Vitamine A, D, E und K.
Das Kohlenhydrat der Milch, der **Milchzucker** (Laktose), hat einen günstigen Einfluß auf die Darmflora. Durch Darmbakterien wird ein Teil des Milchzuckers in Milchsäure umgewandelt. Diese verhindert Fäulnisprozesse im Darm. Der Milchzucker begünstigt außerdem die Aufnahme des Mineralstoffs Kalzium. Für Personen, die Milchzucker nicht vertragen, sind Sauermilchprodukte (Dickmilch, Buttermilch, Joghurt etc.) zu empfehlen. Bei diesen Milchprodukten ist der Milchzucker durch Bakterien bereits zu Milchsäure abgebaut worden.
An **Mineralstoffen** enthält die Milch vor allem Kalzium und Phosphor in leicht verfügbarer Form und in einem gut abgestimmten Verhältnis. Aber auch Kalium und Magnesium sind in Milch und Milchprodukten enthalten.
Neben den fettlöslichen **Vitaminen** enthält Milch die wasserlöslichen Vitamine B_1, B_2, Biotin und Pantothensäure in nicht unbeträchtlichen Mengen.

MILCH UND -PRODUKTE

Konsummilch

Verbrauch
Pro Kopf und Jahr: 69,1 kg
davon: Vollmilch (3,5 % Fett): 46,6 kg
    teilentrahmte Milch (1,5 % Fett) 18,9 kg
    entrahmte Milch (0,3 % Fett) 0,9 kg
Verzehr pro Tag (geschätzt): 170,0 g

Warenkunde
Der Sammelbegriff „**Konsummilch**" wird für die folgenden Milchsorten verwendet:

Rohmilch
Rohmilch wird nicht erhitzt und abgesehen vom Filtern und Kühlen auch sonst nicht molkereitechnisch behandelt. Sie hat den natürlichen Fettgehalt der Milch von etwa 3,8 % und rahmt auf, wenn man sie einige Zeit stehen läßt.
Rohmilch darf nur unter besonderen Bedingungen mit Genehmigung direkt vom Erzeuger an den Verbraucher abgegeben werden (Ab-Hof-Verkauf). Aufgrund hygienerechtlicher Vorschriften muß der Bauer an seinem Hof ein Schild anbringen, auf dem der Verbraucher zum Abkochen der Milch aufgefordert wird.

Vorzugsmilch
Vorzugsmilch ist ebenfalls unerhitzte, „rohe" Milch mit unverändertem Fettgehalt, die jedoch im Erzeugerbetrieb abgefüllt wird und so in den Handel kommt. Wegen ihrer kurzen Haltbarkeit ist Vorzugsmilch in den Geschäften meist schwer erhältlich.

Alle weiteren Konsummilchsorten sind wärmebehandelt und in ihrem Fettgehalt standardisiert. Meist werden sie auch **homogenisiert**. Dies ist ein Verfahren, bei dem das Milchfett in der Milch so gleichmäßig (homogen) und fein verteilt wird, daß es sich nicht mehr als Rahm auf der Oberfläche der Milch absetzen kann. Durch diese Behandlung wird das Milchfett leichter verdaulich. Abgesehen vom geringfügig höheren Fettgehalt unterscheiden sich Roh- und Vorzugsmilch in ihrem Nährstoffgehalt nur unwesentlich von der molkereitechnisch behandelten Milch mit standardisierten 3,5 % Fett.
Um evtl. in der Milch vorkommende krankheitsverursachende Keime abzutöten, wird die frisch gemolkene Milch in der Molkerei erhitzt.

Pasteurisierte Milch (oft Trinkmilch oder Frischmilch genannt)
Bei dem Verfahren der Pasteurisation erfolgt eine Kurzzeiterhitzung für 40 Sekunden auf eine Temperatur von 71 bis 74 °C. Pasteurisierte Milch ist gekühlt etwa fünf bis sechs Tage haltbar.
Sie wird in verschiedenen Fettgehaltsstufen angeboten:
- Vollmilch mit natürlichem Fettgehalt, der mindestens 3,8 % betragen muß,
- Vollmilch mit standardisiertem Fettgehalt von 3,5 %,
- fettarme (teilentrahmte) Milch mit einem Fettgehalt von 1,5–1,8 % und
- Magermilch (entrahmte Milch) mit einem Fettgehalt von höchstens 0,3 %.

MILCH UND -PRODUKTE

Ultrahocherhitzte Milch (H-Milch)
Bei der Ultrahocherhitzung wird die Milch für etwa 2 Sekunden auf 135 bis 150°C erhitzt. Durch diese Behandlung werden alle **lebenden** Keime abgetötet. H-Milch ist daher ohne Kühlung mindestens sechs Wochen haltbar. Ist die Packung jedoch angebrochen, sollte sie wie Frischmilch im Kühlschrank aufbewahrt werden. Durch die Sauerstoffzufuhr werden die nicht abgetöteten Dauerformen der Keime zu erneutem Wachstum und zur Vermehrung angeregt. Kühlschranktemperaturen halten sie für einige Tage in Schach.
Der Vitamin- und Mineralstoffgehalt der H-Milch ist nur minimal geringer als der der Frischmilch. Durch die Ultrahocherhitzung gehen entgegen der landläufigen Meinung kaum Vitamine und Mineralstoffe verloren. Allein der Gehalt der essentiellen Aminosäure Lysin wird durch diese Form der Erhitzung geringfügig reduziert.

Sterilmilch (sterilisierte Milch)
Bei dieser Wärmebehandlung (20 bis 30 Minuten auf 110–115°C) werden auch die „Überlebensformen" der Keime abgetötet – die Milch ist praktisch keimfrei, d.h. steril. Als Konserve ist sie langfristig haltbar. Jedoch sind die Vitaminverluste und Eiweißveränderungen erheblich. Sterilmilch ist aus diesem Grund z.B. für die Säuglingsernährung nicht geeignet.

Buttermilch fällt bei der Butterherstellung an und gehört genaugenommen zu den gesäuerten Milcherzeugnissen. Beim Schlagen der Butter klumpen die Fettkügelchen zusammen, und die Flüssigkeit wird mit allen wasserlöslichen Bestandteilen ausgepreßt. Die heute im Handel angebotene Buttermilch ist meist das Nebenprodukt der Süßrahmbutterung, das nachträglich mit Milchsäurebakterien gesäuert wird.
Der Fettgehalt von Buttermilch beträgt höchstens 1%. Buttermilch hat einen hohen Eiweiß- und Mineralstoffgehalt.

MILCH UND -PRODUKTE

Trinkmilch, 3,5% Fett (200 g)

absolute Menge in

	100 g	1 Portion	Note
Energie, kcal	67,00	134,00	2
Wasser, g	88,00	176,00	
Eiweiß, g	3,30	6,60	3
Fett (gesamt), g	3,50	7,00	1
davon mehrfach ungesättigte Fettsäuren, g	0,12	0,24	5
Cholesterin, mg	12,00	24,00	2
Kohlenhydrate, g	4,80	9,60	4
Ballaststoffe, g	0,00	0,00	6
davon wasserlöslich	0,00	0,00	
Vitamine			
Vitamin A, µg RÄq	30,80	61,60	3
Vitamin D, µg	0,06	0,12	5
Vitamin E, mg TÄq	0,08	0,16	5
Vitamin K, µg	4,00	8,00	2
Vitamin B_1, mg	0,04	0,08	3
Vitamin B_2, mg	0,18	0,36	1
Vitamin B_6, mg	0,05	0,10	4
Vitamin B_{12}, µg	0,42	0,84	1
Niacin, mg Äq	0,09	0,18	5
Folsäure, µg	6,00	12,00	4
Pantothensäure, mg	0,35	0,70	1
Biotin, µg	3,50	7,00	2
Vitamin C, mg	2,00	4,00	5
Mineralstoffe			
Kalium, mg	157,00	314,00	2
Kalzium, mg	120,00	240,00	1
Phosphor, mg	92,00	184,00	2
Magnesium, mg	12,00	24,00	3
Eisen, mg	0,05	0,10	5
Fluor, µg	17,00	34,00	5
Jod, µg	3,30	6,60	4
Selen, µg	–	–	
Zink, µg	380,00	760,00	4
Natrium, mg	48,00	96,00	1

MILCH UND -PRODUKTE

Trinkmilch, 1,5% Fett (200 g)

absolute Menge in

	100 g	1 Portion	Note
Energie, kcal	49,00	98,00	1
Wasser, g	90,00	180,00	
Eiweiß, g	3,40	6,80	3
Fett (gesamt), g	1,60	3,20	1
davon mehrfach ungesättigte Fettsäuren, g	0,09	0,18	5
Cholesterin, mg	5,00	10,00	1
Kohlenhydrate, g	4,80	9,60	4
Ballaststoffe, g	0,00	0,00	6
davon wasserlöslich	0,00	0,00	
Vitamine			
Vitamin A, µg RÄq	14,30	28,60	4
Vitamin D, µg	0,03	0,06	5
Vitamin E, mg TÄq	0,04	0,08	5
Vitamin K, µg	2,00	4,00	4
Vitamin B_1, mg	0,04	0,08	3
Vitamin B_2, mg	0,18	0,36	1
Vitamin B_6, mg	0,05	0,10	4
Vitamin B_{12}, µg	0,42	0,84	1
Niacin, mg Äq	0,09	0,18	5
Folsäure, µg	3,00	6,00	5
Pantothensäure, mg	0,35	0,70	1
Biotin, µg	3,50	7,00	2
Vitamin C, mg	2,00	4,00	5
Mineralstoffe			
Kalium, mg	155,00	310,00	2
Kalzium, mg	118,00	236,00	1
Phosphor, mg	91,00	182,00	2
Magnesium, mg	12,00	24,00	3
Eisen, mg	0,05	0,10	5
Fluor, µg	17,00	34,00	5
Jod, µg	3,30	6,60	4
Selen, µg	–	–	
Zink, µg	370,00	740,00	4
Natrium, mg	47,20	94,40	1

MILCH UND -PRODUKTE

Milch, entrahmt, 0,3% Fett (200 g)

absolute Menge in

	100 g	1 Portion	Note
Energie, kcal	36,00	72,00	1
Wasser, g	91,00	182,00	
Eiweiß, g	3,50	7,00	3
Fett (gesamt), g	0,70	1,40	1
davon mehrfach ungesättigte Fettsäuren, g	Spuren	Spuren	5
Cholesterin, mg	3,00	6,00	1
Kohlenhydrate, g	5,00	10,00	4
Ballaststoffe, g	0,00	0,00	6
davon wasserlöslich	0,00	0,00	
Vitamine			
Vitamin A, µg RÄq	2,40	4,80	5
Vitamin D, µg	0,00	0,00	6
Vitamin E, mg TÄq	Spuren	Spuren	5
Vitamin K, µg	–	–	
Vitamin B_1, mg	0,04	0,08	3
Vitamin B_2, mg	0,17	0,34	1
Vitamin B_6, mg	0,05	0,10	4
Vitamin B_{12}, µg	0,30	0,60	1
Niacin, mg Äq	0,10	0,20	5
Folsäure, µg	5,00	10,00	4
Pantothensäure, mg	0,28	0,56	2
Biotin, µg	1,50	3,00	4
Vitamin C, mg	1,00	2,00	5
Mineralstoffe			
Kalium, mg	150,00	300,00	2
Kalzium, mg	123,00	246,00	1
Phosphor, mg	97,00	194,00	2
Magnesium, mg	14,00	28,00	3
Eisen, mg	0,12	0,24	5
Fluor, µg	–	–	
Jod, µg	3,40	6,80	4
Selen, µg	4,80	9,60	1
Zink, µg	400,00	800,00	4
Natrium, mg	53,20	106,40	2

MILCH UND -PRODUKTE

Buttermilch (200 g)
absolute Menge in

	100 g	1 Portion	Note
Energie, kcal	35,00	70,00	1
Wasser, g	91,00	182,00	
Eiweiß, g	3,50	7,00	3
Fett (gesamt), g	0,50	1,00	1
davon mehrfach ungesättigte Fettsäuren, g	Spuren	Spuren	5
Cholesterin, mg	4,00	8,00	1
Kohlenhydrate, g	4,00	8,00	5
Ballaststoffe, g	0,00	0,00	6
davon wasserlöslich	0,00	0,00	
Vitamine			
Vitamin A, µg RÄq	9,00	18,00	5
Vitamin D, µg	–	–	
Vitamin E, mg TÄq	0,05	0,10	5
Vitamin K, µg	–	–	
Vitamin B_1, mg	0,03	0,06	4
Vitamin B_2, mg	0,16	0,32	1
Vitamin B_6, mg	0,04	0,08	4
Vitamin B_{12}, µg	0,20	0,40	2
Niacin, mg Äq	0,10	0,20	5
Folsäure, µg	7,00	14,00	4
Pantothensäure, mg	0,35	0,70	1
Biotin, µg	1,70	3,40	4
Vitamin C, mg	1,00	2,00	5
Mineralstoffe			
Kalium, mg	147,00	294,00	2
Kalzium, mg	109,00	218,00	1
Phosphor, mg	90,00	180,00	2
Magnesium, mg	16,00	32,00	2
Eisen, mg	0,10	0,20	5
Fluor, µg	20,00	40,00	5
Jod, µg	2,00	4,00	5
Selen, µg	–	–	
Zink, µg	420,00	840,00	3
Natrium, mg	57,20	114,40	2

Wegweiser Lebensmittel

MILCH UND -PRODUKTE

Sauermilcherzeugnisse (gesäuerte Milcherzeugnisse)

Verbrauch
Pro Kopf und Jahr: 21,7 kg
(davon **Joghurt**: 12,1 kg)
Verzehr pro Tag (geschätzt): 48,0 g

Warenkunde
Grundsätzlich gleich ist die **Herstellung** von gesäuerten Milcherzeugnissen. Vollmilch, fettarme Milch oder Magermilch werden in der Molkerei erhitzt und mit Bakterien versetzt, die den Milchzucker zu Milchsäure abbauen. Durch die Einwirkung der Milchsäure auf das Milcheiweiß gerinnt dieses, die Milch wird „dickgelegt" und schmeckt säuerlich.
Früher konnte man die Milch oft der Selbstsäuerung überlassen. Mit der heutigen Frischmilch ist das kaum mehr möglich – die Milch wird eher faul als sauer. Grund dafür ist – so seltsam es klingen mag – die Hygiene. Früher kam die Milch schon mal mit Milchsäurebakterien aus dem Verdauungstrakt der Kühe in Berührung. Dadurch wurde die Milch zwar relativ schnell sauer, aber gerade diese Säuerung unterdrückte das Wachstum von unerwünschten Fäulnisbakterien. Heute verirrt sich kaum noch ein Milchsäurebakterium in die Milch. Und wenn, würde es sich bei der Kühlung kaum vermehren können. Die Fäulnisbakterien sind da schon robuster. Wer heute z.B. Dickmilch oder Joghurt selbst herstellen möchte, verwendet am besten die Frischmilch aus der Kühltheke und setzt ihr die speziellen Bakterien-Kulturen extra zu.

Sauermilch gibt es entweder sämig als Trinksauermilch oder dickgelegt, d.h. stichfest als Dickmilch.
Oft liest man im Kühlregal die Bezeichnung „Schwedenmilch" – dies ist nichts anderes als verquirlte Sauermilch, die sich besonders gut zum Trinken eignet. Als Standardsorten, d.h. ohne weitere Bearbeitung nach der Säuerung, ist Sauermilch in den drei Fettgehaltsstufen 3,5 %, 1,5 % und 0,3 % erhältlich. Erzeugnisse mit mindestens 10 % Fett sind als Sauerrahm (saure Sahne) bekannt. Sie werden durch Säuerung von Sahne gewonnen. Mild gesäuerte Erzeugnisse mit 20–24 % Fett werden als Schmand bezeichnet, Crème fraîche (= kühl-frische Creme) enthält bis zu 40 % Fett.

Joghurt
Durch den Zusatz von besonderen Säuerungskulturen zur Milch und Bebrütung bei 42 °C für etwa zwei Stunden wird Joghurt gewonnen. Bei **Standardsorten** wird die Milch zuvor um etwa 20 % eingedickt, damit der Joghurt seine stichfeste Konsistenz erhält. Bei **Joghurterzeugnissen** darf zur Erhöhung der Trockenmasse Milcheiweiß zugesetzt werden.
Joghurt gibt es in den bekannten Fettgehaltsstufen der Milch.
Beim Abbau des Milchzuckers durch Bakterien entstehen zwei verschiedene Formen von Milchsäure: die **rechts-** und die **linksdrehende**. (Ihren Namen verdanken sie ihrer physikalischen Eigenschaft bei einem optischen Meßverfahren.)

MILCH UND -PRODUKTE

Die rechtsdrehende Milchsäure ist ein natürliches Zwischenprodukt des menschlichen Stoffwechsels und kann daher vom Körper schnell und vollständig abgebaut werden. Die linksdrehende Form wird langsamer umgesetzt. Da insbesondere der Stoffwechsel von Säuglingen noch nicht alle Funktionen des Erwachsenen ausüben kann, sollte gerade die Säuglingsnahrung keine linksdrehende Milchsäure enthalten. Der „klassische" Joghurt enthält im allgemeinen beide Milchsäureformen. Immer größerer Beliebtheit erfreuen sich heute die sogenannten „milden" Joghurtsorten. Hier werden andere Bakterien-Stämme als bei der Herstellung der klassischen Joghurts eingesetzt. Sie erzeugen neben einem milderen Geschmack überwiegend rechtsdrehende Milchsäure.

Der Handel unterscheidet außer nach dem Fettgehalt in:
- „normale" Joghurts, d. h. ohne weitere Zusätze,
- aufgesetzte Joghurts, bei denen die mit Joghurt-Kulturen versetzte Milch auf eine Fruchtzubereitung aufgesetzt wird,
- gerührte Produkte, bei denen die Fruchtzusätze unter den fertigen Joghurt gerührt werden, und
- trinkfertigen Joghurt, bei dem auf eine Erhöhung der Trockenmasse verzichtet wurde.

Joghurts mit Fruchtzusatz zählen rein rechtlich zu den gesäuerten Milchmischerzeugnissen. Zur Milderung der Säure und zur Abrundung des Geschmacks werden Fruchtjoghurts 7 bis 8 % Zucker zugesetzt.

Kefir ist ein leicht kohlensäure- und alkoholhaltiges Milchprodukt.
Es wurde ursprünglich mit den sogenannten Kefirknöllchen, einer Kombination aus Hefen und Milchsäurebakterien, hergestellt. Es können heute auch abgeleitete Kulturen dieser Mikroorganismen verwendet werden. Der verzehrfertige Kefir enthält etwa 0,05 % Alkohol. Die Kohlensäurebildung kann sich in der Verkaufspackung noch fortsetzen, so daß sich der Deckel von Kefirprodukten oft wölbt. Im Gegensatz zu anderen Sauermilchprodukten ist dies beim Kefir kein Zeichen für Verderbnis.
Auch bei Kefir werden die bekannten Fettgehaltsstufen angeboten.

Milchmischgetränke werden aus Milch der verschiedenen Fettgehaltsstufen und Zusätzen wie Früchte, Zucker, Kakao hergestellt. Gesäuerte Milchmischgetränke (z. B. Fruchtdickmilch) werden immer beliebter.

Wissenswertes

Durchfall und Magen-Darm-Störungen bakterieller Art sind häufige Erkrankungen unseres Verdauungssystems. Hier können gesäuerte Milchprodukte hilfreich sein. Die Milchsäure bringt das Bakterien-Milieu wieder in Ordnung, indem sie unerwünschte Mikroorganismen in ihrem Wachstum hemmt und die Vermehrung erwünschter Laktobazillen fördert.
Damit unser Körper den Zucker der Milch (Laktose) aufnehmen kann, muß dieser im Verdauungstrakt in seine Bausteine (Glukose und Galaktose) gespalten werden. Dazu benötigen wir das Enzym **Laktase**. Bei einigen Menschen fehlt dieses Enzym ganz oder arbeitet nur mit halber Kraft. Der Milchzucker gelangt dann unverdaut in die unteren Darmabschnitte und kann Krämpfe, Blähungen und Durchfälle verursachen.

MILCH UND -PRODUKTE

Menschen, die aus diesem Grund keine Milch vertragen können, müssen bzw. sollten im Hinblick auf ihre Kalziumversorgung aber nicht auf gesäuerte Milchprodukte verzichten – hier ist wie erwähnt der Milchzucker zu einem großen Teil bereits abgebaut.

Besonders dem **Joghurt** werden wahre Wunderwerke in bezug auf unsere Gesunderhaltung zugeschrieben. Eine amerikanische Untersuchung ergab, daß milder Joghurt vaginale Pilzinfektionen bekämpft. Ein Leiden, von dem jede zweite Frau ein- oder mehrmals in ihrem Leben befallen wird. Der tägliche Verzehr von mildem Joghurt heilte zwei Drittel der untersuchten Frauen mit Pilzinfektionen.

Eher kurios ist die Meldung, daß Joghurt mit Knoblauch gemixt gut gegen Malaria sei und eiskalt getrunken den „Kater" vertreiben könne.

Die **Molke** ist übrigens kein gesäuertes Milcherzeugnis. Sie fällt vielmehr als Nebenprodukt bei der Käseherstellung an. Da es zwei verschiedene Arten der Käseherstellung (siehe Käse) gibt, kennt man auch zwei Molkesorten. Die Sauermolke sondert sich ab, wenn das Milcheiweiß (Kasein) zur Käseherstellung mit Milchsäurebakterien dickgelegt wird (z. B. bei Harzer Käse). Die Süßmolke fällt an, wenn das Kasein mittels Labzusatz abgetrennt wird (z. B. Gouda).

Früher als industrielles Abfallprodukt für die menschliche Ernährung geschmäht, wächst die Bedeutung der Molke als Molkeneiweiß-, Vitamin- und Mineralstoffträger mittlerweile stetig.

MILCH UND -PRODUKTE

Dickmilch, 3,5 % Fett (200 g)
absolute Menge in

	100 g	1 Portion	Note
Energie, kcal	61,00	122,00	2
Wasser, g	88,00	176,00	
Eiweiß, g	3,30	6,60	3
Fett (gesamt), g	3,50	7,00	1
davon mehrfach ungesättigte Fettsäuren, g	0,10	0,20	5
Cholesterin, mg	11,00	22,00	2
Kohlenhydrate, g	4,00	8,00	5
Ballaststoffe, g	0,00	0,00	6
davon wasserlöslich	0,00	0,00	
Vitamine			
Vitamin A, µg RÄq	31,00	62,00	3
Vitamin D, µg	0,09	0,18	4
Vitamin E, mg TÄq	0,10	0,20	5
Vitamin K, µg	–	–	
Vitamin B_1, mg	0,03	0,06	4
Vitamin B_2, mg	0,18	0,36	1
Vitamin B_6, mg	0,05	0,10	4
Vitamin B_{12}, µg	0,30	0,60	1
Niacin, mg Äq	0,10	0,20	5
Folsäure, µg	6,00	12,00	4
Pantothensäure, mg	0,36	0,72	1
Biotin, µg	2,70	5,40	3
Vitamin C, mg	1,00	2,00	5
Mineralstoffe			
Kalium, mg	157,00	314,00	2
Kalzium, mg	120,00	240,00	1
Phosphor, mg	92,00	184,00	2
Magnesium, mg	12,00	24,00	3
Eisen, mg	0,05	0,10	5
Fluor, µg	20,00	40,00	5
Jod, µg	–	–	
Selen, µg	–	–	
Zink, µg	360,00	720,00	4
Natrium, mg	48,00	96,00	1

MILCH UND -PRODUKTE

Sahne, sauer, 20 % Fett (30 g)

absolute Menge in

	100 g	1 Portion	Note
Energie, kcal	196,00	59,00	1
Wasser, g	75,00	23,00	
Eiweiß, g	2,80	0,80	4
Fett (gesamt), g	18,00	5,40	1
davon mehrfach ungesättigte Fettsäuren, g	0,70	0,21	5
Cholesterin, mg	59,00	18,00	1
Kohlenhydrate, g	4,20	1,30	5
Ballaststoffe, g	0,00	0,00	6
davon wasserlöslich	0,00	0,00	
Vitamine			
Vitamin A, µg RÄq	132,00	39,60	4
Vitamin D, µg	–	–	
Vitamin E, mg TÄq	0,50	0,15	5
Vitamin K, µg	–	–	
Vitamin B_1, mg	0,04	0,01	5
Vitamin B_2, mg	0,15	0,05	5
Vitamin B_6, mg	0,02	Spuren	5
Vitamin B_{12}, µg	0,30	0,09	5
Niacin, mg Äq	0,07	0,02	5
Folsäure, µg	7,00	2,00	5
Pantothensäure, mg	0,34	0,10	5
Biotin, µg	3,00	0,90	5
Vitamin C, mg	1,00	0,30	5
Mineralstoffe			
Kalium, mg	144,00	43,00	5
Kalzium, mg	100,00	30,00	5
Phosphor, mg	80,00	24,00	1
Magnesium, mg	11,00	3,30	5
Eisen, mg	0,06	0,02	5
Fluor, µg	13,00	4,00	5
Jod, µg	2,80	0,80	5
Selen, µg	–	–	
Zink, µg	340,00	102,00	5
Natrium, mg	53,20	15,96	1

MILCH UND -PRODUKTE

Joghurt, 3,5 % Fett (150 g)

absolute Menge in

	100 g	1 Portion	Note
Energie, kcal	73,00	110,00	2
Wasser, g	87,00	131,00	
Eiweiß, g	3,90	5,90	3
Fett (gesamt), g	3,70	5,60	1
davon mehrfach ungesättigte Fettsäuren, g	0,15	0,23	5
Cholesterin, mg	12,00	18,00	1
Kohlenhydrate, g	5,40	8,10	5
Ballaststoffe, g	0,00	0,00	6
davon wasserlöslich	0,00	0,00	
Vitamine			
Vitamin A, µg RÄq	32,00	48,00	4
Vitamin D, µg	0,06	0,09	5
Vitamin E, mg TÄq	0,09	0,14	5
Vitamin K, µg	–	–	
Vitamin B_1, mg	0,04	0,06	4
Vitamin B_2, mg	0,18	0,27	1
Vitamin B_6, mg	0,05	0,08	4
Vitamin B_{12}, µg	0,09	0,14	4
Niacin, mg Äq	0,09	0,14	5
Folsäure, µg	10,00	15,00	4
Pantothensäure, mg	0,35	0,53	2
Biotin, µg	3,50	5,30	3
Vitamin C, mg	1,00	1,50	5
Mineralstoffe			
Kalium, mg	157,00	236,00	3
Kalzium, mg	120,00	180,00	1
Phosphor, mg	92,00	138,00	2
Magnesium, mg	12,00	18,00	4
Eisen, mg	0,05	0,08	5
Fluor, µg	17,00	26,00	5
Jod, µg	3,50	5,50	5
Selen, µg	0,30	0,45	5
Zink, µg	380,00	570,00	4
Natrium, mg	48,00	72,00	1

Wegweiser Lebensmittel

MILCH UND -PRODUKTE

Kefir, 3,5% Fett (200 g)
absolute Menge in

	100 g	1 Portion	Note
Energie, kcal	66,00	132,00	2
Wasser, g	88,00	176,00	
Eiweiß, g	3,30	6,60	3
Fett (gesamt), g	3,50	7,00	1
davon mehrfach ungesättigte Fettsäuren, g	0,10	0,20	5
Cholesterin, mg	11,00	22,00	2
Kohlenhydrate, g	4,80	9,60	4
Ballaststoffe, g	0,00	0,00	6
davon wasserlöslich	0,00	0,00	
Vitamine			
Vitamin A, µg RÄq	31,00	62,00	3
Vitamin D, µg	0,08	0,16	4
Vitamin E, mg TÄq	0,10	0,20	5
Vitamin K, µg	4,00	8,00	2
Vitamin B_1, mg	0,03	0,06	4
Vitamin B_2, mg	0,18	0,36	1
Vitamin B_6, mg	0,05	0,10	4
Vitamin B_{12}, µg	0,50	1,00	1
Niacin, mg Äq	0,10	0,20	5
Folsäure, µg	5,00	10,00	4
Pantothensäure, mg	0,36	0,72	1
Biotin, µg	3,00	6,00	3
Vitamin C, mg	1,00	2,00	5
Mineralstoffe			
Kalium, mg	160,00	320,00	2
Kalzium, mg	120,00	240,00	1
Phosphor, mg	90,00	180,00	2
Magnesium, mg	14,00	28,00	3
Eisen, mg	0,13	0,26	5
Fluor, µg	20,00	40,00	5
Jod, µg	–	–	
Selen, µg	–	–	
Zink, µg	360,00	720,00	4
Natrium, mg	48,00	96,00	1

MILCH UND -PRODUKTE

Sahne

Verbrauch
Pro Kopf und Jahr: 6,8 kg
Verzehr pro Tag (geschätzt): 15,0 g

Warenkunde
Wenn wir hier von „Sahne" sprechen, meinen wir immer die „süße Sahne" bzw. Rahm oder Schlagsahne. Saure Sahne ist ein Sauermilcherzeugnis und wurde unter dieser Lebensmittelgruppe bereits vorgestellt.

Sahne wird durch Entrahmen von Milch gewonnen. Der Milch wird mittels Zentrifugation soviel Fett entzogen, daß die zurückbleibende Magermilch nur noch bis zu 0,03 % Fett enthält.

Man unterscheidet die Standardsorten *Sahne* (Rahm oder Kaffeesahne) mit mindestens 10 % Fett und *Schlagsahne* (Schlagrahm) mit mindestens 30 % Fett. Bei einem Fettgehalt von 32–34 % ist Sahne besonders gut schlagfähig. Der hohe Fettgehalt macht Sahne aber auch besonders kalorienreich. Sahneerzeugnisse, die keine Standardsorten sind, werden z. B. als „Süße Sahne" mit 28 % Fett oder „Kuchensahne" mit 36 % Fett angeboten.

Für Konditoreien, bei denen die verwendete Sahne oft sehr lange fest und steif bleiben muß, bieten die Molkereien eine Sahne mit 40 % Fett an.

Kaffeesahne und Schlagsahne, die sauer geworden sind, dürfen nicht als „Saure Sahne" angeboten werden! Es können unerwünschte, evtl. krankmachende Mikroorganismen an der „Säuerung" beteiligt sein.

Kondensmilch

Verbrauch
Pro Kopf und Jahr: 5,2 kg
Verzehr pro Tag (geschätzt): 11,0 g

Warenkunde
Kondensmilch (auch Dosenmilch genannt) wird aus eingedickter Milch hergestellt. Im Vakuum wird die Milch bei etwa 60–70 °C auf die Hälfte ihres ursprünglichen Volumens eingedampft (= Evaporisation). Nach dem Verpacken wird die Kondensmilch noch sterilisiert (20 bis 30 Minuten auf etwa 115 °C erhitzt) und so für mindestens ein Jahr haltbar gemacht. Einmal geöffnet ist allerdings auch Kondensmilch nur begrenzt haltbar. Die Sterilisierung muß nicht extra auf der Verpackung angegeben werden.
Es gibt Kondensmilch in verschiedenen Fettgehaltsstufen und auch gezuckert.
Wie bei der Sterilmilch (siehe Seite 63) sind die Vitaminverluste und Eiweißveränderungen bei der Kondensmilch erheblich.

Wegweiser Lebensmittel

MILCH UND -PRODUKTE

Sahne, süß, 30% Fett (30 g)

absolute Menge in

	100 g	1 Portion	Note
Energie, kcal	317,00	95,00	1
Wasser, g	62,00	19,00	
Eiweiß, g	2,40	0,70	4
Fett (gesamt), g	31,70	9,50	2
davon mehrfach ungesättigte Fettsäuren, g	1,10	0,33	5
Cholesterin, mg	109,00	33,00	2
Kohlenhydrate, g	3,30	0,90	5
Ballaststoffe, g	0,00	0,00	6
davon wasserlöslich	0,00	0,00	
Vitamine			
Vitamin A, µg RÄq	275,00	82,50	2
Vitamin D, µg	1,10	0,33	3
Vitamin E, mg TÄq	0,77	0,23	5
Vitamin K, µg	–	–	
Vitamin B_1, mg	0,03	0,01	5
Vitamin B_2, mg	0,15	0,05	5
Vitamin B_6, mg	0,04	0,01	5
Vitamin B_{12}, µg	0,40	0,12	4
Niacin, mg Äq	0,08	0,02	5
Folsäure, µg	4,00	1,20	5
Pantothensäure, mg	0,30	0,09	5
Biotin, µg	3,40	1,00	5
Vitamin C, mg	1,00	0,30	5
Mineralstoffe			
Kalium, mg	112,00	34,00	5
Kalzium, mg	80,00	24,00	5
Phosphor, mg	63,00	19,00	1
Magnesium, mg	10,00	3,00	5
Eisen, mg	0,03	0,01	5
Fluor, µg	12,00	4,00	5
Jod, µg	2,40	0,70	5
Selen, µg	0,60	0,20	5
Zink, µg	260,00	78,00	5
Natrium, mg	34,00	10,20	1

MILCH UND -PRODUKTE

Kondensmilch, 7,5% Fett (5 g)

absolute Menge in

	100 g	1 Portion	Note
Energie, kcal	137,00	7,00	1
Wasser, g	75,00	4,00	
Eiweiß, g	6,50	0,30	4
Fett (gesamt), g	7,60	0,40	1
davon mehrfach ungesättigte Fettsäuren, g	0,24	0,01	5
Cholesterin, mg	25,00	1,00	1
Kohlenhydrate, g	9,50	0,50	5
Ballaststoffe, g	0,00	0,00	6
davon wasserlöslich	0,00	0,00	
Vitamine			
Vitamin A, µg RÄq	53,60	2,68	5
Vitamin D, µg	0,10	Spuren	5
Vitamin E, mg TÄq	0,17	Spuren	5
Vitamin K, µg	–	–	
Vitamin B$_1$, mg	0,07	Spuren	5
Vitamin B$_2$, mg	0,37	Spuren	5
Vitamin B$_6$, mg	0,06	Spuren	5
Vitamin B$_{12}$, µg	0,41	0,02	5
Niacin, mg Äq	0,20	0,01	5
Folsäure, µg	6,00	0,30	5
Pantothensäure, mg	0,64	0,03	5
Biotin, µg	6,30	0,30	5
Vitamin C, mg	2,10	0,10	5
Mineralstoffe			
Kalium, mg	322,00	16,00	5
Kalzium, mg	242,00	12,00	5
Phosphor, mg	189,00	9,00	1
Magnesium, mg	27,00	1,00	5
Eisen, mg	0,09	Spuren	5
Fluor, µg	35,00	2,00	5
Jod, µg	6,70	0,30	5
Selen, µg	1,20	0,06	5
Zink, µg	780,00	39,00	5
Natrium, mg	98,00	4,90	1

Fleisch allgemein

Unter Fleisch versteht die Rechtsprechung alle Teile von geschlachteten oder erlegten warmblütigen Tieren – also nicht z. B. Schlangen –, die zum Genuß für den Menschen bestimmt sind.

Ernährung
Wegen seines Gehalts an hochwertigem Eiweiß und seines hohen Gehalts an Vitaminen der B-Gruppe ist Fleisch für unsere Ernährung wichtig. Nicht umsonst gilt es seit jeher auch als Kraftspender.

Eiweiß
Fleisch liefert Eiweiß, das vom Körper besonders gut verwertet werden kann. Man spricht auch von einer hohen biologischen Wertigkeit des Fleischeiweißes. Dies heißt nichts anderes, als daß unser Körper das tierische Eiweiß sehr gut in körpereigenes Eiweiß umbauen kann; die Zusammensetzung der beiden ähnelt sich sehr. Ein Zuviel an Eiweiß kann jedoch den Stoffwechsel und die Nieren belasten. (Man beachte, daß mit einer Portion Fleisch bereits über die Hälfte des täglichen Eiweißbedarfs gedeckt werden kann.) Die Empfehlungen für unsere Ernährung lauten deshalb auf zwei bis drei Fleischmahlzeiten pro Woche.

Fett
Das Fett ist die wichtigste Energiequelle des Fleisches. Es ist heute bekannt, daß Schweine- und Rindfleisch magerer ist als noch vor einigen Jahren. Grund dafür sind geänderte Züchtungsmethoden. Mageres Schweinefilet enthält z. B. nicht 10 % Fett wie in früheren Tabellenwerken angegeben, sondern vielmehr nur rund 2 %. Rindfleisch enthält im Durchschnitt weniger Fett als Schweinefleisch. Zu den Lieferanten besonders mageren Fleisches zählen das Kalb und das Geflügel (mit Ausnahme von Ente und Gans). Geflügelfett zeichnet sich außerdem durch einen erstaunlich hohen Anteil an wertvollen mehrfach ungesättigten Fettsäuren aus. Abgesehen von seiner Bedeutung als Energielieferant ist das Fett auch Träger von fettlöslichen Vitaminen und Geschmacksstoffen.

Cholesterin
Wegen seines Cholesteringehalts wird Fleisch häufig kritisch beurteilt. Der Cholesteringehalt von Fleisch liegt im Durchschnitt jedoch bei nur 60 bis 70 mg/100 g. Ein Fleischgericht enthält also z. B. etwa halb soviel Cholesterin wie ein Hühnerei (im Durchschnitt 300 mg). In verschiedenen Züchtungsversuchen mit Schweinen wird heute versucht, einen noch niedrigeren Cholesteringehalt zu erzielen.

Vitamine
Fleisch ist ein hervorragender Vitaminlieferant, was die Vitamine der B-Gruppe angeht (Vitamin B1 bis Biotin). Auch die fettlöslichen Vitamine sind im Fleisch in unterschiedlichen Mengen enthalten.

FLEISCH

Mineralstoffe

Fleisch enthält fast alle für den Menschen lebenswichtigen Mineralstoffe. Die bedeutendsten sind hier Kalium, Magnesium, Eisen und Zink. Beim Eisen kommt neben der hohen Menge hinzu, daß es aus Fleisch besonders gut verfügbar ist. Je dunkler (röter) das Fleisch, desto mehr Eisen ist in ihm enthalten.

Fleisch kann durch Hitzebehandlung und Auslaugen erheblich an Vitaminen und Mineralstoffen verlieren. Allgemein gilt: Für einen optimalen Nährwerterhalt empfiehlt sich schonendes Erhitzen wie Dünsten und Schmoren (vorher nur leicht anbraten) und das Weiterverwenden von austretendem Fleischsaft.

Wissenswertes

Abkürzungen, die man kennen sollte:
w. gew. (wie gewachsen) mit Knochen, Knorpel und Schwarte
m. B. (mit Beilagen) enthält bis zu 25 % des Gesamtgewichts Knochen
o. Kn. (ohne Knochen) schieres Fleisch

Erhöhte Harnsäurewerte im Blut können zu Gicht führen. Hervorgerufen werden die schmerzhaften Erscheinungen durch ausgefällte Harnsäurekristalle, die sich in den Gelenken ablagern. Menschen mit Neigung zu Gicht sollten Speisen meiden, die zur Harnsäurebildung führen (in erster Linie Innereien, aber auch Hülsenfrüchte und Bäckerhefe).

Kurioses

Straußenfleisch wird von vielen Gourmets und auch Wissenschaftlern als Geheimtip gehandelt. Das Fleisch des Laufvogels sei besonders mager und kalorienarm. In Geschmack und Gewebe gleiche es einem zarten Lendenstück vom Rind.

Unsere Tabellen enthalten die aktualisierten Werte für den Fett- und Cholesteringehalt von Rind- und Schweinefleisch. Zu beachten ist, daß sich die Nährwertangaben auf die Gehalte des rohen, unzubereiteten Lebensmittels beziehen. Je nachdem, welche Zubereitungsart Sie wählen, können die Nährwerte erheblich variieren: Verwendet man viel Fett zum Braten von Fleischstücken, erhöht sich der Fettgehalt der verzehrfertigen Portion, genauso verhält es sich mit dem Salzgehalt.

FLEISCH

Schweinefleisch

Verbrauch
Pro Kopf und Jahr: 55,8 kg
Verzehr pro Tag (geschätzt): 108,0 g

Warenkunde
Schweinefleisch, wie wir es im Geschäft kaufen, stammt von 6 bis 7 Monate alten Tieren mit einem Gesamtgewicht von etwa 100 kg. Während Rindfleisch abgehangen sein soll, gilt für Schweinefleisch der Grundsatz, es nur 48 Stunden reifen zu lassen, weil es in den ersten Tagen nach dem Schlachten am besten schmeckt.

Kotelett, Filet, Kamm und Schinken sind als Frischfleisch die bevorzugten Teile vom Schwein. Ihr Anteil an mageren Schweinehälften beträgt etwa 60%. Der *Kotelettstrang* des Schweins wird hauptsächlich angeboten als:
- Stiel-, Lummer- oder Filetkoteletts (in Scheiben geschnitten)
- Braten oder Steaks (Knochen ausgelöst)
- Kasseler (gepökelt und geräuchert)

Aus dem *Kamm* (auch Hals oder Nacken) werden Koteletts oder Braten gewonnen. Kammkoteletts bleiben beim Braten saftiger als z. B. Stielkoteletts, weil sie mehr intermuskuläres (zwischen den Muskeln gelegenes) Fettgewebe enthalten.

Das *Filet* wird meist als reines Muskelfleisch ohne Fett angeboten. Die Muskeln vom Filetstück sind besonders feinfaserig und lassen das Filet schön zart werden. Filet eignet sich gut für kleine Steaks, ganze Braten oder als Geschnetzeltes.

Der *Schweineschinken* besitzt die größten zusammenhängenden Muskelpartien.
Er besteht aus:
- Oberschale
- Unterschale
- Nuß
- Schinkenspeck

Aus Ober- und Unterschale werden Schnitzel gewonnen; auch können alle vier Teile zu Braten geschitten werden.

Der *Bug* (Schulter) liefert typische Bratenstücke. Das vordere Rippenstück, die „*Dicke Rippe*" ist besonders zum Braten (Rollbraten) oder zum Grillen geeignet. „Frühstücksschinken" ist durchwachsener geräucherter *Bauchspeck*.

Wissenswertes
Sehr mageres Schweinefleisch birgt die Gefahr von Fleischfehlern:
- PSE-Fleisch (pale = blaß, soft = weich, exudative = wäßrig) blasses, wäßrig aussehendes Schweinefleisch, das bei der Zubereitung stark schrumpft, typisch für Schweinerassen, die besonders streßempfindlich sind
- DFD-Fleisch (dark = dunkel, firm = fest, dry = trocken) fade im Geschmack und nur begrenzt haltbar, ebenfalls von streßempfindlichen Schweinerassen

FLEISCH

Ab dem 1.1.1993 ist in allen Mitgliedstaaten der Europäischen Gemeinschaft die Vermarktung von **Eberfleisch** erlaubt. (In der Bundesrepublik werden Ferkel bisher kurz nach ihrer Geburt kastriert.) Das Fleisch von geschlechtsreifen männlichen Schweinen, also Ebern, enthält vor allem im Fettanteil winzige Spuren eines geschlechtsspezifischen Stoffs namens Androsteron. Bei der Zubereitung von Eberfleisch verursacht diese Substanz einen unangenehmen Geruch nach Urin bzw. Schweiß. Der Grund für das Angebot von Eberfleisch ist rein wirtschaftlicher Natur: die Tiere setzen mehr Muskeln und weniger Fett an als weibliche und kastrierte Schweine und benötigen für die Dauer der Mast daher weniger Futter.

Das Fleisch von Ebern ist nicht gesundheitsgefährlich! Sein Geruch ist jedoch nicht gerade appetitlich und Eberfleisch für den Verbraucher daher eher eine Zumutung als eine Bereicherung seines Speisenplans.

FLEISCH

Schweinefleisch, Muskel, mager (120 g)
absolute Menge in

	100 g	1 Portion	Note
Energie, kcal	114,00	137,00	2
Wasser, g	75,00	90,00	
Eiweiß, g	22,00	26,40	3
Fett (gesamt), g	1,90	2,30	1
davon mehrfach ungesättigte Fettsäuren, g	0,14	0,17	5
Cholesterin, mg	55,00	66,00	4
Kohlenhydrate, g	Spuren	Spuren	5
Ballaststoffe, g	(0)	(0)	6
davon wasserlöslich			
Vitamine			
Vitamin A, µg RÄq	6,00	7,20	5
Vitamin D, µg	–	–	
Vitamin E, mg TÄq	0,08	0,10	5
Vitamin K, µg	18,00	21,60	1
Vitamin B_1, mg	0,90	1,08	1
Vitamin B_2, mg	0,23	0,28	1
Vitamin B_6, mg	0,50	0,60	1
Vitamin B_{12}, µg	5,00	6,00	1
Niacin, mg Äq	5,00	6,00	1
Folsäure, µg	6,00	7,20	5
Pantothensäure, mg	0,70	0,84	1
Biotin, µg	5,00	6,00	3
Vitamin C, mg	2,00	2,40	5
Mineralstoffe			
Kalium, mg	418,00	502,00	1
Kalzium, mg	3,00	4,00	5
Phosphor, mg	204,00	245,00	3
Magnesium, mg	27,00	32,00	2
Eisen, mg	1,00	1,20	3
Fluor, µg	–	–	
Jod, µg	–	–	
Selen, µg	1,00	1,20	5
Zink, µg	1900,00	2280,00	1
Natrium, mg	56,00	67,20	1

FLEISCH

Schweinekotelett, Kamm (120 g)
absolute Menge in

	100 g	1 Portion	Note
Energie, kcal	166,00	199,00	2
Wasser, g	68,00	82,00	
Eiweiß, g	20,00	24,00	2
Fett (gesamt), g	9,00	10,80	2
davon mehrfach ungesättigte Fettsäuren, g	3,00	3,60	1
Cholesterin, mg	65,00	78,00	4
Kohlenhydrate, g	Spuren	Spuren	5
Ballaststoffe, g	(0)	(0)	6
davon wasserlöslich			
Vitamine			
Vitamin A, µg RÄq	0,00	0,00	6
Vitamin D, µg	–	–	
Vitamin E, mg TÄq	0,60	0,72	4
Vitamin K, µg	15,00	18,00	1
Vitamin B_1, mg	0,80	0,96	1
Vitamin B_2, mg	0,19	0,23	1
Vitamin B_6, mg	0,50	0,60	1
Vitamin B_{12}, µg	2,50	3,00	1
Niacin, mg Äq	4,00	5,00	1
Folsäure, µg	5,00	6,00	5
Pantothensäure, mg	0,53	0,64	2
Biotin, µg	5,50	6,60	2
Vitamin C, mg	0,00	0,00	6
Mineralstoffe			
Kalium, mg	320,00	384,00	1
Kalzium, mg	5,00	6,00	5
Phosphor, mg	140,00	168,00	2
Magnesium, mg	24,00	29,00	3
Eisen, mg	1,80	2,16	1
Fluor, µg	50,00	60,00	4
Jod, µg	3,00	3,60	5
Selen, µg	–	–	
Zink, µg	2100,00	2520,00	1
Natrium, mg	62,00	74,40	1

FLEISCH

Rindfleisch

Verbrauch
Pro Kopf und Jahr: 20,1 kg
Verzehr pro Tag (geschätzt): 37,0 g

Warenkunde
Rindfleisch ist eine vielseitig verwendbare Fleischsorte. Es kann von Tieren unterschiedlichen Alters und Geschlechts stammen. Am meisten verkauft wurde in den letzten Jahren Jungbullenfleisch (47 %), gefolgt von Kuh- (34 %) und Färsenfleisch (17 %). Im Fleischerfachgeschäft wird Rindfleisch häufig freiwillig nach Kategorien gekennzeichnet: z. B. JB = Jungbullenfleisch.
Gute Rindfleischqualitäten hängen bis zu vier Wochen, mindestens jedoch 14 Tage ab, ehe sie in den Verkauf kommen. Durch die Milchsäure, die sich in dieser Zeit aus dem im Muskel gespeicherten Kohlenhydrat Glykogen entwickelt hat, wird das Fleisch zart und mürbe.

Die *Keule* ist das fleischreichste und schwerste Stück vom Rind. Der Fleischer teilt es in:
- Oberschale, v. a. für Rouladen
- Unterschale (Schwanzstück), für Rouladen, Braten und Steaks
- Blume (Hüfte), Bratenfleisch und Steaks (Hüftsteaks) sowie qualitativ hochwertige Rouladen
- Kugel, v. a. Rinderbraten

Die begehrtesten Teilstücke vom Rind sind das *Roastbeef* (Rostbraten, Rinderrücken) und das *Filet*. Das Fleisch des Roastbeefs eignet sich besonders für Kurzbraten- und Bratenstücke. In Scheiben geschnitten liefert der Rinderrücken verschiedene Steaks:
- Rumpsteak (aus dem hinteren Teil des Roastbeefs), 2–3 cm dick, bis 200 g schwer, ohne Knochen
- Entrecôte (aus dem mittleren Teil), ca. 200 g schwer, ohne Knochen
- T-Bone-Steak, Roastbeefscheibe mit Knochen- (T-förmig) und Filetanteil, bis 700 g schwer
- Porterhouse-Steak wie T-Bone-Steak, nur bis 1 kg schwer

Das *Filet* ist das zarteste, magerste Fleisch des Rindes und eignet sich besonders zum Kurzbraten, Braten, Grillen und z. B. fürs Fondue. Auch wird es für Spezialitäten wie Tournedo, Chateaubriand und Boeuf Stroganow bevorzugt. Carpaccio sind hauchdünn geschnittene, rohe marinierte Filetscheiben. Die *Fehlrippe* ist in der Zusammensetzung ähnlich dem Roastbeef. Sie wird v. a. als Fleisch für Sauerbraten angeboten. *Brust* und *Spannrippe* eignen sich als Suppenfleisch oder als Fleischeinlage für Eintöpfe. Gulasch läßt sich aus entsehntem Kamm-, Bug- und Hessen(Waden)fleisch zubereiten.

Wissenswertes
Fleischfehler können auch bei streßanfälligen Rindern auftreten. Hier spricht man vom sogenannten „dark cutting beef". Es ist mit dem DFD-Fleisch beim Schwein vergleichbar. Wird Rindfleisch unmittelbar nach der Schlachtung, d. h. noch vor dem Eintritt der Totenstarre schnell abgekühlt, kommt es zum „cold shortening effect" – einer Muskelfaserverkürzung. Dieses Fleisch bleibt auch bei der Zubereitung zäh.

FLEISCH

Rindfleisch, Muskel, mager (120 g)
absolute Menge in

	100 g	1 Portion	Note
Energie, kcal	115,00	138,00	2
Wasser, g	75,00	90,00	
Eiweiß, g	22,00	26,40	3
Fett (gesamt), g	1,90	2,30	1
davon mehrfach ungesättigte Fettsäuren, g	0,08	0,10	5
Cholesterin, mg	60,00	72,00	4
Kohlenhydrate, g	1,00	1,20	5
Ballaststoffe, g	(0)	(0)	6
davon wasserlöslich			
Vitamine			
Vitamin A, µg RÄq	20,00	24,00	4
Vitamin D, µg	–	–	
Vitamin E, mg TÄq	0,54	0,65	4
Vitamin K, µg	21,00	25,20	1
Vitamin B_1, mg	0,23	0,28	1
Vitamin B_2, mg	0,26	0,31	1
Vitamin B_6, mg	0,40	0,48	1
Vitamin B_{12}, µg	5,00	6,00	1
Niacin, mg Äq	8,00	10,00	1
Folsäure, µg	15,00	18,00	4
Pantothensäure, mg	0,60	0,72	1
Biotin, µg	3,00	3,60	4
Vitamin C, mg	Spuren	Spuren	5
Mineralstoffe			
Kalium, mg	370,00	444,00	1
Kalzium, mg	4,00	5,00	5
Phosphor, mg	194,00	233,00	3
Magnesium, mg	21,00	25,00	3
Eisen, mg	1,90	2,28	1
Fluor, µg	100,00	120,00	3
Jod, µg	3,00	3,60	5
Selen, µg	3,00	3,60	4
Zink, µg	4200,00	5040,00	1
Natrium, mg	57,20	68,60	1

FLEISCH

Roastbeef (150 g)
absolute Menge in

	100 g	1 Portion	Note
Energie, kcal	134,00	201,00	3
Wasser, g	70,00	105,00	
Eiweiß, g	21,00	31,50	4
Fett (gesamt), g	4,50	6,80	1
davon mehrfach ungesättigte Fettsäuren, g	–	–	
Cholesterin, mg	70,00	105,00	5
Kohlenhydrate, g	Spuren	Spuren	5
Ballaststoffe, g	(0)	(0)	6
davon wasserlöslich			
Vitamine			
Vitamin A, µg RÄq	15,00	22,50	4
Vitamin D, µg	–	–	
Vitamin E, mg TÄq	1,10	1,65	1
Vitamin K, µg	20,00	30,00	1
Vitamin B_1, mg	0,09	0,14	2
Vitamin B_2, mg	0,16	0,24	1
Vitamin B_6, mg	0,30	0,45	1
Vitamin B_{12}, µg	1,00	1,50	1
Niacin, mg Äq	5,00	8,00	1
Folsäure, µg	15,00	23,00	3
Pantothensäure, mg	0,58	0,87	1
Biotin, µg	–	–	
Vitamin C, mg	–	–	
Mineralstoffe			
Kalium, mg	335,00	503,00	1
Kalzium, mg	12,00	18,00	5
Phosphor, mg	157,00	236,00	3
Magnesium, mg	23,00	35,00	2
Eisen, mg	2,50	3,75	1
Fluor, µg	–	–	
Jod, µg	3,00	4,50	5
Selen, µg	–	–	
Zink, µg	3600,00	5400,00	1
Natrium, mg	74,00	111,00	2

FLEISCH

Geflügel

Verbrauch
Pro Kopf und Jahr: 12,1 kg
Verzehr pro Tag (geschätzt): 23,0 g

Geflügel erfreut sich immer größerer Beliebtheit. Es ist preiswert und bietet eine große Variationsbreite bei der Zubereitung. Beim Einkauf sollten Sie auf frische Ware achten. Qualitätsware hat eine glatte Haut und riecht nicht. Tiefgefrorene Ware darf keinen Frostbrand (Gefrierbrand) aufweisen und sollte in schnee- bzw. eisfreien Gefriertruhen lagern. Geflügelfett wird schnell ranzig, da es relativ viel ungesättigte Fettsäuren enthält.

Warenkunde
Hähnchen (Jungmasthühner) sind junge Masttiere, die vor der Geschlechtsreife geschlachtet werden. Sie sind etwa 5 Wochen alt und können bis zu 1400 g wiegen. Ein im Ganzen gegrilltes Hähnchen reicht für 2–3 Portionen. Hähnchen unter 750 g werden seit Inkrafttreten einer EG-weit gültigen Vermarktungsnorm für Geflügel (1. Juli 1991) als „Stubenküken" bezeichnet. Für die „Poularde" (Hähnchen von mind. 1200 g) soll noch eine genaue Definition erarbeitet werden. Der „Kapaun" (vormals "Junger Hahn") ist ein vor der Geschlechtsreife kastrierter Junghahn und wiegt mind. 1,8 kg.

Tip:
Reiben Sie Ihr Grillhähnchen vor dem Braten mit Zitronensaft ein – dann wird die Haut besonders knusprig.

Truthahn (Puter)
Der Truthahn (süddeutsch) oder Puter (norddeutsch) kam durch die Spanier Anfang des 16. Jahrhunderts nach Europa. Für den Hausgebrauch wird man sich fast immer für Einzelteile entscheiden. Das ganze Tier ist mit 2–6 kg Verkaufsgewicht eher etwas für große Festtagsbraten. Putenfleisch ist sehr zart und eignet sich besonders zum Kurzbraten.

Suppenhuhn
Als Suppenhühner werden 1–2 Jahre alte Legehennen verkauft, die nicht gemästet wurden. Sie wiegen 1–2 kg und haben eine ledrige Haut. Wie der Name schon sagt, werden sie überwiegend zur Zubereitung von Brühen, Suppen und Eintöpfen verwendet. Suppenhuhnfleisch läßt sich nach dem Kochen kleingeschnitten gut zu Hühnerfrikassee verarbeiten.

Ente
Das Heimatland der Enten ist China. Einer der größten Leckerbissen der chinesischen Küche ist auch heute noch die „Peking-Ente". Von den Hausenten sind hauptsächlich zwei Sorten im Angebot:
– Frühmastenten (7–8 Monate alt, etwa 2 kg schwer) und
– Enten (über ein Jahr alt, 2–3 kg schwer).

Wegweiser Lebensmittel

FLEISCH

Eine relativ fettarme Entenart ist die *Flugente*. Sie ist vollfleischiger und bringt mehr Gewicht auf die Waage. Die seltener angebotene *Wildente* ist noch fettärmer. Vor dem Braten sollte ihr Bürzel entfernt werden, sonst könnte der Entenbraten leicht tranig schmecken. Empfehlungen von Gourmets zufolge sollte die Brust von Wildenten vor dem Braten mit Speck umwickelt (bardiert) werden. So wird das Gericht saftiger. *Barberie-Enten* sind eine Kreuzung aus Wilderpel und Hausente. Oft wird nur ihre fleischige Brust angeboten. Unter Feinschmeckern gelten sie als Geheimtip.
Tiefkühlenten eignen sich besser zum Füllen, die frischen zum Braten und Grillen.

Gans
Zwei Sorten sind wichtig:
– Frühmastgänse (11–12 Wochen alt, 4–5 kg schwer) und
– junge Gänse (verbringen den Sommer auf der Wiese und werden dann gemästet, etwa 5 Monate alt, 5 kg schwer)

Traditionell wurden am 11. November – dem Tag des heiligen Martin – die ersten Gänse geschlachtet. Daher auch der Name „Martinsgans".

Wildgeflügel
Fasan	– seit jeher begehrter Braten; aus der Familie der Hühnervögel
Rebhuhn	– sehr mager, am besten mit Speck umwickeln
Wachtel	– kleiner feister Wildvogel; steht unter Naturschutz! Im Handel gibt es ausschließlich gezüchtete Wachteln
Wildente	– siehe oben bei Ente

Generell sind die jungen Tiere gut zum Braten geeignet, ältere Tiere sollten besser geschmort werden.

Wissenswertes
Geflügelfleisch kann mit **Salmonellen** (besonders für Kinder und ältere Menschen gefährliche Krankheitserreger) verunreinigt sein. Beim Verarbeiten von Geflügel ist gute Hygiene daher besonders wichtig. Gründliches Händewaschen, das Reinigen von Arbeitsmitteln und das Fernhalten des Geflügels von anderen Lebensmitteln, die nicht mehr gegart werden, sollten eine Selbstverständlichkeit sein. Ausreichende Garzeiten sind sorgfältig einzuhalten. Eingefrorenes Geflügel am besten zugedeckt im Kühlschrank auftauen lassen, die Auftauflüssigkeit weggießen. Portioniertes Geflügel sollten Sie nur antauen.

FLEISCH

Jungmasthuhn/Hähnchen (350 g, ½ Hähnchen)
absolute Menge in

	100 g	1 Portion	Note
Energie, kcal	144,00	504,00	6
Wasser, g	73,00	256,00	
Eiweiß, g	20,60	72,10	4
Fett (gesamt), g	5,60	19,60	3
davon mehrfach ungesättigte Fettsäuren, g	1,20	4,20	1
Cholesterin, mg	81,00	284,00	6
Kohlenhydrate, g	Spuren	Spuren	5
Ballaststoffe, g	(0)	(0)	6
davon wasserlöslich			
Vitamine			
Vitamin A, µg RÄq	39,00	136,50	1
Vitamin D, µg	–	–	
Vitamin E, mg TÄq	0,10	0,35	5
Vitamin K, µg	300,00	1050,00	1
Vitamin B_1, mg	0,08	0,28	1
Vitamin B_2, mg	0,16	0,56	1
Vitamin B_6, mg	0,50	1,75	1
Vitamin B_{12}, µg	0,50	1,75	1
Niacin, mg Äq	7,00	25,00	1
Folsäure, µg	9,00	32,00	2
Pantothensäure, mg	0,96	3,36	1
Biotin, µg	2,00	7,00	2
Vitamin C, mg	3,00	11,00	4
Mineralstoffe			
Kalium, mg	359,00	1257,00	1
Kalzium, mg	12,00	42,00	4
Phosphor, mg	200,00	700,00	6
Magnesium, mg	37,00	130,00	1
Eisen, mg	1,80	6,30	1
Fluor, µg	33,00	116,00	3
Jod, µg	–	–	
Selen, µg	–	–	
Zink, µg	850,00	2975,00	1
Natrium, mg	82,40	288,40	3

FLEISCH

Truthahn/Puter, Brust (150 g)
absolute Menge in

	100 g	1 Portion	Note
Energie, kcal	115,00	172,50	2
Wasser, g	73,70	110,50	
Eiweiß, g	24,10	36,20	4
Fett (gesamt), g	0,99	1,49	1
davon mehrfach ungesättigte Fettsäuren, g	0,23	0,35	4
Cholesterin, mg	60,00	90,00	5
Kohlenhydrate, g	0,00	0,00	6
Ballaststoffe, g	(0)	(0)	6
davon wasserlöslich			
Vitamine			
Vitamin A, µg RÄq	–	–	
Vitamin D, µg	–	–	
Vitamin E, mg TÄq	0,90	1,35	2
Vitamin K, µg	–	–	
Vitamin B_1, mg	0,05	0,08	3
Vitamin B_2, mg	0,08	0,12	3
Vitamin B_6, mg	0,46	0,69	1
Vitamin B_{12}, µg	0,52	0,78	1
Niacin, mg Äq	11,30	16,90	1
Folsäure, µg	7,00	10,50	4
Pantothensäure, mg	0,59	0,89	1
Biotin, µg	–	–	
Vitamin C, mg	–	–	
Mineralstoffe			
Kalium, mg	333,00	499,50	1
Kalzium, mg	13,00	19,50	5
Phosphor, mg	200,00	300,00	3
Magnesium, mg	20,00	30,00	3
Eisen, mg	1,00	1,50	2
Fluor, µg	40,00	60,00	4
Jod, µg	2,00	3,00	5
Selen, µg	–	–	
Zink, µg	1800,00	2700,00	1
Natrium, mg	46,00	69,00	1

FLEISCH

Suppenhuhn (120 g)
absolute Menge in

	100 g	1 Portion	Note
Energie, kcal	274,00	329,00	4
Wasser, g	60,00	72,00	
Eiweiß, g	18,50	22,20	2
Fett (gesamt), g	20,30	24,40	4
davon mehrfach ungesättigte Fettsäuren, g	2,90	3,48	1
Cholesterin, mg	75,00	90,00	5
Kohlenhydrate, g	Spuren	Spuren	5
Ballaststoffe, g	(0)	(0)	6
davon wasserlöslich			
Vitamine			
Vitamin A, µg RÄq	32,00	38,40	4
Vitamin D, µg	–	–	
Vitamin E, mg TÄq	0,19	0,23	5
Vitamin K, µg	400,00	480,00	1
Vitamin B_1, mg	0,06	0,07	4
Vitamin B_2, mg	0,17	0,20	2
Vitamin B_6, mg	0,60	0,72	1
Vitamin B_{12}, µg	0,47	0,56	1
Niacin, mg Äq	9,00	11,00	1
Folsäure, µg	10,00	12,00	4
Pantothensäure, mg	1,20	1,44	1
Biotin, µg	1,80	2,20	4
Vitamin C, mg	2,00	2,40	5
Mineralstoffe			
Kalium, mg	250,00	300,00	2
Kalzium, mg	11,00	13,00	5
Phosphor, mg	178,00	214,00	3
Magnesium, mg	30,00	36,00	2
Eisen, mg	1,40	1,68	1
Fluor, µg	40,00	48,00	5
Jod, µg	–	–	
Selen, µg	–	–	
Zink, µg	1300,00	1560,00	2
Natrium, mg	80,00	96,00	1

FLEISCH

Ente (150 g)
absolute Menge in

	100 g	1 Portion	Note
Energie, kcal	243,00	364,50	4
Wasser, g	63,70	95,60	
Eiweiß, g	18,10	27,20	3
Fett (gesamt), g	17,20	25,80	4
davon mehrfach ungesättigte Fettsäuren, g	–	–	
Cholesterin, mg	70,00	105,00	5
Kohlenhydrate, g	Spuren	Spuren	5
Ballaststoffe, g	–	–	
davon wasserlöslich			
Vitamine			
Vitamin A, µg RÄq	47,00	70,50	3
Vitamin D, µg	–	–	
Vitamin E, mg TÄq	0,56	0,84	3
Vitamin K, µg	418,00	627,00	1
Vitamin B_1, mg	0,30	0,45	1
Vitamin B_2, mg	0,20	0,30	1
Vitamin B_6, mg	0,36	0,54	1
Vitamin B_{12}, µg	0,39	0,59	1
Niacin, mg Äq	3,50	5,30	1
Folsäure, µg	23,00	34,50	2
Pantothensäure, mg	1,67	2,51	1
Biotin, µg	5,20	7,80	2
Vitamin C, mg	7,00	10,50	4
Mineralstoffe			
Kalium, mg	292,00	438,00	1
Kalzium, mg	11,00	16,50	5
Phosphor, mg	187,00	280,50	3
Magnesium, mg	15,00	22,50	3
Eisen, mg	2,10	3,15	1
Fluor, µg	40,00	60,00	4
Jod, µg	1,00	1,50	5
Selen, µg	–	–	
Zink, µg	1600,00	2400,00	1
Natrium, mg	120,00	180,00	2

Gans (150 g)
absolute Menge in

	100 g	1 Portion	Note
Energie, kcal	364,00	546,00	6
Wasser, g	52,40	78,60	
Eiweiß, g	15,70	23,55	2
Fett (gesamt), g	31,00	46,50	6
davon mehrfach ungesättigte Fettsäuren, g	–	–	
Cholesterin, mg	86,00	129,00	6
Kohlenhydrate, g	Spuren	Spuren	5
Ballaststoffe, g	–	–	
davon wasserlöslich			
Vitamine			
Vitamin A, µg RÄq	65,00	97,50	2
Vitamin D, µg	–	–	
Vitamin E, mg TÄq	0,59	0,89	3
Vitamin K, µg	390,00	585,00	1
Vitamin B_1, mg	0,12	0,18	1
Vitamin B_2, mg	0,26	0,39	1
Vitamin B_6, mg	0,58	0,87	1
Vitamin B_{12}, µg	0,34	0,51	1
Niacin, mg Äq	6,40	9,60	1
Folsäure, µg	4,00	6,00	5
Pantothensäure, mg	0,71	1,07	1
Biotin, µg	5,00	7,50	2
Vitamin C, mg	2,97	4,50	5
Mineralstoffe			
Kalium, mg	420,00	630,00	1
Kalzium, mg	12,00	18,00	5
Phosphor, mg	184,00	276,00	3
Magnesium, mg	23,00	34,50	2
Eisen, mg	1,90	2,85	1
Fluor, µg	70,00	105,00	3
Jod, µg	4,00	6,00	5
Selen, µg	23,00	34,50	1
Zink, µg	1300,00	1950,00	1
Natrium, mg	86,00	129,00	2

Innereien

(verschiedener Schlachttiere)

Verbrauch
Pro Kopf und Jahr: 5,3 kg
Verzehr pro Tag (geschätzt): 10,0 g

Warenkunde
Eßbare Innereien sind: Bries, Euter, Herz, Hirn, Leber, Lunge, Magen, Milz, Nieren und Zunge. Am bedeutsamsten für den Frischverkauf sind Leber und Nieren. Man wird sie meist gebraten servieren. Leber sollte man übrigens erst nach dem Braten würzen und salzen, sonst wird sie zäh. Därme und Blase dienen als Wursthüllen. Je weniger Zeit nach dem Schlachten vergangen ist, je frischer also die Innereien sind, desto aromatischer schmecken sie.

Ernährung
Hinsichtlich der Hauptnährstoffe Eiweiß, Fett und Kohlenhydrate und dem Energiegehalt unterscheiden sich Innereien nur unwesentlich von magerem Fleisch. Anders sieht es bei **Vitaminen** und **Mineralstoffen** aus. Besonders in Leber ist sehr viel Vitamin A enthalten. Soviel, daß es schon wieder zuviel sein kann (schon 10 g Leber decken den gesamten Tagesbedarf eines Erwachsenen!). Schwangere sollten nach Empfehlungen des Bundesgesundheitsamtes zumindest in den ersten Monaten der Schwangerschaft auf Leber verzichten. Ein Risiko für das Ungeborene könne beim Verzehr von Leber nicht ausgeschlossen werden. Schweineleber enthält nochmal doppelt soviel Vitamin A wie Rinder- oder auch Kalbsleber. (Bei der Niere verhält es sich umgekehrt. Rinderniere enthält etwa fünfmal soviel Vitamin A wie Schweineleber; Kalbsleber etwa dreimal soviel.) Abgesehen vom Natriumgehalt ist Rinderleber in bezug auf den Nährstoffgehalt günstiger als Schweineleber. Der Niacingehalt ist in Leber etwa dreimal so hoch wie in Muskelfleisch. Auch Vitamin C ist im Gegensatz zum Muskelfleisch in Leber in beachtlichen Mengen enthalten. Von den Mineralstoffen sind besonders Kalzium, Eisen und Fluor erwähnenswert. **Cholesterin** ist in Innereien ebenfalls überreichlich enthalten. Das Hirn schneidet mit rund 2 g/100 g am schlechtesten ab.
Auch unerwünschte Stoffe wie **Schwermetalle** sind in Innereien (besonders Niere und Leber) in nicht unerheblichem Maße zu finden. Mit zunehmendem Alter der Tiere nimmt der Gehalt an Schwermetallen ebenfalls zu. Allgemein sollte der Genuß von Leber und Niere auf jüngere Schlachttiere beschränkt werden – mit zwei- bis dreiwöchigem Abstand.

FLEISCH

Leber, Rind (140 g)
absolute Menge in

	100 g	1 Portion	Note
Energie, kcal	123,00	172,00	2
Wasser, g	70,00	98,00	
Eiweiß, g	19,70	27,80	3
Fett (gesamt), g	3,10	4,30	1
davon mehrfach ungesättigte Fettsäuren, g	0,70	0,98	3
Cholesterin, mg	265,00	371,00	6
Kohlenhydrate, g	1,70	2,40	5
Ballaststoffe, g davon wasserlöslich	(0)	(0)	6
Vitamine			
Vitamin A, µg RÄq	15300,00	21400,00	1
Vitamin D, µg	1,70	2,38	1
Vitamin E, mg TÄq	0,67	0,94	3
Vitamin K, µg	45,00	63,00	1
Vitamin B_1, mg	0,30	0,42	1
Vitamin B_2, mg	2,88	4,03	1
Vitamin B_6, mg	0,71	0,99	1
Vitamin B_{12}, µg	65,00	91,00	1
Niacin, mg Äq	15,00	21,00	1
Folsäure, µg	220,00	308,00	1
Pantothensäure, mg	7,30	10,22	1
Biotin, µg	100,00	140,00	1
Vitamin C, mg	30,00	42,00	1
Mineralstoffe			
Kalium, mg	292,00	409,00	1
Kalzium, mg	7,00	10,00	5
Phosphor, mg	358,00	501,00	6
Magnesium, mg	17,00	24,00	3
Eisen, mg	7,10	9,94	1
Fluor, µg	130,00	182,00	2
Jod, µg	14,00	19,60	2
Selen, µg	35,00	49,00	1
Zink, µg	5100,00	7140,00	1
Natrium, mg	116,00	162,40	2

Wegweiser Lebensmittel

FLEISCH

Leber, Schwein (140 g)

absolute Menge in

	100 g	1 Portion	Note
Energie, kcal	145,00	203,00	3
Wasser, g	72,00	101,00	
Eiweiß, g	20,10	28,10	3
Fett (gesamt), g	5,70	7,90	1
davon mehrfach ungesättigte Fettsäuren, g	1,37	1,92	1
Cholesterin, mg	340,00	476,00	6
Kohlenhydrate, g	0,50	0,70	5
Ballaststoffe, g	(0)	(0)	6
davon wasserlöslich			
Vitamine			
Vitamin A, µg RÄq	39100,00	54700,00	1
Vitamin D, µg	0,13	0,18	4
Vitamin E, mg TÄq	0,17	0,24	5
Vitamin K, µg	24,00	33,60	1
Vitamin B_1, mg	0,31	0,43	1
Vitamin B_2, mg	3,17	4,44	1
Vitamin B_6, mg	0,59	0,83	1
Vitamin B_{12}, µg	39,00	54,60	1
Niacin, mg Äq	16,00	22,00	1
Folsäure, µg	220,00	308,00	1
Pantothensäure, mg	6,80	9,52	1
Biotin, µg	27,00	37,80	1
Vitamin C, mg	23,00	32,00	1
Mineralstoffe			
Kalium, mg	350,00	490,00	1
Kalzium, mg	10,00	14,00	5
Phosphor, mg	362,00	507,00	6
Magnesium, mg	21,00	29,00	2
Eisen, mg	22,10	30,94	1
Fluor, µg	290,00	406,00	1
Jod, µg	14,00	19,60	2
Selen, µg	58,00	81,20	1
Zink, µg	5900,00	8260,00	1
Natrium, mg	77,20	108,10	2

FLEISCH

Niere, Schwein (130 g)

absolute Menge in

	100 g	1 Portion	Note
Energie, kcal	122,00	171,00	2
Wasser, g	76,00	106,00	
Eiweiß, g	16,50	23,10	2
Fett (gesamt), g	5,20	7,30	1
davon mehrfach ungesättigte Fettsäuren, g	1,28	1,79	1
Cholesterin, mg	365,00	511,00	6
Kohlenhydrate, g	0,80	1,04	5
Ballaststoffe, g	(0)	(0)	6
davon wasserlöslich			
Vitamine			
Vitamin A, µg RÄq	60,00	84,00	2
Vitamin D, µg	0,00	0,00	6
Vitamin E, mg TÄq	–	–	
Vitamin K, µg	–	–	
Vitamin B_1, mg	0,34	0,48	1
Vitamin B_2, mg	1,80	2,52	1
Vitamin B_6, mg	0,55	0,77	1
Vitamin B_{12}, µg	15,00	21,00	1
Niacin, mg Äq	8,00	11,00	1
Folsäure, µg	–	–	
Pantothensäure, mg	3,10	4,34	1
Biotin, µg	80,00	112,00	1
Vitamin C, mg	16,00	22,00	2
Mineralstoffe			
Kalium, mg	242,00	339,00	1
Kalzium, mg	7,00	10,00	5
Phosphor, mg	260,00	364,00	4
Magnesium, mg	16,00	22,00	3
Eisen, mg	10,00	14,00	1
Fluor, µg	–	–	
Jod, µg	–	–	
Selen, µg	0,30	0,40	5
Zink, µg	370,00	518,00	4
Natrium, mg	173,20	225,20	3

Wegweiser Lebensmittel

FLEISCH

Kalbfleisch

Verbrauch pro Kopf und Jahr: 1 kg

Warenkunde

In der Regel sind die Tiere (Rinder) nicht älter als vier Monate mit einem Schlachtgewicht bis 150 kg. Kalbfleisch ist fettarm und unterscheidet sich vom Rindfleisch durch seine rosa bis hellrote Farbe. Blaßrosa Kalbfleisch wird durch extrem eisenarmes Futter erzielt und ist weder für das Tier noch für den Verbraucher von Vorteil. Beim Kalbfleisch wird überwiegend nach Schnitzeln verlangt. „Wiener Schnitzel" stammt übrigens immer vom Kalb – oder sollte es zumindest!

Wie die Keule beim Rind oder der Schinken beim Schwein ist die *Kalbskeule* ein besonders hochwertiges Stück. Sie wird auch wie beim Rind zerlegt. Die Oberschale wird v. a. zu Schnitzeln geschnitten, die drei anderen Teilstücke (Unterschale, Blume und Kugel) liefern ebenfalls Schnitzel, Bratenstücke oder Geschnetzeltes. Das ausgelöste *Filet* kommt ganz oder in Scheiben geschnitten als Medaillons in den Handel. Aus dem *Kotelettstück* werden Filet- oder Stielkoteletts geschnitten. Auch Kalbsbraten wird aus dem Rücken des Kalbs gewonnen. Das ausgelöste Kotelettstück ergibt zusammengerollt mit Niere und Filetanteil den „Kalbsnierenbraten". Sehnenarme Kalbsschulter *(Bug)* ist gut als Bratenstück geeignet. Die sehnenreicheren Teilstücke des Bugs werden gern für Ragout verwendet. Ein weiteres beliebtes Bratenstück ist die *Kalbshaxe* (Knochenanteil über 30%).

FLEISCH

Kalbfleisch, Muskel (150 g)

absolute Menge in

	100 g	1 Portion	Note
Energie, kcal	101,00	152,00	2
Wasser, g	76,00	114,00	
Eiweiß, g	21,30	31,90	4
Fett (gesamt), g	0,80	1,20	1
davon mehrfach ungesättigte Fettsäuren, g	0,26	0,39	4
Cholesterin, mg	70,00	105,00	5
Kohlenhydrate, g	Spuren	Spuren	5
Ballaststoffe, g	(0)	(0)	6
davon wasserlöslich			

Vitamine

Vitamin A, µg RÄq	Spuren	Spuren	5
Vitamin D, µg	–	–	
Vitamin E, mg TÄq	–	–	
Vitamin K, µg	–	–	
Vitamin B_1, mg	0,14	0,21	1
Vitamin B_2, mg	0,27	0,41	1
Vitamin B_6, mg	0,40	0,60	1
Vitamin B_{12}, µg	2,00	3,00	1
Niacin, mg Äq	7,00	11,00	1
Folsäure, µg	5,00	8,00	5
Pantothensäure, mg	0,85	1,28	1
Biotin, µg	–	–	
Vitamin C, mg	–	–	

Mineralstoffe

Kalium, mg	358,00	537,00	1
Kalzium, mg	13,00	20,00	5
Phosphor, mg	198,00	297,00	3
Magnesium, mg	–	–	
Eisen, mg	2,10	3,15	1
Fluor, µg	20,00	30,00	5
Jod, µg	2,80	4,20	5
Selen, µg	–	–	
Zink, µg	3000,00	4500,00	1
Natrium, mg	94,00	141,00	2

Wegweiser Lebensmittel

FLEISCH

Schaffleisch

Verbrauch pro Kopf und Jahr: 1 kg

Warenkunde
Schaffleisch ist ein Sammelbegriff für das Fleisch von Tieren verschiedener Altersstufen und Geschlechter. Für den Frischfleischverkauf werden fast ausschließlich angeboten:
Milchlämmer; Tiere, die nicht älter als sechs Monate sind und mit Milch gemästet wurden; helles Fleisch, wenig weißes Fett,
Mastlämmer; nicht über ein Jahr alt, auf der Weide oder im Stall gefüttert; lachsfarbenes Fleisch, weißes Fett und
Hammel; nicht über zwei Jahre alte weibliche Tiere, die nicht zur Zucht herangezogen wurden oder männliche kastrierte Tiere; ziegelrotes Fleisch, weißgelbes Fett.
Ältere Tiere finden so gut wie keine Verwendung in unseren Küchen. *Heidschnucke*, eine Spezialität der Lüneburger Heide, ist eine Schafart mit besonders edlem Geschmack. Die Keule von Schafen eignet sich als Brat- und Kurzbratfleisch. Der Rücken wird im ganzen – als Braten – oder scheibenweise zubereitet. Lammkoteletts enthalten Knochen, nicht dagegen die sogenannten Lamm-Chops. Kamm und Hals sind für Gulasch geeignet, entbeint und gefüllt auch für Rollbraten. Die Brust und der Bauchlappen (Dünnung) werden als das Fleisch für Irish Stew (Lammeintopf mit Weißkohl) angesehen. Schaffleisch sollte möglichst heiß gegessen werden, da das enthaltene Fett sonst talgig schmeckt. Suppen und Soßen werden am besten entfettet – Schaffett erstarrt bereits bei Temperaturen, die nur wenig über der menschlichen Körpertemperatur liegen.

FLEISCH

Schaffleisch, Hammel und Lamm (120 g)
absolute Menge in

	100 g	1 Portion	Note
Energie, kcal	122,00	146,00	2
Wasser, g	75,00	90,00	
Eiweiß, g	20,40	24,50	2
Fett (gesamt), g	3,40	4,10	1
davon mehrfach ungesättigte Fettsäuren, g	0,08	0,10	5
Cholesterin, mg	70,00	84,00	4
Kohlenhydrate, g	Spuren	Spuren	5
Ballaststoffe, g	(0)	(0)	6
davon wasserlöslich			

Vitamine

Vitamin A, µg RÄq	0,00	0,00	6
Vitamin D, µg	(0)	(0)	6
Vitamin E, mg TÄq	0,43	0,52	4
Vitamin K, µg	–	–	
Vitamin B_1, mg	0,18	0,22	1
Vitamin B_2, mg	0,25	0,30	1
Vitamin B_6, mg	0,20	0,24	1
Vitamin B_{12}, µg	5,00	6,00	1
Niacin, mg Äq	6,00	7,00	1
Folsäure, µg	3,00	4,00	5
Pantothensäure, mg	–	–	
Biotin, µg	–	–	
Vitamin C, mg	(0)	(0)	6

Mineralstoffe

Kalium, mg	289,00	347,00	2
Kalzium, mg	12,00	14,00	5
Phosphor, mg	162,00	194,00	2
Magnesium, mg	19,00	23,00	3
Eisen, mg	1,80	2,16	1
Fluor, µg	20,00	24,00	5
Jod, µg	–	–	
Selen, µg	1,00	1,20	5
Zink, µg	2300,00	2760,00	1
Natrium, mg	94,00	112,80	2

Wegweiser Lebensmittel

FLEISCH

Sonstige Tierarten

Ziegenfleisch stammt von jungen Ziegenlämmern und ähnelt in Zusammensetzung und Farbe dem Milchlammfleisch. *Pferdefleisch* schmeckt leicht süßlich und ist, anders als z. B. in Frankreich, in der Bundesrepublik wenig beliebt. Es muß in besonderen Metzgereien verkauft werden. Wild (z. B. Rehe, Damhirsche) wird heute vor allem in Feinkostgeschäften angeboten. Der Jahresverbrauch beträgt ein Kilogramm.

Wurst

Wurst gehört zu den Fleischerzeugnissen und unterscheidet sich durch verschiedene Herstellungsmethoden. Für *Rohwürste* werden zerkleinertes Fleisch, Speck und Gewürze gemischt, in Därme gefüllt und geräuchert (z. B. Salami, Plockwurst und Teewurst). Bei *Brühwürsten* wird die Wurst nach dem Füllen in heißem Wasser oder Dampf erhitzt (z. B. Jagdwurst, Mortadella). *Kochwürste* bestehen aus gekochtem Fleisch. Sie werden nach dem Füllen nochmals erhitzt (z. B. Leberwurst, Rotwurst).

GEMÜSE

Gemüse allgemein

Ernährung

Schon die große Auswahl an Wurzel-, Blatt-, Kohl-, Zwiebel- und Fruchtgemüse – mehr als 40 Gemüsearten mit an die 1000 Sorten sind bekannt – macht die „grüne Küche" so reizvoll. Bei der ernährungsphysiologischen Bedeutung von Gemüse steht sein Gehalt an Vitaminen, Mineral- und Ballaststoffen im Vordergrund.

Der **Energiegehalt** ist im allgemeinen sehr gering, Gemüse besteht schließlich bis zu 95 % aus Wasser. Wie beim Obst sorgt diese Zusammensetzung für eine günstige Nährstoffdichte (Nährstoffe bezogen auf den Energiegehalt). **Fett** und **Eiweiß** sind – mit Ausnahme von Pilzen und Hülsenfrüchten – kaum enthalten, der **Cholesteringehalt** ist praktisch gleich Null. Besonders reich an **Ballaststoffen** sind Hülsenfrüchte und einige Kohlgemüse. Neben Obst ist Gemüse die wichtigste **Vitamin**-C-Quelle. Auch trägt es wesentlich zur Versorgung mit Karotin, einer Vorstufe des Vitamin A, bei. Ebenfalls nicht zu verachten ist der Gehalt an Vitaminen der B-Gruppe und hier besonders der Folsäure.

Bei den **Mineralstoffen** überwiegen mengenmäßig Kalium, Magnesium und Phosphor. Manche Gemüsearten enthalten nennenswerte Mengen Eisen (z. B. Feldsalat, Grünkohl). Zu beachten ist, daß Eisen aus pflanzlichen Lebensmitteln weniger gut aufgenommen werden kann als aus tierischen. In Verbindung mit Vitamin C wird die Eisenaufnahme erleichtert (z. B. Obst zum Nachtisch). Besonders positiv ist auch der geringe Gehalt an Natrium zu bewerten.

Gemüse kann auf vielfältige Weise erheblich an Vitaminen und Mineralstoffen einbüßen. Viel kann schon beim Transport und der Lagerung im Handel verlorengegangen sein. Achten Sie beim Einkauf auf knackig-frische Ware. Der nächste Angriff auf die wertvollen Inhaltsstoffe geht in unseren Küchen vonstatten – wenn wir nicht einige Grundregeln beachten:
- Gemüse frisch verbrauchen und nicht lange lagern, fürs kurze Aufbewahren empfiehlt sich die Gemüseschale des Kühlschranks
- gründlich, aber so kurz wie möglich waschen
- erst nach dem Waschen und kurz vor dem Garen zerkleinern
- vorbereitetes Gemüse und Topf beim Garen zudecken
- „Topf gucken" möglichst vermeiden
- kurze Garzeit wählen, Gemüse schmeckt bißfest auch am aromatischsten
- geeignete Garverfahren wählen (s.u.)
- Warmhalten vermeiden, lieber erneut erhitzen
- Garflüssigkeit nicht weggießen, sie enthält ausgeschwemmte Mineralstoffe

Garverfahren

Kochen
garen in reichlich sprudelndem Wasser; die wasserlöslichen Nährstoffe gehen im wahrsten Sinne des Wortes baden.

GEMÜSE

Druckgaren
garen bei Temperaturen zwischen 100 und 120 °C mit weniger Wasserzugabe als beim Kochen und in speziellen Töpfen (Schnellkochtöpfe); schonender und energiesparender, weil schneller. Die empfohlenen Garzeiten sind unbedingt einzuhalten, sonst ist das Gemüse sehr schnell zu Brei gekocht.

Dämpfen
Das Gargut wird im Siebeinsatz durch Wasserdampf schwebend gegart; geringere Auslaugverluste als beim Kochen aber mehr als beim Dünsten.

Dünsten
Garmethode mit äußerst wenig Wasserzugabe und evtl. etwas Fett (bei hohem Wassergehalt des Garguts ist auch kein zusätzliches Wasser nötig) und geringer Wärmezufuhr. Am schonendsten von den herkömmlichen Garverfahren.

Sautieren (Pfannenrühren)
aus der asiatischen Küche; kleingeschnittenes Gemüse wird unter Zugabe einer geringen Menge Fett in einer großen Pfanne – traditionell im sogenannten Wok – unter ständigem Rühren bei hoher Temperatur gegart. Die Vitaminverluste sind gering, Mineralstoffe gehen praktisch nicht verloren.

GEMÜSE

Tomate

Verbrauch
Pro Kopf und Jahr: 15,3 kg
Verzehr pro Tag (geschätzt):   33,0 g

Geschichte
Ursprünglich war die Tomate eine wildwachsende tropische Pflanze. Kolumbus brachte sie auf seiner zweiten Amerikareise mit nach Europa. Bis zur Mitte des 19. Jahrhunderts wurden Tomatenpflanzen in Europa nur als Zierpflanzen kultiviert. Den Früchten schrieb man unheimliche Kräfte zu: ihr Verzehr sollte Liebeswahnsinn erzeugen können.

Ernährung
Die Tomate ist eines der kalorienärmsten Gemüse, sie besteht zu 94 % aus Wasser. Ihr Vitamin- und Mineralstoffgehalt ist aber nicht zu verachten. Die in ihr enthaltenen Fruchtsäuren regen den Appetit und die Aktivität von Magen und Bauchspeicheldrüse an. In den grünen Teilen der Tomate befindet sich das giftige **Solanin**, das Durchfall, Erbrechen, Kopfschmerz und Mattigkeit auslösen kann. Mit zunehmender Rotfärbung nimmt der Solaningehalt der Früchte ab; den grünen Stielansatz sollte man vor dem Verzehr entfernen.

Warenkunde
Gemüseart: Fruchtgemüse
Angebotszeit: nahezu ganzjährig, v. a. Juni bis Oktober
Die Tomatenpflanze ist ein frostempfindliches krautiges Nachtschattengewächs, das bis zu 1,50 Meter hoch werden kann.
Verschiedene Tomatensorten, die sich v. a. in Form, Gewicht und Größe unterscheiden, werden im Handel angeboten. *Kugeltomaten* sind die „normalen" Tomaten, von der Form her meist rund oder hochrund. *Fleischtomaten* sind größer, schnittfester und enthalten weniger Fruchtsäuren.
Der Urform der Tomate dürften die *Kirschtomaten* am nächsten kommen. Sie sind nur 2–3 cm groß und süßer als die herkömmlichen Tomaten. Aus südlichen Ländern kommen die *Flaschentomaten* zu uns. Sie sind meist leuchtend-rot, dickfleischig und lassen sich gut schälen. Tomaten aus heimischem Anbau kann man in den Monaten Juli bis November kaufen.

Küchentip
Tomaten bitte nicht im Kühlschrank aufbewahren. Sie sind kälteempfindlich und verlieren hier sehr schnell ihr Aroma.
Auch sollte man Gurken und Blumenkohl nicht zusammen mit Tomaten lagern, weil die Tomaten ein Gas (Ethylen) ausscheiden, das Gurken vergilben und Blumenkohl schlaff werden läßt.

GEMÜSE

Tomate (60 g)

absolute Menge in

	100 g	1 Portion	Note
Energie, kcal	17,00	10,20	1
Wasser, g	94,00	56,00	
Eiweiß, g	0,90	0,54	4
Fett (gesamt), g	0,21	0,13	1
davon mehrfach ungesättigte Fettsäuren, g	0,10	0,06	5
Cholesterin, mg	0,00	0,00	1
Kohlenhydrate, g	2,90	1,70	5
Ballaststoffe, g	1,80	1,10	4
davon wasserlöslich	0,14	0,08	
Vitamine			
Vitamin A, µg RÄq	137,00	82,00	2
Vitamin D, µg	(0)	(0)	6
Vitamin E, mg TÄq	0,80	0,50	4
Vitamin K, µg	8,00	4,80	3
Vitamin B_1, mg	0,06	0,04	4
Vitamin B_2, mg	0,04	0,02	5
Vitamin B_6, mg	0,10	0,06	4
Vitamin B_{12}, µg	(0)	(0)	6
Niacin, mg Äq	0,50	0,30	5
Folsäure, µg	39,00	23,00	3
Pantothensäure, mg	0,30	0,20	4
Biotin, µg	4,00	2,40	4
Vitamin C, mg	24,00	14,40	3
Mineralstoffe			
Kalium, mg	297,00	178,00	4
Kalzium, mg	14,00	8,40	5
Phosphor, mg	26,00	16,00	1
Magnesium, mg	20,00	12,00	4
Eisen, mg	0,50	0,30	5
Fluor, µg	24,00	14,00	5
Jod, µg	1,70	1,02	5
Selen, µg	0,60	0,40	5
Zink, µg	204,00	144,00	5
Natrium, mg	6,00	3,60	1

GEMÜSE

Speisezwiebel

Verbrauch
Pro Kopf und Jahr: 6,0 kg
Verzehr pro Tag (geschätzt): 13,0 g

Geschichte
Als eine unserer ältesten Kulturpflanzen erfreute sich die Zwiebel schon vor mindestens 5000 Jahren großer Beliebtheit als Gemüse- und Heilpflanze. Sie stammt ursprünglich aus Mittelasien. Heute werden Zwiebeln weltweit angebaut, die größten Produzenten sind derzeit Ostasien, die Mittelmeerländer und überseeische Länder wie Australien und Chile.
In Deutschland gab es den „Zwiebeldurchbruch" erst im Mittelalter. Lange Zeit war sie wegen ihrer oftmals von unangenehmen Geräuschen und Gerüchen begleiteten verdauungsfördernden Eigenschaft verpönt. Der hohe Verbrauch an Speisezwiebeln läßt das Bild des krautessenden Deutschen ins Wanken geraten – rangieren die Zwiebeln im Verbrauch doch um einiges vor dem Weißkohl.

Ernährung
Erwähnenswert ist der Kohlenhydratgehalt der Zwiebel, der mit etwa 6 g/100 g für Gemüse sehr hoch liegt.
Schwefelhaltige Verbindungen und ihr charakteristisches Aussehen haben der Zwiebel das Sprichwort „Die Zwiebel hat sieben Häute und beißt alle Leute" eingebracht.
Abgesehen von ihrem Genußwert als Gemüse- und Gewürzpflanze genießt die Zwiebel hohes Ansehen in der Heilkunde. Neben ihrer erwähnten verdauungsfördernden Effekte regt sie den Appetit an und wirkt harntreibend. Bekannt ist auch die entzündungshemmende und juckreizlindernde Wirkung von Zwiebeln, die Sie sich z. B. bei Insektenstichen zunutze machen können. Wahrscheinlich sind die sekretionsfördernden und antibiotischen Eigenschaften der Zwiebel für die Juckreizlinderung verantwortlich.
Auch zur Vorbeugung von grippalen Infekten und Arterienverkalkung wird die Zwiebel empfohlen. Jüngste Untersuchungen legen die Vermutung nahe, daß bestimmte Substanzen der Zwiebel (Thiosulfinate) sogar bei akuten Asthmaanfällen Linderung verschaffen können.

Warenkunde
Gemüseart: Zwiebelgemüse
Angebotszeit: ganzjährig
Botanisch betrachtet, gehört die Zwiebel zu den Liliengewächsen.
Es existiert eine enorme Sortenvielfalt an verschiedenen Zwiebeltypen: Die „gemeine" Speisezwiebel (auch *Küchenzwiebel*) ist wohl die bekannteste Vertreterin in deutschen Küchen. Ihre Schale ist goldbraun gefärbt und ihr Geschmack mäßig aber würzig scharf. Sie kann bis zu mehreren Wochen kühl und dunkel gelagert werden.

GEMÜSE

Die „große Schwester" der Küchenzwiebel, die *Gemüsezwiebel* stammt aus Spanien. Sie wiegt 200 g und mehr und schmeckt angenehm mild und süßlich. Aus diesem Grund wird sie gerne als Gemüse und zum Füllen verwendet. Gemüsezwiebeln lassen sich nicht so lange lagern wie Küchenzwiebeln.
Die *Rote Zwiebel* kommt aus dem Mittelmeerraum und den Balkanländern zu uns. Sie besitzt eine dünne, kräftig rot bis rotviolette äußere Schale. Auch die inneren Zwiebelschuppen zeigen diese Färbung – meist etwas weniger intensiv. Sie schmecken zugleich süß und mildscharf, ihre Lagerfähigkeit ist begrenzt.
Weiße Zwiebeln kommen aus Italien nach Deutschland, ihre Größe entspricht der unserer Küchenzwiebel. Sie schmecken recht mild mit einem Hauch Knoblauch.
Die *Lauchzwiebel* (auch: Grün- oder Bundzwiebel) sieht aus wie „Babylauch" – nur daß sie die für Zwiebeln charakteristischen Röhrenblätter hat. Lauchzwiebeln schmecken milder als Speisezwiebeln. Man sollte sie rasch verzehren, da ihre Frische nur 1–2 Tage gewährleistet ist. Oft wird die Lauchzwiebel fälschlicherweise auch als Frühlingszwiebel bezeichnet. Im Unterschied zur Lauchzwiebel bildet die *Frühlingszwiebel* in ihrer Basis eine weiße Zwiebel aus. Sie ist flachrund, etwa 4 cm dick und von milder Würze. Ihre Blätter können – wie Schnittlauch – mitgegessen werden. Die Frühlingszwiebel schmeckt milder als die Lauchzwiebel. Fast noch ein Geheimtip ist es, Frühlingszwiebeln roh mit Salz und Brot zu genießen.
Schalotten wurden vor einiger Zeit noch als selbständige Art gesehen, heute zählt man sie zu den Speisezwiebeln. Sie haben eine rötlich-braune Schale und gelten als die würzigsten und pikantesten aller Zwiebelarten.
Die *Silber-* oder *Perlzwiebel* ist die kleinste und feinste bekannte Zwiebelart, die aber nur selten frisch auf dem Markt angeboten wird. Häufiger trifft man sie als Bestandteil von „Mixed Pickles" an.

Tips
Der gutgemeinte Rat, Zwiebeln doch unter Wasser zu schneiden, um das lästige Weinen zu vermeiden, darf wohl eher als nettes Party-Spielchen verstanden werden. Einfacher geht es, indem Sie nur Messer, Brettchen und die geschälte Zwiebel vor dem Schneiden mit kaltem Wasser abspülen.
Neben der Zwiebel selbst können Sie auch die Zwiebelschalen nutzen – verwenden Sie sie, um Suppen durchs Mitkochen eine „pikante" Färbung zu verleihen oder zu Ostern zum Eierfärben.
Zwiebelringe werden beim Braten besonders schön knusprig, wenn Sie sie zuvor mit etwas Mehl bestäuben.

GEMÜSE

Zwiebel, roh (50 g)
absolute Menge in

	100 g	1 Portion	Note
Energie, kcal	30,00	15,00	1
Wasser, g	88,00	44,00	
Eiweiß, g	1,30	0,70	4
Fett (gesamt), g	0,30	0,20	1
davon mehrfach ungesättigte Fettsäuren, g	0,10	0,05	5
Cholesterin, mg	0,00	0,00	1
Kohlenhydrate, g	5,80	2,90	5
Ballaststoffe, g	3,10	1,60	4
davon wasserlöslich	0,90	0,45	

Vitamine

Vitamin A, µg RÄq	5,00	2,50	5
Vitamin D, µg	(0)	(0)	6
Vitamin E, mg TÄq	0,14	0,07	5
Vitamin K, µg	–	–	
Vitamin B_1, mg	0,03	0,02	5
Vitamin B_2, mg	0,03	0,02	5
Vitamin B_6, mg	0,13	0,07	4
Vitamin B_{12}, µg	(0)	(0)	6
Niacin, mg Äq	0,20	0,10	5
Folsäure, µg	7,00	4,00	5
Pantothensäure, mg	0,17	0,09	5
Biotin, µg	3,50	1,80	5
Vitamin C, mg	9,00	5,00	5

Mineralstoffe

Kalium, mg	175,00	88,00	5
Kalzium, mg	31,00	16,00	5
Phosphor, mg	42,00	21,00	1
Magnesium, mg	11,00	6,00	5
Eisen, mg	0,50	0,25	5
Fluor, µg	42,00	21,00	5
Jod, µg	2,00	1,00	5
Selen, µg	1,20	0,60	5
Zink, µg	1400,00	700,00	4
Natrium, mg	9,20	4,60	1

GEMÜSE

Möhre

Verbrauch
Pro Kopf und Jahr: 5,5 kg
Verzehr pro Tag (geschätzt): 12,0 g

Geschichte
Wie bei vielen Nutzpflanzen läßt sich der Ursprung der Möhre bis in die vorchristlichen Jahrhunderte zurückverfolgen. So wurden schon Möhrensamen aus der Zeit um 2000 v. Chr. gefunden.
Man geht davon aus, daß die heutige Möhre aus Kreuzungen von Wildformen und der im Mittelmeerraum wachsenden Riesenmöhre hervorgegangen ist.

Ernährung
Besonders interessant an Möhren ist ihr hoher Karotingehalt. Karotine sind zum einen die Vorstufe des Vitamin A und zum anderen wird ihnen eine gewisse Schutzwirkung vor bestimmten Krebsarten zugeschrieben.
Damit der Körper fettlösliche Karotine aufnehmen kann, ist es ratsam, Möhren (oder Karotten) mit etwas Butter oder Öl zuzubereiten. Aus geraffelten und auch gedünsteten Möhren wird Karotin noch besser ausgenutzt als aus rohen, ganz verzehrten, da die Zellen durch das Raffeln bzw. Dünsten bereits aufgeschlossen wurden.
Geschabte Möhren oder Möhrensaft werden bei Kindern auch gegen Spul- oder Bandwürmer eingesetzt.

Warenkunde
Gemüseart: Wurzelgemüse
Angebotszeit: ganzjährig
Im Frühjahr werden die ersten Möhren geerntet. Weil sie häufig mit Grün angeboten werden, bezeichnet man sie auch als *Bundmöhren*. Zur Aufbewahrung sollte man das Laub abschneiden, es würde der Möhre sonst Feuchtigkeit entziehen und sie schlaff werden lassen. Bevor Sie das ganze Grün wegwerfen: probieren Sie etwas davon einmal kleingehackt wie Kräuter über Möhrengerichte gestreut. Bundmöhren eignen sich hervorragend für den Rohverzehr.
Der Sommer und frühe Herbst beschert uns die sog. *Waschmöhren*. Sie werden gewaschen und meist ohne Laub angeboten. Haltbar sind sie ca. 4 Wochen – ohne Verpackung, in der sie sonst schnell faulen oder schimmeln würden. Späte Möhrensorten *(Wintermöhren)* sind aufgrund ihrer festeren Struktur ein ausgesprochenes Lagergemüse.
Die Verwendungsmöglichkeiten von Möhren sind außerordentlich vielfältig – roh, gedünstet, glasiert, püriert, in Suppen oder zu Brot und sogar Torten verbacken, erfreuen sie unsere Gaumen.
Die kurzen, rundlichen und stumpfen Sorten, richtig als *Karotten* bezeichnet, werden fast ausschließlich von der Konservenindustrie verarbeitet. Botanisch (und auch geschmacklich) sind Möhren und Karotten das Gleiche, sie unterscheiden sich nur im Aussehen.

GEMÜSE

Möhre, roh (80 g)

absolute Menge in

	100 g	1 Portion	Note
Energie, kcal	25,00	20,00	1
Wasser, g	88,00	70,00	
Eiweiß, g	1,00	0,80	4
Fett (gesamt), g	0,20	0,16	1
davon mehrfach ungesättigte Fettsäuren, g	0,12	0,09	5
Cholesterin, mg	0,00	0,00	1
Kohlenhydrate, g	4,90	3,90	5
Ballaststoffe, g	3,40	2,70	3
davon wasserlöslich	1,50	1,20	
Vitamine			
Vitamin A, µg RÄq	2000,00	1600,00	1
Vitamin D, µg	(0)	(0)	6
Vitamin E, mg TÄq	0,60	0,48	4
Vitamin K, µg	80,00	64,00	1
Vitamin B_1, mg	0,07	0,06	4
Vitamin B_2, mg	0,05	0,04	5
Vitamin B_6, mg	0,09	0,07	4
Vitamin B_{12}, µg	(0)	(0)	6
Niacin, mg Äq	0,60	0,50	5
Folsäure, µg	8,00	6,00	5
Pantothensäure, mg	0,27	0,22	4
Biotin, µg	5,00	4,00	4
Vitamin C, mg	7,00	6,00	5
Mineralstoffe			
Kalium, mg	290,00	232,00	3
Kalzium, mg	41,00	33,00	4
Phosphor, mg	35,00	28,00	1
Magnesium, mg	18,00	14,00	4
Eisen, mg	2,10	1,68	1
Fluor, µg	27,00	22,00	5
Jod, µg	15,00	12,00	4
Selen, µg	0,20	0,16	5
Zink, µg	640,00	512,00	4
Natrium, mg	60,00	48,00	1

GEMÜSE

Möhre, gekocht (150 g)

absolute Menge in

	100 g	1 Portion	Note
Energie, kcal	28,00	42,00	1
Wasser, g	91,00	137,00	
Eiweiß, g	0,90	1,40	4
Fett (gesamt), g	0,20	0,30	1
davon mehrfach ungesättigte Fettsäuren, g	0,10	0,15	5
Cholesterin, mg	0,00	0,00	1
Kohlenhydrate, g	5,80	8,70	5
Ballaststoffe, g	3,00	4,50	1
davon wasserlöslich	–	–	
Vitamine			
Vitamin A, µg RÄq	2000,00	3000,00	1
Vitamin D, µg	(0)	(0)	6
Vitamin E, mg TÄq	0,40	0,60	4
Vitamin K, µg	–	–	
Vitamin B_1, mg	0,05	0,08	3
Vitamin B_2, mg	0,03	0,05	5
Vitamin B_6, mg	0,07	0,11	3
Vitamin B_{12}, µg	(0)	(0)	6
Niacin, mg Äq	0,50	0,75	4
Folsäure, µg	4,00	6,00	5
Pantothensäure, mg	0,15	0,23	4
Biotin, µg	–	–	
Vitamin C, mg	5,00	5,00	5
Mineralstoffe			
Kalium, mg	180,00	270,00	3
Kalzium, mg	33,00	50,00	4
Phosphor, mg	31,00	47,00	1
Magnesium, mg	13,00	20,00	4
Eisen, mg	0,60	0,90	3
Fluor, µg	25,00	38,00	5
Jod, µg	9,00	13,50	3
Selen, µg	–	–	
Zink, µg	340,00	510,00	4
Natrium, mg	50,00	75,00	1

GEMÜSE

Gurke

Verbrauch
Schälgurken: pro Kopf und Jahr: 4,0 kg
Verzehr pro Tag (geschätzt): 10,0 g
Einlegegurken: pro Kopf und Jahr: 1,3 kg
Verzehr pro Tag (geschätzt): 2,8 g

Geschichte
Über die Herkunft der Gurke existieren zwei verschiedene Versionen. Die eine siedelt ihre Heimat an den Südhängen des Himalaya an, der anderen Version zufolge stammt sie aus dem tropischen Afrika. Bekannt ist jedenfalls, daß bereits Griechen und Römer sie schätzten.

Warenkunde
Gemüseart: Fruchtgemüse
Angebotszeit: Schälgurken ganzjährig, Einlegegurken Mitte August bis Mitte September
Gurken stellen relativ hohe Ansprüche an ihren Standort. Am besten gedeihen sie unter Glas oder Folie, bereits Temperaturen um Null Grad sind ihnen zuwider. Der Freilandanbau ist auf wenige Gebiete beschränkt. Die größte Menge der Gewächshausgurken stammt aus den Niederlanden.
Richtig grün sind Gurken eigentlich nur während der sogenannten Grünreife. Mit zunehmender Reife der Samen – so sie vorhanden – färbt sich die Frucht gelblich-weiß bis gelblich-braun. Gurken können bis zu 1,5 kg schwer werden.
Beim Anbau werden zwei Sorten unterschieden:
- *Salatgurken* werden ganz überwiegend im Gewächshaus angebaut; vom Freilandanbau entfallen nur etwa 20% auf Salatgurken.
  Sie enthalten kaum Samen, da sie meist von weiblich blühenden „parthenokarpen" (jungfernfrüchtigen) Sorten stammen. Dies sind Gurkensorten, die ohne Bestäubung und Befruchtung samenlose Früchte bilden. Durch diese besondere Züchtung konnten die Bitterstoffe aus den Gurken entfernt werden. Die Gurken werden auch nicht mehr gelb.
- *Einlegegurken* produziert man in der Regel noch im Freiland. Bis maximal 20 cm werden sie lang. Da viele Sorten männliche und weibliche Blüten tragen, bilden sich bei den Einlegegurken auch Samen aus. Es ist jedoch ein möglichst kleines Kerngehäuse erwünscht.
  In unterschiedlicher Größe und mit verschiedenen Zutaten werden sie hauptsächlich von der Konservenindustrie verarbeitet, z. B. zu Cornichons, Senfgurken, Salzdillgurken (= saure Gurken).

Wissenswertes
Gurken wirken harntreibend, nicht zuletzt aufgrund ihres hohen Wasser- und Kaliumgehalts. Gurkenscheiben eignen sich hervorragend für kosmetische Zwecke – sie haben einen wohltuend hauterfrischenden Effekt, auf Sommersprossen sollen sie sogar bleichend wirken.

Tip
Der besseren Bekömmlichkeit halber sollten Sie Gurkensalate erst kurz vor dem Verzehr salzen und/oder etwas Senf zugeben.

GEMÜSE

Schälgurke (200 g)
absolute Menge in

	100 g	1 Portion	Note
Energie, kcal	12,00	24,00	1
Wasser, g	97,00	194,00	
Eiweiß, g	0,60	1,20	4
Fett (gesamt), g	0,20	0,40	1
davon mehrfach ungesättigte Fettsäuren, g	0,09	0,18	5
Cholesterin, mg	0,00	0,00	1
Kohlenhydrate, g	2,10	4,20	5
Ballaststoffe, g	0,90	1,80	4
davon wasserlöslich	0,12	0,24	
Vitamine			
Vitamin A, µg RÄq	28,33	56,67	3
Vitamin D, µg	(0)	(0)	6
Vitamin E, mg TÄq	0,10	0,20	5
Vitamin K, µg	5,00	10,00	1
Vitamin B_1, mg	0,02	0,04	4
Vitamin B_2, mg	0,03	0,06	4
Vitamin B_6, mg	0,04	0,08	4
Vitamin B_{12}, µg	(0)	(0)	6
Niacin, mg Äq	0,20	0,40	5
Folsäure, µg	20,00	40,00	1
Pantothensäure, mg	0,24	0,48	3
Biotin, µg	0,90	1,80	5
Vitamin C, mg	8,00	16,00	3
Mineralstoffe			
Kalium, mg	141,00	282,00	2
Kalzium, mg	15,00	30,00	5
Phosphor, mg	23,00	46,00	1
Magnesium, mg	8,00	16,00	4
Eisen, mg	0,50	1,00	3
Fluor, µg	20,00	40,00	5
Jod, µg	2,50	5,00	5
Selen, µg	30,00	60,00	1
Zink, µg	160,00	320,00	5
Natrium, mg	8,40	16,80	1

GEMÜSE

Einlegegurke, milchsauer (80 g)
absolute Menge in

	100 g	1 Portion	Note
Energie, kcal	19,00	15,00	1
Wasser, g	91,00	73,00	
Eiweiß, g	1,00	0,80	4
Fett (gesamt), g	0,20	0,16	1
davon mehrfach ungesättigte Fettsäuren, g	Spuren	Spuren	5
Cholesterin, mg	0,00	0,00	1
Kohlenhydrate, g	2,90	2,30	5
Ballaststoffe, g	0,40	0,30	5
davon wasserlöslich	–	–	
Vitamine			
Vitamin A, µg RÄq	–	–	
Vitamin D, µg	(0)	(0)	6
Vitamin E, mg TÄq	0,07	0,06	5
Vitamin K, µg	–	–	
Vitamin B_1, mg	Spuren	Spuren	5
Vitamin B_2, mg	0,02	0,02	5
Vitamin B_6, mg	0,02	0,02	5
Vitamin B_{12}, µg	(0)	(0)	6
Niacin, mg Äq	0,13	0,10	5
Folsäure, µg	11,00	8,80	5
Pantothensäure, mg	0,15	0,12	5
Biotin, µg	–	–	
Vitamin C, mg	2,00	1,60	5
Mineralstoffe			
Kalium, mg	100,00	80,00	5
Kalzium, mg	30,00	24,00	5
Phosphor, mg	30,00	24,00	1
Magnesium, mg	9,00	7,00	5
Eisen, mg	1,60	1,28	2
Fluor, µg	40,00	32,00	5
Jod, µg	4,00	3,20	5
Selen, µg	–	–	
Zink, µg	110,00	88,00	5
Natrium, mg	960,00	768,00	6

Wegweiser Lebensmittel

GEMÜSE

Kohlgemüse allgemein

Geschichte
Ursprünglich entstanden vermutlich alle Kohlarten aus einem Wildkohl, der an den Küsten des Mittelmeeres und der europäischen Atlantikküste wuchs.

Ernährung
Die verschiedenen Kohlsorten zeichnen sich insbesondere durch einen relativ hohen **Ballaststoffgehalt** aus. Diese unverdaulichen Kohlenhydrate sind u. a. auch für die oftmals blähende Wirkung verschiedener Kohlgemüse verantwortlich. Da der menschliche Körper Ballaststoffe und andere längerkettige Kohlenhydrate, die in Kohlgemüse enthalten sind, nicht abbauen kann, kommen die Darmbakterien zum Zuge. Und diese produzieren durch ihre Tätigkeit Gase, die Blähungserscheinungen hervorrufen. Ein gut mit Darmbakterien besiedelter Darm ist jedoch, sofern es sich um die richtigen Bakterien handelt, durchaus erwünscht. Sie bieten einen Schutz vor anderen, krankmachenden Keimen und produzieren kurzkettige Fettsäuren, die für eine gesunde Darmschleimhaut unentbehrlich sind.

Den Ruf, schwer verträglich zu sein, hat das Kohlgemüse wohl v.a. aus den Zeiten davongetragen, in denen Kohl mit besonders viel Fett zubereitet wurde, um dem Körper Energie zuzuführen. Das charakteristische Aroma von Kohlgemüsen wird durch Schwefelverbindungen verursacht. Über die gesundheitliche Bedeutung dieser Schwefelverbindungen gibt es widersprüchliche Aussagen. Einerseits wird ihnen eine Schutzwirkung vor Krebs nachgesagt, andererseits sollen sie die Bildung der Jodmangelerscheinung „Kropf" fördern.

Kohl enthält nennenswerte Mengen an **Vitaminen** der B-Gruppe und für Gemüse sehr viel Vitamin C. In den dunkelgrünen Kohlsorten (v. a. Grünkohl, Broccoli) ist außerdem viel **Kalzium** und **Eisen** enthalten. Da das im Kohl enthaltene Kalzium vom Körper sehr gut aufgenommen werden kann, sind v. a. die grünen Kohlsorten, verglichen mit der Milch, durchaus ebenbürtige Kalziumquellen.

Weißkohl

Verbrauch
Pro Kopf und Jahr: 4,3 kg
Verzehr pro Tag (geschätzt): 9,0 g

Warenkunde
Gemüseart: Kohlgemüse
Angebotszeit: ganzjährig
Weißkohl ist die wichtigste Kopfkohlart. Schon bei den Römern bekannt, gilt Weißkohl heute weltweit als typisch „deutsches Gemüse". Die Bundesrepublik Deutschland zählt mit zu den führenden Kohlproduzenten der Welt.
Wir unterscheiden nach der Erntezeit in: Frühweißkohl, mittelfrühen Weißkohl, Herbst- und Dauerweißkohl sowie Spitzkohl. Letzterer ist eine relativ zarte Weißkohlart mit etwas kleinerem, oben spitz zulaufendem Kopf. Er kommt zuerst auf den Markt.
Weißkohl läßt sich problemlos lagern, in den Wintermonaten kommt daher auch vor allem gelagerte Ware in den Handel.

Ernährung
Weißkohl enthält erhebliche Mengen an Folsäure, einem Vitamin der B-Gruppe und relativ viel Vitamin C. Mit Salz gestampft und für etwa sechs Wochen eingelegt, wird Weißkohl zu Sauerkraut, das früher nicht umsonst als Vitamin-C-Lieferant auf langen Schiffsreisen so beliebt war.

Rotkohl

Verbrauch
Pro Kopf und Jahr: 1,5 kg
Verzehr pro Tag (geschätzt): 3,3 g

Warenkunde
Gemüseart: Kohlgemüse
Angebotszeit: ganzjährig
Kurz gesagt ist Rotkohl, oder zutreffender auch Blaukraut genannt, die farbenfrohere Variante des Weißkohls. Abgesehen davon, daß seine Köpfe meist kleiner, fester und natürlich lila bis violett (nicht rot) gefärbt sind, unterscheidet sich der Rotkohl kaum vom Weißkohl. Beim Zugeben von Säure beim Kochen (z. B. Zitronensaft oder Äpfel) wird der Rotkohl intensiv rot – wie es der Name verspricht.

GEMÜSE

Weißkohl, roh (100 g)

absolute Menge in

	100 g	1 Portion	Note
Energie, kcal		25,00	1
Wasser, g		92,00	
Eiweiß, g		1,40	4
Fett (gesamt), g		0,20	1
davon mehrfach ungesättigte Fettsäuren, g		0,10	5
Cholesterin, mg		0,00	1
Kohlenhydrate, g		4,60	5
Ballaststoffe, g		2,50	3
davon wasserlöslich		0,90	
Vitamine			
Vitamin A, µg RÄq		7,00	5
Vitamin D, µg		(0)	6
Vitamin E, mg TÄq		1,70	1
Vitamin K, µg		145,00	1
Vitamin B_1, mg		0,05	4
Vitamin B_2, mg		0,04	5
Vitamin B_6, mg		0,11	3
Vitamin B_{12}, µg		(0)	6
Niacin, mg Äq		0,30	5
Folsäure, µg		79,00	1
Pantothensäure, mg		0,26	4
Biotin, µg		3,10	4
Vitamin C, mg		46,00	1
Mineralstoffe			
Kalium, mg		227,00	3
Kalzium, mg		46,00	4
Phosphor, mg		28,00	1
Magnesium, mg		23,00	3
Eisen, mg		0,50	4
Fluor, µg		12,00	5
Jod, µg		5,20	5
Selen, µg		18,00	1
Zink, µg		210,00	5
Natrium, mg		13,20	1

GEMÜSE

Weißkohl, gekocht (150 g)
absolute Menge in

	100 g	1 Portion	Note
Energie, kcal	20,00	30,00	1
Wasser, g	94,00	141,00	
Eiweiß, g	1,10	1,70	4
Fett (gesamt), g	0,20	0,30	1
davon mehrfach ungesättigte Fettsäuren, g	Spuren	Spuren	5
Cholesterin, mg	0,00	0,00	1
Kohlenhydrate, g	3,80	5,70	5
Ballaststoffe, g	3,00	4,50	1
davon wasserlöslich	–	–	
Vitamine			
Vitamin A, µg RÄq	7,00	10,50	5
Vitamin D, µg	(0)	(0)	6
Vitamin E, mg TÄq	–	–	
Vitamin K, µg	–	–	
Vitamin B_1, mg	0,04	0,06	4
Vitamin B_2, mg	0,03	0,05	5
Vitamin B_6, mg	0,09	0,14	3
Vitamin B_{12}, µg	(0)	(0)	6
Niacin, mg Äq	0,30	0,45	5
Folsäure, µg	–	–	
Pantothensäure, mg	0,15	0,23	4
Biotin, µg	–	–	
Vitamin C, mg	33,00	50,00	1
Mineralstoffe			
Kalium, mg	163,00	245,00	3
Kalzium, mg	44,00	66,00	3
Phosphor, mg	20,00	30,00	1
Magnesium, mg	16,00	24,00	3
Eisen, mg	0,30	0,45	5
Fluor, µg	10,00	15,00	5
Jod, µg	4,00	6,00	5
Selen, µg	–	–	
Zink, µg	–	–	
Natrium, mg	8,00	12,00	1

Wegweiser Lebensmittel

GEMÜSE

Rotkohl, roh (100 g)
absolute Menge in

	100 g / 1 Portion	Note
Energie, kcal	21,00	1
Wasser, g	92,00	
Eiweiß, g	1,50	4
Fett (gesamt), g	0,20	1
davon mehrfach ungesättigte Fettsäuren, g	0,09	5
Cholesterin, mg	0,00	1
Kohlenhydrate, g	3,50	5
Ballaststoffe, g	2,50	3
davon wasserlöslich	–	
Vitamine		
Vitamin A, µg RÄq	5,00	5
Vitamin D, µg	(0)	6
Vitamin E, mg TÄq	1,70	1
Vitamin K, µg	200,00	1
Vitamin B_1, mg	0,07	4
Vitamin B_2, mg	0,05	5
Vitamin B_6, mg	0,15	3
Vitamin B_{12}, µg	(0)	6
Niacin, mg Äq	0,43	5
Folsäure, µg	35,00	2
Pantothensäure, mg	0,32	4
Biotin, µg	2,00	4
Vitamin C, mg	50,00	1
Mineralstoffe		
Kalium, mg	266,00	3
Kalzium, mg	35,00	4
Phosphor, mg	30,00	1
Magnesium, mg	18,00	4
Eisen, mg	0,50	4
Fluor, µg	12,00	5
Jod, µg	5,20	5
Selen, µg	1,80	5
Zink, µg	220,00	5
Natrium, mg	4,00	1

GEMÜSE

Blumenkohl

Verbrauch
Pro Kopf und Jahr: 3,2 kg
Verzehr pro Tag (geschätzt): 7,0 g

Warenkunde
Blumenkohl wird bevorzugt mit großen, schneeweißen Köpfen gekauft. Diese Extraklasse läßt sich aber nur in geringem Umfang und mit erheblichem Aufwand produzieren, da die Farbe von Blumenkohl vom Lichteinfall abhängig ist. Schon wenige Stunden intensiver Sonnenbestrahlung führen zu einer beginnenden Gelb- oder auch Violett-Färbung. Solch „verfärbter" Blumenkohl ist also keine spezielle neue Züchtung.
Um wirklich blütenweißen Blumenkohl zu erhalten, muß der Kopf zugedeckt werden. Meist geschieht dies von Hand, indem die Blumenkohlblätter über den Kohlkopf gelegt werden. Bei einigen Züchtungen drehen sich die inneren Blätter von selbst über den Kohlkopf.
Witterungsbedingte Mißernten bzw. kurzfristige Superernten sind typisch für den Blumenkohlanbau und damit auch für die Preise.
Über die Frische eines Blumenkohls sagt sein Geruch mehr aus als das strahlendste Weiß oder die knackigsten Blätter: Riecht die Schnittfläche des Strunks unangenehm, sollte der Kohlkopf nicht mehr ver- bzw. gekauft werden.
Blumenkohl wird hauptsächlich als Frischgemüse auf dem Markt angeboten – von der Industrie werden die Köpfe überwiegend zu Sauerkonserven oder Tiefkühlkost verarbeitet.
Die Zubereitungsmöglichkeiten von Blumenkohl sind wie bei vielen Gemüsearten ungezählt (z. B. gekocht, gratiniert, als Rohkost, in Suppen). Eventuell im Blumenkohl versteckte Raupen und anderes Kleingetier kann man bekanntlich dadurch herauslocken, daß man die Köpfe einige Zeit in kaltes (Salz)wasser legt.

Tip
Liegt Ihnen ein besonders weißer Blumenkohl am Herzen, geben Sie ein wenig Zitronensaft zum Kochwasser.

Brokkoli

Brokkoli ist ein naher Verwandter des Blumenkohls. Wie bei diesem werden nicht die Blätter, sondern die Blütenstiele und Blütenknospen, die „Blume", gegessen. Während jedoch beim Blumenkohl die Blume durch die Blätter vor dem Sonnenlicht geschützt werden soll, wächst der Brokkoli unter vollem Lichteinfluß. Der Konsum dieser feinen Kohlart nimmt in allen europäischen Ländern langsam, aber stetig zu. Er wird mittlerweile nahezu ganzjährig angeboten. Neben den bekannten grünen Sorten gibt es auch violett gefärbten Brokkoli. Sein Geschmack erinnert an Spargel oder Spinat. Auffallend ist der hohe Karotin-, Vitamin-C-, Eisen- und Kalziumgehalt des Brokkoli. Beim Einkauf ist auf knackig grünen Kohl zu achten. Gelb verfärbte Köpfe stehen bereits in Blüte.
Beim Kochen werden die Stiele ebenso schnell gar wie die Röschen, wenn man sie kreuzweise einschneidet.

GEMÜSE

Blumenkohl, roh (100 g)
absolute Menge in

	100 g	1 Portion	Note
Energie, kcal		22,00	1
Wasser, g		92,00	
Eiweiß, g		2,50	4
Fett (gesamt), g		0,30	1
davon mehrfach ungesättigte Fettsäuren, g		0,14	5
Cholesterin, mg		0,00	1
Kohlenhydrate, g		2,50	5
Ballaststoffe, g		2,90	2
davon wasserlöslich		0,50	
Vitamine			
Vitamin A, µg RÄq		5,50	5
Vitamin D, µg		(0)	6
Vitamin E, mg TÄq		0,03	5
Vitamin K, µg		300,00	1
Vitamin B_1, mg		0,11	3
Vitamin B_2, mg		0,10	4
Vitamin B_6, mg		0,20	2
Vitamin B_{12}, µg		(0)	6
Niacin, mg Äq		0,60	4
Folsäure, µg		55,00	1
Pantothensäure, mg		1,01	1
Biotin, µg		1,50	5
Vitamin C, mg		73,00	1
Mineralstoffe			
Kalium, mg		328,00	2
Kalzium, mg		20,00	5
Phosphor, mg		54,00	1
Magnesium, mg		17,00	4
Eisen, mg		0,63	4
Fluor, µg		12,00	5
Jod, µg		0,12	5
Selen, µg		3,20	4
Zink, µg		230,00	5
Natrium, mg		16,00	1

GEMÜSE

Blumenkohl, gekocht (150 g)

absolute Menge in

	100 g	1 Portion	Note
Energie, kcal	23,00	35,00	1
Wasser, g	93,00	140,00	
Eiweiß, g	2,10	3,20	4
Fett (gesamt), g	0,20	0,30	1
davon mehrfach ungesättigte Fettsäuren, g	Spuren	Spuren	5
Cholesterin, mg	0,00	0,00	1
Kohlenhydrate, g	3,20	4,80	5
Ballaststoffe, g	2,00	3,00	2
davon wasserlöslich	–	–	
Vitamine			
Vitamin A, µg RÄq	5,50	8,25	5
Vitamin D, µg	(0)	(0)	6
Vitamin E, mg TÄq	0,10	0,15	5
Vitamin K, µg	–	–	
Vitamin B_1, mg	0,09	0,14	2
Vitamin B_2, mg	0,08	0,12	3
Vitamin B_6, mg	0,16	0,24	1
Vitamin B_{12}, µg	(0)	(0)	6
Niacin, mg Äq	0,50	0,75	4
Folsäure, µg	10,00	15,00	4
Pantothensäure, mg	0,50	0,75	1
Biotin, µg	1,00	1,50	5
Vitamin C, mg	45,00	68,00	1
Mineralstoffe			
Kalium, mg	217,00	326,00	2
Kalzium, mg	18,00	27,00	5
Phosphor, mg	41,00	62,00	1
Magnesium, mg	14,00	21,00	3
Eisen, mg	0,70	1,05	3
Fluor, µg	10,00	15,00	5
Jod, µg	–	–	
Selen, µg	–	–	
Zink, µg	211,00	317,00	5
Natrium, mg	11,20	16,80	1

GEMÜSE

Kohlrabi

Verbrauch
Pro Kopf und Jahr: 1 kg

Warenkunde
Gemüseart: Kohlgemüse
Angebotszeit: ganzjährig
Die Schalen des Kohlrabi können – abhängig vom Gehalt an natürlichen Farbstoffen – weiß bis grün oder violett bis blau gefärbt sein. Vor allem die späteren Sorten können Durchmesser bis zu 20 cm erreichen.
In den Blättern des Kohlrabi sind mehr Nährstoffe enthalten als in der Knolle selbst.

Tip
Kaufen Sie Kohlrabiknollen, bevor diese ihre volle Größe erreicht haben. Dann sind sie mit Sicherheit noch zart und eignen sich besonders gut für den Rohverzehr.

Rosenkohl

Verbrauch
Pro Kopf und Jahr: 0,7 kg

Geschichte
Der Rosenkohl wird als eine unserer jüngsten Kohlarten angesehen. Vor etwas über 100 Jahren soll er in der Gegend von Brüssel entdeckt worden sein. Daher auch die weit verbreitete Bezeichnung Brüsseler Kohl (engl. „Brussels sprouts")

Warenkunde
Gemüseart: Kohlgemüse
Angebotszeit: September bis Januar
Rosenkohl kann einen Durchmesser von bis zu 4 cm erreichen. Einmal von der Pflanze abgetrennte Röschen sind – im Gegensatz zu anderen Kohlgemüsen – nicht mehr lange lagerfähig.
Kennern zufolge schmeckt Rosenkohl nach den ersten Winterfrösten am besten. Tatsächlich wird Rosenkohl nach Frosteinwirkung süßlicher im Geschmack – allerdings auf Kosten seines Vitamin-C-Gehaltes. Durch Einfrieren läßt sich der winterliche Einfluß ersetzen.
Hervorzuheben ist der hohe Vitamin-C-Gehalt der kleinen Kohlköpfe.

GEMÜSE

Kohlrabi, roh (100 g)
absolute Menge in

	100 g	1 Portion	Note
Energie, kcal	24,00		1
Wasser, g	92,00		
Eiweiß, g	1,90		4
Fett (gesamt), g	0,10		1
davon mehrfach ungesättigte Fettsäuren, g	0,07		5
Cholesterin, mg	0,00		1
Kohlenhydrate, g	3,90		5
Ballaststoffe, g	1,40		4
davon wasserlöslich	0,50		

Vitamine

Vitamin A, µg RÄq	33,33		4
Vitamin D, µg	(0)		6
Vitamin E, mg TÄq	–		
Vitamin K, µg	–		
Vitamin B$_1$, mg	0,05		4
Vitamin B$_2$, mg	0,05		5
Vitamin B$_6$, mg	0,12		3
Vitamin B$_{12}$, µg	(0)		6
Niacin, mg Äq	2,00		2
Folsäure, µg	–		
Pantothensäure, mg	0,10		5
Biotin, µg	–		
Vitamin C, mg	63,00		1

Mineralstoffe

Kalium, mg	380,00		1
Kalzium, mg	68,00		3
Phosphor, mg	50,00		1
Magnesium, mg	43,00		1
Eisen, mg	0,90		3
Fluor, µg	–		
Jod, µg	1,40		5
Selen, µg	50,00		1
Zink, µg	260,00		5
Natrium, mg	32,00		1

GEMÜSE

Kohlrabi, gekocht (150 g)
absolute Menge in

	100 g	1 Portion	Note
Energie, kcal	22,00	33,00	1
Wasser, g	94,00	141,00	
Eiweiß, g	1,70	2,60	4
Fett (gesamt), g	0,10	0,20	1
davon mehrfach ungesättigte Fettsäuren, g	Spuren	Spuren	5
Cholesterin, mg	0,00	0,00	1
Kohlenhydrate, g	3,50	5,30	5
Ballaststoffe, g	1,50	2,30	3
davon wasserlöslich	–	–	
Vitamine			
Vitamin A, µg RÄq	20,00	30,00	4
Vitamin D, µg	(0)	(0)	6
Vitamin E, mg TÄq	–	–	
Vitamin K, µg	–	–	
Vitamin B_1, mg	0,05	0,08	3
Vitamin B_2, mg	0,04	0,06	4
Vitamin B_6, mg	0,10	0,15	3
Vitamin B_{12}, µg	(0)	(0)	6
Niacin, mg Äq	1,20	1,80	2
Folsäure, µg	–	–	
Pantothensäure, mg	0,06	0,09	5
Biotin, µg	–	–	
Vitamin C, mg	43,00	65,00	1
Mineralstoffe			
Kalium, mg	260,00	390,00	1
Kalzium, mg	45,00	68,00	3
Phosphor, mg	41,00	62,00	1
Magnesium, mg	16,00	24,00	3
Eisen, mg	0,50	0,75	4
Fluor, µg	–	–	
Jod, µg	1,00	1,50	5
Selen, µg	–	–	
Zink, µg	194,00	291,00	5
Natrium, mg	25,20	37,80	1

GEMÜSE

Rosenkohl, gekocht (150 g)
absolute Menge in

	100 g	1 Portion	Note
Energie, kcal	31,00	47,00	1
Wasser, g	88,00	132,00	
Eiweiß, g	3,80	5,70	3
Fett (gesamt), g	0,50	0,80	1
davon mehrfach ungesättigte Fettsäuren, g	0,20	0,30	5
Cholesterin, mg	0,00	0,00	1
Kohlenhydrate, g	2,90	4,40	5
Ballaststoffe, g	3,00	4,50	1
davon wasserlöslich	–	–	
Vitamine			
Vitamin A, µg RÄq	52,00	78,00	3
Vitamin D, µg	(0)	(0)	6
Vitamin E, mg TÄq	–	–	
Vitamin K, µg	–	–	
Vitamin B_1, mg	0,09	0,14	2
Vitamin B_2, mg	0,12	0,18	2
Vitamin B_6, mg	0,20	0,30	1
Vitamin B_{12}, µg	(0)	(0)	6
Niacin, mg Äq	0,60	0,90	4
Folsäure, µg	0,28	0,42	1
Pantothensäure, mg	0,30	0,45	3
Biotin, µg	0,30	0,50	5
Vitamin C, mg	85,00	128,00	1
Mineralstoffe			
Kalium, mg	288,00	432,00	1
Kalzium, mg	27,00	41,00	4
Phosphor, mg	76,00	114,00	2
Magnesium, mg	18,00	27,00	3
Eisen, mg	0,80	1,20	3
Fluor, µg	–	–	
Jod, µg	1,00	1,50	5
Selen, µg	–	–	
Zink, µg	–	–	
Natrium, mg	5,20	7,80	1

GEMÜSE

Wirsing

Verbrauch
Pro Kopf und Jahr: 0,5 kg

Warenkunde
Gemüseart: Kohlgemüse
Angebotszeit: nahezu ganzjährig
Die ersten Wirsingköpfe werden im Frühjahr angeboten, meist sind sie importiert. Ende Mai kann man dann die ersten aus heimischer Produktion kaufen. Diese frühen Sorten haben besonders zarte Blätter und einen feinen Geschmack.
Herbst- und Winterwirsing ist meist gelblich bis dunkelgrün gefärbt und schmeckt kohltypischer.
Im allgemeinen wird Wirsing gekocht oder gedünstet verzehrt, man verwendet ihn nach den gleichen Rezepten wie Weißkohl. Wirsing ist gut zum Einfrieren geeignet.

Chinakohl

Verbrauch
Pro Kopf und Jahr: 0,4 kg

Geschichte
Der Name deutet bereits darauf hin: der Chinakohl stammt nicht aus dem Mittelmeerraum sondern aus dem Norden Chinas. Bereits seit dem 5. Jahrhundert wird er dort kultiviert und hat heute etwa dieselbe Bedeutung wie bei uns der Weißkohl.

Warenkunde
Gemüseart: Kohlgemüse
Angebotszeit: ganzjährig
Chinakohl ist leicht verdaulich und vom Geschmack her fast so fein wie Salat – weshalb er auch oft und gerne roh verzehrt wird. Als Gemüse zubereitet braucht Chinakohl nur 5–10 Minuten Garzeit.
An der Schnittfläche läßt sich die Frische feststellen. Braune oder schwarze Strünke weisen auf einen überlagerten Kohl hin. Frisch gekauft kann Chinakohl etwa 5 Tage kühl gelagert werden. Druckstellen und Verletzungen sollte man vermeiden, da sie rasch faulen.

GEMÜSE

Wirsing, roh (100 g)
absolute Menge in

	100 g	1 Portion	Note
Energie, kcal		24,00	1
Wasser, g		90,00	
Eiweiß, g		2,90	4
Fett (gesamt), g		0,40	1
davon mehrfach ungesättigte Fettsäuren, g		Spuren	5
Cholesterin, mg		0,00	1
Kohlenhydrate, g		2,40	5
Ballaststoffe, g		1,50	4
davon wasserlöslich		0,65	
Vitamine			
Vitamin A, µg RÄq		6,50	5
Vitamin D, µg		(0)	6
Vitamin E, mg TÄq		2,50	1
Vitamin K, µg		–	
Vitamin B_1, mg		0,05	4
Vitamin B_2, mg		0,06	4
Vitamin B_6, mg		0,20	2
Vitamin B_{12}, µg		(0)	6
Niacin, mg Äq		0,33	5
Folsäure, µg		90,00	1
Pantothensäure, mg		0,21	4
Biotin, µg		0,10	5
Vitamin C, mg		45,00	1
Mineralstoffe			
Kalium, mg		282,00	2
Kalzium, mg		47,00	4
Phosphor, mg		56,00	1
Magnesium, mg		12,00	4
Eisen, mg		0,90	3
Fluor, µg		–	
Jod, µg		–	
Selen, µg		2,50	4
Zink, µg		300,00	5
Natrium, mg		9,20	1

Wegweiser Lebensmittel

GEMÜSE

Wirsing, gekocht (150 g)
absolute Menge in

	100 g	1 Portion	Note
Energie, kcal	25,00	38,00	1
Wasser, g	93,00	140,00	
Eiweiß, g	2,20	3,30	4
Fett (gesamt), g	0,40	0,60	1
davon mehrfach ungesättigte Fettsäuren, g	Spuren	Spuren	5
Cholesterin, mg	0,00	0,00	1
Kohlenhydrate, g	3,00	4,50	5
Ballaststoffe, g	2,00	3,00	2
davon wasserlöslich	–	–	

Vitamine

	100 g	1 Portion	Note
Vitamin A, µg RÄq	6,50	9,75	5
Vitamin D, µg	(0)	(0)	6
Vitamin E, mg TÄq	–	–	
Vitamin K, µg	–	–	
Vitamin B_1, mg	0,04	0,06	4
Vitamin B_2, mg	0,05	0,08	4
Vitamin B_6, mg	0,12	0,18	2
Vitamin B_{12}, µg	(0)	(0)	6
Niacin, mg Äq	0,30	0,45	5
Folsäure, µg	23,00	35,00	2
Pantothensäure, mg	0,13	0,19	4
Biotin, µg	0,10	0,15	5
Vitamin C, mg	35,00	53,00	1

Mineralstoffe

	100 g	1 Portion	Note
Kalium, mg	210,00	315,00	2
Kalzium, mg	45,00	68,00	3
Phosphor, mg	40,00	60,00	1
Magnesium, mg	9,00	14,00	4
Eisen, mg	0,60	0,90	3
Fluor, µg	–	–	
Jod, µg	–	–	
Selen, µg	–	–	
Zink, µg	254,00	381,00	5
Natrium, mg	6,00	9,00	1

Chinakohl, roh (100 g)

absolute Menge in

	100 g	1 Portion	Note
Energie, kcal		13,00	1
Wasser, g		95,00	
Eiweiß, g		1,20	4
Fett (gesamt), g		0,30	1
davon mehrfach ungesättigte Fettsäuren, g		–	
Cholesterin, mg		0,00	1
Kohlenhydrate, g		1,30	5
Ballaststoffe, g		1,70	4
davon wasserlöslich		0,20	

Vitamine

	100 g	1 Portion	Note
Vitamin A, µg RÄq		13,00	5
Vitamin D, µg		(0)	6
Vitamin E, mg TÄq		–	
Vitamin K, µg		–	
Vitamin B_1, mg		0,03	5
Vitamin B_2, mg		0,04	5
Vitamin B_6, mg		0,16	2
Vitamin B_{12}, µg		(0)	6
Niacin, mg Äq		0,40	5
Folsäure, µg		83,00	1
Pantothensäure, mg		0,20	4
Biotin, µg		–	
Vitamin C, mg		36,00	1

Mineralstoffe

	100 g	1 Portion	Note
Kalium, mg		202,00	3
Kalzium, mg		40,00	4
Phosphor, mg		30,00	1
Magnesium, mg		11,00	4
Eisen, mg		0,60	4
Fluor, µg		15,00	5
Jod, µg		0,30	5
Selen, µg		–	
Zink, µg		340,00	5
Natrium, mg		7,20	1

Wegweiser Lebensmittel

GEMÜSE

Grünkohl

Verbrauch
Pro Kopf und Jahr: 0,2 kg

Warenkunde
Gemüseart: Kohlgemüse
Angebotszeit: Mitte Oktober bis Ende Februar
Das Hauptanbaugebiet des Grünkohls – auch als Braunkohl oder Krauskohl bekannt – in der Bundesrepublik ist die norddeutsche Gegend. Importe sind unbedeutend.
Aus dieser Region stammt auch der Brauch der „Kohl und Pinkel"-Fahrten. Die Pinkel ist eine kräftig geräucherte und stark gewürzte Wurst aus Grütze, Zwiebeln und Rindfleisch. Ganze Betriebe und Vereine veranstalten in der Gegend um Oldenburg zur kalten Jahreszeit gesellige Wanderungen mit anschließenden Kohl und Pinkel-Essen und fröhlich-feuchten Festen.
Da Grünkohl ein reines Wintergemüse ist, liefert er uns genau dann Vitamine und Mineralstoffe, wenn frisches Gemüse rar ist. Grünkohl sollte nicht so lange gekocht werden, bis er im wahrsten Sinne des Wortes zu Braunkohl geworden ist, denn dann geht viel von seinem hohen Vitamingehalt verloren.

Ernährung
Da sich in den krausen Blättern einiges an Tierchen und auch Schwermetallen wie Blei sammeln kann, sollte Grünkohl vor der Zubereitung sehr gründlich gewaschen werden. Das starke Schrumpfen des Kohls beim Kochen muß beim Einkauf mitberücksichtigt werden. Leicht verschätzt man sich in der Menge. Für ein Vier-Personen-Gericht sind etwa 2 kg Kohl notwendig.
Grünkohl schmeckt besonders aromatisch nach den ersten Frösten, weil ein Teil der in ihm enthaltenen Stärke in Zucker umgewandelt wurde. Er eignet sich gut zum Einfrieren. Allerdings leidet der Vitamin-C-Gehalt des Kohls unter längerer Kälteeinwirkung.

GEMÜSE

Grünkohl, roh (100 g)
absolute Menge in

	100 g	1 Portion	Note
Energie, kcal		36,00	1
Wasser, g		86,00	
Eiweiß, g		4,30	4
Fett (gesamt), g		0,90	1
davon mehrfach ungesättigte Fettsäuren, g		0,48	4
Cholesterin, mg		0,00	1
Kohlenhydrate, g		2,90	5
Ballaststoffe, g		4,20	1
davon wasserlöslich		–	

Vitamine

	100 g	1 Portion	Note
Vitamin A, µg RÄq		683,00	1
Vitamin D, µg		(0)	6
Vitamin E, mg TÄq		1,70	1
Vitamin K, µg		–	
Vitamin B_1, mg		0,10	3
Vitamin B_2, mg		0,25	1
Vitamin B_6, mg		0,25	1
Vitamin B_{12}, µg		(0)	6
Niacin, mg Äq		2,10	1
Folsäure, µg		60,00	1
Pantothensäure, mg		0,70	1
Biotin, µg		0,50	5
Vitamin C, mg		105,00	1

Mineralstoffe

	100 g	1 Portion	Note
Kalium, mg		490,00	1
Kalzium, mg		212,00	1
Phosphor, mg		87,00	1
Magnesium, mg		31,00	2
Eisen, mg		1,90	1
Fluor, µg		20,00	5
Jod, µg		12,00	4
Selen, µg		2,30	4
Zink, µg		330,00	5
Natrium, mg		42,00	1

GEMÜSE

Grünkohl, gekocht (200 g)
absolute Menge in

	100 g	1 Portion	Note
Energie, kcal	30,00	60,00	1
Wasser, g	90,00	180,00	
Eiweiß, g	4,00	8,00	3
Fett (gesamt), g	0,90	1,80	1
davon mehrfach ungesättigte Fettsäuren, g	0,40	0,80	3
Cholesterin, mg	0,00	0,00	1
Kohlenhydrate, g	2,00	4,00	5
Ballaststoffe, g	4,00	8,00	1
davon wasserlöslich	–	–	
Vitamine			
Vitamin A, µg RÄq	666,00	1332,00	1
Vitamin D, µg	(0)	(0)	6
Vitamin E, mg TÄq	3,60	7,20	1
Vitamin K, µg	–	–	
Vitamin B_1, mg	0,05	0,10	3
Vitamin B_2, mg	0,10	0,20	2
Vitamin B_6, mg	0,20	0,40	1
Vitamin B_{12}, µg	(0)	(0)	6
Niacin, mg Äq	1,60	3,20	1
Folsäure, µg	18,00	36,00	2
Pantothensäure, mg	0,30	0,60	2
Biotin, µg	0,30	0,60	5
Vitamin C, mg	75,00	150,00	1
Mineralstoffe			
Kalium, mg	384,00	768,00	1
Kalzium, mg	179,00	358,00	1
Phosphor, mg	68,00	136,00	2
Magnesium, mg	26,00	52,00	1
Eisen, mg	1,70	3,40	1
Fluor, µg	9,00	18,00	5
Jod, µg	10,00	20,00	2
Selen, µg	–	–	
Zink, µg	256,00	512,00	4
Natrium, mg	43,20	86,40	1

GEMÜSE

Salatgemüse allgemein

Auf dem Salatsektor hat sich in den letzten Jahren einiges getan. König Kopfsalat regiert längst nicht mehr unangefochten. Mit 60–65 % Marktanteil behauptet er zwar noch seine Spitzenposition unter den Salatgemüsen, neue Züchtungen haben jedoch einige Konkurrenten ins Spiel gebracht.
Die gemeinsame Urform der verschiedenen Gartensalate ist wohl der wilde Zaunlattich, von Hause aus eine Steppenpflanze. Bei uns findet man ihn noch auf Schutthalden.

Ernährung
Eine weitere Gemeinsamkeit der Salate ist der geringe Kaloriengehalt und der Gehalt an **Vitaminen** und **Mineralstoffen**. An **Ballaststoffen** enthält Salat gar nicht mal so viel, wie man gerne glauben möchte. In einer Portion Salat (75 g) sind nur etwa 1 g Ballaststoffe enthalten. Zum Vergleich: eine Scheibe Brot enthält etwa 4 g.
Dennoch sprechen viele Gründe für den häufigen Verzehr von Salaten als Vorspeise oder auch Hauptgericht: Rohes muß intensiv gekaut werden, was das Verdauungssystem anregt. Zudem wird der Magen mit einer kalorienarmen Speise gefüllt. Als weiterer Pluspunkt kommt hinzu, daß wegen des Rohverzehrs Vitamine und Mineralstoffe nicht der Zubereitung zum Opfer fallen.
Ein wesentlicher Faktor für einen hohen Vitamingehalt ist die Frische des Salates. Je länger er gelagert wird, desto mehr sinkt der Nährwert. Besonders betroffen ist das empfindliche Vitamin C. Bei der Vorbereitung von Salat sollte man sparsam mit Wasser umgehen. Vitamine und Mineralstoffe gehen sonst baden. Salat hält sich am längsten im Kühlschrank frisch, die Blätter kann man leicht mit Wasser besprühen, damit sie nicht austrocknen.
In den Wintermonaten stammt Salat meist aus dem Treibhaus. Zu dieser Zeit kann der **Nitratgehalt** im Salatkopf recht hoch sein. Nitrat ist eine Substanz, die für Pflanzen unentbehrlich ist. Unter der Einwirkung von Licht setzen die Pflanzen Nitrat in lebenswichtigen Stickstoff um. Nicht natürlich ist der manchmal sehr hohe Gehalt in Treibhausgemüsen. Ursache kann eine übermäßige Düngung sein oder die lichtarme Züchtung von Treibhausgemüse.
Nitrat ist in der Diskussion, weil es im Körper von bestimmten Bakterienstämmen des menschlichen Speichels zum giftigen Nitrit umgewandelt werden kann. Nitrit ist gerade für Säuglinge eine gefährliche Substanz – sie kann zum Erstickungstod führen. Nitrit wiederum kann zu krebserregenden Verbindungen (Nitrosamine) umgebaut werden. Die gleichzeitige Aufnahme von Vitamin C hemmt eine Nitrosaminbildung.
Durch das Entfernen von Stielen, Strünken, großen Rippen und den äußeren Blättern läßt sich der Nitratgehalt von Salat deutlich senken.

Warenkunde
Gemüseart: Blattgemüse
Angebotszeit: meist ganzjährig
Salatgemüse teilt man im allgemeinen in zwei große Gruppen ein. **Gartensalate** und **Zichoriengewächse**.

GEMÜSE

Die Kultur des **Gartensalates** reicht zurück bis ins alte Ägypten. In Mitteleuropa wurde er zunächst in Klostergärten angebaut, bevor er landesweite Verbreitung fand.
Zu den Gartensalaten zählen:
Kopfsalat hat keinen ausgeprägten Eigengeschmack, er läßt sich süß und herzhaft anrichten. Da die Blätter eine lockere Struktur haben, fällt Kopfsalat bei der Zubereitung leicht zusammen.

Verbrauch
Pro Kopf und Jahr: 2,5 kg
Verzehr pro Tag (geschätzt): 6,0 g

Eissalat, auch Eisberg-, Krach- oder Knacksalat genannt, bildet große feste Köpfe, die äußerlich einem sehr losen Weißkohl ähneln können. Eissalat kann einige Zeit vor dem Verzehr zubereitet werden, da er aufgrund der festen Struktur seiner Blätter lange knackig bleibt.
Der *Batavia-Salat* erinnert vom Geschmack her an Kopfsalat, von der Struktur der Blätter eher an Eissalat. Die Ränder der äußeren Blätter sind teilweise schwach gerötet.
Die krausen Pflücksalate *Lollo Rossa* und *Lollo Bionda* sind in Italien beheimatet, sie schmecken leicht nußartig. Insbesondere der Lollo Rossa gibt grünen Salaten durch seine rote Färbung eine interessante Note.
Romanasalat (Römersalat, Sommerendivie) hat längliche, um einen Mittelstrunk angeordnete rauhe Blätter, die sich mehr oder weniger freiwillig zu einem eiförmigen Kopf zusammenschließen. Romanasalat erinnert aufgrund seines leicht bitteren Geschmacks an die Endivie, ist mit dieser jedoch nicht verwandt. Am besten eignet sich dieser Salat als Kochgemüse, wie Wirsing oder Spinat.
Der *Eichblatt-Salat* verdankt seinen Namen der typischen Blattform. Er schmeckt leicht nußartig, seine Blätter sind zum Rand hin rötlich gefärbt. Eichblatt-Salat ist sehr empfindlich und fällt leicht zusammen.
Die zweite Gruppe der salatliefernden Pflanzen **(Zichoriengewächse)** umfaßt:
Chicorée ist ein typisches Wintergemüse, er wird von November bis April angeboten. Die Entdeckung des Chicorée verdanken wir einer zufälligen Begebenheit in Belgien im Jahre 1870. Nach einer äußerst reichen Ernte schlugen Bauern Wurzelzichorien, die gemahlen als Kaffee-Ersatz verwendet wurden, zur Lagerung in Erde ein. Aus diesen Rüben trieben dann feste spitze Knospen aus, die aufgrund des Lichtmangels bleich und zart waren. Der Chicorée-Salat war „geboren". Heute wird Chicorée zunehmend ganz ohne Erde in Hydrokultur gezogen. Die Abdeckung gegen Lichteinfluß ist unbedingt nötig, da die Knospen sonst sehr bitter werden würden. Chicorée ist sowohl roh als auch kurz gegart ein wohlschmeckendes Wintergemüse.

Tip
Chicorée sollte nicht in eisernen Kochgeräten zubereitet werden, da er sich dann schwarz verfärben würde.

Verbrauch
Pro Kopf und Jahr: 0,2 kg

GEMÜSE

Mit dem Chicorée verwandt ist die *Endivie*. Man unterscheidet zwei Arten: die „Glatte Endivie", auch Escariol oder Escarol genannt und den krausen Frisee. Die Sommersorten dieser zwei Arten sind relativ grob in ihrer Struktur und grün gefärbt, die Wintersorten gelb und zarter. Dem geschmacksgebenden Bitterstoff wird eine galle- und harntreibende Wirkung zugeschrieben.

Radicchio, ebenfalls ein Angehöriger der Zichorien-Familie, bildet einen etwa faustgroßen Kopf mit weinrot-violetten Blättern. Der Bitterstoff sitzt überwiegend in den weißen Blattrippen. Radicchio ist auch als gekochtes Gemüse zu verwenden.

Der **Feldsalat** läßt sich in keine der beiden vorgestellten Salatgruppen einordnen. Botanisch gesehen ist er ein Verwandter des Baldrians (er enthält u. a. Baldrianöl). Mit seinen frostresistenten Blättern liefert auch Feldsalat einen beliebten Wintersalat, ist allerdings recht teuer. Er enthält bemerkenswert viel Eisen, Karotin sowie Vitamin C und schmeckt angenehm nußartig.

Tip
Feldsalat wird besonders knackig, wenn Sie ihn vor der Zubereitung kurze Zeit in eiskaltes Wasser legen.

GEMÜSE

Kopfsalat (80 g)
absolute Menge in

	100 g	1 Portion	Note
Energie, kcal	11,00	8,80	1
Wasser, g	95,00	76,00	
Eiweiß, g	1,30	1,04	4
Fett (gesamt), g	0,20	0,16	1
davon mehrfach ungesättigte Fettsäuren, g	0,12	0,10	5
Cholesterin, mg	0,00	0,00	1
Kohlenhydrate, g	1,10	0,90	5
Ballaststoffe, g	1,50	1,20	4
davon wasserlöslich	0,15	0,12	
Vitamine			
Vitamin A, µg RÄq	131,60	105,28	2
Vitamin D, µg	(0)	(0)	6
Vitamin E, mg TÄq	0,44	0,35	5
Vitamin K, µg	200,00	160,00	1
Vitamin B_1, mg	0,06	0,05	4
Vitamin B_2, mg	0,08	0,06	4
Vitamin B_6, mg	0,06	0,05	5
Vitamin B_{12}, µg	(0)	(0)	6
Niacin, mg Äq	0,30	0,24	5
Folsäure, µg	37,00	30,00	2
Pantothensäure, mg	0,11	0,09	5
Biotin, µg	1,90	1,50	5
Vitamin C, mg	13,00	10,00	4
Mineralstoffe			
Kalium, mg	224,00	180,00	4
Kalzium, mg	37,00	30,00	5
Phosphor, mg	33,00	26,00	1
Magnesium, mg	11,00	9,00	5
Eisen, mg	1,10	0,88	3
Fluor, µg	32,00	26,00	5
Jod, µg	3,30	2,60	5
Selen, µg	0,80	0,60	5
Zink, µg	220,00	176,00	5
Natrium, mg	10,00	8,00	1

GEMÜSE

Chicorée, roh (100 g)
absolute Menge in

	100 g	1 Portion	Note
Energie, kcal		16,00	1
Wasser, g		94,00	
Eiweiß, g		1,30	4
Fett (gesamt), g		0,20	1
davon mehrfach ungesättigte Fettsäuren, g		0,10	5
Cholesterin, mg		0,00	1
Kohlenhydrate, g		2,30	5
Ballaststoffe, g		1,30	4
davon wasserlöslich		0,40	

Vitamine

Vitamin A, µg RÄq		215,00	1
Vitamin D, µg		(0)	6
Vitamin E, mg TÄq		0,10	5
Vitamin K, µg		200,00	1
Vitamin B_1, mg		0,05	4
Vitamin B_2, mg		0,03	5
Vitamin B_6, mg		0,05	5
Vitamin B_{12}, µg		(0)	6
Niacin, mg Äq		0,24	5
Folsäure, µg		52,00	1
Pantothensäure, mg		0,40	3
Biotin, µg		4,80	3
Vitamin C, mg		10,00	4

Mineralstoffe

Kalium, mg		192,00	3
Kalzium, mg		26,00	5
Phosphor, mg		26,00	1
Magnesium, mg		13,00	4
Eisen, mg		0,74	4
Fluor, µg		15,00	5
Jod, µg		10,00	4
Selen, µg		–	
Zink, µg		200,00	5
Natrium, mg		4,40	1

Wegweiser Lebensmittel

GEMÜSE

Speisepilze allgemein

Allen Speisepilzen ist gemeinsam, daß sie kein Blattgrün enthalten und daher auf organische Nahrung angewiesen sind. Sie benötigen zum Wachstum kein Licht, aber Feuchtigkeit und Wärme. Was wir als Speisepilze ernten, sind lediglich die der Fortpflanzung durch Sporen dienenden Fruchtkörper des Pilzorganismus. An der Unterseite des Hutes befinden sich je nach Pilzart mehr oder weniger feine Häutchen, die sogenannten Lamellen, die die Sporen enthalten.

Der ernährungsphysiologische Wert der Pilze wird unterschiedlich beurteilt. Sie enthalten neben anderen Nährstoffen etwa 2–3 % Eiweiß, B-Vitamine und Vitamin D, das in anderen Gemüsearten seltener vorhanden ist. Das Eiweiß der Pilze ist nach Meinung einiger Experten relativ schlecht verdaulich und wird weniger gut ausgenutzt, andere wiederum schreiben ihm eine hohe Wertigkeit zu. Die Zellwände der Speisepilze enthalten als Gerüstsubstanz Chitin, das als Ballaststoff die Darmtätigkeit fördert. Für die Krankenkost sind Speisepilze weniger geeignet.

Pilzgerichte lassen sich übrigens ohne weiteres aufwärmen, wenn man sie nach der Zubereitung rasch abgekühlt hat, im Kühlschrank aufbewahrt und auch zügig wieder erhitzt. Das gilt auch für Pilze aus Dosen oder Gläsern.

Durch den Gehalt an Schwermetallen und Radionukliden können Empfehlungen zum Speisepilzverzehr nicht pauschal ausgesprochen werden. Den niedrigsten Gehalt an diesen Fremdstoffen weisen noch die Zuchtpilze auf. Auch ausgesprochene Wildpilzliebhaber sollten aufgrund der ausgeprägten Fähigkeit dieser Pilze, das Schwermetall Cadmium anzureichern, Wildpilze nur 1 mal pro Woche verzehren.

Der Champignon spielt auf dem Markt die bedeutendste Rolle unter den kultivierten Speisepilzen.

Champignon

Verbrauch
Pro Kopf und Jahr: 2,5 kg
Verzehr pro Tag (geschätzt): 6,0 g

Geschichte
Die Heimat der Champignonkultur liegt in Frankreich. In der Mitte des 17. Jahrhunderts wurden die ersten Pilze gezogen, man nannte sie schlicht: „Champignon de Paris" (champignon = französisch für Pilz). Zunächst wurden Champignons ausschließlich in dunklen, feuchten Kellern kultiviert, mittlerweile ist man zu dunkel gehaltenen, klimatisierten Spezialhäusern übergegangen, in denen Champignons ganzjährig gezogen werden können.

Warenkunde
Gemüseart: Speisepilz
Angebotszeit: ganzjährig

GEMÜSE

Die Sorten des Champignons unterscheiden sich im wesentlichen durch ihre Hutfarbe. Diese reicht von weiß über cremefarben bis zu sattbraun. Zu den kultivierten Champignonarten zählen der Wiesen-Champignon und der Braune Champignon. Ersterer hat eine glatte, manchmal leicht schuppige Oberfläche. Die Lamellen sind anfangs weiß und färben sich dann rosa- bis schokoladenbraun. Der Braune Champignon macht seinem Namen alle Ehre und präsentiert sich mit einem hell- bis dunkelbraunen Hut. Sein Fleisch schmeckt noch aromatischer als die weißen Kultursorten.

Einen Pilz wollen wir im Zusammenhang mit dem Champignon nicht vergessen zu erwähnen: den äußerst giftigen *Knollenblätterpilz,* auf dessen Konto wohl die meisten tödlich verlaufenden Pilzvergiftungen gehen. Obwohl er nicht mit dem Champignon verwandt ist, wird der Knollenblätterpilz doch leicht mit ihm verwechselt. Dabei gibt es eindeutige Unterschiede – man muß sie nur kennen. Das einfachste Erkennungsmerkmal sind die weißen Lamellen. Sie verfärben sich nicht wie beim Champignon rosa oder braun. Das zweite Merkmal ist die runde Knolle am Stiel, die sich wie Watte anfühlt.

Weitere erwähnenswerte Pilzarten, die bereits in Kultur genommen wurden, tragen so klingende Namen wie Austernseitling, Shiitake-Pilz und Judasohr.
Der **Austernpilz** stammt aus Südostasien, bei uns können wir ihn manchmal in Wäldern auf morschen Baumstümpfen finden. Er gehört zu den Pilzarten, deren Kultivierung bisher gelungen ist, und gilt als Alternative zum Champignon. Austernpilze wachsen nicht einzeln, sondern dachziegelartig übereinander angeordnet, wie Austernbänke. Das Fleisch ist weißlich und ausgesprochen fleischig mit einem saftigen Geschmack.
Noch ist der **Shiitake-Pilz** ein Sonderling auf unseren Märkten. Ursprünglich stammt der bräunlich-grau bis rotbraune Pilz aus Japan. Die Lamellen des Pilzhutes sind anfangs weiß und färben sich mit zunehmender Reife bis ins Rotbraune. Das Fleisch des Shiitake ist fest und gleichzeitig saftig im Geschmack. Dem Pilz werden bedeutende medizinische Eigenschaften wie eine günstige Beeinflussung des Kreislaufs nachgesagt.
Ebenfalls in Japan und China wird seit längerem das **Judasohr** (japanischer Ohrlappenpilz) kultiviert. Den Namen verdankt er seinem ohrförmigen Aussehen. Der Pilz ist olivbraun gefärbt und nahezu geruch- und geschmacklos. Er ist meist in getrockneter Form im Handel erhältlich. Beliebt ist das Judasohr insbesondere wegen seiner starken Quellbarkeit und der daraus resultierenden Konsistenzveränderung von Speisen.

Pfifferlinge sind in ungestörten Wäldern noch relativ häufig anzutreffen. Da er vielen Pilzsammlern jedoch als einziger „sicherer" Pilz bekannt ist, gilt er als bedrohte Art. Typisch für den Pfifferling ist seine rotgelbe Farbe. Der Geschmack erinnert entfernt an Pfeffer, daher auch sein Name.

Last but not least sei noch der **Steinpilz** erwähnt. Neben dem Pfifferling ist er der einzige Speisepilz, der sich bis heute nicht kultivieren läßt. Er gilt nach wie vor als der klassische Wildpilz. Nicht zuletzt aus diesem Grund ist dieser wohlschmeckende Pilz einer der begehrtesten Speisepilze. Das Fleisch des Steinpilzes ist fast weiß und fest, es duftet angenehm und schmeckt nußartig.

GEMÜSE

Champignon, Zucht- (110 g)

absolute Menge in

	100 g	1 Portion	Note
Energie, kcal	15,00	17,00	1
Wasser, g	91,00	100,00	
Eiweiß, g	2,70	2,90	4
Fett (gesamt), g	0,20	0,22	1
davon mehrfach ungesättigte Fettsäuren, g	Spuren	Spuren	5
Cholesterin, mg	0,00	0,00	1
Kohlenhydrate, g	0,70	0,80	5
Ballaststoffe, g	1,90	2,10	3
davon wasserlöslich	0,40	0,44	
Vitamine			
Vitamin A, µg RÄq	1,67	1,84	5
Vitamin D, µg	1,94	2,13	1
Vitamin E, mg TÄq	0,11	0,12	5
Vitamin K, µg	17,00	19,00	1
Vitamin B_1, mg	0,10	0,11	3
Vitamin B_2, mg	0,44	0,48	1
Vitamin B_6, mg	0,07	0,08	4
Vitamin B_{12}, µg	(0)	(0)	6
Niacin, mg Äq	5,00	6,00	1
Folsäure, µg	25,00	28,00	2
Pantothensäure, mg	2,10	2,31	1
Biotin, µg	16,00	17,60	1
Vitamin C, mg	5,00	5,50	5
Mineralstoffe			
Kalium, mg	422,00	464,00	1
Kalzium, mg	8,00	9,00	5
Phosphor, mg	123,00	135,00	2
Magnesium, mg	13,00	14,00	4
Eisen, mg	1,26	1,39	2
Fluor, µg	31,00	34,00	5
Jod, µg	18,00	19,80	2
Selen, µg	7,00	7,70	2
Zink, µg	390,00	429,00	4
Natrium, mg	8,00	8,80	1

GEMÜSE

Bohnen

Zum **Gemüse** werden im Lebensmittelhandel nur die unreifen Hülsen und Samen von Bohnen (und auch Erbsen) gezählt, die reifen, getrockneten Samen dagegen werden als **Hülsenfrüchte** gehandelt.

Verbrauch
Pro Kopf und Jahr: 1,9 kg
Verzehr pro Tag (geschätzt): 4,0 g

Geschichte
Die Heimat dieser Gemüseart sind die tropischen und subtropischen Wälder Mittel- und Südamerikas. In den Anden kann man noch heute die Wildart finden. Bereits die Indianer bauten Bohnen an, Kolumbus brachte sie von seinen Entdeckungsreisen mit nach Europa.

Ernährung
Bohnen zählen wie Kohl und Möhren zum Grobgemüse, d. h. sie haben eine grobe Struktur und einen hohen Zellulose(Ballaststoff)gehalt. Gemüsebohnen gehören nicht zu den Hülsenfrüchten, sie enthalten auch nicht so viel Eiweiß wie diese. Ihr Nährstoffgehalt liegt im Durchschnitt der übrigen Gemüsesorten.

Wichtig!
Gemüsebohnen müssen vor dem Verzehr etwa 20 Minuten gekocht werden, da die Hülsen und insbesondere die Samen einen giftigen Eiweißstoff enthalten (das Phasin). Durch das Kochen wird dieser Eiweißstoff zerstört.

Warenkunde
Gemüseart: Fruchtgemüse
Angebotszeit: nahezu ganzjährig, aus heimischer Ernte vor allem von Juli bis Ende September

Nach **botanischen** Arten werden unterschieden:
Gartenbohnen (= Stangenbohnen) und Feuerbohnen.
Aus der Stangenbohne konnte eine niedrigere, strauchig wachsende *Buschbohne* gezüchtet werden, die keine Stütze aus Stangen oder Draht nötig hat. Die Feuerbohnen haben trotz ihrer Zartheit und angenehmen Geschmacks noch keine größere Bedeutung auf den hiesigen Märkten erlangt.

Für die zahlreichen Gartenbohnen-Formen gibt es wiederum eine Unterscheidung nach dem **Hülsenquerschnitt**.
Schwertbohnen sind flache, platte Bohnen. Bei den *Flageoletbohnen* sind die Hülsen flachoval. *Perlbohnen* besitzen dünnschalige Hülsen mit kleinen runden Samen.

Die meisten Gartenbohnen haben jedoch ovale oder runde Hülsenquerschnitte, die sich nicht in diese Gruppen einordnen lassen. Im wesentlichen gibt es noch folgende Bezeichnungen:
Haricots verts (französisch: grüne Bohnen) sind fast so dünn wie Stricknadeln und besitzen keine Samen. *Prinzeßbohnen* sind etwas kräftiger mit kurzen, grünen Hülsen, die gepflückt werden, wenn sie noch jung und zart sind. *Brechbohnen* haben eine dickfleischige, runde

GEMÜSE

Hülse, die sich glatt durchbrechen läßt. Bei den *Zuckerbohnen* ist die Hülse sehr fleischig und fällt bei zunehmender Reife um die Samen herum ein. *Wachs-* oder *Butterbohnen* fallen mit ihrer gelben Farbe aus dem Rahmen. Daneben gibt es noch sogenannte *Bobbybohnen*, die sich durch einen rundlichen Querschnitt und eine große Anzahl von Samen auszeichnen. Zur Ernte der Samen läßt man die Hülsen voll ausreifen und klopft die Samen dann einfach heraus. Bis zum Verzehr können sie problemlos trocken gelagert werden.

Wissenswertes
Die *Dicke Bohne,* auch Saubohne oder Puffbohne genannt, gehört trotz ihres Namens botanisch nicht zu den Bohnen, sondern zu den Wicken. Sie war bei uns bereits vor der Einführung von Kartoffeln und Gartenbohnen aus Amerika ein wichtiges Lebensmittel. Ihre Heimat vermutet man Im Orient. Die Hülsen der Dicken Bohne sind grob, samtartig behaart und dickschalig mit schwammigem Fleisch. Als Gemüse werden die Samen der Dicken Bohne gegessen. Sie sind relativ groß und meist weiß oder grünlich gefärbt (es gibt auch Sorten mit roten Samen). Richtig „echt" nach Dicken Bohnen schmecken eigentlich nur die Sorten, die sich nach dem Kochen braun verfärben. Der Genuß roher Samen, aber auch schon das Einatmen des Blütenstaubes löst bei manchen Menschen eine allergische Erkrankung (Favismus) aus, die in schweren Fällen bis zum Tod führen kann.

GEMÜSE

grüne Bohnen, gekocht (150 g)

absolute Menge in

	100 g	1 Portion	Note
Energie, kcal	27,00	41,00	1
Wasser, g	92,00	138,00	
Eiweiß, g	1,60	2,40	4
Fett (gesamt), g	0,30	0,50	1
davon mehrfach ungesättigte Fettsäuren, g	Spuren	Spuren	5
Cholesterin, mg	0,00	0,00	1
Kohlenhydrate, g	4,40	6,60	5
Ballaststoffe, g	3,00	4,50	1
davon wasserlöslich	0,90	1,35	
Vitamine			
Vitamin A, µg RÄq	52,00	78,00	3
Vitamin D, µg	(0)	(0)	6
Vitamin E, mg TÄq	0,10	0,15	5
Vitamin K, µg	–	–	
Vitamin B_1, mg	0,07	0,11	3
Vitamin B_2, mg	0,09	0,14	3
Vitamin B_6, mg	0,12	0,18	2
Vitamin B_{12}, µg	(0)	(0)	6
Niacin, mg Äq	0,50	0,75	4
Folsäure, µg	15,00	23,00	3
Pantothensäure, mg	–	–	
Biotin, µg	–	–	
Vitamin C, mg	12,00	18,00	3
Mineralstoffe			
Kalium, mg	151,00	227,00	3
Kalzium, mg	50,00	75,00	3
Phosphor, mg	37,00	56,00	1
Magnesium, mg	22,00	33,00	2
Eisen, mg	0,60	0,90	3
Fluor, µg	10,00	15,00	5
Jod, µg	–	–	
Selen, µg	–	–	
Zink, µg	254,00	381,00	5
Natrium, mg	2,00	3,00	1

GEMÜSE

Spargel

Verbrauch
Pro Kopf und Jahr: 1,3 kg
Verzehr pro Tag (geschätzt): 2,8 g

Geschichte
Das Ursprungsland des Spargels liegt vermutlich in den sandigen Meeresdünen Osteuropas. Als Kulturpflanze ist er mittlerweile weltweit verbreitet. Schon die Griechen sollen Spargel angebaut haben.

Ernährung
Spargel ist bei einem geringen Energiegehalt relativ eiweißreich und enthält verhältnismäßig viel Vitamin C sowie Kalium. Dem Spargel werden einige medizinische Wirkungen nachgesagt. So wirkt er zum Beispiel entwässernd und stoffwechselfördernd und ist auch als angebliches Aphrodisiakum (Mittel, das den Geschlechtstrieb anregt) beliebt.

Warenkunde
Gemüseart: Stengelgemüse (neben Rhabarber das einzige mehrjährige Gemüse)
Angebotszeit: aus heimischer Ernte von Mitte April bis zum 24. Juni (Johanni), aus Importen auch in den Wintermonaten

Spargel bezeichnet man als Stengelgemüse, weil die unverdickten Sprosse gegessen werden. Damit sie schön lang werden und weiß bleiben, kultiviert man die Sprosse in aufgeschütteten Hügelbeeten. Sobald die Sprosse „das Licht der Welt erblicken", verfärben sie sich blauviolett und schließlich grün. Sie schmecken dann kräftiger und würziger. Die Farbe der Spargelstangen ist in den meisten Fällen kein Sortenmerkmal, sondern abhängig von den Anbaumaßnahmen.

Vom dritten Jahr der Pflanzung an kann in einer Spargelanlage geerntet werden. Eine Anlage liefert etwa 12 Jahre lang Spargel. Aus praktischen Gründen (Kochtopf- und Tellergröße) werden fast nur Stangen geerntet, die nicht länger als 20 cm sind. Besonders aromatisch und zart ist Spargel nach oder während warmer Tage.

Grünspargel war übrigens bis zum 18. Jahrhundert die einzig bekannte Spargelart. Manche Grünspargel-Sorten sparen Abfall, weil sie nicht geschält werden müssen. Die Kochzeit ist im Vergleich zu weißem Spargel meist kürzer.

GEMÜSE

Spargel, gekocht (180 g)

absolute Menge in

	100 g	1 Portion	Note
Energie, kcal	13,00	23,00	1
Wasser, g	94,00	169,00	
Eiweiß, g	1,70	3,10	4
Fett (gesamt), g	0,10	0,20	1
davon mehrfach ungesättigte Fettsäuren, g	Spuren	Spuren	5
Cholesterin, mg	0,00	0,00	1
Kohlenhydrate, g	1,20	2,20	5
Ballaststoffe, g	1,50	2,70	3
davon wasserlöslich	0,14	0,25	

Vitamine

	100 g	1 Portion	Note
Vitamin A, µg RÄq	4,50	8,10	5
Vitamin D, µg	(0)	(0)	6
Vitamin E, mg TÄq	1,80	3,24	1
Vitamin K, µg	–	–	
Vitamin B_1, mg	0,09	0,16	1
Vitamin B_2, mg	0,10	0,18	2
Vitamin B_6, mg	0,04	0,07	4
Vitamin B_{12}, µg	(0)	(0)	6
Niacin, mg Äq	0,70	1,30	3
Folsäure, µg	16,00	29,00	2
Pantothensäure, mg	0,35	0,63	2
Biotin, µg	–	–	
Vitamin C, mg	16,00	29,00	1

Mineralstoffe

	100 g	1 Portion	Note
Kalium, mg	114,00	205,00	3
Kalzium, mg	18,00	32,00	4
Phosphor, mg	38,00	68,00	1
Magnesium, mg	15,00	27,00	3
Eisen, mg	1,00	1,80	1
Fluor, µg	50,00	90,00	4
Jod, µg	–	–	
Selen, µg	–	–	
Zink, µg	330,00	594,00	4
Natrium, mg	3,20	5,76	1

Wegweiser Lebensmittel

GEMÜSE

Erbsen

Verbrauch
Pro Kopf und Jahr: 1,1 kg
Verzehr pro Tag (geschätzt): 2,7 g

Geschichte
Wahrscheinlich stammt die Erbse aus einem Gebiet, das sich vom Mittelmeerraum bis nach Tibet erstreckt. Sie ist eine der älteste Nutzpflanzen überhaupt, die frühesten Funde gehen zurück bis 7000 v. Chr. Heute werden Gemüseerbsen in allen Ländern der Welt angebaut.

Warenkunde
Gemüseart: Fruchtgemüse
Angebotszeit: als Frischgemüse von April bis Oktober
Die eigentlichen Erbsen sind die in den Hülsen sitzenden Samen. Außer bei der Zuckererbse werden auch nur diese Samen in unreifem Zustand als Gemüse gegessen. Reife, getrocknete Erbsen zählen zu den Hülsenfrüchten. Man unterscheidet folgende Erbsensorten:
Palerbsen haben ein glattes, rundes Korn, das in einer hartschaligen, mit einer zähen Innenhaut versehenen Hülse sitzt. In der Palerbse sind die Kohlenhydrate in Form von Stärke abgelagert, weshalb sie leicht mehlig schmeckt.
In den *Markerbsen* sind die Kohlenhydrate als Zuckerstoffe enthalten. Sie sind daher zarter und schmecken süßer als Palerbsen, obwohl sie von ihrem Aussehen her grober anmuten. Markerbsen eignen sich nicht als Trockenerbsen, weil sie beim Kochen nicht weich werden.
Von der *Zuckererbse* wird die ganze Hülse mit dem nur gering entwickelten Samen gegessen. Sie besitzt keine ungenießbare zähe Innenhaut.
Neben den vorgenannten drei Gruppen gibt es noch den Begriff der *Trockenerbse*. Hierzu zählen alle Erbsen (meist Palerbsen), die an der Pflanze ausreifen und nur in getrocknetem Zustand für Suppen oder Püree verwendet werden.
Von der deutschen Konservenindustrie werden überwiegend Markerbsen eingedost, während in Holland vor allem Palerbsen verwendet werden. Auf jedem Etikett muß zu lesen sein, um welche Erbsenart es sich in der Konserve handelt.

Tips
Ein Spritzer Zitrone im Kochwasser erhält die saftig grüne Farbe der Erbsen. Erbsen eignen sich besonders gut zum Einfrieren – kurz blanchiert behalten sie ihre Farbe auch im Gefrierfach.

GEMÜSE

grüne Erbse, Samen gekocht (150 g)

absolute Menge in

	100 g	1 Portion	Note
Energie, kcal	68,00	102,00	2
Wasser, g	81,00	122,00	
Eiweiß, g	5,40	8,10	3
Fett (gesamt), g	0,50	0,80	1
davon mehrfach ungesättigte Fettsäuren, g	Spuren	Spuren	5
Cholesterin, mg	0,00	0,00	1
Kohlenhydrate, g	10,40	15,60	4
Ballaststoffe, g	4,00	6,00	1
davon wasserlöslich	–	–	

Vitamine

	100 g	1 Portion	Note
Vitamin A, µg RÄq	53,00	79,50	3
Vitamin D, µg	(0)	(0)	6
Vitamin E, mg TÄq	–	–	
Vitamin K, µg	–	–	
Vitamin B_1, mg	0,23	0,35	1
Vitamin B_2, mg	0,16	0,24	1
Vitamin B_6, mg	0,10	0,15	3
Vitamin B_{12}, µg	(0)	(0)	6
Niacin, mg Äq	2,00	3,00	1
Folsäure, µg	8,00	12,00	4
Pantothensäure, mg	0,46	0,69	1
Biotin, µg	–	–	
Vitamin C, mg	17,00	26,00	1

Mineralstoffe

	100 g	1 Portion	Note
Kalium, mg	213,00	320,00	2
Kalzium, mg	22,00	33,00	4
Phosphor, mg	91,00	137,00	2
Magnesium, mg	–	–	
Eisen, mg	1,30	1,95	1
Fluor, µg	–	–	
Jod, µg	–	–	
Selen, µg	–	–	
Zink, µg	–	–	
Natrium, mg	2,00	3,00	1

Wegweiser Lebensmittel

Porree (Lauch)

Verbrauch
Pro Kopf und Jahr: 0,9 kg

Geschichte
Die Herkunft des Porrees ist unbekannt. Man vermutet seinen Ursprung in den Mittelmeerländern, in Ägypten sollen bereits die Pharaonen seine Schärfe geschätzt haben.

Warenkunde
Gemüseart: Zwiebelgemüse
Angebotszeit: ganzjährig
Von der Speisezwiebel, der Hauptvertreterin seiner Stammfamilie, unterscheidet sich Porree vor allem durch das Fehlen einer ausgeprägten Zwiebel und durch die starke Verlängerung der weniger fleischigen Unterblätter. Der Geschmack erinnert aufgrund der ähnlichen Inhaltsstoffe schon eher an die Zwiebelfamilie.
Neben Sommerporree wird überwiegend der herbere Winterporree angebaut. Obwohl er eine arbeitsaufwendige Kulturpflanze ist, wird Porree relativ günstig angeboten. Er muß in tiefe Furchen gepflanzt werden, die man nach und nach mit Erde anfüllt. Junger Porree eignet sich roh als würzende Salatzutat bzw. -grundlage.

Kurioses
Manch einem Historiker mag folgende Weisheit aus dem 16. Jahrhundert bekannt sein:
„Wenn Lauch Du magst, doch Dir sein Hauch nicht taugt, iß Zwiebeln, und Du riechst ihn nicht, den Lauch. Wenn Du von Zwiebeln willst den Duft verjagen, iß Knoblauch, und Du kannst's ertragen."

GEMÜSE

Porree (Lauch), roh (100 g)
absolute Menge in

	100 g	1 Portion	Note
Energie, kcal		24,00	1
Wasser, g		89,00	
Eiweiß, g		2,20	4
Fett (gesamt), g		0,30	1
davon mehrfach ungesättigte Fettsäuren, g		0,18	5
Cholesterin, mg		0,00	1
Kohlenhydrate, g		3,20	5
Ballaststoffe, g		2,30	3
davon wasserlöslich		0,50	

Vitamine

	100 g	1 Portion	Note
Vitamin A, µg RÄq		60,00	3
Vitamin D, µg		(0)	6
Vitamin E, mg TÄq		0,90	3
Vitamin K, µg		–	
Vitamin B_1, mg		0,10	3
Vitamin B_2, mg		0,06	4
Vitamin B_6, mg		0,25	1
Vitamin B_{12}, µg		(0)	6
Niacin, mg Äq		0,53	4
Folsäure, µg		26,00	3
Pantothensäure, mg		0,14	5
Biotin, µg		1,60	5
Vitamin C, mg		30,00	1

Mineralstoffe

	100 g	1 Portion	Note
Kalium, mg		225,00	3
Kalzium, mg		87,00	3
Phosphor, mg		46,00	1
Magnesium, mg		18,00	4
Eisen, mg		1,00	3
Fluor, µg		10,00	5
Jod, µg		1,30	5
Selen, µg		–	
Zink, µg		310,00	5
Natrium, mg		5,20	1

GEMÜSE

Porree, gekocht (150 g)
absolute Menge in

	100 g	1 Portion	Note
Energie, kcal	26,00	39,00	1
Wasser, g	91,00	137,00	
Eiweiß, g	2,10	3,20	4
Fett (gesamt), g	0,20	0,30	1
davon mehrfach ungesättigte Fettsäuren, g	Spuren	Spuren	5
Cholesterin, mg	0,00	0,00	1
Kohlenhydrate, g	3,90	5,90	5
Ballaststoffe, g	1,90	2,90	2
davon wasserlöslich	–	–	
Vitamine			
Vitamin A, µg RÄq	23,00	34,50	4
Vitamin D, µg	(0)	(0)	6
Vitamin E, mg TÄq	0,68	1,02	3
Vitamin K, µg	–	–	
Vitamin B_1, mg	0,06	0,09	3
Vitamin B_2, mg	0,03	0,05	5
Vitamin B_6, mg	0,15	0,23	1
Vitamin B_{12}, µg	(0)	(0)	6
Niacin, mg Äq	0,60	0,90	4
Folsäure, µg	4,60	6,90	5
Pantothensäure, mg	0,07	0,11	5
Biotin, µg	0,90	1,40	5
Vitamin C, mg	9,00	14,00	3
Mineralstoffe			
Kalium, mg	237,00	336,00	2
Kalzium, mg	68,00	102,00	2
Phosphor, mg	38,00	57,00	1
Magnesium, mg	13,00	20,00	4
Eisen, mg	0,85	1,28	2
Fluor, µg	42,00	63,00	4
Jod, µg	21,00	32,00	1
Selen, µg	–	–	
Zink, µg	170,00	255,00	5
Natrium, mg	6,00	9,00	1

GEMÜSE

Sellerie

Verbrauch
Pro Kopf und Jahr: 0,7 kg

Geschichte
Die Mutterpflanze des Sellerie ist der auch heute noch weit verbreitete Sumpfsellerie. Er liebt das Küstenklima und feuchte, salzreiche Böden.
Bei den Griechen und Römern war die Pflanze dem Gott der Unterwelt geweiht. Was der genaue Hintergrund dieser Weihe war, ist leider nicht bekannt.

Warenkunde
Gemüseart: Wurzelgemüse
Angebotszeit: ganzjährig

Wir kennen im wesentlichen zwei Unterarten:
Die größte Marktbedeutung hat in der Bundesrepublik nach wie vor der *Knollensellerie*. Den Namen verdankt er seinem knolligen Aussehen. Frische Sellerieknollen sind fest, nicht fleckig und haben keine Nebenwurzeln. Fertig geschälter oder geschnittener Sellerie verfärbt sich an der Luft braun, durch das Beträufeln mit Zitronensaft kann man dem vorbeugen.
Vom *Stangen-, Stauden-* oder *Bleichsellerie* werden die Stiele verzehrt. Er ist vor allem in England außergewöhnlich beliebt. Der Geschmack des Bleichselleries ist im Vergleich zum Knollensellerie milder, er eignet sich daher vor allem zum Rohverzehr. Überreifer oder überlagerter Staudensellerie kann „bastig" werden.
Der ausgeprägte Geschmack von Sellerie hat ihm ebenso entschiedene kulinarische Liebhaber wie Gegner eingebracht. Als vorzüglich würzendes Gemüse sollte Sellerie in keinem Süppchen fehlen. Aber auch roh ist Sellerie zu empfehlen. Der Waldorf-Salat (mit Sellerie, Äpfeln und Walnüssen) ist eine der bekanntesten Salatkreationen. Abgesehen von seiner stoffwechselbelebenden Wirkung soll Sellerie ähnlich dem Spargel angeblich die Liebeskraft steigern, was bisher jedoch noch nicht bewiesen ist.

GEMÜSE

Sellerie, roh (100 g)
absolute Menge in

	100 g	1 Portion	Note
Energie, kcal		18,00	1
Wasser, g		87,00	
Eiweiß, g		1,60	4
Fett (gesamt), g		0,30	1
davon mehrfach ungesättigte Fettsäuren, g		0,17	5
Cholesterin, mg		0,00	1
Kohlenhydrate, g		2,30	5
Ballaststoffe, g		4,20	1
davon wasserlöslich		0,60	
Vitamine			
Vitamin A, µg RÄq		2,50	5
Vitamin D, µg		(0)	6
Vitamin E, mg TÄq		–	
Vitamin K, µg		100,00	1
Vitamin B_1, mg		0,04	4
Vitamin B_2, mg		0,07	4
Vitamin B_6, mg		0,20	2
Vitamin B_{12}, µg		(0)	6
Niacin, mg Äq		0,90	4
Folsäure, µg		7,00	5
Pantothensäure, mg		0,51	3
Biotin, µg		–	
Vitamin C, mg		8,00	4
Mineralstoffe			
Kalium, mg		321,00	2
Kalzium, mg		68,00	3
Phosphor, mg		80,00	1
Magnesium, mg		9,00	5
Eisen, mg		0,53	4
Fluor, µg		14,00	5
Jod, µg		2,80	5
Selen, µg		1,10	5
Zink, µg		310,00	5
Natrium, mg		77,20	1

GEMÜSE

Spinat

Verbrauch
Pro Kopf und Jahr: 0,6 kg

Geschichte
Araber sollen den aus Mittelasien stammenden Spinat im 9. Jahrhundert nach Spanien gebracht haben, von wo er als „spanachia" nach Mitteleuropa gelangte.

Ernährung
Auch wenn das Märchen vom ungeheuren Eisengehalt des Spinats inzwischen überholt ist, ist Spinat noch immer eines der eisenreichsten Gemüsesorten – enthält er doch z. B. doppelt so viel Eisen wie die als besonders eisenreich geltenden Gemüse Grünkohl und Feldsalat. Neben Rhabarber ist Spinat das Gemüse mit den höchsten Oxalsäuregehalten – eine Säure, die für die Entstehung bestimmter Nierensteine verantwortlich ist. Personen, die zur Bildung von Nierensteinen neigen, wird Zurückhaltung beim Spinatverzehr empfohlen.
Häufig diskutiert wird auch der Nitratgehalt im Spinat. Wie bei den Salatgemüsen (siehe Seite 135) kann Spinat unter ungünstigen Bedingungen hohe Nitratwerte erreichen. (Durch das Kochen läßt sich der Nitratgehalt in gewissem Umfang reduzieren.) Nach der erstmaligen Zubereitung von Spinat kann Nitrat von Bakterien in Nitrit umgewandelt werden, was wiederum insbesondere für Säuglinge gesundheitsgefährdend ist. Kleinstkindern sollte man Spinat daher nicht vor dem 5. Lebensmonat geben. Da die Nitritgehalte bereits nach wenigen Stunden hohe Werte erreichen, sollte Spinat auch nicht wieder aufgewärmt werden.

Warenkunde
Gemüseart: Blattgemüse
Angebotszeit: nahezu ganzjährig, aus heimischem Anbau von September bis Juni

Spinat ist ein naher Verwandter der Roten Bete. Er wächst rasch und kann 30 cm und höher werden. Im Frühjahr ist Spinat das erste Frischgemüse. Mit der zunehmenden Bedeutung der Tiefkühlkost ist die Nachfrage nach Blattspinat jedoch um einiges zurückgegangen. Nur etwa 15% der Spinaternte gelangen frisch auf den Tisch. Erst in den letzten Jahren wird dieses wohlschmeckende Frischgemüse von Feinschmeckern wiederentdeckt.

GEMÜSE

Spinat, gekocht (150 g)

absolute Menge in

	100 g	1 Portion	Note
Energie, kcal	14,00	21,00	1
Wasser, g	93,00	140,00	
Eiweiß, g	2,40	3,60	4
Fett (gesamt), g	0,30	0,50	1
davon mehrfach ungesättigte Fettsäuren, g	Spuren	Spuren	5
Cholesterin, mg	0,00	0,00	1
Kohlenhydrate, g	0,50	0,80	5
Ballaststoffe, g	1,50	2,30	3
davon wasserlöslich	–	–	
Vitamine			
Vitamin A, µg RÄq	700,00	1050,00	1
Vitamin D, µg	(0)	(0)	6
Vitamin E, mg TÄq	–	–	
Vitamin K, µg	–	–	
Vitamin B_1, mg	0,08	0,12	2
Vitamin B_2, mg	0,16	0,24	1
Vitamin B_6, mg	0,13	0,20	2
Vitamin B_{12}, µg	(0)	(0)	6
Niacin, mg Äq	0,52	0,78	4
Folsäure, µg	19,00	29,00	2
Pantothensäure, mg	0,17	0,26	4
Biotin, µg	2,00	3,00	4
Vitamin C, mg	29,00	44,00	1
Mineralstoffe			
Kalium, mg	324,00	486,00	1
Kalzium, mg	126,00	189,00	1
Phosphor, mg	41,00	62,00	1
Magnesium, mg	46,00	69,00	1
Eisen, mg	2,90	4,35	1
Fluor, µg	–	–	
Jod, µg	–	–	
Selen, µg	–	–	
Zink, µg	250,00	375,00	5
Natrium, mg	46,00	69,00	1

Rettich

Verbrauch
Pro Kopf und Jahr: 0,2 kg

Geschichte
Als Heimat des Gartenrettichs wird Vorderasien angenommen. Einer Inschrift zufolge wurde er bereits den Arbeitern der Cheopspyramide als Stärkungsmittel neben Zwiebeln und Knoblauch geboten. Später kultivierten auch die Chinesen, Griechen und Römer den Rettich. Der Schwerpunkt des weltweiten Rettichanbaus liegt heute in Ostasien. So verzehren z. B. die Koreaner 30 kg Rettich pro Kopf und Jahr.

Warenkunde
Gemüseart: Wurzelgemüse
Angebotszeit: ganzjährig, aus heimischer Produktion von Mai bis Februar

Es gibt längst nicht mehr nur den altbekannten weißen Rettich, der auch unter dem Namen „Radi" bekannt ist. Die Farbskala reicht vielmehr von rosa über braun bis schwarz. Hinter der mehr oder weniger dicken und rauhen Schale verbirgt sich jedoch immer ein weißer Kern. Die Form kann je nach Sorte rund, oval oder zapfenförmig sein.

Die im Rettich enthaltenen Senföle fördern den Appetit und regen die Sekretion der Verdauungssäfte an. Sollte Ihnen einmal ein besonders milder Rettich zwischen die Zähne kommen, so haben Sie mit ziemlicher Sicherheit eine asiatische Sorte eingekauft – denn diese schmecken wesentlich zarter als die heimischen Arten.

Der Löwenanteil an der jährlich verzehrten Radimenge geht nach wie vor auf's bayerische Konto, gehört es hier doch zur Brotzeit wie die Brezen und die Weißwurst.

Tip
Rettichsalat nie zu früh zubereiten. Das zugegebene Salz entzieht dem Gemüse Wasser und läßt es zäh werden.

Sonstige Gemüsesorten

Natürlich gibt es neben den hier beschriebenen Gemüsesorten noch etliche andere. Ihr Jahresverbrauch ist im einzelnen jedoch nicht bekannt bzw. so gering, daß wir sie nicht mehr aufgeführt haben. Der Vollständigkeit halber sei erwähnt, daß exotische Gemüse wie Artischocken, Auberginen und Zucchini ebenso zu diesen Gemüsesorten zählen wie längst bekannte und zum Teil wieder vergessene Sorten (z. B. Mangold, Steckrüben und Pastinake).

GEMÜSE

Rettich, roh (50 g)
absolute Menge in

	100 g	1 Portion	Note
Energie, kcal	13,00	7,00	1
Wasser, g	94,00	47,00	
Eiweiß, g	1,10	0,60	4
Fett (gesamt), g	0,20	0,10	1
davon mehrfach ungesättigte Fettsäuren, g	0,07	0,04	5
Cholesterin, mg	0,00	0,00	1
Kohlenhydrate, g	1,90	1,00	5
Ballaststoffe, g	1,20	0,60	5
davon wasserlöslich	0,27	0,14	
Vitamine			
Vitamin A, µg RÄq	1,00	0,50	5
Vitamin D, µg	(0)	(0)	6
Vitamin E, mg TÄq	0,05	0,03	5
Vitamin K, µg	50,00	25,00	1
Vitamin B_1, mg	0,03	0,02	5
Vitamin B_2, mg	0,03	0,02	5
Vitamin B_6, mg	0,06	0,03	5
Vitamin B_{12}, µg	(0)	(0)	6
Niacin, mg Äq	0,40	0,20	5
Folsäure, µg	24,00	12,00	4
Pantothensäure, mg	0,18	0,09	5
Biotin, µg	0,50	0,30	5
Vitamin C, mg	27,00	14,00	3
Mineralstoffe			
Kalium, mg	322,00	161,00	4
Kalzium, mg	33,00	17,00	5
Phosphor, mg	29,00	15,00	1
Magnesium, mg	15,00	8,00	5
Eisen, mg	0,80	0,40	5
Fluor, µg	30,00	15,00	5
Jod, µg	8,00	4,00	5
Selen, µg	1,90	0,90	5
Zink, µg	200,00	100,00	5
Natrium, mg	18,00	9,00	1

HÜLSENFRÜCHTE

Hülsenfrüchte

Verbrauch
Pro Kopf und Jahr:　　　0,7 kg

Ernährung
Hülsenfrüchte (die reifen, getrockneten Samen von Erbsen, Bohnen, Linsen und Sojabohnen) sind wahre Eiweißbomben unter den pflanzlichen Nahrungsmitteln. Und das im positiven Sinne. Sie enthalten in 100 Gramm durchschnittlich 25 Gramm hochwertiges Protein. Nur mit einem lebensnotwendigen Eiweißbaustein, der Aminosäure Methionin, sind sie etwas mager ausgestattet. Hier können Getreide und Milchprodukte einspringen und mit ihrem reichlichen Angebot an Methionin das Manko wettmachen. Umgekehrt helfen Hülsenfrüchte, die Lücken im Getreideeiweiß zu schließen. Beste Beispiele liefern hier traditionelle Speisen vieler Völker: Linsen mit Reis (Indien), Kichererbsen mit Hirse (Nordafrika), Bohnen mit Mais (Mexiko) und Linsen mit Spätzle (Schwabenländle).
Bemerkenswert ist außerdem der Gehalt an Kohlenhydraten und Ballaststoffen sowie einigen Vitaminen, Mineralstoffen und Spurenelementen. Hülsenfrüchte und Getreide auf einem Teller sind mindestens so viel wert „wie ein kleines Steak".

Warenkunde
Angebotszeit: ganzjährig

Um keine Verwirrung aufkommen zu lassen: Zu den Hülsenfrüchten zählen wie erwähnt die getrockneten Samen von Erbsen, Bohnen, Linsen und Sojabohnen. Frische grüne Bohnen oder junge Erbsen gehören – botanisch betrachtet – zwar ebenfalls zur Familie der Hülsenfrüchte, werden aber im Lebensmittelbereich als „Fruchtgemüse" gehandelt.
Damit Sie bei der Vielfalt der Hülsenfrüchte nicht sagen müssen: „ich verstehe nicht die Bohne", hier ein kleiner Leitfaden:
Adzukibohnen stammen aus Japan. Sie sind relativ klein, perlförmig, von intensiv-roter Farbe mit einer weißen Bauchnaht und schmecken leicht süßlich.
Borlotti-Bohnen sind italienische, mittelgroße bräunliche Bohnen, mit roten Streifen und Flecken, die beim Kochen grün werden.
Limabohnen oder *Mondbohnen* kommen aus Peru. Sie sind ziemlich groß, cremefarben und eignen sich gut für Salate. In ihnen ist jedoch ein Stoff enthalten, der giftige Blausäure abspalten kann. Limabohnen sollten deshalb in offenen Gefäßen gekocht werden (Blausäure ist leicht flüchtig), und das Kochwasser ist mehrfach zu wechseln.
Kidney-Bohnen werden vor allem in Amerika und Afrika angebaut. Sie sind kräftig rot gefärbt, sehen nierenförmig aus (kidney = englisch für Niere) und schmecken mehlig-süß. Kidney-Bohnen sind Hauptbestandteil der scharf gewürzten südamerikanischen Spezialität „chili con carne".

Die erbsengroße *Mung(o)bohne* wird hauptsächlich in Afrika, China und den USA angebaut. Bei uns kennt man sie vorwiegend als Saatgut für selbstgezogene Keimlinge (Sprossen).

Wegweiser Lebensmittel

HÜLSENFRÜCHTE

Schwarze Bohnen stammen aus Südamerika. Unter ihrer lackschwarzen Hülle verbirgt sich ein weißer Kern; schwarze Bohnen schmecken würzig und leicht süßlich.

Wachtelbohnen sind mittelgroße, längliche Bohnen, deren gesprenkeltes und getupftes Aussehen an ein Wachtelei erinnert.

Weiße Bohnen werden bei uns am häufigsten angeboten. Sie sind die klassischen Vertreter der getrockneten Bohnen. Man unterscheidet sie nach Größen. Generell kochen sie weicher als bunte Bohnen. Eine Varietät unserer weißen Bohnen sind die mehligkochenden *Cannellini*-Bohnen aus Italien.

Ganz so groß wie bei den Bohnen ist die Vielfalt bei den **Erbsen** nicht. Man unterscheidet vor allem nach der Farbe in *grüne* und *gelbe* Erbsen. Ihre Farbe ist sortenbedingt und sagt nichts über die Kocheigenschaften aus. Trockenerbsen werden nach Durchmesser sortiert und gehandelt.
Großkörnige Erbsen (Durchmesser über 7 mm) werden mit dem besonderen Prädikat *Viktoria*erbsen ausgezeichnet. Große Erbsen zerkochen wegen des im Verhältnis zum Schalenanteil höheren Stärkegehaltes besser.
Oftmals wird bei den Erbsen die Schale entfernt, um sie besser verdaulich zu machen – die Schale ist aufgrund ihres hohen Zelluloseanteils relativ schwer verdaulich. Durch das Schälen wird die Erbse jedoch unansehnlich, ihre Oberfläche stumpf. Aus diesem Grund werden geschälte Erbsen noch geschliffen und poliert. Bei diesem Vorgang zerfallen einige Körner in die beiden Keimblätter – solche Erbsen werden dann als Splittererbsen verkauft.

Kichererbsen zählen in Indien, Mexiko, Nordafrika und z. T. der Türkei zu den Hauptnahrungsmitteln. Da sie einen hohen Nährwert haben, sollten sie auch bei uns ruhig öfter auf dem Speisenplan erscheinen. Sie sehen aus wie kleine gelbe Haselnüsse, schmecken auch angenehm nussig und lassen sich ähnlich wie Erbsen verwenden, zerkochen aber nicht so stark.

Wie bei den Erbsen werden auch **Linsen** der Größe nach in Gruppen eingeteilt. Riesenlinsen haben einen Durchmesser von 7 mm, Tellerlinsen sind 6–7 mm groß und Mittellinsen 4,5–6 mm. Linsen der frischen Ernte sollten hellgrün bis oliv sein. Bei der Lagerung geht die Farbe ins Braune über, wobei sich der Geschmack jedoch kaum verändert.
Neben den grünen Linsen gibt es noch rote und gelbe. Rote Linsen stammen aus Indien und der Türkei, sie sind besonders klein und wohlschmeckend. Sie zerkochen leicht zu Brei, wobei die leuchtende Farbe ins gelbe übergeht. Gelbe Linsen sind nichts anderes als geschälte rote Linsen, denen aber der typische Linsengeschmack fehlt.
Generell gilt für Linsen der Grundsatz: Je kleiner desto schmackhafter. Denn das Aroma sitzt vor allem in der Schale und kleine Linsen haben eben relativ mehr Schalenanteil. Oft werden jedoch die großen Linsen teurer als die kleinen verkauft.

Nun noch zu einem ganz besonderen (Hülsen)Früchtchen, der **Sojabohne**. In der Welterzeugung und im internationalen Handel ist sie einsame Spitze unter den Hülsenfrüchten, Hauptexportland sind die USA. Man kennt gelbe, grüne und auch braune Sojabohnen.

HÜLSENFRÜCHTE

Aufzeichnungen eines chinesischen Kaisers zufolge soll die Sojabohne schon vor Tausenden von Jahren als „Fleisch des Feldes" verehrt worden sein. Ihr enorm hoher Eiweißgehalt (etwa 35%) rechtfertigt diesen Beinamen durchaus. Noch dazu ist das Protein aus lauter lebenswichtigen Eiweißbausteinen (Aminosäuren) zusammengesetzt. Wertvoll für unsere Ernährung ist die Sojabohne aber nicht nur wegen ihres Eiweißgehaltes. Auch die lebensnotwendigen mehrfach ungesättigten Fettsäuren des Sojaöls tragen zu ihrem hohen ernährungsphysiologischen Wert bei. Aufgrund des bemerkenswerten Ölgehaltes firmiert sie auch als „ölliefernde Pflanze". Mit dem Ölgehalt geht außerdem ein hoher Vitamin E-Gehalt einher. Und damit nicht genug: die Sojabohne enthält Mineralstoffe wie kaum ein anderes pflanzliches Lebensmittel.

Neuerdings wird der Sojabohne eine gewisse Wirksamkeit gegen Beschwerden in den Wechseljahren nachgesagt.

Von der Industrie wird die Sojabohne äußerst vielseitig verarbeitet. Beispielhaft seien Sojaöl, Sojamehl und Produkte wie Tofu und Sojasoße erwähnt. Sojamilch wird oft Säuglingen, die allergisch auf tierisches Eiweiß reagieren, als Ausweichnahrung gegeben. Gekeimte Sojabohnen sind ein vitamin- und mineralstoffreiches Gemüse.

Wissenswertes...
...zur Zubereitung von Hülsenfrüchten.

Hülsenfrüchte gelten allgemein als schwer bekömmlich. Dies hat seinen Hintergrund. Schwer abbaubare Kohlenhydrate namens Raffinose und Stachyose können schon mal eine Weile im Magen liegen bleiben bzw. im Darm rumoren. Doch mit wenigen Tricks werden aus den Hülsenfrüchten wohlbekömmliche Gerichte:

Zunächst einmal müssen die trockenen Hülsenfrüchte (außer Linsen und geschälten Erbsen) eine Menge Flüssigkeit aufnehmen. In der 3–4fachen Menge Wasser können sie über Nacht ausreichend aufquellen. Das Einweichwasser sollte zum Kochen mitverwendet werden. Für's Kochen empfiehlt es sich, die Erbsen, Bohnen oder Linsen einmal aufzukochen und die Temperatur dann herunterzustellen. Die erforderliche Garzeit ist unterschiedlich: sie reicht von 20 Minuten für rote Linsen bis zu 120 Minuten für ungeschälte Erbsen. Während dieser Kochzeit werden unerwünschte Inhaltsstoffe der Hülsenfrüchte (Phasin, Hämagglutinine) abgebaut. Nach dem Kochen kann man die Bohnen der besseren Bekömmlichkeit halber auch noch eine Weile nachquellen lassen. Salz und Säure (Essig, Zitronensaft und auch Wein) sollten erst gegen Ende der Garzeit zugegeben werden, denn beides verzögert das Weichwerden.

Hülsenfrüchte lieben's weich. Hat Ihr Leitungswasser eine hohe Wasserhärte, kann das Weichkochen behindert werden. Die Früchtchen bleiben auch nach längerer Kochzeit „bißfest". In älteren Kochbüchern findet sich oft noch der Tip, dem Kochwasser von Hülsenfrüchten Soda (Natronsalz) zuzugeben. Dies beseitigt zwar die Wasserhärte, schädigt im selben Zuge aber auch das wertvolle Vitamin B_1. Besser ist es, das Wasser abzukochen und im abgekühlten Zustand weiter zu verwenden bzw. einen Wasserfilter zu benutzen.

HÜLSENFRÜCHTE

Bohne, Samen, getrocknet (60 g)

absolute Menge in

	100 g	1 Portion	Note
Energie, kcal	301,00	181,00	2
Wasser, g	12,00	7,00	
Eiweiß, g	21,30	12,80	2
Fett (gesamt), g	1,60	0,96	1
davon mehrfach ungesättigte Fettsäuren, g	–	–	
Cholesterin, mg	0,00	0,00	1
Kohlenhydrate, g	47,80	28,70	2
Ballaststoffe, g	17,00	10,20	1
davon wasserlöslich	8,70	5,20	
Vitamine			
Vitamin A, µg RÄq	66,60	39,96	4
Vitamin D, µg	(0)	(0)	6
Vitamin E, mg TÄq	0,21	0,13	5
Vitamin K, µg	–	–	
Vitamin B_1, mg	0,46	0,28	1
Vitamin B_2, mg	0,12	0,07	4
Vitamin B_6, mg	0,28	0,17	2
Vitamin B_{12}, µg	(0)	(0)	6
Niacin, mg Äq	2,10	1,30	3
Folsäure, µg	130,00	78,00	1
Pantothensäure, mg	0,98	0,59	2
Biotin, µg	–	–	
Vitamin C, mg	2,50	1,50	5
Mineralstoffe			
Kalium, mg	1310,00	786,00	1
Kalzium, mg	106,00	64,00	3
Phosphor, mg	429,00	257,00	3
Magnesium, mg	132,00	79,00	1
Eisen, mg	6,10	3,66	1
Fluor, µg	80,00	48,00	5
Jod, µg	0,60	0,36	5
Selen, µg	22,00	13,20	1
Zink, µg	2800,00	1680,00	1
Natrium, mg	2,00	1,20	1

HÜLSENFRÜCHTE

Erbse, Samen, getrocknet (60 g)
absolute Menge in

	100 g	1 Portion	Note
Energie, kcal	342,00	205,00	3
Wasser, g	11,00	7,00	
Eiweiß, g	23,00	13,80	2
Fett (gesamt), g	1,40	0,84	1
davon mehrfach ungesättigte Fettsäuren, g	0,77	0,46	4
Cholesterin, mg	0,00	0,00	1
Kohlenhydrate, g	56,70	34,00	2
Ballaststoffe, g	16,60	9,90	1
davon wasserlöslich	5,10	3,06	
Vitamine			
Vitamin A, µg RÄq	13,40	8,04	5
Vitamin D, µg	(0)	(0)	6
Vitamin E, mg TÄq	–	–	
Vitamin K, µg	–	–	
Vitamin B_1, mg	0,76	0,46	1
Vitamin B_2, mg	0,27	0,16	2
Vitamin B_6, mg	0,06	0,04	5
Vitamin B_{12}, µg	(0)	(0)	6
Niacin, mg Äq	2,80	1,70	2
Folsäure, µg	59,00	35,40	2
Pantothensäure, mg	2,10	1,26	1
Biotin, µg	19,00	11,40	1
Vitamin C, mg	1,60	0,96	5
Mineralstoffe			
Kalium, mg	930,00	558,00	1
Kalzium, mg	51,00	31,00	4
Phosphor, mg	378,00	227,00	3
Magnesium, mg	116,00	69,60	1
Eisen, mg	5,00	3,00	1
Fluor, µg	40,00	24,00	5
Jod, µg	14,00	8,40	4
Selen, µg	–	–	
Zink, µg	3800,00	2280,00	1
Natrium, mg	26,00	15,60	1

HÜLSENFRÜCHTE

Linse, Samen, getrocknet (60 g)

absolute Menge in

	100 g	1 Portion	Note
Energie, kcal	325,00	195,00	2
Wasser, g	12,00	7,00	
Eiweiß, g	23,50	14,10	2
Fett (gesamt), g	1,40	0,84	1
davon mehrfach ungesättigte Fettsäuren, g	–	–	
Cholesterin, mg	0,00	0,00	1
Kohlenhydrate, g	51,90	31,10	2
Ballaststoffe, g	10,60	6,40	1
davon wasserlöslich	3,90	2,30	

Vitamine

	100 g	1 Portion	Note
Vitamin A, µg RÄq	16,70	10,02	5
Vitamin D, µg	(0)	(0)	6
Vitamin E, mg TÄq	–	–	
Vitamin K, µg	–	–	
Vitamin B_1, mg	0,43	0,26	1
Vitamin B_2, mg	0,26	0,16	2
Vitamin B_6, mg	0,60	0,36	1
Vitamin B_{12}, µg	(0)	(0)	6
Niacin, mg Äq	2,20	1,30	3
Folsäure, µg	35,00	21,00	3
Pantothensäure, mg	1,36	0,82	1
Biotin, µg	–	–	
Vitamin C, mg	2,50	1,50	5

Mineralstoffe

	100 g	1 Portion	Note
Kalium, mg	810,00	486,00	1
Kalzium, mg	74,00	44,40	4
Phosphor, mg	412,00	247,00	3
Magnesium, mg	77,00	46,20	1
Eisen, mg	6,90	4,14	1
Fluor, µg	26,00	16,00	5
Jod, µg	–	–	
Selen, µg	11,00	6,60	2
Zink, µg	5000,00	3000,00	1
Natrium, mg	4,00	2,40	1

HÜLSENFRÜCHTE

Sojabohne, Samen, getrocknet (60 g)
absolute Menge in

	100 g	1 Portion	Note
Energie, kcal	343,00	206,00	3
Wasser, g	9,00	5,40	
Eiweiß, g	33,70	20,20	1
Fett (gesamt), g	18,10	10,90	2
davon mehrfach ungesättigte Fettsäuren, g	9,65	5,79	1
Cholesterin, mg	0,00	0,00	1
Kohlenhydrate, g	6,10	3,70	5
Ballaststoffe, g	15,20	9,10	1
davon wasserlöslich	6,60	3,96	

Vitamine

	100 g	1 Portion	Note
Vitamin A, µg RÄq	63,30	37,98	4
Vitamin D, µg	(0)	(0)	6
Vitamin E, mg TÄq	1,50	0,90	3
Vitamin K, µg	190,00	114,00	1
Vitamin B_1, mg	0,99	0,59	1
Vitamin B_2, mg	0,52	0,31	1
Vitamin B_6, mg	1,19	0,71	1
Vitamin B_{12}, µg	(0)	(0)	6
Niacin, mg Äq	2,50	1,50	3
Folsäure, µg	230,00	138,00	1
Pantothensäure, mg	1,92	1,15	1
Biotin, µg	60,00	36,00	1
Vitamin C, mg	–	–	

Mineralstoffe

	100 g	1 Portion	Note
Kalium, mg	1740,00	1044,00	1
Kalzium, mg	257,00	154,00	1
Phosphor, mg	591,00	355,00	4
Magnesium, mg	247,00	148,00	1
Eisen, mg	8,59	5,15	1
Fluor, µg	36,00	21,60	5
Jod, µg	6,30	3,80	5
Selen, µg	60,00	36,00	1
Zink, µg	1000,00	600,00	4
Natrium, mg	4,00	2,40	1

Wegweiser Lebensmittel

Getreide allgemein

Unter Getreide versteht man die typischen Brotgetreide **Weizen** und **Roggen** sowie **Gerste, Hafer, Reis, Mais** und **Hirse**. Auch **Buchweizen** wird rechtlich zu den Getreidearten gezählt, obwohl er eigentlich ein Knöterichgewächs ist.

Geschichte

Seit Jahrtausenden sind Getreide und Getreideerzeugnisse ein fester Bestandteil unseres Speisenplans. Anfangs war der Mensch noch mit Samen von Wildgräsern zufrieden, bis er feststellte, daß sich aus den Urgetreidearten Einkorn, Emmer und Spelz u. a. schmackhafte Breie anrühren ließen. Mit der Nutzung des Feuers war es dann nicht mehr weit zu den ersten gebackenen Getreidefladen, den Vorläufern unserer heutigen Brotvielfalt.

Aber nicht nur als Grundnahrungsmittel erfreute Getreide sich vor Jahrhunderten großer Beliebtheit. Es diente auch als Zahlungsmittel und Maßeinheit.

In einigen Entwicklungsländern bildet Getreide heute noch die alleinige Energiequelle. In Industrienationen liegt der durch Getreide abgedeckte Nahrungsenergieanteil deutlich niedriger, was eigentlich nur bedauert werden kann, betrachtet man die Bedeutung des Getreidekorns für unsere Ernährung einmal etwas genauer.

Ernährung

Getreide und Getreideprodukte aus dem vollen Korn sind für eine gesunde und abwechslungsreiche Ernährung unentbehrlich. Sie enthalten viele **Vitamine** (speziell der B-Gruppe) und Mineralstoffe. Nur wenige lebensnotwendige Nährstoffe, z. B. Vitamin C, fehlen im Getreidekorn.

Daneben ist auch der Gehalt an pflanzlichem **Eiweiß** erwähnenswert. Besonders in Kombination mit Hülsenfrüchten oder mit einem wenig tierischem Eiweiß ist Getreide ein wertvoller Eiweißlieferant. **Cholesterin** kommt in Getreide wie in allen pflanzlichen Lebensmitteln praktisch nicht vor. **Fett** ist nur in geringen Mengen vorhanden (mit Ausnahme von Hafer), ebenso wie einfache Kohlenhydrate vom Zuckertyp. Hauptbestandteil des Getreidekorns sind **komplexe Kohlenhydrate** vom Stärketyp (siehe auch Seite 294). Sie brachten früher Getreide den Ruf des „Dickmachers" ein. Heute weiß man, daß diese Kohlenhydrate dem Körper nur relativ langsam zur Verfügung gestellt werden. Das bewirkt einen lang andauernden Sättigungseffekt und eine kontinuierliche Versorgung des Körpers mit Energie. Dick macht beim Getreide eher das „Drumherum" wie Soßen, Butter und fettreicher Aufschnitt.

Wichtig ist der **Ballaststoffgehalt** des Getreidekorns, der den der meisten anderen pflanzlichen Lebensmittel beträchtlich übersteigt. Ohne Getreideprodukte ist eine Steigerung des zur Zeit viel zu niedrigen täglichen Ballaststoffverzehrs nicht zu erreichen. Ballaststoffe aus Getreide tragen zur schnellen Sättigung bei und regen die Darmtätigkeit an.

Zusammen mit wertvollen Inhaltsstoffen befinden sich leider auch unerwünschte Substanzen in unserer Nahrung. Zu diesen Substanzen zählt im Getreide die **Phytinsäure**, die hauptsächlich für eine geringere Verfügbarkeit von Mineralstoffen verantwortlich gemacht wird.

GETREIDE

Phytinsäure ist in den Randschichten des Getreidekorns enthalten und dient der Pflanze als Phosphor- und damit Energiespeicher. Durch Einweichen, Keimen und/oder Entfernen der äußeren Schichten kann der Gehalt an Phytinsäure reduziert werden.
Die Tatsache, daß zum Beispiel Eisen, Magnesium und Zink aus Voll-Getreide aufgrund der Phytinsäure für den Menschen weniger gut verfügbar sind, wird durch einen generell höheren Mineralstoffgehalt im Vergleich zum hellen Mehl, bei dem die Phytinsäure zum größten Teil entfernt wurde, ausgeglichen.
Personen, die unter **Zöliakie** (einer entzündlichen Darmerkrankung) leiden, sollten den Verzehr von Weizen und Roggen meiden. Das in diesen Getreidearten enthaltene Getreideeiweiß Gluten kann von den Patienten nicht in seine Bausteine zerlegt und aufgenommen werden, und ruft die Krankheit hervor. Auch Gerste und Hafer gelten als problematisch. Betroffene Personen sollten auf Mais, Reis, Buchweizen und Hirse bzw. deren Produkte umsteigen.

Wissenswertes

Entsprechend dem Aufbau eines Getreidekorns sind auch die Inhaltsstoffe unterschiedlich verteilt. Der **Mehlkörper**, der ca. 80% der Kornmasse ausmacht, besteht in erster Linie aus Stärke und Eiweißsubstanzen. Er wird umgeben von der sogenannten **Aleuronschicht**, die vor allem Fett in Form von Öl, Vitamine und Mineralstoffe sowie spezielles Reserveeiweiß enthält. Der **Keimling** ist reich an Fett und Eiweiß. Die **Randschichten** des Korns enthalten viele Ballaststoffe, Vitamine und Mineralstoffe. Richtig gelagert, d.h. trocken und bei Temperaturen um 20°C, hält sich Getreide auf jeden Fall zwei Jahre.

Küchentips

Die gehaltvollen Körner entpuppen sich in der Küche als ausgesprochen vielseitig. Mit dem traditionellen Backen sind die Verwendungsmöglichkeiten längst nicht erschöpft. Generell gilt: „Je vollkorniger, desto wertvoller."
Das morgendliche **Frischkornmüsli**, d.h. ganze oder geschrotete vorgequollene Körner, ist zwar noch eine Besonderheit, aber eine schmackhafte und gesunde Alternative zum belegten Brot. Im Frischkornmüsli sind noch alle wertvollen Inhaltsstoffe des frischen Getreides enthalten, und die bei der „Butterstulle" nicht zu vernachlässigende Fettmenge entfällt. Körner, Schrot oder Flocken fürs Müsli sollten nicht zu lange einweichen, sonst könnten sich unerwünschte Bakterien vermehren. Über Nacht sollten Sie eingeweichtes Müsli nur im Kühlschrank aufbewahren. Zum Einweichen verwendete Sauermilcherzeugnisse hemmen das Wachstum von Bakterien.
Mit dem Zusatz von Obst, Milchprodukten und Nüssen bringt das Müsli frischen Geschmack auf den Tisch und Wertvolles in den Magen. „Wenn schon nicht immer... ...dann doch wenigstens immer öfter", sollte hier die Devise lauten.
Gekochte ganze oder zerkleinerte Getreidekörner eignen sich für Aufläufe, Salate und Suppen. Sie können aber auch als mittäglicher „Fleisch-Ersatz" zur Füllung von Tomaten oder als Getreide-Bratlinge verwendet werden.
Läßt man Getreide **keimen**, wird es weicher und zarter, der Gehalt an verfügbaren Vitaminen, Mineralstoffen und Eiweiß nimmt zu. So wird's gemacht:

GETREIDE

- Am ersten Tag die gewaschenen Körner mit der dreifachen Menge kalten Wassers in einem Einmachglas ansetzen. Das Glas mit luftdurchlässigem Material (z. B. Gaze) verschließen.
- Nach etwa 12 Stunden das Einweichwasser abgießen (gut zum Blumengießen). Die gequollenen Samen abspülen und ohne erneute Wasserzugabe im Glas an einem warmen Platz stehen lassen.
- Das Abspülen täglich wiederholen und das keimende Getreide ab und zu durch leichtes Schütteln wenden. Das Getreide sollte immer gut abgetropft werden, damit es nicht anfängt zu schimmeln.
- Spätestens am vierten Tag ist das Glas voll „kraftstrotzender" Keimlinge.

Das **Backen** ist nach wie vor die am weitesten verbreitete Verwendung von Getreide bzw. Mehl. Vollkornmehl schmeckt nussiger als das helle „Weißmehl" und braucht beim Backen mehr Flüssigkeit. Es ist allerdings nicht so lange haltbar, weil der fetthaltige Keimling noch im Mehl steckt. Mehr zum Thema Mehl ab Seite 193.

GETREIDE

Weich- und Hartweizen

Verbrauch
Weichweizen
Pro Kopf und Jahr: 49,8 kg
Verzehr pro Tag (geschätzt): 120,0 g

Hartweizen
Pro Kopf und Jahr: 4,1 kg
Verzehr pro Tag (geschätzt): 10,0 g

Warenkunde
Unter allen Getreidearten nimmt der Weizen hinsichtlich Anbaufläche und Produktion die Spitzenstellung ein. Er wurde schon frühzeitig in Kultur genommen und hat sich in zahlreiche Formen aufgespalten.

Weichweizen ist aufgrund seiner Eigenschaften weltweit das wichtigste Brotgetreide. Er enthält viel wasserbindendes, klebriges Eiweiß (Klebereiweiß). Weichweizen wird außerdem zu Graupen (geschälte, kugelig geschliffene und polierte Körner) und Grütze (geschälte, zerhackte Getreidekörner) sowie verschiedenen Stärkeprodukten verarbeitet. **Hartweizen** enthält *zuviel* Eiweiß und eignet sich aus diesem Grund nicht so gut zum Brotbacken. Er dient vor allem als Rohstoff für Nudeln, weil er beim Kochen nicht so weich wird wie Weichweizen. Aber auch als Grießbrei hat ihn so mancher schon mehr oder weniger gern auf dem Löffel gehabt.

Wissenswertes
Zur Weizenfamilie gehört auch der **Dinkel**. Er ist in der späteren Steinzeit aus Kreuzungen der Urgetreide Emmer und Zwergweizen entstanden. Noch im ersten Drittel des 20. Jahrhunderts wurde Dinkel in Württemberg sehr häufig angebaut („Dinkelsbühl"), bis ihn der leichter zu bearbeitende und ertraglich überlegene Weizen auch hier verdrängte.
Heute ist Dinkel fast nur noch bekannt, solange er „grün hinter den Ohren" ist: als Grünkern. Um diese Spezialität herzustellen, wird Dinkel in halbreifem Zustand geerntet, wenn die Körner noch grün sind. In Trocknungsanlagen werden die Dinkelähren bei ca. 120 °C geröstet (gedarrt). Dadurch bekommt der Grünkern sein unverwechselbares Aroma, was ihn u. a. als Grünkernbratling beliebt gemacht hat.

GETREIDE

Weizen, ganzes Korn (50 g)

absolute Menge in

	100 g	1 Portion	Note
Energie, kcal	316,00	158,00	2
Wasser, g	13,00	6,50	
Eiweiß, g	11,70	5,90	3
Fett (gesamt), g	2,00	1,00	1
davon mehrfach ungesättigte Fettsäuren, g	1,18	0,59	4
Cholesterin, mg	0,00	0,00	1
Kohlenhydrate, g	60,90	30,50	2
Ballaststoffe, g	10,30	5,20	1
davon wasserlöslich	1,80	0,90	
Vitamine			
Vitamin A, µg RÄq	3,33	1,67	5
Vitamin D, µg	(0)	(0)	6
Vitamin E, mg TÄq	1,40	0,70	4
Vitamin K, µg	10,00	5,00	3
Vitamin B_1, mg	0,48	0,24	1
Vitamin B_2, mg	0,14	0,07	4
Vitamin B_6, mg	0,44	0,22	1
Vitamin B_{12}, µg	(0)	(0)	6
Niacin, mg Äq	5,00	2,50	1
Folsäure, µg	49,00	24,50	3
Pantothensäure, mg	1,18	0,59	2
Biotin, µg	6,00	3,00	4
Vitamin C, mg	0,80	0,40	5
Mineralstoffe			
Kalium, mg	502,00	251,00	3
Kalzium, mg	44,00	22,00	5
Phosphor, mg	344,00	172,00	2
Magnesium, mg	147,00	74,00	1
Eisen, mg	3,30	1,65	1
Fluor, µg	90,00	45,00	5
Jod, µg	0,60	0,30	5
Selen, µg	100,00	50,00	1
Zink, µg	4100,00	2050,00	1
Natrium, mg	8,00	4,00	1

Weizenmehl, Type 1050 (100 g)

absolute Menge in

	100 g	1 Portion	Note
Energie, kcal		336,00	4
Wasser, g		14,00	
Eiweiß, g		11,20	2
Fett (gesamt), g		1,80	1
davon mehrfach ungesättigte Fettsäuren, g		0,70	3
Cholesterin, mg		0,00	1
Kohlenhydrate, g		67,20	1
Ballaststoffe, g		5,20	1
davon wasserlöslich		2,10	

Vitamine

Vitamin A, µg RÄq		–	
Vitamin D, µg		(0)	6
Vitamin E, mg TÄq		1,40	2
Vitamin K, µg		–	
Vitamin B_1, mg		0,43	1
Vitamin B_2, mg		0,07	4
Vitamin B_6, mg		0,28	1
Vitamin B_{12}, µg		(0)	6
Niacin, mg Äq		1,40	3
Folsäure, µg		22,00	3
Pantothensäure, mg		0,63	2
Biotin, µg		2,90	4
Vitamin C, mg		0,00	6

Mineralstoffe

Kalium, mg		203,00	3
Kalzium, mg		14,00	5
Phosphor, mg		208,00	3
Magnesium, mg		53,00	1
Eisen, mg		2,80	1
Fluor, µg		–	
Jod, µg		–	
Selen, µg		–	
Zink, µg		–	
Natrium, mg		2,00	1

GETREIDE

Weizenmehl, Type 405 (100 g)

absolute Menge in

	100 g	1 Portion	Note
Energie, kcal	338,00		4
Wasser, g	14,00		
Eiweiß, g	9,90		3
Fett (gesamt), g	0,90		1
davon mehrfach ungesättigte Fettsäuren, g	0,30		5
Cholesterin, mg	0,00		1
Kohlenhydrate, g	70,90		1
Ballaststoffe, g	4,00		1
davon wasserlöslich	1,70		

Vitamine

Vitamin A, µg RÄq	–		
Vitamin D, µg	(0)		6
Vitamin E, mg TÄq	0,30		5
Vitamin K, µg	–		
Vitamin B_1, mg	0,06		4
Vitamin B_2, mg	0,03		5
Vitamin B_6, mg	0,18		2
Vitamin B_{12}, µg	(0)		6
Niacin, mg Äq	0,70		4
Folsäure, µg	10,00		4
Pantothensäure, mg	0,21		4
Biotin, µg	1,50		5
Vitamin C, mg	0,00		6

Mineralstoffe

Kalium, mg	108,00		4
Kalzium, mg	15,00		5
Phosphor, mg	74,00		1
Magnesium, mg	–		
Eisen, mg	1,95		1
Fluor, µg	–		
Jod, µg	–		
Selen, µg	19,00		1
Zink, µg	–		
Natrium, mg	2,00		1

GETREIDE

Roggen

Verbrauch
Pro Kopf und Jahr: 12,0 kg
Verzehr pro Tag (geschätzt): 30,0 g

Geschichte
In der Reihenfolge der Weltanbaufläche und der Produktion steht Roggen an letzter Stelle der Weltgetreidearten. Dennoch ist er eine wichtige Nahrungspflanze, besonders im nördlichen Europa.
Aus seiner Urheimat, die vermutlich im Kaukasusgebiet liegt, ist er wahrscheinlich als Unkraut des Weizens über Kleinasien nach Europa gelangt.

Warenkunde
Die Roggenpflanze hat nur geringe Wärmebedürfnisse, ist winterfest und stellt wenig Ansprüche an den Boden. Wo kein Weizen mehr wächst, bringt Roggen noch gute Ernten. Er wird hauptsächlich als Brotgetreide verwendet. Aufgrund der Farbstoffe im Roggen ist Roggenmehl dunkler als Weizenmehl. Roggenbrot hält die Feuchtigkeit relativ lang und bleibt länger frisch als Weizenbrot. Hefe alleine tut's beim Backen nicht, Säure – am besten Sauerteig – muß hier helfen.

GETREIDE

Roggen, ganzes Korn (50 g)
absolute Menge in

	100 g	1 Portion	Note
Energie, kcal	200,00	100,00	1
Wasser, g	14,00	7,00	
Eiweiß, g	8,80	4,40	4
Fett (gesamt), g	1,70	0,90	1
davon mehrfach ungesättigte Fettsäuren, g	0,82	0,41	4
Cholesterin, mg	0,00	0,00	1
Kohlenhydrate, g	60,70	30,40	2
Ballaststoffe, g	13,20	6,60	1
davon wasserlöslich	4,70	2,40	
Vitamine			
Vitamin A, µg RÄq	–	–	
Vitamin D, µg	(0)	(0)	6
Vitamin E, mg TÄq	1,95	0,98	3
Vitamin K, µg	–	–	
Vitamin B_1, mg	0,35	0,18	1
Vitamin B_2, mg	0,17	0,09	4
Vitamin B_6, mg	0,29	0,15	3
Vitamin B_{12}, µg	(0)	(0)	6
Niacin, mg Äq	1,80	0,90	4
Folsäure, µg	42,00	21,00	3
Pantothensäure, mg	1,50	0,75	1
Biotin, µg	5,00	2,50	4
Vitamin C, mg	0,00	0,00	6
Mineralstoffe			
Kalium, mg	510,00	255,00	3
Kalzium, mg	64,00	32,00	4
Phosphor, mg	336,00	168,00	2
Magnesium, mg	120,00	60,00	1
Eisen, mg	4,60	2,30	1
Fluor, µg	150,00	75,00	4
Jod, µg	7,20	3,60	5
Selen, µg	4,00	2,00	5
Zink, µg	1300,00	650,00	4
Natrium, mg	40,00	20,00	1

Roggenmehl, Type 1150 (100 g)

absolute Menge in

	100 g	1 Portion	Note
Energie, kcal		321,00	4
Wasser, g		14,00	
Eiweiß, g		8,30	3
Fett (gesamt), g		1,30	1
davon mehrfach ungesättigte Fettsäuren, g		0,40	4
Cholesterin, mg		0,00	1
Kohlenhydrate, g		67,80	1
Ballaststoffe, g		8,00	1
davon wasserlöslich		3,10	

Vitamine

	100 g	1 Portion	Note
Vitamin A, µg RÄq		–	
Vitamin D, µg		(0)	6
Vitamin E, mg TÄq		1,60	1
Vitamin K, µg		50,00	1
Vitamin B_1, mg		0,22	1
Vitamin B_2, mg		0,10	1
Vitamin B_6, mg		0,35	1
Vitamin B_{12}, µg		(0)	6
Niacin, mg Äq		1,10	3
Folsäure, µg		70,00	1
Pantothensäure, mg		1,00	1
Biotin, µg		3,00	4
Vitamin C, mg		0,00	6

Mineralstoffe

	100 g	1 Portion	Note
Kalium, mg		297,00	2
Kalzium, mg		20,00	5
Phosphor, mg		196,00	2
Magnesium, mg		67,00	1
Eisen, mg		2,42	1
Fluor, µg		150,00	3
Jod, µg		7,00	4
Selen, µg		–	
Zink, µg		1000,00	3
Natrium, mg		1,00	1

GETREIDE

Roggenmehl, Type 815 (100 g)

absolute Menge in

	100 g	1 Portion	Note
Energie, kcal		323,00	4
Wasser, g		14,00	
Eiweiß, g		6,40	3
Fett (gesamt), g		1,03	1
davon mehrfach ungesättigte Fettsäuren, g		0,30	5
Cholesterin, mg		0,00	1
Kohlenhydrate, g		71,00	1
Ballaststoffe, g		6,50	1
davon wasserlöslich		2,60	
Vitamine			
Vitamin A, µg RÄq		–	
Vitamin D, µg		(0)	6
Vitamin E, mg TÄq		0,50	4
Vitamin K, µg		–	
Vitamin B_1, mg		0,18	1
Vitamin B_2, mg		0,09	4
Vitamin B_6, mg		0,11	3
Vitamin B_{12}, µg		(0)	6
Niacin, mg Äq		0,60	4
Folsäure, µg		15,00	4
Pantothensäure, mg		–	
Biotin, µg		–	
Vitamin C, mg		0,00	6
Mineralstoffe			
Kalium, mg		170,00	4
Kalzium, mg		22,00	5
Phosphor, mg		126,00	2
Magnesium, mg		26,00	3
Eisen, mg		2,10	1
Fluor, µg		150,—	3
Jod, µg		3,00	5
Selen, µg		–	
Zink, µg		770,00	4
Natrium, mg		1,00	1

GETREIDE

Mais

Verbrauch
Pro Kopf und Jahr: 5,9 kg
Verzehr pro Tag (geschätzt): 15,0 g

Geschichte
Bereits etwa 4000 Jahre v. Chr. wurde Mais von Indianern angebaut. Damit wäre er die einzige aus Amerika stammende Getreideart. Die Spanier brachten den Mais schon kurz nach 1500 nach Europa, wo er aber zunächst nur als Besonderheit bestaunt wurde, bevor man ihn im 17. Jh. in Kultur nahm. Heute dient Mais bei uns wie in anderen Industrieländern in erster Linie als Viehfutter.

Ernährung
Das Maiseiweiß ist arm an zwei wichtigen Bausteinen, den Aminosäuren Lysin und Tryptophan. Da Tryptophan eine Vorstufe des Vitamins Niacin ist, kann es bei überwiegendem Maisverzehr auf Dauer zu einer Unterversorgung mit Niacin kommen. Die Ureinwohner Mexikos, deren Hauptnahrungsmittel Mais ist (Tortillas), sind der Gefahr der Vitaminunterversorgung zum Teil dadurch entgangen, daß sie die Maiskörner vor dem Mahlen mit Kalkwasser behandelten, wodurch das gebundene Vitamin Niacin freigesetzt wird.

Warenkunde
Man unterscheidet beim Mais folgende Hauptvertreter:
Das mehlig-weiche Korn vom Weich- oder **Stärkemais** dient bevorzugt der Stärkegewinnung. Er wird vor allem in Südamerika angebaut.

Beim Puff- oder **Knallmais** ist der Mehlkörper des kleinen, spitz zulaufenden Korns außen hornig und wird nach innen zunehmend weicher. Aus Puffmais wird hauptsächlich Popcorn hergestellt. Dazu werden die Körner in einer „Puffkanone" erhitzt, wobei Wasser verdampft und ein Überdruck entsteht. Bei plötzlicher Druckentspannung platzt das Maiskorn, und der weiche Mehlkörper tritt unter starker Volumenzunahme heraus.

Die Körner vom **Wachsmais** eignen sich wegen der besonderen Quellfähigkeit zur Herstellung von Puddingpulvern und Klebstoffen.

Nicht unerwähnt bleiben soll die Bedeutung von Mais als Gemüse. Für Gemüsemais werden die Körner einer süß schmeckenden Maisart, des **Zuckermais** verwendet. Die Maiskolben werden halbreif geerntet und entweder frisch oder als Konserve gehandelt.

Zur Vielfalt der *Maiserzeugnisse* zählen z.B. Maismehl, Maisgrieß (fein: Polenta; grob: Kukuruz), Cornflakes und Erdnuß-Flips. Maiseiweiß ist ein wichtiger Rohstoff für die Herstellung von Speisewürze. Aus den bei der Maisverarbeitung als Nebenprodukt anfallenden fettreichen Maiskeimen wird Maiskeimöl gewonnen. Wachs, das an der Oberfläche der Maishalme ausgeschieden wird, diente früher als Rohstoff für Bohnerwachs und Kerzen.

GETREIDE

Mais, ganzes Korn (50 g)

absolute Menge in

	100 g	1 Portion	Note
Energie, kcal	333,00	167,00	2
Wasser, g	13,00	7,00	
Eiweiß, g	8,60	4,30	4
Fett (gesamt), g	3,80	1,90	1
davon mehrfach ungesättigte Fettsäuren, g	1,67	0,84	3
Cholesterin, mg	0,00	0,00	1
Kohlenhydrate, g	64,70	32,40	2
Ballaststoffe, g	9,20	4,60	1
davon wasserlöslich	2,30	1,20	
Vitamine			
Vitamin A, µg RÄq	61,60	30,80	4
Vitamin D, µg	(0)	(0)	6
Vitamin E, mg TÄq	1,95	0,98	3
Vitamin K, µg	40,00	20,00	1
Vitamin B_1, mg	0,36	0,18	1
Vitamin B_2, mg	0,20	0,10	4
Vitamin B_6, mg	0,40	0,20	2
Vitamin B_{12}, µg	(0)	(0)	6
Niacin, mg Äq	1,50	0,80	4
Folsäure, µg	26,00	13,00	4
Pantothensäure, mg	0,65	0,33	4
Biotin, µg	6,00	3,00	4
Vitamin C, mg	0,00	0,00	6
Mineralstoffe			
Kalium, mg	330,00	165,00	4
Kalzium, mg	15,00	7,50	5
Phosphor, mg	256,00	128,00	2
Magnesium, mg	120,00	60,00	1
Eisen, mg	1,50	0,75	4
Fluor, µg	62,00	31,00	5
Jod, µg	2,60	1,30	5
Selen, µg	4,50	2,30	4
Zink, µg	2500,00	1250,00	2
Natrium, mg	6,00	3,00	1

GETREIDE

Maisgrieß (50 g)
absolute Menge in

	100 g	1 Portion	Note
Energie, kcal	339,00	169,50	2
Wasser, g	11,00	6,00	
Eiweiß, g	8,80	4,40	4
Fett (gesamt), g	1,10	0,60	1
davon mehrfach ungesättigte Fettsäuren, g	Spuren	Spuren	5
Cholesterin, mg	0,00	0,00	1
Kohlenhydrate, g	73,50	36,80	1
Ballaststoffe, g	–	–	
davon wasserlöslich	–	–	
Vitamine			
Vitamin A, µg RÄq	90,00	45,00	4
Vitamin D, µg	(0)	(0)	6
Vitamin E, mg TÄq	0,70	0,35	5
Vitamin K, µg	–	–	
Vitamin B_1, mg	0,15	0,08	3
Vitamin B_2, mg	0,05	0,03	5
Vitamin B_6, mg	–	–	
Vitamin B_{12}, µg	(0)	(0)	6
Niacin, mg Äq	0,50	0,25	5
Folsäure, µg	–	–	
Pantothensäure, mg	–	–	
Biotin, µg	–	–	
Vitamin C, mg	0,00	0,00	6
Mineralstoffe			
Kalium, mg	80,00	40,00	5
Kalzium, mg	4,00	2,00	5
Phosphor, mg	73,00	37,00	1
Magnesium, mg	20,00	10,00	5
Eisen, mg	1,00	0,50	4
Fluor, µg	–	–	
Jod, µg	–	–	
Selen, µg	–	–	
Zink, µg	–	–	
Natrium, mg	1,20	0,60	1

Wegweiser Lebensmittel

GETREIDE

Reis

Verbrauch
Pro Kopf und Jahr: 2,8 kg
Verzehr pro Tag (geschätzt): 7,0 g

Geschichte
Seit 5000 Jahren wird das „Brot Asiens" bereits kultiviert. Ob die Heimat der Reispflanze jedoch in China oder Indien liegt, ist nicht geklärt. Etwa 90 % der Weltproduktion werden heute noch immer in Ostasien gewonnen. In weiten Teilen der Welt ist Reis ein Grundnahrungsmittel.

Warenkunde
Zum Gedeihen der Reispflanze ist ein feuchtwarmes, tropisches Klima nötig. Eine ausreichende Wasserzufuhr muß ständig gewährleistet sein – auch zur Zeit der Reife. Im Gegensatz zu den meisten anderen Getreidearten wird Reis überwiegend für die menschliche Ernährung angebaut. Auf der ganzen Welt sind rund 8000 Reissorten bekannt.

Meist ist in den Regalen unserer Geschäfte geschälter Reis – **Weißreis** – zu finden. Dabei handelt es sich um Reiskörner, die nach der Ernte poliert bzw. geschliffen wurden. Weil die nach dem Dreschen vorliegenden bespelzten Körner (Paddyreis) kaum genießbar sind, wird in speziellen Reismühlen zunächst immer die Strohhülse entfernt. Beim Schleifen werden zusätzlich das sog. Silberhäutchen sowie der Keim abgetrennt. Dem Reis ergeht es dabei ähnlich wie den anderen Getreidesorten. Im Silberhäutchen sind viele Vitamine, Mineralstoffe und Ballaststoffe enthalten, die bei dieser Prozedur verloren gehen. Als Folge dieses als „Zivilisationsfortschritt" angepriesenen Schleifens trat bei Teilen der ostasiatischen Bevölkerung, die fast nur von Reis lebte, eine schwere Vitaminmangelkrankheit (Beriberi) auf (vgl. Seite 315).

Reis, bei dem die Körner nach dem Abtrennen der Strohhülse nicht weiter behandelt wurden, wird als **Naturreis** oder auch Braunreis bezeichnet. Er ist hellbraun und schimmert an der Oberfläche etwas silbrig. Naturreis hat das Silberhäutchen noch und damit alle zuvor erwähnten Inhaltsstoffe sowie mehr Fett. Deshalb kann er auch schneller ranzig werden als geschliffener Reis.

Die gebräuchlichsten Reissorten sind:

Langkornreis
Die Körner von Langkornreis sind etwa 7 mm lang. Sie sind hart und glasig und bleiben beim Kochen körnig und locker. Geschliffener Langkornreis wird auch Patna-Reis genannt.

Rundkornreis
Rundkornreis hat etwa 5 mm lange, rundliche Körner, die beim Kochen Stärke verlieren und daher sehr weich werden. Bei uns wird überwiegend geschliffener Rundkornreis angeboten und als Milchreis gehandelt.

GETREIDE

Parboiled Reis
Vor dem Entfernen des Silberhäutchens wird das Reiskorn mit Wasserdampf und Druck behandelt. Dadurch wandern Vitamine und Mineralstoffe ins Korn und sind nach dem Entfernen des Silberhäutchens noch zu etwa 80% erhalten.

Avorio-Reis
ist eine italienische Rundkornreissorte, dessen Körner etwas länger sind als beim herkömmlichen Rundkornreis und einen harten Kern haben. Avorio-Reis kocht daher weich mit bißfestem Kern. Er wird gerne für Risotto verwendet.

Basmati-Reis
Dieser Reis gehört zu den feinsten Langkornreissorten und kocht wie diese körnig und locker. Er stammt aus Indien. Übersetzt bedeutet Basmati übrigens „der Duftende".

Wilder Reis
Botanisch betrachtet ist Wildreis kein Reis, sondern der Samen von wildwachsenden Wassergräsern. Noch heute wird Wildreis von Hand geerntet, was den hohen Preis erklärt. Die langen dünnen, fast schwarzen Körner mit ihrem ausgeprägten nußartigen Geschmack werden immer beliebter. Erschwinglicher als der reine Wildreis sind Mischungen aus Langkornreis mit wildem Reis.

In einigen Geschäften wird seit neuestem auch **Roter Reis** angeboten. Roter Reis zählt zu den Rundkornreissorten und kocht daher eher weich. Er schmeckt leicht nussig und färbt beim Kochen das Wasser rötlich.

Für die schnelle Küche haben sich die Produzenten von industriell hergestellten Reisgerichten noch eine Besonderheit ausgedacht – den Kurzzeit – oder **Minuten-Reis**. Dieser vorgegarte und wieder getrocknete Weißreis ist in wenigen Minuten tischfertig. Für **Kochbeutel-Reis** wird Langkornreis genau dosiert in Beutel abgepackt, in denen der Reis ohne anzubrennen im Wasserbad garziehen kann.

Das Schleifen überstehen nicht alle Körner schadlos. Einige zerbrechen bei dieser Behandlung und kleben beim Kochen leichter, weil sie besonders viel Stärke abgeben. Reis wird daher in folgenden Qualitätsstufen in den Handel gebracht:
Spitzenreis darf maximal 5% Bruchreis enthalten, **Standardreis** maximal 15%. Beim **Haushaltsreis** dürfen es schon 25% sein, Haushaltsreis mit erhöhtem Bruchanteil kann bis zu 40% Bruchreis enthalten.

Außer den eigentlichen Reiskörnern gibt es im Handel auch Reiserzeugnisse wie Grieß, Mehl, Stärke, Reiswein (Sake) und Reisschnaps (Arrak).

Tip
Das Kochwasser von Reis sollte möglichst knapp bemessen sein und weiterverwendet werden, weil beim Kochen viele Mineralstoffe aus dem Korn ins Wasser übergehen. Verwenden Sie zum Garen von Reis einen weiten Topf, damit jedes Korn genug Raum „zum Entfalten" hat, dann klebt er nicht so schnell.

GETREIDE

Reis, unpoliert, ganzes Korn (60 g)
absolute Menge in

	100 g	1 Portion	Note
Energie, kcal	347,00	208,00	3
Wasser, g	13,00	8,00	
Eiweiß, g	7,20	4,30	4
Fett (gesamt), g	2,20	1,30	1
davon mehrfach ungesättigte Fettsäuren, g	0,81	0,49	4
Cholesterin, mg	0,00	0,00	1
Kohlenhydrate, g	73,40	44,00	1
Ballaststoffe, g	2,90	1,70	4
davon wasserlöslich	1,50	0,90	
Vitamine			
Vitamin A, µg RÄq	0,00	0,00	6
Vitamin D, µg	(0)	(0)	6
Vitamin E, mg TÄq	0,76	0,46	4
Vitamin K, µg	–	–	
Vitamin B_1, mg	0,41	0,25	1
Vitamin B_2, mg	0,09	0,05	5
Vitamin B_6, mg	0,67	0,40	1
Vitamin B_{12}, µg	(0)	(0)	6
Niacin, mg Äq	5,20	3,10	1
Folsäure, µg	16,00	9,60	4
Pantothensäure, mg	1,70	1,02	1
Biotin, µg	12,00	7,20	2
Vitamin C, mg	0,00	0,00	6
Mineralstoffe			
Kalium, mg	150,00	90,00	5
Kalzium, mg	23,00	14,00	5
Phosphor, mg	325,00	195,00	2
Magnesium, mg	157,00	94,00	1
Eisen, mg	2,60	1,56	1
Fluor, µg	50,00	30,00	5
Jod, µg	2,20	1,30	5
Selen, µg	40,00	24,00	1
Zink, µg	1400,00	840,00	3
Natrium, mg	10,00	6,00	1

GETREIDE

Reis, gekocht (120 g)

absolute Menge in

	100 g	1 Portion	Note
Energie, kcal	106,00	127,00	2
Wasser, g	73,00	88,00	
Eiweiß, g	2,00	2,40	4
Fett (gesamt), g	0,20	0,24	1
davon mehrfach ungesättigte Fettsäuren, g	0,10	1,12	5
Cholesterin, mg	0,00	0,00	1
Kohlenhydrate, g	24,00	28,80	2
Ballaststoffe, g	0,30	0,40	5
davon wasserlöslich	–	–	
Vitamine			
Vitamin A, µg RÄq	0,00	0,00	6
Vitamin D, µg	(0)	(0)	6
Vitamin E, mg TÄq	0,10	0,12	5
Vitamin K, µg	–	–	
Vitamin B_1, mg	0,11	0,13	2
Vitamin B_2, mg	0,01	0,01	5
Vitamin B_6, mg	0,20	0,24	1
Vitamin B_{12}, µg	(0)	(0)	6
Niacin, mg Äq	1,00	1,20	3
Folsäure, µg	–	–	
Pantothensäure, mg			
Biotin, µg	–	–	
Vitamin C, mg	0,00	0,00	6
Mineralstoffe			
Kalium, mg	28,00	34,00	5
Kalzium, mg	10,00	12,00	5
Phosphor, mg	28,00	34,00	1
Magnesium, mg	10,00	12,00	4
Eisen, mg	0,90	1,08	3
Fluor, µg	Spuren	Spuren	5
Jod, µg	–	–	
Selen, µg			
Zink, µg	–	–	
Natrium, mg	2,00	2,40	1

Wegweiser Lebensmittel

GETREIDE

Hafer

Verbrauch
Pro Kopf und Jahr: 1,7 kg
Verzehr pro Tag (geschätzt): 4,0 g

Geschichte
Hafer ist eines der jüngeren Kulturgetreide. Er ist zunächst als „Unkraut" in den Feldern des Urweizens aufgetreten. Bis zum Ende des 18. Jh. blieb er Ernährungsgrundlage breiter Bevölkerungsschichten. Erst mit dem Sinken der Preise von Weizen und Roggen verlor Hafer an Bedeutung für die menschliche Ernährung. Nach dem 2. Weltkrieg war der Haferanbau erheblich zurückgegangen – auch als Folge der abnehmenden Pferdehaltung. In Deutschland angebauter Hafer wird noch heute überwiegend als hochwertiges Tierfutter verwendet.

Ernährung
Betrachtet man die Bedeutung für unsere Ernährung, ist Hafer das Getreide mit den meisten Pluspunkten. Er enthält mehr Eiweiß, Kalzium, Vitamin B_1 und B_6 als die anderen Getreidesorten. Eine weitere Stärke des Hafers ist sein **Fett**, das beträchtliche Mengen an wichtigen ungesättigten Fettsäuren enthält. Diätetische Bedeutung haben vor allem die **Schleimstoffe**, die eine regelrechte Schutzschicht im Magen-Darm-Trakt bilden, sowie die **Ballaststoffe** des Hafers. Neben der schnellen, lang anhaltenden Sättigung und einer Anregung der Darmmuskulatur wirken die Ballaststoffe des Hafers zudem noch cholesterinsenkend.
Der Spruch „den sticht der Hafer" beruht auf einem Quentchen Wahrheit. Im Hafer sind nachweislich anregende Substanzen enthalten.

Warenkunde
Im Gegensatz zu den anderen Getreidearten bildet Hafer keine Ähren, sondern vielfach verzweigte Rispen. Bei den meisten Hafersorten sind die Körner in Spelzen eingehüllt, die vor dem Verzehr entfernt werden müssen. Spelzenfreier **Nackthafer** liefert niedrigere Erträge und ist nur relativ gering verbreitet.
Die wesentlichsten Hafererzeugnisse sind mit einem stattlichen jährlichen Pro-Kopf-Verzehr von einem halben Kilo die **Haferflocken**. Nach Reinigung des Rohgetreides werden die Haferkörner mehrere Stunden lang zunächst mit Dampf und dann mit trockener Hitze behandelt. Bei dieser Behandlung bildet sich das typische nußartige Aroma der späteren Haferflocken. Durch die Hitze werden außerdem fettspaltende Stoffe inaktiviert, die später bei der Lagerung einen ranzigen Geschmack verursachen würden. Die Spelzen lockern sich durch das Darren und können zwischen Mahlsteinen leicht abgetrennt werden. Zur Herstellung der Haferflocken werden die „Haferkerne" noch durch Metallwalzen breitgedrückt. Um kleinblättrige Flocken zu gewinnen, werden die Haferkerne vor dem Walzen in Stücke (Hafergrütze) geschnitten. Schließlich gibt es noch Instantflocken, die aus Hafermehl hergestellt werden und sich in Flüssigkeit praktisch sofort auflösen.

GETREIDE

Hafer, ganzes Korn (50 g)
absolute Menge in

	100 g	1 Portion	Note
Energie, kcal	358,00	179,00	2
Wasser, g	13,00	7,00	
Eiweiß, g	11,70	5,90	3
Fett (gesamt), g	7,10	3,60	1
davon mehrfach ungesättigte Fettsäuren, g	2,86	1,43	1
Cholesterin, mg	0,00	0,00	1
Kohlenhydrate, g	59,80	29,90	2
Ballaststoffe, g	5,60	2,80	2
davon wasserlöslich	1,70	0,90	
Vitamine			
Vitamin A, µg RÄq	–	–	
Vitamin D, µg	(0)	(0)	6
Vitamin E, mg TÄq	0,84	0,42	4
Vitamin K, µg	50,00	25,00	1
Vitamin B_1, mg	0,52	0,26	1
Vitamin B_2, mg	0,17	0,09	4
Vitamin B_6, mg	0,96	0,48	1
Vitamin B_{12}, µg	(0)	(0)	6
Niacin, mg Äq	2,40	1,20	3
Folsäure, µg	33,00	17,00	4
Pantothensäure, mg	0,71	0,36	3
Biotin, µg	13,00	6,50	2
Vitamin C, mg	–	–	
Mineralstoffe			
Kalium, mg	355,00	178,00	4
Kalzium, mg	80,00	40,00	4
Phosphor, mg	342,00	171,00	2
Magnesium, mg	129,00	65,00	1
Eisen, mg	5,80	2,90	1
Fluor, µg	95,00	48,00	5
Jod, µg	6,00	3,00	5
Selen, µg	2,50	1,30	5
Zink, µg	4500,00	2250,00	1
Natrium, mg	8,40	4,20	1

GETREIDE

Haferflocken (50 g)

absolute Menge in

	100 g	1 Portion	Note
Energie, kcal	375,00	188,00	2
Wasser, g	10,00	5,00	
Eiweiß, g	12,50	6,30	3
Fett (gesamt), g	7,00	3,50	1
davon mehrfach ungesättigte Fettsäuren, g	2,70	1,35	1
Cholesterin, mg	0,00	0,00	1
Kohlenhydrate, g	63,30	21,70	3
Ballaststoffe, g	5,40	2,70	3
davon wasserlöslich	1,80	0,90	
Vitamine			
Vitamin A, µg RÄq	–	–	
Vitamin D, µg	(0)	(0)	6
Vitamin E, mg TÄq	1,00	0,50	4
Vitamin K, µg	–	–	
Vitamin B_1, mg	0,59	0,29	1
Vitamin B_2, mg	0,15	0,08	4
Vitamin B_6, mg	0,16	0,09	4
Vitamin B_{12}, µg	(0)	(0)	6
Niacin, mg Äq	1,00	0,50	5
Folsäure, µg	24,00	12,00	4
Pantothensäure, mg	1,09	0,55	2
Biotin, µg	20,00	10,00	1
Vitamin C, mg	0,00	0,00	6
Mineralstoffe			
Kalium, mg	355,00	168,00	4
Kalzium, mg	54,00	27,00	5
Phosphor, mg	391,00	196,00	2
Magnesium, mg	139,00	70,00	1
Eisen, mg	4,60	2,30	1
Fluor, µg	37,00	19,00	5
Jod, µg	4,00	2,00	5
Selen, µg	9,00	4,50	3
Zink, µg	4400,00	2200,00	1
Natrium, mg	5,20	2,60	1

GETREIDE

Gerste

Verbrauch
Pro Kopf und Jahr: 0,4 kg

Geschichte
Zählt Hafer zu den jüngeren Kulturgetreiden, so ist Gerste eine der ältesten Getreidearten. Wie der Roggen stammt die Gerste aus dem vorderasiatischen Raum, wo sie bereits vor 7000 Jahren kultiviert wurde. Die alten Ägypter bereiteten aus Gerste beispielsweise ein fladenartiges Brot. Heute ist sie vor allem in einem breiten Gürtel des gemäßigten Klimas rund um die Welt zu Hause.

Warenkunde
Bei der Verwendung von Gerste denkt so mancher vermutlich zuerst an den Gerstensaft, das Bier. Tatsächlich wird die in der Bundesrepublik angebaute Gerste überwiegend zum Brauen verwendet. Für die Verarbeitung als Braugerste werden besondere Gerstensorten eingesetzt, die ein sehr bauchiges Korn mit einem geringen Eiweißgehalt und einem hohen Gehalt an Stärke haben. Gerste ist außerdem Grundstoff für ein zweites populäres Getränk, den Malzkaffee.

Ein weiteres bedeutendes Gerstenerzeugnis sind die **Graupen**. Auf Mahlsteinen werden die Gerstenkörner von ihren Spelzen befreit und wiederholt geschliffen und poliert, wobei wertvolle Schichten des Korns abgetrennt werden. Dabei rundet sich das Korn immer mehr ab, bis es fast kugelig geworden ist. Das sind dann die Graupen. Man unterscheidet der Größe nach in Gruppen, die von „extra großen" Graupen (auch Kälberzähne genannt) bis zu „extra feinen" Graupen (Perlgraupen) reichen. Zur Herstellung von Perlgraupen werden die Gerstenkörner zunächst in Stücke geschnitten und im Anschluß poliert. Zum Backen ist Gerstenmehl nicht geeignet, weil es nur wenig Kleber enthält.

GETREIDE

Gerste, ganzes Korn (50 g)

absolute Menge in

	100 g	1 Portion	Note
Energie, kcal	318,00	159,00	2
Wasser, g	12,00	6,00	
Eiweiß, g	9,80	4,90	4
Fett (gesamt), g	2,10	1,05	1
davon mehrfach ungesättigte Fettsäuren, g	1,26	0,63	4
Cholesterin, mg	0,00	0,00	1
Kohlenhydrate, g	63,30	31,70	2
Ballaststoffe, g	9,80	4,90	1
davon wasserlöslich	1,70	0,85	
Vitamine			
Vitamin A, µg RÄq	0,16	0,08	5
Vitamin D, µg	(0)	(0)	6
Vitamin E, mg TÄq	0,65	0,33	5
Vitamin K, µg	–	–	
Vitamin B$_1$, mg	0,43	0,22	1
Vitamin B$_2$, mg	0,18	0,09	4
Vitamin B$_6$, mg	0,56	0,28	1
Vitamin B$_{12}$, µg	(0)	(0)	6
Niacin, mg Äq	5,00	2,50	1
Folsäure, µg	65,00	33,00	2
Pantothensäure, mg	0,68	0,34	4
Biotin, µg	–	–	
Vitamin C, mg	0,00	0,00	6
Mineralstoffe			
Kalium, mg	444,00	222,00	3
Kalzium, mg	38,00	19,00	5
Phosphor, mg	342,00	171,00	2
Magnesium, mg	114,00	57,00	1
Eisen, mg	2,80	1,40	2
Fluor, µg	120,00	60,00	4
Jod, µg	7,00	3,50	5
Selen, µg	12,00	6,00	3
Zink, µg	3100,00	1550,00	2
Natrium, mg	18,00	9,00	1

GETREIDE

Gerstengraupen (20 g)
absolute Menge in

	100 g	1 Portion	Note
Energie, kcal	340,00	68,00	1
Wasser, g	12,00	2,40	
Eiweiß, g	9,70	1,90	4
Fett (gesamt), g	1,40	0,30	1
davon mehrfach ungesättigte Fettsäuren, g	0,20	0,04	5
Cholesterin, mg	0,00	0,00	1
Kohlenhydrate, g	70,90	14,20	4
Ballaststoffe, g	4,60	0,90	5
davon wasserlöslich	1,90	0,40	

Vitamine

	100 g	1 Portion	Note
Vitamin A, µg RÄq	–	–	
Vitamin D, µg	(0)	(0)	6
Vitamin E, mg TÄq	0,20	0,04	5
Vitamin K, µg	–	–	
Vitamin B_1, mg	0,09	0,02	5
Vitamin B_2, mg	0,08	0,02	5
Vitamin B_6, mg	0,22	0,04	5
Vitamin B_{12}, µg	(0)	(0)	6
Niacin, mg Äq	3,10	0,60	4
Folsäure, µg	20,00	4,00	5
Pantothensäure, mg	0,50	0,10	5
Biotin, µg	–	–	
Vitamin C, mg	0,00	0,00	6

Mineralstoffe

	100 g	1 Portion	Note
Kalium, mg	190,00	38,00	5
Kalzium, mg	14,00	3,00	5
Phosphor, mg	189,00	38,00	1
Magnesium, mg	125,00	25,00	3
Eisen, mg	2,00	0,40	5
Fluor, µg	200,00	40,00	5
Jod, µg	–	–	
Selen, µg	–	–	
Zink, µg	–	–	
Natrium, mg	5,20	1,04	1

Wegweiser Lebensmittel

GETREIDE

Hirse

Verbrauch
Pro Kopf und Jahr: 0,2 kg

Geschichte
Wir sind bei der ältesten kultivierten Getreideart angelangt. Ihre Heimat ist Zentralasien, wo sie schon vor 5000 Jahren als Grundnahrungsmittel gehandelt wurde. Am Anfang der Jungsteinzeit soll ihr Siegeszug nach Europa begonnen haben. Von der damaligen Bedeutung der Hirse bei uns zeugt die althochdeutsche Bezeichnung „Hirsi" für die Göttin der Feldfrüchte. Erst in der Neuzeit kam die Hirse zu ihrem zweifelhaften Ruhm als „Arme-Leute-Essen". Seit kurzem besinnt man sich wieder auf die Vorzüge dieses Getreides.

Ernährung
Manch einem mag die Hirse nur als Vogelfutter bekannt sein. Sie wird jedoch zu Recht für die menschliche Ernährung wiederentdeckt. Neben Kohlenhydraten enthält Hirse viel hochwertiges Eiweiß. Außerdem sind viele Vitamine der B-Gruppe vorhanden, vor allem Vitamin B_1 und B_6. Zudem weist Hirse hohe Gehalte an Mineralstoffen (Magnesium und Eisen) auf. Schließlich enthält sie Kieselsäure, eine Substanz, die für Haut, Haare und Bindegewebe wichtig ist.

Warenkunde
Unter dem Sammelbegriff Hirse werden mehrere Getreidearten zusammengefaßt, die auf relativ trockenen, armen Böden wachsen können. Sie alle zeichnen sich durch kleine, meist rundliche Körner aus. Von den zahlreichen Arten seien die wichtigsten erwähnt:
Die **Rispenhirse** wird auch als Deutsche Hirse bezeichnet. Sie wurde früher in Deutschland angebaut, weil die Pflanze weniger wärmebedürftig ist. **Kolbenhirse** (italienische Hirse) hat das typische „Vogelfutter-Aussehen". Die großkörnige **Sorghumhirse** ist die bedeutendste Hirseart auf dem Weltmarkt. Sie bildet bis zu 5 m hohe Halme, die vom Äußeren an Mais erinnern.

Bei der Verarbeitung von Hirse werden zunächst die Spelzen entfernt. Da die harten Fruchtschalen des Hirsekorns nicht genießbar sind, wird es anschließend geschält. Beim Schälen wird auch der Hirsekeimling entfernt, so daß Hirse nicht zum Keimen verwendet werden kann. Im Handel erhält man meist ganze, geschälte Hirsekörner, seltener auch Hirseflocken oder -mehl.

GETREIDE

Hirse, ganzes Korn (50 g)

absolute Menge in

	100 g	1 Portion	Note
Energie, kcal	356,00	178,00	2
Wasser, g	12,00	6,00	
Eiweiß, g	9,80	4,90	4
Fett (gesamt), g	3,90	1,90	1
davon mehrfach ungesättigte Fettsäuren, g	1,90	0,95	3
Cholesterin, mg	0,00	0,00	1
Kohlenhydrate, g	68,80	34,40	2
Ballaststoffe, g	3,80	1,90	3
davon wasserlöslich	1,40	0,70	

Vitamine

	100 g	1 Portion	Note
Vitamin A, µg RÄq	–	–	
Vitamin D, µg	(0)	(0)	6
Vitamin E, mg TÄq	0,07	0,04	5
Vitamin K, µg	–	–	
Vitamin B_1, mg	0,26	0,13	2
Vitamin B_2, mg	0,14	0,07	4
Vitamin B_6, mg	0,75	0,38	1
Vitamin B_{12}, µg	(0)	(0)	6
Niacin, mg Äq	1,80	0,90	4
Folsäure, µg	–	–	
Pantothensäure, mg	–	–	
Biotin, µg	–	–	
Vitamin C, mg	0,00	0,00	6

Mineralstoffe

	100 g	1 Portion	Note
Kalium, mg	200,00	100,00	4
Kalzium, mg	25,00	12,50	5
Phosphor, mg	310,00	155,00	2
Magnesium, mg	170,00	85,00	1
Eisen, mg	9,00	4,50	1
Fluor, µg	50,00	25,00	5
Jod, µg	2,50	1,30	5
Selen, µg	–	–	
Zink, µg	1800,00	900,00	3
Natrium, mg	3,00	1,50	1

Wegweiser Lebensmittel

GETREIDE

Weitere Getreidesorten

Neben den vorgestellten Getreidearten sind Buchweizen und immer mehr auch Quinoa für unsere Ernährung von Bedeutung.

Obwohl **Buchweizen** botanisch nicht zum Getreide zählt, wird er aus praktischen Gründen doch als solches bezeichnet und in der Küche ähnlich verwendet. Den Namen verdankt der Buchweizen seiner Ähnlichkeit mit den Früchten der Buche, den Bucheckern. Buchweizen wird überwiegend als ganzes (geschältes) Korn oder als Grütze angeboten. Er hat einen charakteristischen, leicht bitteren Geschmack. Berühmt sind die russischen Buchweizen-Pfannkuchen (Blini). Das gräulich-grüne Buchweizenmehl eignet sich nicht zum Brotbacken, dafür lassen sich besonders lockere Gebäcke (z. B. Biskuitteig) aus ihm herstellen.

Quinoa (gesprochen: Kinwa) ist eine Pflanze aus den Andenhochlanden Südamerikas und war früher die Hauptnahrung der dortigen Bevölkerung. In zunehmendem Maße wird Quinoa auch heute wieder verzehrt – bei uns ist das kleine kraftstrotzende Korn, das botanisch zu den Nüssen zählt, vor allem in Naturkostläden und Reformhäusern erhältlich. Quinoa wird aufgrund seines hohen Eiweiß-, Vitamin- und Mineralstoffgehaltes als wertvolles Nahrungsmittel gehandelt. Verwendet wird Quinoa ähnlich wie Reis.

Ähnlich groß im Kommen ist **Amaranth**. Bei diesem Getreide handelt es sich um winzige Körner der purpurroten Amaranthpflanze, die in Südamerika beheimatet ist. Amaranth ist auch als Inkaweizen bekannt. Es enthält sehr viel Kalzium (etwa 250 mg in 100 g), aber kein Gluten, was es für Zöliakie-Patienten interessant macht (vgl. Seite 167).

Brot

Verbrauch
Pro Kopf und Jahr: 80,6 kg
Verzehr pro Tag (geschätzt): 220,0 g

Geschichte
Zu Beginn der Menschheitsgeschichte zerkauten die Menschen Samen von Wildgräsern, bevor sie aus den Urgetreidearten Brei und später auch Fladen herstellten. Das erste Brot in unserem Sinne, d. h. aus gegorenem Teig gebacken, führten die Ägypter ein. Brot galt seitdem als Sinnbild für Nahrung schlechthin. Daneben kennt man etliche Traditionen und religiöse Brauchtümer rund ums Brot, man denke nur an die christliche Abendmahlfeier. Schon den Urvölkern war das Korn heilig, von den Göttern geschenkt. Noch heute wird fast überall auf der Welt bei besonderen Gelegenheiten besonderes Brot bzw. Backwerk verzehrt – bestens bekannt ist die Brezel, zugleich das alte Zunftzeichen des Bäckerhandwerks.

Angesichts der Bedrohung durch Hungersnöte war Brot immer kostbar. Brotdosen wurden nicht selten mit Schlössern versehen. Brot wurde bis zum letzten Krümel aufgegessen, auch aus den trockenen Rinden ließen sich noch schmackhafte Gerichte zaubern.

War das Brot der frühen Jahre noch das Vollkornbrot, das alle Bestandteile des Korns enthielt, fand mit der Zeit ein Wertewandel statt. Weißmehl, bei dem vorwiegend der stärkehaltige Getreidekern vermahlen wird, galt als besonders „feines" Mehl, das sich zunächst nur vornehme Persönlichkeiten leisten konnten. Mit der Industrialisierung begann der Siegeszug des Weißmehls. Heute weiß man, daß Vollkornbrot ein wertvolleres Lebensmittel ist als „Weißbrot", gerade weil in ihm alle Bestandteile des Getreidekorns enthalten sind.

Ernährung
Ein hoher Brotverzehr ist wünschenswert, weil Brot neben Eiweiß, Kohlenhydraten und wenig Fett auch wertvolle Vitamine, Mineralstoffe und Ballaststoffe enthält. Vor allem Brot aus dem vollen Korn enthält viele lebensnotwendige Nährstoffe, und zwar in größerem Ausmaß als Brot und Brötchen aus hellem Mehl. Insbesondere die Vitamine der B-Gruppe, einige Mineralstoffe sowie Ballaststoffe sind im Vollkornbrot in größerem Umfang enthalten.

Für den Geschmack und das Aussehen eines Brotes ist die Kruste mitbestimmend. Durch spezielle chemische Reaktionen werden beim Backen in der Kruste Aroma- und Farbstoffe gebildet. Diese Aroma- und Farbstoffbildung geht allerdings zu Lasten eines Eiweißbausteins. Aus der Brotkruste kann das Lysin vom Körper nicht mehr aufgenommen werden. Da wir uns aber nicht ausschließlich von Brotkrusten ernähren, bleibt der Lysinverlust ohne größere Folgen für unsere Gesundheit. Etwas anders sieht es dagegen beim alleinigen Verzehr von feingemahlenen, weißen Broten aus. Würden wir uns nur von Weißbrot ernähren, würden uns etliche lebensnotwendige Nährstoffe fehlen, und schwerwiegende Mangelzustände wären zu befürchten.

BROT

Warenkunde

Für die Herstellung unseres täglichen Brotes gibt es eine nette wissenschaftliche Beschreibung, die wir Ihnen nicht vorenthalten wollen: „Brot wird ganz oder teilweise aus Getreide und/oder Getreideerzeugnissen in gemahlener, geschroteter und/oder gequetschter Form durch Bereiten eines Teiges, Formen, Lockern und Backen hergestellt." Die Bundesrepublik gilt als ein Land der besonderen Brotvielfalt. Nach der äußeren Form, den vorherrschend gebackenen Getreidearten, ortsüblichen Broten, Marken- und Spezialbroten wird in annähernd 200 Brotsorten unterschieden.

Aufgrund seines hohen Gehaltes an wasserbindendem Klebereiweiß ist der Weizen das Brotgetreide schlechthin. Beim Backen quellen die Eiweißstoffe ab etwa 75 °C in der Feuchtigkeit des Teiges und wirken wie Klebstoff. Roggen enthält weniger Klebereiweiß, seine Backeignung verdankt er Schleimstoffen, sogenannte Pentosanen. Bei der Verwendung von Roggen ist das Mischen mit etwas Weizenmehl sinnvoll.

Bevor aus den Brotgetreiden Brot hergestellt werden kann, muß das Getreidekorn zunächst gemahlen werden. Hier liegt der Ursprung der zitierten Brotsortenvielfalt. Nach einer intensiven Oberflächenreinigung des Korns durch Bürsten, Scheuern oder Schälen wird das Getreide zwischen zwei verschieden schnell laufenden Mahlwalzen zerkleinert. Der **Ausmahlungsgrad** gibt an, wieviel Prozent eines bestimmten Mehls, bezogen auf 100 kg des Ausgangsgetreides, angefallen sind. Bei nur teilweiser Ausmahlung des Getreidekorns gehen große Teile der kostbaren Inhaltsstoffe verloren. Je niedriger der Ausmahlungsgrad ist, desto mehr Teile des Getreidekorns werden vor dem Mahlen entfernt und desto heller wird das Mehl. Je höher dagegen der Ausmahlungsgrad ist, desto dunkler, eiweißhaltiger, ballaststoffreicher und mineralstoffreicher ist das Mehl. Der Verbraucher kann den Ausmahlungsgrad an der **Mehltype** erkennen. Diese Zahl gibt an, wieviel unverbrennbare Bestandteile (Mineralstoffe) des Korns noch im Mehl enthalten sind. Im Weizenmehl der Type 405 sind beispielsweise 405 mg Mineralstoffe in 100 g Mehl enthalten. Je mehr Schalenanteile dem Korn vor dem Vermahlen belassen wurden, desto höher ist auch die Typenzahl, weil die Mineralstoffe vor allem in den Randschichten des Korns sitzen. Das hellste Weizenmehl hat die Typenzahl 405, dunkles Mehl die Typenzahl 1600. Das am wenigsten ausgemahlene Roggenmehl trägt die Type 815.

Vollkornmehl hat keine Typenkennzeichnung, das Getreidekorn wurde vollständig ausgemahlen.

Nach dem Anteil der Getreidearten wird in folgende Brotgruppen unterschieden:
Brot mit mindestens 90 % Weizenanteil, z. B. Weißbrot,
Brot mit 50–89 % Weizenanteil, z. B. Bauernbrot,
Brot mit 50–89 % Roggenanteil, z. B. Roggenmischbrot und
Brot mit mindestens 90 % Roggenanteil, z. B. Roggenschrotbrot.
Daneben kennt man noch diverse „Spezialbrote", die sich z. B. durch ein besonderes Backverfahren oder die Verwendung besonderer Zutaten auszeichnen. In die lange Reihe der Spezialbrote gehören u. a. das Steinmetz-, Simons-, Graham- und Knäckebrot, wie auch der Pumpernickel und glutenfreie Brote für Patienten mit entzündlicher Darmerkrankung (Zöliakie).

BROT

Zur **Teiglockerung** wird bei Broten aus Weizen meist Hefe verwendet. Hierbei werden Zuckerstoffe von Pilzen zu Kohlensäure abgebaut, die den Teig mit zahlreichen Bläschen durchsetzt. Roggen braucht dagegen Säure, um gut elastische Brote zu liefern. Die Lockerung erfolgt hier durch Bakterien, die den sogenannten Sauerteig produzieren. Neben der Teiglockerung fällt ihm auch die Aufgabe zu, Aromastoffe zu bilden. Roggenbrot bleibt länger frisch als Weizenbrot.

Neben den Getreidemahlerzeugnissen und Teiglockerungsmitteln gehören Trinkwasser und Speisesalz ins Brot. Fettstoffe, Milch und -produkte, verschiedene Zuckerarten, Gewürze, Nüsse und andere Zutaten können ebenfalls verwendet werden. In Schrotbroten dürfen bis zu 10% Restbrotanteil enthalten sein.
Für die Brotherstellung werden diese Rezepturbestandteile gemischt und durch den Einsatz von Knetmaschinen zu Teig verarbeitet. Nach verschiedenen Ruhephasen wird der Teig dann gewogen, geformt und gebacken, wobei die Backtemperatur dem jeweiligen Brottyp angepaßt sein muß.

Nach den Backverfahren unterscheidet man in: Freigeschobene Brote, die ringsum eine ausgeprägte Kruste haben, angeschobene Brote, die seitlich krustenlos sind, Kastenbrote, die einen besonders geringen Krustenanteil haben, und Dampfkammerbrote, die in einem speziellen Prozeß lange gebacken werden (Pumpernickel).

Wissenswertes
So ziemlich jeder wird es schon erlebt haben: nach ein paar Tagen schmeckt das zuvor noch rösche, knusprige Brot trocken und krümelig und hat eine zähe, lederne Kruste. Brot mit einer solchen Beschaffenheit ist **altbacken** geworden. Hierbei finden chemische und physikalische Veränderungen im Brot statt, die verklebte Stärke geht in eine starre Form über. Einflußfaktoren für das Altbackenwerden sind der Ausmahlungsgrad der verwendeten Mehle, das Kneten des Teiges, die Brotfeuchtigkeit und die Lagertemperatur. Das Altbackenwerden von Brot erfolgt besonders bei Temperaturen um 0°C.

Ein weiteres Problem für die Haltbarkeit von Brot sind Schimmelpilze. Aus dem Ofen kommt Brot zwar schimmelfrei, aber nach dem Backen kann es an der Oberfläche schnell wieder infiziert werden. Schimmel wächst bevorzugt auf feuchten, warmen Flächen – Brot sollte daher trocken und kühl aufbewahrt werden. Hat sich einmal Schimmel gebildet, sollten Sie die Stelle sehr großzügig abschneiden.

Tips
Der Kühlschrank ist für die Aufbewahrung von Brot eindeutig der falsche Platz. Bei derartigen Temperaturen wird es schnell altbacken. Gut geeignet zur kurzen Aufbewahrung von Brot sind dagegen Baumwoll- oder Leinenbeutel und luftige Brotkästen. Gefriertemperaturen verträgt Brot ausgezeichnet. Gut verpackt kann man es ruhig mehrere Wochen dem Kälteschlaf überlassen.

BROT

Weizenvollkornbrot (50 g, 1 Scheibe)
absolute Menge in

	100 g	1 Portion	Note
Energie, kcal	205,00	103,00	2
Wasser, g	41,70	20,90	
Eiweiß, g	7,00	3,50	4
Fett (gesamt), g	0,86	0,43	1
davon mehrfach ungesättigte Fettsäuren, g	–	–	
Cholesterin, mg	0,00	0,00	1
Kohlenhydrate, g	41,40	20,70	3
Ballaststoffe, g	7,50	3,80	1
davon wasserlöslich	1,57	0,79	
Vitamine			
Vitamin A, µg RÄq	3,00	1,50	5
Vitamin D, µg	(0)	(0)	6
Vitamin E, mg TÄq	0,40	0,20	5
Vitamin K, µg	19,00	9,50	1
Vitamin B_1, mg	0,25	0,13	2
Vitamin B_2, mg	0,15	0,08	4
Vitamin B_6, mg	0,36	0,18	2
Vitamin B_{12}, µg	(0)	(0)	6
Niacin, mg Äq	3,30	1,70	2
Folsäure, µg	60,00	30,00	2
Pantothensäure, mg	0,65	0,33	4
Biotin, µg	3,50	1,80	5
Vitamin C, mg	0,00	0,00	6
Mineralstoffe			
Kalium, mg	270,00	135,00	4
Kalzium, mg	63,00	32,00	4
Phosphor, mg	195,60	98,00	1
Magnesium, mg	92,00	46,00	1
Eisen, mg	2,00	1,00	3
Fluor, µg	–	–	
Jod, µg	4,00	2,00	5
Selen, µg	55,00	27,50	1
Zink, µg	2100,00	1050,00	3
Natrium, mg	380,00	190,00	2

Weizenmischbrot (50 g, 1 Scheibe)

absolute Menge in

	100 g	1 Portion	Note
Energie, kcal	239,00	120,00	2
Wasser, g	37,60	19,00	
Eiweiß, g	6,24	3,12	4
Fett (gesamt), g	1,10	0,60	1
davon mehrfach ungesättigte Fettsäuren, g	–	–	
Cholesterin, mg	0,00	0,00	1
Kohlenhydrate, g	49,90	24,90	3
Ballaststoffe, g	3,50	1,80	4
davon wasserlöslich	1,75	0,88	

Vitamine

Vitamin A, µg RÄq	0,00	0,00	6
Vitamin D, µg	(0)	(0)	6
Vitamin E, mg TÄq	0,45	0,23	5
Vitamin K, µg	18,00	9,00	1
Vitamin B_1, mg	0,14	0,07	4
Vitamin B_2, mg	0,07	0,04	5
Vitamin B_6, mg	0,09	0,05	5
Vitamin B_{12}, µg	(0)	(0)	6
Niacin, mg Äq	1,20	0,60	4
Folsäure, µg	21,00	11,00	4
Pantothensäure, mg	0,25	0,13	5
Biotin, µg	2,40	1,20	5
Vitamin C, mg	0,00	0,00	6

Mineralstoffe

Kalium, mg	177,00	89,00	5
Kalzium, mg	17,00	9,00	5
Phosphor, mg	127,00	64,00	1
Magnesium, mg	19,00	10,00	5
Eisen, mg	1,70	0,85	4
Fluor, µg	–	–	
Jod, µg	3,00	1,50	5
Selen, µg	–	–	
Zink, µg	3500,00	1750,00	1
Natrium, mg	553,00	267,50	3

BROT

Weißbrot (50 g, 1 Scheibe)

absolute Menge in

	100 g	1 Portion	Note
Energie, kcal	237,00	119,00	2
Wasser, g	38,30	19,20	
Eiweiß, g	7,60	3,80	4
Fett (gesamt), g	1,20	0,60	1
davon mehrfach ungesättigte Fettsäuren, g	–	–	
Cholesterin, mg	0,00	0,00	1
Kohlenhydrate, g	47,80	23,90	3
Ballaststoffe, g	3,50	1,80	4
davon wasserlöslich	1,67	0,84	
Vitamine			
Vitamin A, µg RÄq	7,00	3,50	5
Vitamin D, µg	(0)	(0)	6
Vitamin E, mg TÄq	0,10	0,05	5
Vitamin K, µg	14,00	7,00	2
Vitamin B_1, mg	0,09	0,05	4
Vitamin B_2, mg	0,06	0,03	5
Vitamin B_6, mg	0,04	0,02	5
Vitamin B_{12}, µg	(0)	(0)	6
Niacin, mg Äq	0,85	0,43	5
Folsäure, µg	15,00	7,50	5
Pantothensäure, mg	0,69	0,35	3
Biotin, µg	2,90	1,50	5
Vitamin C, mg	0,00	0,00	6
Mineralstoffe			
Kalium, mg	132,00	66,00	5
Kalzium, mg	58,00	29,00	5
Phosphor, mg	87,00	44,00	1
Magnesium, mg	24,00	12,00	4
Eisen, mg	0,95	0,48	5
Fluor, µg	80,00	40,00	5
Jod, µg	5,80	2,90	5
Selen, µg	28,00	14,00	1
Zink, µg	500,00	250,00	5
Natrium, mg	540,00	270,00	3

BROT

Knäckebrot (40 g, 4 Scheiben)

absolute Menge in

	100 g	1 Portion	Note
Energie, kcal	317,00	127,00	2
Wasser, g	7,00	2,80	
Eiweiß, g	9,40	3,80	4
Fett (gesamt), g	1,40	0,60	1
davon mehrfach ungesättigte Fettsäuren, g	–	–	
Cholesterin, mg	0,00	0,00	1
Kohlenhydrate, g	65,30	26,10	3
Ballaststoffe, g	14,60	5,80	1
davon wasserlöslich	4,60	1,80	

Vitamine

	100 g	1 Portion	Note
Vitamin A, µg RÄq	–	–	
Vitamin D, µg	(0)	(0)	6
Vitamin E, mg TÄq	–	–	
Vitamin K, µg	–	–	
Vitamin B_1, mg	0,20	0,08	3
Vitamin B_2, mg	0,18	0,07	4
Vitamin B_6, mg	0,30	0,12	3
Vitamin B_{12}, µg	(0)	(0)	6
Niacin, mg Äq	1,10	0,44	5
Folsäure, µg	40,00	16,00	4
Pantothensäure, mg	1,10	0,44	3
Biotin, µg	7,00	2,80	4
Vitamin C, mg	0,00	0,00	6

Mineralstoffe

	100 g	1 Portion	Note
Kalium, mg	436,00	174,00	4
Kalzium, mg	55,00	22,00	5
Phosphor, mg	300,00	120,00	2
Magnesium, mg	68,00	27,00	3
Eisen, mg	4,70	1,88	1
Fluor, µg	–	–	
Jod, µg	–	–	
Selen, µg	–	–	
Zink, µg	3100,00	1240,00	2
Natrium, mg	463,20	185,00	2

Roggenmischbrot (50 g, 1 Scheibe)

absolute Menge in

	100 g	1 Portion	Note
Energie, kcal	221,00	111,00	2
Wasser, g	39,00	19,50	
Eiweiß, g	6,40	3,20	4
Fett (gesamt), g	1,10	0,55	1
davon mehrfach ungesättigte Fettsäuren, g	–	–	
Cholesterin, mg	0,00	0,00	1
Kohlenhydrate, g	45,40	22,70	3
Ballaststoffe, g	6,20	3,10	2
davon wasserlöslich	2,40	1,20	

Vitamine

	100 g	1 Portion	Note
Vitamin A, µg RÄq	0,00	0,00	6
Vitamin D, µg	(0)	(0)	6
Vitamin E, mg TÄq	0,50	0,25	5
Vitamin K, µg	23,00	11,50	1
Vitamin B_1, mg	0,17	0,09	3
Vitamin B_2, mg	0,08	0,04	5
Vitamin B_6, mg	0,12	0,06	4
Vitamin B_{12}, µg	(0)	(0)	6
Niacin, mg Äq	0,96	0,48	5
Folsäure, µg	21,00	10,50	4
Pantothensäure, mg	0,26	0,13	5
Biotin, µg	2,30	1,15	5
Vitamin C, mg	0,00	0,00	6

Mineralstoffe

	100 g	1 Portion	Note
Kalium, mg	185,00	93,00	4
Kalzium, mg	23,00	12,00	5
Phosphor, mg	135,00	68,00	1
Magnesium, mg	37,00	19,00	4
Eisen, mg	2,40	1,20	3
Fluor, µg	–	–	
Jod, µg	3,00	1,50	5
Selen, µg	–	–	
Zink, µg	840,00	420,00	4
Natrium, mg	537,20	268,60	3

BROT

Roggenvollkornbrot (50 g, 1 Scheibe)

absolute Menge in

	100 g	1 Portion	Note
Energie, kcal	205,00	103,00	2
Wasser, g	42,00	21,00	
Eiweiß, g	6,80	3,40	4
Fett (gesamt), g	1,20	0,60	1
davon mehrfach ungesättigte Fettsäuren, g	–	–	
Cholesterin, mg	0,00	0,00	1
Kohlenhydrate, g	40,80	20,40	3
Ballaststoffe, g	7,70	3,90	1
davon wasserlöslich	2,76	1,38	
Vitamine			
Vitamin A, µg RÄq	–	–	
Vitamin D, µg	(0)	(0)	6
Vitamin E, mg TÄq	0,30	0,15	5
Vitamin K, µg	24,00	12,00	1
Vitamin B_1, mg	0,18	0,09	3
Vitamin B_2, mg	0,15	0,08	4
Vitamin B_6, mg	0,30	0,15	3
Vitamin B_{12}, µg	(0)	(0)	6
Niacin, mg Äq	0,60	0,30	5
Folsäure, µg	20,00	10,00	4
Pantothensäure, mg	0,30	0,15	5
Biotin, µg	3,00	1,50	5
Vitamin C, mg	0,00	0,00	6
Mineralstoffe			
Kalium, mg	291,00	146,00	4
Kalzium, mg	43,00	22,00	5
Phosphor, mg	197,00	99,00	1
Magnesium, mg	64,00	32,00	2
Eisen, mg	3,30	1,70	1
Fluor, µg	–	–	
Jod, µg	5,00	2,50	
Selen, µg	–	–	
Zink, µg	1600,00	800,00	4
Natrium, mg	526,80	263,40	3

Wegweiser Lebensmittel

BROT

Roggenbrot (50 g, 1 Scheibe)

absolute Menge in

	100 g	1 Portion	Note
Energie, kcal	228,00	114,00	2
Wasser, g	38,00	19,00	
Eiweiß, g	6,20	3,10	4
Fett (gesamt), g	1,00	0,50	1
davon mehrfach ungesättigte Fettsäuren, g	–	–	
Cholesterin, mg	0,00	0,00	1
Kohlenhydrate, g	47,60	23,80	3
Ballaststoffe, g	5,50	2,80	2
davon wasserlöslich	2,20	1,10	
Vitamine			
Vitamin A, µg RÄq	0,00	0,00	6
Vitamin D, µg	(0)	(0)	6
Vitamin E, mg TÄq	0,70	0,35	5
Vitamin K, µg	36,00	18,00	1
Vitamin B_1, mg	0,18	0,09	3
Vitamin B_2, mg	0,11	0,06	4
Vitamin B_6, mg	0,20	0,10	4
Vitamin B_{12}, µg	(0)	(0)	6
Niacin, mg Äq	0,92	0,46	5
Folsäure, µg	16,00	8,00	5
Pantothensäure, mg	0,47	0,24	4
Biotin, µg	2,70	1,40	5
Vitamin C, mg	0,00	0,00	6
Mineralstoffe			
Kalium, mg	169,00	85,00	5
Kalzium, mg	29,00	15,00	5
Phosphor, mg	118,00	59,00	1
Magnesium, mg	35,00	18,00	4
Eisen, mg	2,50	1,25	2
Fluor, µg	13,00	6,50	5
Jod, µg	8,50	4,30	5
Selen, µg	–	–	
Zink, µg	860,00	430,00	4
Natrium, mg	552,00	276,00	3

Kartoffeln

Verbrauch
Pro Kopf und Jahr: 75,0 kg
Verzehr pro Tag (geschätzt): 160,0 g
(frische Speisekartoffeln **und** Veredelungsprodukte)

Geschichte
Die Kartoffelpflanze stammt aus den Hochländern Südamerikas, wo sie bereits in den ersten Jahrhunderten nach Christi Geburt als Nahrungspflanze geschätzt wurde. Die Spanier lernten die Kartoffel bei den Indianern kennen und tauften sie liebevoll „papas". Um 1550 gelangten die ersten rotschaligen Kartoffeln nach Europa. Wegen ihrer hübschen Blüte wurden sie anfangs nur zur Zierde in Gärten gehalten, erst nach 200 Jahren gelangten sie zu wirtschaftlicher Bedeutung. In Preußen setzte Friedrich der Große den Kartoffelanbau zunächst mit Gewaltmaßnahmen durch. Es war jedoch vor allem der Hunger während des Siebenjährigen Krieges, der der Kartoffel zum Durchbruch verhalf. Der deutsche Name „Kartoffel" leitet sich übrigens von der italienischen Bezeichnung „tartuffoli" (= Trüffel) ab.

Ernährung
Dem Vorurteil, daß Kartoffeln dick machen, dürfte inzwischen wohl der Garaus gemacht worden sein. Richtig ist, daß Kartoffeln dank ihres **Stärke**gehaltes ausgesprochen sättigend sind, dabei aber nur wenig Kilokalorien liefern. Sie enthalten äußerst wenig **Fett** und sind relativ wasserreich. Was an einer Kartoffelmahlzeit dick macht, sind vor allem die „Beilagen" und die Zubereitungsart. Deftige Soßen und fettes Fleisch tragen ihren Teil zum übermäßig hohen Fettverbrauch ebenso bei wie das Öl für die Bratkartoffeln oder der Käse auf dem Kartoffelauflauf.

Kartoffeln enthalten neben ihrem hohen Stärkeanteil etwa 2 % **Eiweiß**. Das scheint zwar sehr wenig, jedoch ist das Kartoffeleiweiß wertvoll für die menschliche Ernährung, da es Bausteine (Aminosäuren) in einem Verhältnis enthält, das dem menschlichen Eiweiß sehr nahe kommt. Eine Kartoffelmahlzeit mit Ei ergibt eine Eiweißkombination, die in ihrer Qualität sogar die des Hühnereiweißes übertrifft.

Unter den **Mineralstoffen** ist besonders das Kalium hervorzuheben. Außerdem enthält die Kartoffel nennenswerte Mengen an Magnesium und z.T. an Selen. Bei den **Vitaminen** sollte der Gehalt an Vitamin C nicht unterschätzt werden. Eine Portion gekochte Kartoffeln mit Schale (200 g) enthält so viel Vitamin C wie zwei durchschnittliche Äpfel (240 g).

Während die Kartoffel früher als Grundnahrungsmittel galt, stellt sie heute oft nur noch Beilage dar oder wird als sogenanntes „Veredelungs"produkt in Form von Chips, Pommes frites usw. verzehrt. Wer abends häufiger eine Tüte Chips knabbert, sollte bedenken, daß er mit dieser Näscherei nicht etwa die wertvollen Inhaltsstoffe der Kartoffel zu sich nimmt, sondern vielmehr Fett und Kochsalz im Übermaß. Mit einer 150-g-Tüte führt man sich so ganz nebenbei 810 Kilokalorien zu – 100 Kilokalorien mehr, als in einer kompletten Mittagsmahlzeit enthalten sein sollte!

KARTOFFELN

Warenkunde

Angebotszeit: ganzjährig, frisch von Juni bis Oktober, eingekellerte Kartoffeln von November bis Mai.

Es gibt derzeit etwa 130 zugelassene Kartoffelsorten, deren Eigenschaften auch Fachleute nicht auswendig wissen. Das Bundessortenamt gibt daher jährlich die „Beschreibende Sortenliste Kartoffeln" heraus. Sortenabhängige Merkmale wie Geschmack, Kochverhalten und Eignung zum Einkellern werden oft als qualitätsbestimmend angesehen.

Süßer **Geschmack** entsteht bei „erfrorenen" Kartoffeln, wenn die aus der Stärke gebildete Glukose nicht weiter abgebaut wird.

Die **Kocheigenschaft** von Kartoffeln ist u. a. abhängig von ihrem Stärkegehalt. Ist viel Stärke in ihnen enthalten, kochen sie mehlig.

Man unterscheidet drei Kochtypen: festkochende, vorwiegend festkochende und mehligkochende Kartoffeln. Entscheidend für die Wahl der Sorte sollte die Verwendungsart sein. Für Kartoffelsalat eignen sich am besten festkochende Kartoffelsorten (z. B. Sieglinde, Hansa). Vorwiegend festkochende Sorten wie Carola, Cinja oder Granola lassen sich gut zu Pell-, Salz- und Bratkartoffeln verarbeiten, und mehligkochende Sorten (z. B. Aula, Irmgard oder Bintje) ergeben hervorragende Klöße, Eintöpfe und Pürees.

Die Eignung zum **Einkellern** hängt vor allem vom Erntezeitpunkt und natürlich von der Sorte ab. „Frühkartoffeln" (Juni bis August) haben eine dünne, lose Schale und welken rasch. Sie schmecken am besten ganz frisch und sind nicht zum Einkellern geeignet. Die mittelfrühen und die späten Sorten ab Mitte Oktober eignen sich gut als Wintervorrat. Die späten Kartoffeln enthalten relativ mehr Stärke und sind daher meist mehligkochend. Generell gilt: Festkochende oder vorwiegend festkochende Kartoffeln finden sich am ehesten unter den frühen Sorten.

Kartoffeln werden bekanntlich nicht nur als Speisekartoffeln gehandelt, sondern auch zur Herstellung von Pommes frites, Chips, Kartoffelpulver oder ähnlichen Erzeugnissen verwendet. Weitere industrielle Verwertungsarten von Kartoffeln sind die Verfütterung in der Schweinemästerei und z. B. die Herstellung von Appreturmittel für Textilien.

Wissenswertes

Die Kartoffel gehört wie die Tomate zur botanischen Familie der Nachtschattengewächse. In grünen Stellen und Keimanlagen dieser Gewächse ist das giftige Solanin enthalten. Es ist wasserlöslich und farblos. Wenn Sie einmal ergrünte Knollen unter ihren Kartoffeln finden, sollten Sie vor dem Kochen zumindest die grünen Kartoffelteile abschneiden und das Kochwasser wegschütten.

Dunkle Verfärbungen der Kartoffel sehen zwar nicht so schön aus, sind aber völlig ungiftig. Bei Druck, Stoß und Frosteinwirkung können sich natürliche Inhaltsstoffe der Kartoffel untereinander zu schwärzlichen Substanzen verbinden.

KARTOFFELN

Kartoffel, roh (100 g)
absolute Menge in

	100 g	1 Portion	Note
Energie, kcal		70,00	1
Wasser, g		78,00	
Eiweiß, g		2,00	4
Fett (gesamt), g		0,10	1
davon mehrfach ungesättigte Fettsäuren, g		0,05	5
Cholesterin, mg		0,00	1
Kohlenhydrate, g		15,40	4
Ballaststoffe, g		2,50	3
davon wasserlöslich		0,60	
Vitamine			
Vitamin A, µg RÄq		1,67	5
Vitamin D, µg		(0)	6
Vitamin E, mg TÄq		0,06	5
Vitamin K, µg		50,00	1
Vitamin B_1, mg		0,11	3
Vitamin B_2, mg		0,05	5
Vitamin B_6, mg		0,21	1
Vitamin B_{12}, µg		(0)	6
Niacin, mg Äq		1,20	3
Folsäure, µg		7,00	5
Pantothensäure, mg		0,40	3
Biotin, µg		0,40	5
Vitamin C, mg		17,00	3
Mineralstoffe			
Kalium, mg		443,00	1
Kalzium, mg		10,00	5
Phosphor, mg		50,00	1
Magnesium, mg		25,00	3
Eisen, mg		0,80	4
Fluor, µg		10,00	5
Jod, µg		3,80	5
Selen, µg		12,00	1
Zink, µg		270,00	5
Natrium, mg		3,20	1

Wegweiser Lebensmittel

KARTOFFELN

Kartoffel, gekocht, mit Schale (200 g)

absolute Menge in

	100 g	1 Portion	Note
Energie, kcal	70,00	140,00	2
Wasser, g	78,00	156,00	
Eiweiß, g	2,00	4,00	4
Fett (gesamt), g	0,10	0,20	1
davon mehrfach ungesättigte Fettsäuren, g	0,05	0,10	5
Cholesterin, mg	0,00	0,00	1
Kohlenhydrate, g	15,40	30,80	2
Ballaststoffe, g	2,50	5,00	1
davon wasserlöslich	0,60	1,20	
Vitamine			
Vitamin A, µg RÄq	1,00	2,00	5
Vitamin D, µg	(0)	(0)	6
Vitamin E, mg TÄq	–	–	
Vitamin K, µg	50,00	100,00	1
Vitamin B_1, mg	0,10	0,20	1
Vitamin B_2, mg	0,05	0,10	4
Vitamin B_6, mg	–	–	
Vitamin B_{12}, µg	(0)	(0)	6
Niacin, mg Äq	1,70	3,40	1
Folsäure, µg	–	–	
Pantothensäure, mg	–	–	
Biotin, µg	0,30	0,60	5
Vitamin C, mg	14,00	28,00	1
Mineralstoffe			
Kalium, mg	440,00	880,00	1
Kalzium, mg	10,00	20,00	5
Phosphor, mg	45,00	90,00	1
Magnesium, mg	25,00	50,00	1
Eisen, mg	0,80	1,60	1
Fluor, µg	10,00	20,00	5
Jod, µg	–	–	
Selen, µg	–	–	
Zink, µg	300,00	600,00	4
Natrium, mg	3,00	6,00	1

Zucker

Verbrauch
Pro Kopf und Jahr: 33,0 kg
Verzehr pro Tag (geschätzt): 90,0 g

Geschichte
Bis ins Mittelalter wurde in Deutschland nur Honig als Süßungsmittel verwendet. Die erste Bekanntschaft mit Zucker sollen Kreuzritter um 1100 n. Chr. im heutigen Libanon gemacht haben. Sie stießen dort auf ein Schilf, das „zucra" genannt wurde und einen süß schmeckenden Saft enthielt. Mit der Entdeckung des Seeweges nach Asien kam der erste Rohrzucker dann nach Deutschland. Zunächst wurde er als Arznei und Luxusartikel teuer in Apotheken verkauft. Erst als es Mitte des 18. Jahrhunderts gelang, Zucker aus Rüben herzustellen, wurde er für die mitteleuropäische Bevölkerung erschwinglich. Im Jahre 1747 entdeckte der Apotheker A. S. Marggraf das süße Innenleben der Runkelrübe. Jedoch gelang erst seinem Nachfolger F. C. Achard 1801 der Durchbruch in der Zuckerherstellung – er konnte die erste Rübenzuckerfabrik der Öffentlichkeit vorstellen.

Bis zu 60 % der Weltzuckerproduktion werden heute noch aus Zuckerrohr gewonnen, 40–45 % entfallen auf Rübenzucker.

Ernährung
Chemisch gesehen zählt unser Haushaltszucker zu den Kohlenhydraten. Kohlenhydrate sind Nährstoffe, die aus Zuckerbausteinen zusammengesetzt sind. Sie werden in drei Gruppen unterteilt:

Monosaccharide (Einfachzucker) sind z. B. Traubenzucker (Glukose) und Fruchtzucker (Fruktose).

Zu den *Disacchariden* (Zweifachzucker) zählt u. a. der Haushaltszucker (auch Saccharose genannt). Er ist aus Traubenzucker und Fruchtzucker zusammengesetzt.

Polysaccharide (Mehrfachzucker), sind langkettige Kohlenhydrate wie Stärke und Ballaststoffe, die in Kartoffeln oder Getreide vorkommen.

Die beiden letztgenannten Gruppen werden (mit Ausnahme der Ballaststoffe) im menschlichen Körper zu Einfachzuckern umgebaut, in die Körperzellen transportiert und dort wie die Einfachzucker zur Energiegewinnung verbrannt.

Zucker ist ein purer Energielieferant, er enthält keine Mineralstoffe, Vitamine oder Ballaststoffe. Der häufig verwendete Beiname „Vitamin-B_1-Räuber", ist so jedoch nicht haltbar. Zucker „stiehlt" dem Körper kein Vitamin B_1. Der Körper benötigt das Vitamin zwar zum Abbau von Zucker, allerdings wird es dabei nicht verbraucht. Zucker liefert nur eben nicht gleich Vitamin B_1 für seinen eigenen Abbau mit, wie es z. B. beim Getreidekorn der Fall ist. Bei einem sehr hohen Anteil zuckerhaltiger Lebensmittel in der Ernährung können daher Engpässe in der Vitamin-B_1-Versorgung auftreten.

Die Zellen des Gehirns und die Nervenzellen sind auf Traubenzucker angewiesen. Nur aus diesem Zuckerbaustein können sie Energie gewinnen. Weil der menschliche Organismus aber die Fähigkeit besitzt, Mehrfachzucker ohne weiteres in seine einzelnen Bausteine zu

ZUCKER

zerlegen, ist eine zusätzliche Aufnahme von Einfachzuckern bzw. Süßwaren für uns eigentlich nicht notwendig. Traubenzucker kann z.B. auch langsam aus Stärke hergestellt werden. Dies ist in der Regel sogar wünschenswerter, weil ein süßes Leben stets neuen Appetit auf Süßes weckt. Zucker fördert die Ausschüttung des Hormons Insulin, das am Zuckerabbau beteiligt ist. Dadurch wird der zunächst rasch angestiegene Blutzuckerspiegel schnell wieder gesenkt, und den Körper verlangt es nach mehr – neuer Süßhunger ist vorprogrammiert.

Auch stehen einige Krankheiten wie Karies und Übergewicht in Zusammenhang mit einem übermäßigen Zuckerkonsum. Wer sich gesund und ausgewogen ernähren möchte, sollte sparsam mit Zucker umgehen – ihn wie in früheren Zeiten als Gewürz verwenden.

Wie bei den Fetten, so kann man auch beim Zucker von „sichtbarem" und „verstecktem" Zucker sprechen. Sichtbarer Zucker ist z.B. Haushaltszucker, wie er in jedem häuslichen Zuckertopf zu finden ist, oder auch Traubenzucker, der „schnelle Energiespender". Versteckter Zucker ist in vielen Lebensmitteln enthalten. Natürlicherweise kommt er z.B. im Obst vor. Aber auch viele industriell hergestellte Lebensmittel enthalten Zucker – man denke nur an die breite Süßwarenpalette oder gesüßte Produkte wie Kuchen, Speiseeis, Limonaden etc. Selbst im Tomatenketchup ist Zucker enthalten, und das nicht zu knapp. Eine Flasche (200 g) dieser roten Soße enthält ca. 22 Stück Würfelzucker. Solch versteckten Zucker darf man bei der Beurteilung seiner Ernährungsgewohnheiten nicht vernachlässigen.

Warenkunde
Haushaltszucker läßt sich aus zwei verschiedenen Rohstoffen – Zuckerrüben und Zuckerrohr – herstellen.

Zuckerrüben werden vom September bis in den Dezember hinein geerntet und in Zuckerfabriken zunächst gereinigt und kleingeschnitzelt. Durch Auslaugen der Rübenschnitzel mit Wasser wird dann der *Rohsaft* gewonnen, der 12–20% Zucker enthält. Neben dem Zucker kommen noch eine Vielzahl Nichtzuckerstoffe wie Kalium, Magnesium und Oxalsäure im Rohsaft vor. Durch Verdampfen des überschüssigen Wassers wird der Saft auf einen Zuckergehalt von 65–70% eingedickt. Ein Gemisch aus Zuckerkristallen und *Sirup* ist entstanden. In Zentrifugen wird der Sirup abgetrennt, brauner Rohzucker bleibt übrig. Der Sirup wird nochmals eingedampft und zentrifugiert. Das was jetzt noch als klebrige Masse in der Zentrifuge übrigbleibt, wird als *Melasse* bezeichnet. Aus ihr läßt sich kein Zucker mehr gewinnen. Der bräunliche Rohzucker wird durch Waschen mit heißem Wasser von den letzten Siropresten gereinigt, getrocknet, gekühlt und verläßt als Weißzucker (auch als Grundsorte bezeichnet) die Fabrik. Um *Raffinadezucker* – einen Zucker von besonderer Reinheit – herzustellen, wird die Grundsorte nochmal mit Wasser aufgelöst und filtriert. Die sehr klare Zuckerlösung wird eingedickt und erneut in Zentrifugen geschleudert. Die so gewonnene Raffinade ist schneeweiß und Ausgangsprodukt für die verschiedenen Spezialsorten wie Puderzucker, weißer Kandis usw.

Bei der Gewinnung von Zucker aus **Zuckerrohr** wird das Rohr nicht geschnitzelt, sondern nur ausgepreßt und der Saft durch Kochen eingedickt, bis sich Kristalle gebildet haben. Diese Kristalle werden wie beim Rübenzucker vom Muttersirup abzentrifugiert und der gelbbraune Rohzucker zum weißen Haushaltszucker raffiniert.

ZUCKER

Der größte Teil des produzierten Zuckers wandert heute in die lebensmittelverarbeitende Industrie. Entfielen 1970/1 noch 13,8 kg auf Haushaltszucker und 19,2 kg auf Verarbeitungszucker, so hat sich dieses Verhältnis drastisch verändert. Heute sind es „nur" noch etwa 7,5 kg Haushaltszucker, aber 25,5 kg Verarbeitungszucker.

Kleines Zucker-Lexikon
Brauner Zucker hat einen aromatischen, karamelartigen Geschmack. Er ist feinkörniger als Farinzucker, wird aus braunem Kandissirup gewonnen und gerne als Backzucker verwendet (siehe auch *Kandis*).
Einmachzucker ist grob- oder feinkörnige Raffinade, die beim Aufkochen nicht schäumt, weil der schaumbildende Stoff in der Rübe entfernt wurde.
Farinzucker hat eine gelbliche Färbung und schmeckt leicht karamelartig. Der geringe Restgehalt an Melasse bedingt die weiche Kristallstruktur.
Gelierzucker wird aus Raffinade, dem Geliermittel Pektin und Zitronensäure hergestellt. Er wird vor allem im Haushalt zur Marmeladen und Geleeproduktion verwendet.
Hagelzucker ist ein aus Raffinade hergestellter, hagelkornähnlicher Zucker, der vor allem zum Verzieren von Gebäck verwendet wird.
Kandis ist der Sammelbegriff für grobe Zuckerkristalle von unterschiedlicher Größe. Kandis wird durch behutsames Auskristallieren aus reiner Zuckerlösung gewonnen. Man unterscheidet weißen und braunen Kandis. Letzterer erhält seine Farbe durch die Zugabe von Sirup oder karamelisiertem Zucker, er schmeckt aromatischer als weißer Kandis.
Puderzucker ist staubfein vermahlene Raffinade, bei der die Kristalle nicht mehr fühlbar sind.
Raffinade wird der besonders reine, weiße Zucker genannt, aus dem auch alle speziellen Zuckersorten hergestellt werden. Es gibt Raffinade in den Körnungen fein, mittel und grob.
Rohrzucker wird, wie der Name sagt, aus Zuckerrohr hergestellt. Brauner Rohrzucker mit groben Kristallen firmiert auch unter der Bezeichnung *Demerara*-Zucker.
Vanillinzucker ist ein Gemisch aus weißem Zucker und dem Aromastoff Vanillin (0,1%), *Vanillezucker* muß echtes, fein geriebenes Vanillemark enthalten.
Weißzucker oder auch Grundsorte, ist die billigste Zuckersorte für den Verbrauch. Er enthält geringe Sirupreste, die ihn leicht gelblich färben.
Würfelzucker ist angefeuchtete und in Formen gepreßte Raffinade, die anschließend getrocknet wird.
Zuckerhut lautet die Bezeichnung für eine in Hut- bzw. Kegelform erstarrte Zuckermasse. Der Zuckerhut wird überwiegend für Feuerzangenbowlen verwendet.

Wissenswertes
Rübensirup (auch: Rübensaft, -kraut) ist übrigens kein „Abfallprodukt" der Zuckerherstellung und nicht zu verwechseln mit der sog. Melasse. Rübensirup wird ähnlich wie Zucker aus geschnitzelten Rüben gewonnen. Diese werden gekocht und der entstandene Brei ausgepreßt. Der abfließende Saft wird dann gereinigt und zu Sirup eingedampft. Melasse dagegen ist das tatsächliche Überbleibsel bei der Zuckergewinnung. Sie dient zum Teil als Viehfutter, aber auch als Rohstoff für die Alkohol- und Backhefegewinnung und die Erzeugung des Würzstoffs Glutamat.

ZUCKER

Zucker (5 g; 1 TL)
absolute Menge in

	100 g	1 Portion	Note
Energie, kcal	399,00	20,00	1
Wasser, g	0,05	Spuren	
Eiweiß, g	0,00	0,00	4
Fett (gesamt), g	0,00	0,00	1
davon mehrfach ungesättigte Fettsäuren, g	0,00	0,00	6
Cholesterin, mg	0,00	0,00	1
Kohlenhydrate, g	99,80	4,90	5
Ballaststoffe, g	0,00	0,00	6
davon wasserlöslich	–	–	
Vitamine			
Vitamin A, µg RÄq	0,00	0,00	6
Vitamin D, µg	0,00	0,00	6
Vitamin E, mg TÄq	0,00	0,00	6
Vitamin K, µg	0,00	0,00	6
Vitamin B_1, mg	0,00	0,00	6
Vitamin B_2, mg	0,00	0,00	6
Vitamin B_6, mg	0,00	0,00	6
Vitamin B_{12}, µg	0,00	0,00	6
Niacin, mg Äq	0,00	0,00	6
Folsäure, µg	0,00	0,00	6
Pantothensäure, mg	0,00	0,00	6
Biotin, µg	0,00	0,00	6
Vitamin C, mg	0,00	0,00	6
Mineralstoffe			
Kalium, mg	2,20	0,10	5
Kalzium, mg	0,60	0,03	5
Phosphor, mg	0,30	0,02	1
Magnesium, mg	0,20	0,01	5
Eisen, mg	0,29	0,01	5
Fluor, µg	–	–	
Jod, µg	–	–	
Selen, µg	0,10	Spuren	5
Zink, µg	–	–	
Natrium, mg	0,30	0,02	1

ÖLE UND FETTE

Öle und Fette allgemein

Verbrauch
Pro Kopf und Jahr: 29,4 kg
Verzehr pro Tag (geschätzt): 80,0 g

Der Fettverbrauch (und hier auch der geschätzte Verzehr) berücksichtigt nicht das Fett, das als „verstecktes" Fett mit Käse, Nüssen, Schokolade und ähnlichem verbraucht bzw. verzehrt wird.

Ernährung
Jeder Mensch braucht Fette, denn sie erfüllen wichtige Aufgaben im Körper. Fette dienen als Energiespender, sie liefern Fettsäuren, tragen zur Aufnahme fettlöslicher Vitamine aus der Nahrung bei, schützen innere Organe vor Verletzungen und sind Bausubstanz für unsere Körperzellen.

Aber für diese Aufgaben braucht unser Körper längst nicht so viel Fett, wie wir tatsächlich täglich essen. Man übersieht leicht, daß nicht nur Butter, Margarine und Öl Fett liefern. Ungefähr die Hälfte der Fettzufuhr geht auf das Konto sogenannten **„versteckter" Fette**, die sich in Fleisch, Käse, Eiern, Nüssen, Schokolade etc. verbergen.

Fette sind wasserunlösliche Stoffe von salbenartiger bis fester Beschaffenheit; bei Zimmertemperatur flüssige Fette werden als Öle bezeichnet. Aus der Sicht des Chemikers sind alle Nahrungsfette Verbindungen von Glyzerin und Fettsäuren. Ihre Eigenschaften werden vor allem von den verschiedenartigen **Fettsäuren** bestimmt. Dies sind Ketten aus Kohlenstoffteilchen, die einfach oder doppelt mit sich selbst verbunden sind. Nach Anzahl der Bausteine und Doppelbindungen unterscheidet man kurz-, mittel- oder langkettige sowie gesättigte und ungesättigte Fettsäuren. Eine wichtige ungesättigte Fettsäure ist zum Beispiel die Linolsäure. Der menschliche Körper kann sie nicht selbst herstellen. Deshalb muß **Linolsäure** täglich mit der Nahrung aufgenommen werden. Sie kommt wie andere ungesättigte Fettsäuren vor allem in pflanzlichen Fetten bzw. Ölen vor.

Je mehr ungesättigte Fettsäuren, also Fettsäuren mit Doppelbindungen, in einem Fett vorhanden sind, desto weicher ist das Fett; je mehr gesättigte enthalten sind, desto härter ist es. In tierischen Fetten wie Butter und Speck überwiegen gesättigte Fettsäuren. Eine Ausnahme bildet Fischfett: es enthält hoch ungesättigte Fettsäuren, die u. a. günstig auf den Blutfettspiegel wirken.

Was soll aufs Brot: Butter oder Margarine? Diese Streitfrage erhitzt schon seit Jahrzehnten die Gemüter. Betrachtet man den Energiegehalt, unterscheiden sich die beiden Konkurrenten nur unwesentlich. Margarine enthält im Gegensatz zur Butter kein Cholesterin, dafür mehrfach ungesättigte Fettsäuren, was für Personen mit erhöhtem Cholesterinspiegel von Vorteil ist. Beim Herstellungsprozeß von Margarine können allerdings sogenannten trans-Fettsäuren entstehen, deren gesundheitliche Auswirkungen noch nicht bis ins Letzte aufgeklärt sind. Eines ist sicher: Die empfohlene tägliche Portion Streichfett liegt bei nur 20 g – und ob diese 20 g aus Butter oder Margarine bestehen, bleibt Ihrem Geschmack überlassen. Nur im Übermaß sollten Sie keines der beiden Fette verzehren, denn ein Zuviel an Fett trägt zum „Fettwerden" bei.

ÖLE UND FETTE

Wenn Sie Ihren Fettkonsum wirksam reduzieren w(s)ollen, achten Sie neben den sichtbaren Fetten vor allem auf „versteckte" Fette. Verzehren Sie möglichst magere Wurst- und Fleischsorten sowie Käse mit niedriger Fettgehaltsstufe. Auch sollten Sie Chips, Schokolade und Kuchen mal links liegenlassen.

Wissenswertes
Apropos „versteckte" Fette: Hätten Sie gewußt, daß eine Scheibe Käse (30 g, 45% F.i.Tr.) fast so viel Fett enthält wie ein Teelöffel Öl, oder daß eine Portion gerösteter Erdnüsse zur Hälfte aus Fett besteht?

Sie sollten Speisefette auf keinen Fall überhitzen – erkennbar an blauem Qualm – weil hierbei gesundheitsschädliche Substanzen entstehen können.

Wasserhaltige Fette wie Butter und Margarine gehören in den Kühlschrank. Öl liebt es dunkel, aber nicht zu kühl. Angebrochene Speiseöle werden rasch ranzig. Sie sollten innerhalb von 6–8 Wochen aufgebraucht werden.

ÖLE UND FETTE

Margarine

Verbrauch
Pro Kopf und Jahr: 8,2 kg
Verzehr pro Tag (geschätzt): 22,0 g

Geschichte
„Erfunden" wurde die Margarine gegen Ende des 19. Jahrhunderts in Frankreich. Ein Pariser Chemiker kreierte aus Magermilch und Rindertalg die erste Margarine der Welt und soll damit einen Wettbewerb, den Napoleon III. zur Sicherung der Fettversorgung seines Heeres ausschreiben ließ, gewonnen haben. Ihren Namen verdankt die Margarine übrigens dem perligen Schimmer des Rindertalges – Perle heißt auf Griechisch: „margaron".

Warenkunde
Margarine wird heute überwiegend aus pflanzlichen Rohstoffen hergestellt. Die wichtigsten Quellen zur Gewinnung pflanzlicher Öle und Fette für die Margarineproduktion sind Sojabohnen, Sonnenblumen, Kokospalmen und Baumwollpflanzen, Raps und Saflor (Färberdistel). Durch eine Mischung von Pflanzenfetten mit unterschiedlichem Schmelzpunkt (die Temperatur, bei der Fett flüssig wird) erhält die Margarine ihre gute Streichfähigkeit. Zum Teil werden Pflanzenöle „gehärtet", um eine möglichst gute Konsistenz der Margarine zu erzielen. Bei dieser Fetthärtung werden ungesättigte Fettsäuren in einfach ungesättigte bzw. gesättigte Fettsäuren umgewandelt. Eine weitere Methode, streichfähige Fette herzustellen, ist die „Umesterung". Dabei wechseln die Fettsäuren in den Fetten ihre Plätze, wodurch sich der Schmelzpunkt des gesamten Fettes ändert.

Grundsätzlich besteht Margarine aus einer „Fettphase" und einer „Milch-Wasser-Phase", die gut miteinander vermischt werden. Die **Fettphase** setzt sich aus den erwähnten Pflanzenfetten zusammen und enthält außerdem fettlösliche Stoffe wie die Vitamine A, D und E. Die **Milch-Wasser-Phase** enthält fettarme Sauermilch zur Geschmacksverbesserung sowie Trinkwasser.

Bei der **Herstellung** von Margarine kommt es darauf an, durch gleichzeitiges Rühren und Kühlen aus beiden Phasen eine feine Emulsion zu gewinnen. Als Zusätze sind bei der Margarineerzeugung Geruchs- und Geschmacksstoffe, Farbstoffe (z. B. beta-Karotin), Emulgatoren, Salz und Säuerungsmittel (Zitronensäure) zulässig. *Emulgatoren* (z. B. Lezithin aus dem Hühnereigelb oder der Sojabohne) werden eingesetzt, damit sich Fett- und Wasserphase miteinander mischen. *Säuerungsmittel* sorgen für eine säuerliche Geschmacksnote der Margarine und bieten einen gewissen Schutz vor Mikroorganismen. *Salz* wird in einer Größenordnung von 0,1–0,2 % zugegeben. Ferner werden der Margarine üblicherweise fettlösliche *Vitamine* zugesetzt. *Konservierungsstoffe* sind bei den heutigen Produktionsverfahren eigentlich überflüssig, lediglich Halbfettmargarine ist wegen des hohen Wassergehalts mikrobiell anfällig und darf mit Sorbinsäure haltbarer gemacht werden. Alle in der Margarine enthaltenen Zutaten müssen in mengenmäßig absteigender Reihenfolge auf der Verpackung angegeben werden.

ÖLE UND FETTE

Kleines Margarinen-Brevier
Grundsätzlich muß eine Margarine mindestens 80% Fett enthalten, damit sie als solche bezeichnet werden darf.
Zu den einfachen Sorten der im Haushalt verwendeten Margarinen zählt die Standardware. Sie ist eine Mischung aus pflanzlichen und tierischen Fetten.

Pflanzenmargarine muß zu mindestens 97% aus pflanzlichen Fetten bestehen. Der Linolsäuregehalt (eine lebenswichtige mehrfach ungesättigte Fettsäure) muß mindestens 15% betragen. Steht auf der Verpackung der Hinweis „linolsäurereich" oder „reich an mehrfach ungesättigten Fettsäuren", erhöht sich der vorgeschriebene Gehalt an Linolsäure auf 30%. Margarine, bei der auf einen „besonders hohen" Gehalt an mehrfach ungesättigten Fettsäuren hingewiesen wird, muß mindestens 50% Linolsäure enthalten.

Stammt der Fettanteil einer Pflanzenmargarine zu mindestens 97% aus dem Öl einer Pflanzenart, darf der Name der Pflanze in der Bezeichnung der Margarine auftauchen (z. B. „Sonnenblumenmargarine").

Diätmargarinen sind kochsalzarm und enthalten mindestens 40% mehrfach ungesättigte Fettsäuren.

Reformmargarine enthält keine gehärteten und tierischen Fette. Als Rohstoffe werden linolsäurereiche Pflanzenöle sowie Kokos- und Palmkernfette, die von Natur aus eine festere Konsistenz haben, bevorzugt.

Halbfettmargarine ist ein kalorienreduziertes Lebensmittel, bei dem Fett durch Wasser ersetzt wurde. Sie enthält etwa 40% Fett, wovon 2% tierischen Ursprungs sein dürfen. Um eine gute Streichfähigkeit zu erzielen, wird im allgemeinen Gelatine zugesetzt. Halbfettmargarine ist nicht zum Braten und Backen geeignet. Sie enthält zuviel Wasser und würde beim Erhitzen spritzen.

ÖLE UND FETTE

Margarine (20 g)
absolute Menge in

	100 g	1 Portion	Note
Energie, kcal	746,00	149,00	2
Wasser, g	19,00	3,80	
Eiweiß, g	0,20	0,04	4
Fett (gesamt), g	80,00	16,00	2
davon mehrfach ungesättigte Fettsäuren, g	19,50	3,90	1
Cholesterin, mg	7,00	1,40	1
Kohlenhydrate, g	0,40	0,08	5
Ballaststoffe, g	0,00	0,00	6
davon wasserlöslich	–	–	

Vitamine

Vitamin A, µg RÄq	638,00	127,00	1
Vitamin D, µg	2,50	0,50	2
Vitamin E, mg TÄq	10,00	2,00	1
Vitamin K, µg	(0)	(0)	6
Vitamin B_1, mg	–	–	
Vitamin B_2, mg	0,01	Spuren	5
Vitamin B_6, mg	Spuren	(0)	6
Vitamin B_{12}, µg	(0)	(0)	6
Niacin, mg Äq	0,13	0,03	5
Folsäure, µg	0,90	0,18	5
Pantothensäure, mg	0,03	Spuren	5
Biotin, µg	0,00	0,00	6
Vitamin C, mg	0,15	0,03	5

Mineralstoffe

Kalium, mg	7,00	1,40	5
Kalzium, mg	10,00	2,00	5
Phosphor, mg	10,00	2,00	1
Magnesium, mg	13,00	2,60	5
Eisen, mg	0,05	Spuren	5
Fluor, µg	9,00	1,80	5
Jod, µg	1,00	0,20	5
Selen, µg	–	–	
Zink, µg	160,00	32,00	5
Natrium, mg	101,20	20,24	1

Wegweiser Lebensmittel

ÖLE UND FETTE

Speiseöl

Verbrauch
Pro Kopf und Jahr: 7,7 kg
Verzehr pro Tag (geschätzt): 21,0 g

Geschichte
Die Ölgewinnung hat eine lange Tradition. Herstellung, Gebrauch – z. B. als Kosmetikum – und Genuß sind so alt, daß schon die vielzitierten Römer Wert auf spezielle Ölsorten legten.

Warenkunde
Ölgewinnung
Pflanzenöle werden aus Saaten und Früchten durch **Auspressen** oder **Extrahieren** gewonnen. Häufig werden beide Verfahren angewendet, um die Rohware möglichst intensiv auszunutzen. Damit sich das Öl leichter auspressen läßt, werden die Rohstoffe zunächst zerkleinert und erwärmt. In Schneckenpressen, deren Hohlraum sich zum Ende hin verkleinert, erfolgt dann das Auspressen der Ölsaaten.

Da beim bloßen Auspressen (kaltpressen) nicht alles Öl aus der Rohware gewonnen werden kann (15–20 % verbleiben im Preßrückstand), findet anschließend eine Extraktion statt. Dazu besprüht man die bereits ausgepreßte Ölsaat mit einem Fettlösemittel, das später durch Verdampfen wieder vom abgeflossenen Öl getrennt wird. Die bei der Extraktion anfallenden Saatüberreste werden als Futtermittel in der Landwirtschaft verwendet.

Im allgemeinen ist Rohöl, das durch Auspressen mit anschließender Extraktion gewonnen wurde, noch nicht gebrauchsfertig. Es ist unansehnlich dunkel, trübe und hat gelegentlich einen unangenehmen Beigeschmack. Das Öl muß daher gereinigt werden. Die Entfernung der unerwünschten Bestandteile nennt man **Raffination**. Die wichtigsten Verarbeitungsstufen dieses aufwendigen Verfahrens sind:
– die Entschleimung, bei der pflanzliche Schleimstoffe ausgeflockt und entfernt werden,
– die Entsäuerung, d. h. die Entfernung freier Fettsäuren,
– die Bleichung, bei der Farbstoffe und auch Metallspuren abgetrennt werden, und schließlich
– die Desodorierung. Hier werden unerwünschte Geruchs- und Geschmacksstoffe sowie Rückstände von Pflanzenschutzmitteln entfernt.
Das Endprodukt ist ein helles, klares, fast geruchsloses Öl.

Kaltgepreßte Öle werden ohne Wärmezufuhr durch einfaches mechanisches Auspressen gewonnen. Das Rohöl wird danach nur noch gewaschen oder mit Wasserdampf behandelt, „getrocknet" und filtriert. Das Kaltpreßverfahren setzt eine besonders sorgfältige Auswahl der Rohware voraus, weil bei der Nachbehandlung des Rohöls eventuelle Schadstoffrückstände nicht entfernt werden können.

Ölsorten
Speiseöle, die nach einer Ölpflanze benannt sind, dürfen nur aus dem reinen, unvermischten Öl dieser Pflanze bestehen. Gemische verschiedener Öle werden ohne Sortenangabe gehandelt. Sie können als Tafel-, Speise-, Salat- oder Pflanzenöl bezeichnet werden.

ÖLE UND FETTE

Die verschiedenen reinen Ölsorten lassen sich in drei Gruppen einteilen:
1. Samenöle, dazu zählen Soja-, Sonnenblumen-, Distel- und Leinöl,
2. Olivenöl und
3. Keimöle, dazu zählen Weizenkeim- und Maiskeimöl.

Sojaöl ist das meistproduzierte und meistverwendete Pflanzenöl der Welt. Die Sojabohne enthält ca. 20% Öl, das reich an der mehrfach ungesättigten Fettsäure Linolsäure ist. Bei der Ölgewinnung aus der Sojabohne fällt Sojaschrot an. Weil dieses Schrot viel Eiweiß enthält, wird es als Kraftfutter in der Tierernährung verwendet.

Sonnenblumenöl wird aus geschälten Sonnenblumensamen, den Sonnenblumenkernen, gewonnen. Sonnenblumenkerne enthalten 40–65% Öl, das aufgrund seines hohen Gehalts an Linolsäure zu den wertvollsten Speiseölen zählt.

Distelöl (Safloröl) gilt ebenfalls als sehr wertvolles Öl, weil es den höchsten Linolsäuregehalt unter den Pflanzenölen hat. Es wird meist kaltgepreßt angeboten, hat aber eine Teilraffination hinter sich, weil es sonst leicht kratzig schmecken würde. Aus den Blüten der Distel läßt sich übrigens ein intensiver roter Farbstoff gewinnen, mit dem früher Stoffe gefärbt wurden – daher der Name „Färberdistel".

Leinöl wird meist kaltgepreßt hergestellt; als Rohware dienen die Samen der Lein(auch Flachs)pflanze. Wegen seines hohen Gehaltes an der mehrfach ungesättigten Fettsäure Linolensäure nimmt es unter den Pflanzenölen eine Sonderstellung ein. Linolensäure wird im Körper in Substanzen umgebaut, die günstig auf einen erhöhten Cholesterinspiegel wirken. Leinöl wird als Speiseöl verwendet, dient aber auch als Grundlage für Anstrichfarben und Lacke.

Olivenöl wird aus den Früchten eines der ältesten bekannten Kulturpflanzen, des Ölbaumes gewonnen. Durch das enthaltene Blattgrün ist Olivenöl leicht grünlich gefärbt. Nach dem Zermahlen der Früchte – samt Kern – wird in einer ersten Pressung das sogenannte „native" Öl gewonnen. Früher bezeichnete man es auch als Jungfernöl („olio vergine"). Native Öle sind nicht raffiniert, sondern nur gereinigt und gefiltert. Nach weiteren Pressungen und anschließender Raffination erhält man ein Öl, das gemischt mit nativem Öl unter der Bezeichnung „Olivenöl" oder „reines Olivenöl" in den Handel kommt. Olivenöl wird heute immer kaltgepreßt hergestellt, eine Warmpressung wird nicht mehr angewendet. Es zeichnet sich durch einen hohen Gehalt an Ölsäure aus, einer einfach ungesättigten Fettsäure. Sie hat neueren Erkenntnissen zufolge ebenfalls einen günstigen Effekt auf einen erhöhten Cholesterinspiegel.

Weizenkeimöl wird aus den Keimen des Weizenkorns gepreßt. Es gilt als Diätöl, weil es ebenso wie **Maiskeimöl** viel Vitamin E enthält. Weizenkeimöl wird kaltgepreßt verkauft, Maiskeimöl kommt meist raffiniert in den Handel.

Wissenswertes
Öle mit einem hohen Gehalt an mehrfach ungesättigten Fettsäuren (z.B. Distelöl, Sonnenblumenöl, Maiskeimöl) sollten Sie nicht zum Braten verwenden. Diese Speiseöle sind biologisch so hochwertig, daß man sie am besten in der „kalten Küche" einsetzt. Bei einer zu starken Erhitzung der Öle über längere Zeit können sich außerdem verschiedene Umwandlungsprodukte bilden, die zum Teil gesundheitlich bedenklich sind.

ÖLE UND FETTE

Pflanzenöl (10 g)
absolute Menge in

	100 g	1 Portion	Note
Energie, kcal	926,00	92,60	1
Wasser, g	0,20	0,02	
Eiweiß, g	0,00	0,00	4
Fett (gesamt), g	99,60	9,96	2
davon mehrfach ungesättigte Fettsäuren, g	8,95	0,89	3
Cholesterin, mg	2,00	0,20	1
Kohlenhydrate, g	0,10	0,01	5
Ballaststoffe, g	0,00	0,00	6
davon wasserlöslich	–	–	
Vitamine			
Vitamin A, µg RÄq	120,00	12,00	5
Vitamin D, µg	(0)	(0)	6
Vitamin E, mg TÄq	20,00	2,00	1
Vitamin K, µg	200,00	20,00	1
Vitamin B_1, mg	0,00	0,00	6
Vitamin B_2, mg	0,00	0,00	6
Vitamin B_6, mg	0,00	0,00	6
Vitamin B_{12}, µg	0,00	0,00	6
Niacin, mg Äq	0,00	0,00	6
Folsäure, µg	0,00	0,00	6
Pantothensäure, mg	0,00	0,00	6
Biotin, µg	0,00	0,00	6
Vitamin C, mg	0,00	0,00	6
Mineralstoffe			
Kalium, mg	0,10	0,01	5
Kalzium, mg	1,00	0,10	5
Phosphor, mg	–	–	
Magnesium, mg	–	–	
Eisen, mg	0,10	0,01	5
Fluor, µg	–	–	
Jod, µg	5,00	0,50	5
Selen, µg	–	–	
Zink, µg	–	–	
Natrium, mg	1,00	0,10	1

ÖLE UND FETTE

Butter

Verbrauch
Pro Kopf und Jahr: 6,9 kg
Verzehr pro Tag (geschätzt): 19,0 g

Warenkunde
Das Rezept für die Butterherstellung ist denkbar einfach: Man nehme die Sahne von der Milch und stampfe sie, bis sie zu Butter wird. Auch heute ist dieses Herstellungsprinzip noch gültig. Durch Zentrifugieren von Milch wird der Rahm von der Milch getrennt. Er enthält um die 40% Fett. Nach einer kurzzeitigen Erhitzung zur Abtötung unerwünschter Mikroorganismen wird er geschlagen, bis sich die Fetttröpfchen zu Butterkörnchen zusammenballen. Bei dieser Bearbeitung wird die im Rahm enthaltene Buttermilch abgeschieden. Die Butterpartikel werden dann geknetet und letztendlich ausgeformt. Die fertige Butter darf höchstens 16% Wasser enthalten.

Der überwiegende Anteil der heute vermarkteten Butter besteht aus **Sauerrahmbutter**, die ihren charakteristischen Geschmack Milchsäurebakterien verdankt. Diese säuernden Bakterien gibt man zur Sahne dazu und überläßt diese für etwa 20 Stunden einer Reifung, bevor sie zu Butter weiter verarbeitet wird. **Süßrahmbutter** schmeckt milder und sahniger, sie wird aus ungesäuertem Rahm hergestellt. **Mildgesäuerte Butter** liegt geschmacklich zwischen Süßrahm- und Sauerrahmbutter. Es wird ebenfalls ungesäuerter Rahm verwendet, bei der Verarbeitung jedoch Milchsäurebakterien oder Milchsäure selbst zugegeben. Gerade im Winter, wenn den milchliefernden Kühen wenig Grünfutter zur Verfügung steht, wird der Butter oft Karotin zugesetzt, um sie weniger weiß erscheinen zu lassen.

In Molkereien produzierte Butter wird als Markenbutter oder als Molkereibutter vermarktet. Die Einteilung in die Handelsklassen erfolgt nach den sensorischen Eigenschaften (Geruch, Geschmack, Aussehen, Konsistenz und Gefüge), der Wasserverteilung und der Streichfähigkeit der Butter. *Deutsche Markenbutter* ist die höchste Qualitätsstufe, zu ihrer Herstellung sind nur ausgewählte Betriebe berechtigt. Sie muß aus Sahne hergestellt sein. *Deutsche Molkereibutter* kann aus Molkensahne (Molke fällt bei der Käseherstellung an) oder aus Sahne bestehen. Im Ausland hergestellte Butter darf, sofern sie den Anforderungen genügt, ebenfalls als Marken- bzw. Molkereibutter verkauft werden.

Direkt in Milcherzeugerbetrieben hergestellte Butter wird als „Landbutter" bezeichnet.

Butterschmalz wird gewonnen, indem die fertige Butter ausgeschmolzen wird. Dadurch läßt sich das verbliebene Wasser und auch das restliche Milcheiweiß entfernen, das reine Fett bleibt zurück. Butterschmalz eignet sich zum Braten und Fritieren, weil es hoch erhitzt werden kann. Es spritzt nicht und es können keine Eiweißstoffe mehr verbrennen.

Halbfettbutter besteht zu 57% aus Wasser, das durch Zugabe von Gelatine mit dem enthaltenen Milchfett verbunden wird. Weitere Zutaten können Salz und Milcheiweiß sein. Halbfettbutter ist nicht zum Erhitzen geeignet.

Wegweiser Lebensmittel

ÖLE UND FETTE

Butter (20 g)

absolute Menge in

	100 g	1 Portion	Note
Energie, kcal	773,00	155,00	2
Wasser, g	15,30	3,06	
Eiweiß, g	0,70	0,14	4
Fett (gesamt), g	83,20	16,60	3
davon mehrfach ungesättigte Fettsäuren, g	3,00	0,60	4
Cholesterin, mg	240,00	48,00	3
Kohlenhydrate, g	0,00	0,00	6
Ballaststoffe, g	0,00	0,00	6
davon wasserlöslich	–	–	

Vitamine

Vitamin A, µg RÄq	653,00	130,60	1
Vitamin D, µg	1,30	0,26	4
Vitamin E, mg TÄq	2,20	0,44	4
Vitamin K, µg	60,00	12,00	1
Vitamin B_1, mg	Spuren	(0)	6
Vitamin B_2, mg	0,02	(0)	6
Vitamin B_6, mg	Spuren	(0)	6
Vitamin B_{12}, µg	(0)	(0)	6
Niacin, mg Äq	0,03	Spuren	5
Folsäure, µg	Spuren	(0)	6
Pantothensäure, mg	0,05	Spuren	5
Biotin, µg	Spuren	(0)	6
Vitamin C, mg	0,20	0,04	5

Mineralstoffe

Kalium, mg	16,00	3,20	5
Kalzium, mg	13,00	2,60	5
Phosphor, mg	21,00	4,20	1
Magnesium, mg	3,00	0,60	5
Eisen, mg	0,12	0,02	5
Fluor, µg	130,00	26,00	5
Jod, µg	4,40	0,88	5
Selen, µg	0,30	0,06	5
Zink, µg	230,00	46,00	5
Natrium, mg	5,12	1,02	1

ÖLE UND FETTE

Schlachtfette (Schmalz, Talg)

Verbrauch
Pro Kopf und Jahr: 5,5 kg
Verzehr pro Tag (geschätzt): 15,0 g

Warenkunde

Schlachtfette werden aus ausgesuchten Fettgeweben (Bauch- oder Rückenspeck) von Tieren gewonnen. Technisch verläuft die Herstellung ähnlich wie beim haushaltsüblichen „Auslassen". Zum Teil werden die ausgeschmolzenen Fette noch filtriert, um sie von den restlichen Grieben (Speckwürfeln) zu befreien.

Nach ihrer Beschaffenheit teilt man Schlachtfette in die weichen Schmalze und die nicht mehr streichfähigen Talge ein. Am bekanntesten sind Rindertalg, Schweine- und Gänseschmalz. Rindertalg wird im privaten Haushalt nur noch selten für einige Spezialrezepte wie Pasteten und Blätterteige verwendet. Schweineschmalz findet insbesondere als Griebenschmalz noch einige Liebhaber.

ÖLE UND FETTE

Schweineschmalz (20 g)
absolute Menge in

	100 g	1 Portion	Note
Energie, kcal	948,00	189,60	2
Wasser, g	0,20	0,04	
Eiweiß, g	0,10	0,02	4
Fett (gesamt), g	99,70	19,90	3
davon mehrfach ungesättigte Fettsäuren, g	11,30	2,26	1
Cholesterin, mg	86,00	17,20	1
Kohlenhydrate, g	0,00	0,00	6
Ballaststoffe, g	0,00	0,00	6
davon wasserlöslich	–	–	
Vitamine			
Vitamin A, µg RÄq	–	–	
Vitamin D, µg	(0)	(0)	6
Vitamin E, mg TÄq	1,60	0,32	5
Vitamin K, µg	0,00	0,00	6
Vitamin B_1, mg	0,00	0,00	6
Vitamin B_2, mg	0,00	0,00	6
Vitamin B_6, mg	0,00	0,00	6
Vitamin B_{12}, µg	0,00	0,00	6
Niacin, mg Äq	0,02	Spuren	5
Folsäure, µg	0,00	0,00	6
Pantothensäure, mg	0,00	0,00	6
Biotin, µg	0,00	0,00	6
Vitamin C, mg	0,00	0,00	6
Mineralstoffe			
Kalium, mg	1,00	0,20	5
Kalzium, mg	0,40	0,08	5
Phosphor, mg	2,00	0,40	1
Magnesium, mg	0,60	0,12	5
Eisen, mg	0,50	0,10	5
Fluor, µg	–	–	
Jod, µg	9,70	1,94	5
Selen, µg	–	–	
Zink, µg	110,00	22,00	5
Natrium, mg	1,20	0,24	1

ÖLE UND FETTE

Rindertalg (10 g)
absolute Menge in

	100 g	1 Portion	Note
Energie, kcal	920,00	92,00	1
Wasser, g	2,00	0,20	
Eiweiß, g	0,80	0,08	4
Fett (gesamt), g	96,50	9,65	2
davon mehrfach ungesättigte Fettsäuren, g	5,00	0,50	4
Cholesterin, mg	100,00	10,00	1
Kohlenhydrate, g	0,00	0,00	6
Ballaststoffe, g	0,00	0,00	6
davon wasserlöslich	–	–	

Vitamine

	100 g	1 Portion	Note
Vitamin A, µg RÄq	257,00	25,70	4
Vitamin D, µg	(0)	(0)	6
Vitamin E, mg TÄq	1,30	0,13	5
Vitamin K, µg	–	–	
Vitamin B_1, mg	0,00	0,00	6
Vitamin B_2, mg	0,00	0,00	6
Vitamin B_6, mg	0,00	0,00	6
Vitamin B_{12}, µg	0,00	0,00	6
Niacin, mg Äq	0,00	0,00	6
Folsäure, µg	0,00	0,00	6
Pantothensäure, mg	0,00	0,00	6
Biotin, µg	0,00	0,00	6
Vitamin C, mg	–	–	

Mineralstoffe

	100 g	1 Portion	Note
Kalium, mg	6,00	0,60	5
Kalzium, mg	0,00	0,00	6
Phosphor, mg	7,00	0,70	1
Magnesium, mg	3,00	0,30	5
Eisen, mg	0,32	0,03	5
Fluor, µg	10,00	1,00	5
Jod, µg	0,00	0,00	6
Selen, µg	–	–	
Zink, µg	80,00	8,00	5
Natrium, mg	10,40	0,10	1

ÖLE UND FETTE

Pflanzenfette

Verbrauch
Pro Kopf und Jahr: 1,1 kg
Verzehr pro Tag (geschätzt): 3,0 g

Warenkunde
Pflanzenfette sind im Unterschied zu Pflanzenölen bei Zimmertemperatur feste, zum Teil auch streichfähige Fette. Sie enthalten mehr gesättigte Fettsäuren und weniger ungesättigte, weshalb sie gut erhitzt werden können. Man unterscheidet grundsätzlich in **Plattenfette** und **geschmeidige Fette**.

Gewonnen werden die Pflanzenfette auf gleiche Weise wie die Pflanzenöle, d. h. durch Auspressen und Extrahieren der Rohwaren. Auch die Raffination verläuft genau wie bei den Ölen.

Zur Plattenfett-Produktion füllt man das noch flüssige Fett in Formen und bringt es durch Kühlung zum Erstarren. Eine besondere Stellung nehmen die geschmeidigen Fette, die sogenannten „Soft-Fette" ein. Sie lassen sich problemlos auf über 200 °C erhitzen, sind jedoch auch bei Kühlschranktemperaturen noch weich und geschmeidig. Zur Soft-Fett-Produktion werden wie bei der Margarineherstellung Öle mit mehrfach ungesättigte Fettsäuren in Fette mit gesättigten Fettsäuren umgewandelt. Ebenso wird das Verfahren der Umesterung angewendet. Die Plätze der Fettsäuren im Fett werden vertauscht, wodurch sich der Schmelzpunkt des Fettes ändert. Soft-Fette lassen sich auch durch Mischen von Pflanzenölen und Pflanzenfetten herstellen.

Als Rohstoffe für die Herstellung von Pflanzenfetten dienen vor allem die Kokosnuß und Palmfrüchte.

Kokosfett wird aus dem getrockneten Nährgewebe der Kokosnuß, dem sogenannten „Kopra" gewonnen. Kopra enthält durchschnittlich 60–65 % Fett, das wiederum zu 90 % aus gesättigten Fettsäuren besteht. Aufgrund dieser Zusammensetzung ist Kokosfett unempfindlich gegenüber Hitze. Weil es außerdem kein Wasser enthält, ist Kokosfett besonders gut zum Braten und Fritieren geeignet. Hinzu kommt, daß es als Pflanzenfett cholesterinfrei ist. All diese Eigenschaften machen Kokosfett zu *dem* Brat- und Fritierfett im privaten Haushalt.

Die *Früchte* der Ölpalme enthalten in ihrem hellorangen Fruchtfleisch etwa 60 % Fett, das sogenannte **Palmöl**. **Palmkernfett** preßt man aus den *Samen* der Ölpalme. Nach der Entfernung des Fruchtfleisches bleiben die sehr harten Palmkerne zurück, in denen der fetthaltige Same enthalten ist. Das Palmkernfett unterscheidet sich in seiner Zusammensetzung deutlich vom Palmöl. Da es etwa doppelt soviel gesättigte Fettsäuren aufweist, ist es bei Zimmertemperatur fest und eignet sich gut zum Braten. In Geschmack und Farbe ist Palmkernfett dem Kokosfett sehr ähnlich. Palmöl enthält dagegen etwa 40 % einfach ungesättigte Fettsäuren und ist bei Zimmertemperatur flüssig. Sowohl das Palmöl als auch das Palmkernfett werden vorwiegend zur Margarineherstellung verwendet.

ÖLE UND FETTE

Kokosfett (10 g)
absolute Menge in

	100 g	1 Portion	Note
Energie, kcal	924,00	92,40	1
Wasser, g	0,09	Spuren	
Eiweiß, g	0,80	0,08	4
Fett (gesamt), g	99,00	9,90	2
davon mehrfach ungesättigte Fettsäuren, g	1,40	0,14	5
Cholesterin, mg	0,60	0,06	1
Kohlenhydrate, g	0,01	Spuren	5
Ballaststoffe, g	0,00	0,00	6
davon wasserlöslich	–	–	

Vitamine

	100 g	1 Portion	Note
Vitamin A, µg RÄq	Spuren	(0)	6
Vitamin D, µg	(0)	(0)	6
Vitamin E, mg TÄq	0,80	0,08	5
Vitamin K, µg	0,00	0,00	6
Vitamin B_1, mg	–	–	
Vitamin B_2, mg	–	–	
Vitamin B_6, mg	–	–	
Vitamin B_{12}, µg	–	–	
Niacin, mg Äq	0,12	0,01	5
Folsäure, µg	0,00	0,00	6
Pantothensäure, mg	–	–	
Biotin, µg	0,00	0,00	6
Vitamin C, mg	0,00	0,00	6

Mineralstoffe

	100 g	1 Portion	Note
Kalium, mg	2,00	0,20	5
Kalzium, mg	2,00	0,20	5
Phosphor, mg	0,90	0,09	1
Magnesium, mg	0,20	0,02	5
Eisen, mg	0,02	Spuren	5
Fluor, µg	–	–	
Jod, µg	–	–	
Selen, µg	–	–	
Zink, µg	–	–	
Natrium, mg	2,00	0,20	1

KÄSE

Käse allgemein

Geschichte

Wann und wo man eigentlich darauf kam, aus den festen Bestandteilen der Milch haltbaren Käse zu machen, ist ungewiß. Wahrscheinlich gibt es Käse ebenso lange wie Kühe, Schafe und Ziegen Milch geben. Die ältesten bildlichen Darstellungen über die Haltung von Milchkühen fand man in sumerischen Reliefen aus dem dritten Jahrtausend vor Christus. Sicher ist, daß bereits der altgriechische Dichter Homer seinen Gaumen mit Käse erfreute.

Für den Namen „Käse" sind die Römer verantwortlich, die eine erstaunliche Fertigkeit in der Käsegewinnung entwickelt haben. Sie kannten bereits harte und weiche, gesalzene und ungesalzene Käse. Zur Herstellung füllten sie geronnene Milch in Körbe, damit die Molke abfließen konnte. Diese Körbe wurden „caseus" genannt, woraus die Bezeichnung „Käse" entstand.

Heute soll es 5000 verschiedene Käsesorten auf der Welt geben. Etwa 300 von ihnen sind in Europa von Bedeutung.

Ernährung

Da Käse aus dickgelegter Milch hergestellt wird, sind in ihm viele Bestandteile der Milch, wie z. B. Kalzium, Vitamin A, Eiweiß und Fett in höheren Konzentrationen enthalten als im Ausgangsprodukt.

Das **Milcheiweiß** ist aufgrund seines Reichtums an lebenswichtigen Bausteinen (Aminosäuren) besonders bedeutsam für unsere Ernährung. Es kann das Eiweiß aus Fleisch und Eiern ersetzen. In Kombination mit pflanzlichem Eiweiß – z. B. aus der Kartoffel – kann sogar eine noch höhere Wertigkeit erreicht werden.

Wie das Milchfett ist auch das **Fett** im Käse leicht verdaulich. Als Fettbegleitstoff enthält Käse, je nach Fettgehaltsstufe, Cholesterin. Personen mit erhöhtem Cholesterinspiegel sollten auf fettarme Käsesorten zurückgreifen, die gleichzeitig auch weniger Kalorien enthalten (gegebenenfalls an der Käsetheke nachfragen).

Kohlenhydrate kommen im gereiften Käse praktisch nicht vor. Das Kohlenhydrat der Milch, die Laktose (Milchzucker), läuft bei der Käseherstellung zum größten Teil mit der Molke ab, der Rest wird bei der Käsereifung abgebaut. Lediglich im Frischkäse ist Laktose in nennenswerten Mengen enthalten.

Von den in der Milch vorkommenden **Vitaminen** finden sich alle auch im Käse. Es sind dies insbesondere die fettlöslichen Vitamine A, D, E und K sowie einige Vitamine der B-Gruppe.

Unter den **Mineralstoffen** im Käse kommt dem Kalzium eine überragende Bedeutung zu. Wie die Milch enthält Käse Kalzium in leicht verfügbarer Form. Mit vier Scheiben Gouda läßt sich bereits der Tagesbedarf eines Erwachsenen decken. Ohne Milch und Milchprodukte ist eine ausreichende Versorgung mit diesem wichtigen Mineralstoff für den Knochenbau dagegen nur schwer zu erreichen. In Sauermilch- und Frischkäsesorten ist der Kalziumgehalt herstellungsbedingt deutlich geringer als bei den anderen Käsesorten.

KÄSE

Zur Verbesserung der Haltbarkeit, Festigkeit und des Geschmacks wird Käse gesalzen. Bestimmte Sorten können eine ganze Menge **Salz** enthalten. Wer auf salzarme Kost achten muß, kann sich an Bezeichnungen wie „natriumreduziert" oder „natriumarm" orientieren. Frischkäse enthalten kein Kochsalz, sofern es nicht auf der Zutatenliste angegeben ist.

Käseherstellung

Die Herstellung von Käse beruht im Prinzip auf einem äußerst simplen Vorgang, den jeder vermutlich schon einmal beobachtet hat: Wenn Milch sauer wird und gerinnt, scheidet sich eine dicke Masse, nichts anderes als Käsemasse, von der dünnflüssigen Molke ab.

Die *großtechnische Käsebereitung* in der Käserei beginnt mit einer genauen Prüfung der Milch. Dabei werden der Frischezustand und die Eignung als Käsereimilch untersucht. Nach einer Reinigung der Milch in der Zentrifuge wird der gewünschte Fettgehalt durch Mischen mit Magermilch oder Sahne eingestellt und die Milch pasteurisiert, d.h. für etwa 40 Sekunden auf 71 bis 74 °C erhitzt, um unerwünschte Mikroorganismen abzutöten. Anschließend wird sie mit speziellen Käsereikulturen – erwünschten Mikroorganismen – geimpft und bei 100 C bis zu ihrer weiteren Verarbeitung vorgereift.

Als Grundlage der Käsebereitung gilt das „**Dicklegen**" der Milch. Es beruht auf der Gerinnung und dem Ausfällen des Milcheiweißes, im wesentlichen des Kaseins. Von diesem „Käsestoff" scheidet sich beim Dicklegen „Käsewasser" (Molke) ab. Man unterscheidet zwei Arten, Milch dickzulegen:

Die Milch wird entweder durch **Säuerung** mit Hilfe von Milchsäurebakterien oder durch den Zusatz von **Lab** zum Gerinnen gebracht. Je nachdem, welches Verfahren angewendet wird, entsteht Sauermilchkäse oder Labkäse (Süßmilchkäse). Beide Verfahren werden häufig auch in Kombination angewendet, z.B. bei der Herstellung von Quark. Bei der Säuregerinnung wandeln die zugesetzten Bakterien den Zucker der Milch teilweise in Milchsäure um, die ihrerseits das Milcheiweiß gerinnen läßt. Für die Labgerinnung wird der Milch Labenzym zugegeben, ein eiweißspaltender Wirkstoff, der das Milcheiweiß ohne Säureeinwirkung zum Gerinnen bringt.

Die gewonnene Käsemasse wird mit sogenannten Käseharfen geschnitten, um die Molke schneller ablaufen zu lassen. Man bezeichnet diese Käsemasse auch als „Käsebruch". Je feinkörniger der Bruch wird, desto intensiver ist die Trennung von Molke und Käsestoff und desto fester wird der spätere Käse. Je nach Art des erwünschten Endproduktes wird der Bruch unterschiedlich weiterbehandelt.

Wissenswertes

Was bei der Betrachtung der Käsetheke oder einer Käseverpackung oft zu Verwirrungen führt, ist die Angabe „Fett i.Tr.". Dieser Begriff gibt Aufschluß darüber, wieviel Fett in der Trockenmasse eines Käses enthalten ist. Die Trockenmasse bleibt übrig, wenn der Wasseranteil von der Gesamtkäsemasse abgezogen wird. Je nach Sorte enthält Käse mehr oder weniger feste Bestandteile und damit Trockenmasse.

KÄSE

Folgende Faustregel läßt sich anwenden:
Der absolute Fettgehalt von Frischkäse beträgt ungefähr ein Drittel des angegebenen Fettgehaltes i.Tr.,
bei Weich- und Schnittkäse sind es etwa die Hälfte und
bei Hartkäse knapp zwei Drittel.

Käse sollte nicht zusammen mit nitrithaltigem Fleisch (z.B. gepökelte Fleischwaren, Schinken) erhitzt werden, da sich hierbei krebserregende Stoffe (Nitrosamine) bilden können. Durch Zugabe von Vitamin C, z.B. in Form von Ananas beim „Toast Hawaii", läßt sich die Nitrosaminbildung verhindern.

Tip
Käse wird am besten kühl gelagert. Eine halbe Stunde vor dem Verzehr sollten Sie ihn aber schon aus dem Kühlschrank nehmen, damit er sein Aroma voll entfalten kann.

KÄSE

Frischkäse

Verbrauch

Pro Kopf und Jahr: 7,8 kg
davon: Quark und Schichtkäse 4,7 kg
Verzehr pro Tag (geschätzt): 20,0 g

Warenkunde

Frischkäse ist ungereifter Käse, der im wesentlichen durch eine Kombination von Lab- und Milchsäuregerinnung gewonnen wird. Nach der abgeschlossenen Gerinnung wird in der Zentrifuge lediglich die Molke vom Bruch gelöst, fertig ist der Frischkäse. Man kann beim Frischkäse nach der Konsistenz mehrere Arten unterscheiden:

Zu den streichfähigen Frischkäsen zählen **Speisequark** (mit den jeweils eingestellten Fettgehaltsstufen) sowie Rahm- und Doppelrahmfrischkäse. Zu ihrer Herstellung wird der Bruch fein gerührt und dann abgefüllt. Bei Frischkäse mit Kräutern und/oder Salz bzw. mit hohem Fettgehalt werden vor der Abfüllung die entsprechenden Zusätze (Kräuter, Salz, Rahm) beigemengt.

Als „gallertig und formfest" wird die Konsistenz von **Schichtkäse** beschrieben. Zu seiner Herstellung werden zwei Sorten Milch – eine fettärmere und eine fettreichere – zum Gerinnen gebracht. Die unterschiedlichen Quarkmassen werden dann abwechselnd in Formen geschichtet.

Von ausgesprochen körniger Konsistenz ist **Hüttenkäse**. Die Korngröße von 2 bis 5 mm wird durch feines Schneiden des Bruchs erzielt.

Quark und Frischkäse in den verschiedenen Fettgehaltsstufen, Schichtkäse und Hüttenkäse sind nicht die einzigen Frischkäsesorten. Weitere sind z. B. *Mascarpone*, ein sehr fetter Sahnekäse, der mit Wein- oder Zitronensäure leicht gesäuert wird, *Robiola*, eine mit Kräutern gemischte sahnige Frischkäse-Zubereitungen, außerdem *Mozzarella*, ein milder Frischkäse, der aus Büffel- oder aus Kuhmilch hergestellt wird und *Ricotta*, eine Art Quark aus der Molke von Kuh- oder Schafmilch.

KÄSE

Doppelrahmfrischkäse, mind. 60% Fett i.Tr. (30 g)

absolute Menge in

	100 g	1 Portion	Note
Energie, kcal	353,00	106,00	2
Wasser, g	52,80	15,80	
Eiweiß, g	11,30	3,40	4
Fett (gesamt), g	31,50	9,50	2
davon mehrfach ungesättigte Fettsäuren, g	1,00	0,30	5
Cholesterin, mg	103,00	30,90	2
Kohlenhydrate, g	3,00	0,90	5
Ballaststoffe, g	0,00	0,00	6
davon wasserlöslich	–	–	
Vitamine			
Vitamin A, µg RÄq	325,00	97,50	2
Vitamin D, µg	0,20	0,06	5
Vitamin E, mg TÄq	0,70	0,21	5
Vitamin K, µg	30,00	9,00	1
Vitamin B_1, mg	0,05	0,02	5
Vitamin B_2, mg	0,23	0,07	4
Vitamin B_6, mg	0,06	0,02	5
Vitamin B_{12}, µg	0,53	0,16	4
Niacin, mg Äq	0,11	0,03	5
Folsäure, µg	–	–	
Pantothensäure, mg	0,44	0,13	5
Biotin, µg	4,40	1,32	5
Vitamin C, mg	0,00	0,00	6
Mineralstoffe			
Kalium, mg	95,00	28,50	5
Kalzium, mg	79,00	24,00	5
Phosphor, mg	137,00	41,10	1
Magnesium, mg	7,20	2,20	5
Eisen, mg	0,55	0,17	5
Fluor, µg	–	–	
Jod, µg	40,00	12,00	4
Selen, µg	–	–	
Zink, µg	540,00	162,00	5
Natrium, mg	375,00	112,50	2

KÄSE

Speisequark, mager (150 g)
absolute Menge in

	100 g	1 Portion	Note
Energie, kcal	78,00	117,00	2
Wasser, g	81,30	121,90	
Eiweiß, g	13,50	20,30	1
Fett (gesamt), g	0,25	0,38	1
davon mehrfach ungesättigte Fettsäuren, g	–	–	
Cholesterin, mg	0,80	1,20	1
Kohlenhydrate, g	3,90	5,85	5
Ballaststoffe, g	0,00	0,00	6
davon wasserlöslich	–	–	
Vitamine			
Vitamin A, µg RÄq	2,30	3,45	5
Vitamin D, µg	0,00	0,00	6
Vitamin E, mg TÄq	0,01	0,02	5
Vitamin K, µg	1,20	1,80	5
Vitamin B_1, mg	0,04	0,06	4
Vitamin B_2, mg	0,30	0,45	1
Vitamin B_6, mg	0,10	0,15	3
Vitamin B_{12}, µg	0,88	1,32	1
Niacin, mg Äq	0,15	0,23	5
Folsäure, µg	18,00	27,00	3
Pantothensäure, mg	0,74	1,11	1
Biotin, µg	7,00	10,50	1
Vitamin C, mg	0,70	1,00	5
Mineralstoffe			
Kalium, mg	95,00	142,50	4
Kalzium, mg	92,00	138,00	1
Phosphor, mg	160,00	240,00	3
Magnesium, mg	12,00	18,00	4
Eisen, mg	0,40	0,60	4
Fluor, µg	25,00	37,50	5
Jod, µg	4,00	6,00	5
Selen, µg	–	–	
Zink, µg	570,00	855,00	3
Natrium, mg	40,00	60,00	1

KÄSE

Speisequark, 40% Fett i.Tr. (150 g)

absolute Menge in

	100 g	1 Portion	Note
Energie, kcal	167,00	251,00	3
Wasser, g	74,00	111,00	
Eiweiß, g	11,10	16,70	1
Fett (gesamt), g	11,40	17,10	3
davon mehrfach ungesättigte Fettsäuren, g	0,47	0,71	3
Cholesterin, mg	37,00	56,00	3
Kohlenhydrate, g	3,30	4,90	5
Ballaststoffe, g	0,00	0,00	6
davon wasserlöslich	–	–	
Vitamine			
Vitamin A, µg RÄq	99,00	148,50	1
Vitamin D, µg	0,19	0,29	4
Vitamin E, mg TÄq	0,27	0,41	4
Vitamin K, µg	50,00	75,00	1
Vitamin B_1, mg	0,03	0,05	4
Vitamin B_2, mg	0,24	0,36	1
Vitamin B_6, mg	0,08	0,12	3
Vitamin B_{12}, µg	0,72	1,09	1
Niacin, mg Äq	0,12	0,18	5
Folsäure, µg	15,00	23,00	3
Pantothensäure, mg	0,61	0,92	1
Biotin, µg	6,00	9,00	1
Vitamin C, mg	0,50	0,75	5
Mineralstoffe			
Kalium, mg	82,00	123,00	4
Kalzium, mg	95,00	142,50	1
Phosphor, mg	187,00	280,50	3
Magnesium, mg	10,00	15,00	4
Eisen, mg	0,34	0,51	4
Fluor, µg	22,00	33,00	5
Jod, µg	3,40	5,10	5
Selen, µg	–	–	
Zink, µg	500,00	750,00	4
Natrium, mg	34,00	51,00	1

KÄSE

Schnittkäse

Verbrauch
Pro Kopf und Jahr: 5,2 kg
Verzehr pro Tag (geschätzt): 14,0 g

Warenkunde
Schnittkäse gehört zu den Süßmilchkäsen, er wird unter Verwendung von Lab hergestellt. Der Trockenmassegehalt eines Süßmilchkäses entscheidet, ob er Hart- oder Schnittkäse genannt werden darf. Beim Schnittkäse liegt der Trockenmassegehalt zwischen 50 und 60 %, beim Hartkäse muß er mindestens 60 % betragen.

Zur Herstellung von Schnittkäse wird die Käsemasse nach dem Gerinnen der Milch mit der Käseharfe geschnitten und gerührt, bis die Bruchkörner je nach gewünschter Käsesorte eine bestimmte Größe erreicht haben. Zusätzlich wird der Bruch erwärmt, damit die Körner möglichst viel Molke abgeben, sich zusammenziehen und verfestigen. Die Käsemasse wird dann in mit Tüchern ausgelegte Formen geschöpft, in die Tücher eingeschlagen und unter hohem Druck gepreßt. Dabei müssen die Käselaibe einige Male gewendet werden.

Durch Einlegen der geformten Käselaibe in ein **Salzbad** wird der Käsemasse weitere Molke entzogen und die Geschmacksbildung gefördert. Außerdem wird der Käse durch die vom Salz bedingte Verfestigung der Rinde konserviert.

Als nächster Schritt folgt die **Reifung** des Käses, die bei den verschiedenen Käsesorten sehr unterschiedlich verläuft. Schnittkäse reifen wie auch Hartkäse gleichmäßig durch ihre ganze Masse, Weichkäse dagegen von außen nach innen. Zur Reifung werden die Käselaibe in spezielle Räume eingelagert, in denen bestimmte Temperaturen und Luftfeuchtigkeiten herrschen. In sogenannten Gärkellern produzieren Mikroorganismen Gase, vor allem Kohlensäure, die die typischen Löcher einiger Hart- und Schnittkäsesorten entstehen lassen. Während der Reifung finden verschiedene biochemische Umsetzungsprozesse statt, die Aussehen, Konsistenz, Geruch und Geschmack eines Käses maßgeblich beeinflussen. Schnittkäse muß mindestens 5 Wochen reifen.

Die große Gruppe der Schnittkäse umfaßt so bekannte Namen wie Gouda, Edamer, Appenzeller, Tilsiter, Havarti und Wilstermarschkäse. Viele dieser Käse stammen aus dem nördlichen Mitteleuropa.

Auch **halbfeste Schnittkäse** wie Butterkäse und Esrom werden zur Gruppe der Schnittkäse gezählt. Sie sind von ihrer Konsistenz her den Weichkäsen ähnlich, aber wie die Gruppe der Schnittkäse durch die ganze Masse gereift.

Einigen halbfesten Schnittkäsen werden vor der Reifung spezielle Schimmelpilzkulturen zugesetzt (z. B. Edelpilzkäse), die in begrenztem Umfang Fett abbauen und so für das charakteristische Aroma sorgen. Diese geimpften Käse müssen nach ein paar Tagen „gestochen" werden, damit Luft in das Innere der Laibe gelangt und die Schimmelpilze wachsen können. Nach 3–5 Wochen hat halbfester Schnittkäse seine nötige Reife erreicht.

KÄSE

Tips
Schnittkäse sollte wie alle Käse im Kühlschrank aufbewahrt werden. Zur *Verpackung* hat sich Frischhaltefolie am besten bewährt.

Die harte, oft mit Wachs oder Kunststoff behandelte *Rinde* von Schnitt- und Hartkäse ist nicht zum Verzehr geeignet. Sie dient als Schutz vor Lichteinwirkung, Schmutz, Wasserverlust und Infektionen mit Mikroorganismen. Sie kann mit Mitteln behandelt sein, die unerwünschte Schimmelpilze und Bakterien abtöten.

Blauschimmelkäse ist ausgereift, wenn er bis zur Rinde mit blauen Adern durchzogen ist. Geht die Blaufärbung ins Bräunliche, kann der Käse bitter sein. Das Äußere von Blauschimmelkäse schmeckt ganz anders als das Innere – Kenner sagen, es stört den Schimmelpilzgenuß –, deshalb sollte die Rinde abgeschnitten werden. Bei *Edelpilzkäsen* (innen blau, außen weiß) kann man die Rinde mitessen.

KÄSE

Gouda, 45% Fett i.Tr. (30 g)
absolute Menge in

	100 g	1 Portion	Note
Energie, kcal	382,00	115,00	2
Wasser, g	36,40	10,90	
Eiweiß, g	25,50	7,60	3
Fett (gesamt), g	29,20	8,70	2
davon mehrfach ungesättigte Fettsäuren, g	0,70	0,21	5
Cholesterin, mg	114,00	34,20	2
Kohlenhydrate, g	0,00	0,00	6
Ballaststoffe, g	0,00	0,00	6
davon wasserlöslich	–	–	

Vitamine

	100 g	1 Portion	Note
Vitamin A, µg RÄq	260,00	78,00	3
Vitamin D, µg	1,25	0,38	3
Vitamin E, mg TÄq	0,50	0,15	5
Vitamin K, µg	25,00	7,50	2
Vitamin B_1, mg	0,03	0,01	5
Vitamin B_2, mg	0,20	0,06	4
Vitamin B_6, mg	0,08	0,02	5
Vitamin B_{12}, µg	1,00	0,30	3
Niacin, mg Äq	0,10	0,03	5
Folsäure, µg	21,00	6,30	5
Pantothensäure, mg	0,34	0,10	5
Biotin, µg	3,00	0,90	5
Vitamin C, mg	1,00	0,30	5

Mineralstoffe

	100 g	1 Portion	Note
Kalium, mg	76,00	22,80	5
Kalzium, mg	820,00	246,00	1
Phosphor, mg	443,00	132,90	2
Magnesium, mg	28,00	8,40	5
Eisen, mg	0,50	0,15	5
Fluor, µg	130,00	39,00	5
Jod, µg	30,00	9,00	4
Selen, µg	–	–	
Zink, µg	3900,00	1170,00	3
Natrium, mg	869,20	260,70	3

KÄSE

Edamer, 40% Fett i.Tr. (30 g)

absolute Menge in

	100 g	1 Portion	Note
Energie, kcal	331,00	99,00	1
Wasser, g	44,80	13,40	
Eiweiß, g	26,10	7,80	3
Fett (gesamt), g	23,40	7,02	1
davon mehrfach ungesättigte Fettsäuren, g	0,57	0,17	5
Cholesterin, mg	71,00	21,00	1
Kohlenhydrate, g	0,00	0,00	6
Ballaststoffe, g	0,00	0,00	6
davon wasserlöslich	–	–	

Vitamine

	100 g	1 Portion	Note
Vitamin A, µg RÄq	236,00	70,80	3
Vitamin D, µg	0,29	0,09	5
Vitamin E, mg TÄq	0,34	0,10	5
Vitamin K, µg	20,00	6,00	3
Vitamin B_1, mg	0,05	0,02	5
Vitamin B_2, mg	0,37	0,11	3
Vitamin B_6, mg	0,07	0,02	5
Vitamin B_{12}, µg	1,90	0,57	1
Niacin, mg Äq	0,07	0,02	5
Folsäure, µg	20,00	6,00	5
Pantothensäure, mg	0,35	0,11	5
Biotin, µg	1,50	0,45	5
Vitamin C, mg	Spuren	(0)	6

Mineralstoffe

	100 g	1 Portion	Note
Kalium, mg	105,00	31,50	5
Kalzium, mg	793,00	238,00	1
Phosphor, mg	498,00	149,40	2
Magnesium, mg	59,00	18,00	4
Eisen, mg	0,27	0,08	5
Fluor, µg	70,00	21,00	5
Jod, µg	5,00	1,50	5
Selen, µg	–	–	
Zink, µg	5000,00	1500,00	2
Natrium, mg	900,00	270,00	3

KÄSE

Weichkäse

Verbrauch
Pro Kopf und Jahr: 1,5 kg
Verzehr pro Tag (geschätzt): 4,0 g

Warenkunde
Für die Herstellung von Weichkäse werden der Milch vor der Gerinnung mit Lab aromabildende Weißschimmelpilze zugesetzt. Die Käsemasse wird nach der Milchgerinnung in kleine Würfel geschnitten und in Formen abgefüllt. Diese Formen sind durchlässig, so daß die Molke abfließen kann. Nach etwa 10 Stunden hat der Weichkäse seine endgültige Höhe erreicht. Nachdem der Käse dann einige Zeit im Salzbad verbracht hat, lagert er etwa acht Tage bei hoher Luftfeuchtigkeit und bildet den charakteristischen Oberflächenschimmel. Während dieser Zeit muß der Käse regelmäßig gewendet werden. Traditioneller Weichkäse reift von außen nach innen.

Bekannteste Weißschimmelkäsesorten sind *Brie* und *Camembert*. *Romadur*, *Limburger* und *Münsterkäse* sind mit Rotkulturen veredelte Weichkäse, sie haben eine typische rote Haut auf der Oberfläche.

Auch *Feta*, die Käsespezialität aus den südöstlichen Mittelmeerländern, ist ein Weichkäse. Ursprünglich wurde er aus Schafmilch oder einer Kombination aus Schaf-, Ziegen-, und Kuhmilch hergestellt. Heute verwendet man meist Kuhmilch, Feta schmeckt dann milder. In Salzlake eingelegt, reift Feta bis zu sechs Monate. Der besseren Haltbarkeit wegen bleibt er auch nach der Reifung in der Salzlake liegen.

Tips
Weichkäse kann am besten in Wachs- oder Pergamentpapier aufbewahrt werden.

Frischer weißer Schimmel auf der Schnittfläche von *Weißschimmelkäse* ist ganz natürlich und kann ohne Bedenken mitverzehrt werden. Die Schimmelpilzkulturen haben sich beim Anschneiden von der Oberfläche des Käses auf die Innenflächen übertragen. Geht die Färbung des Schimmels stark ins Rötlichbraune, ist das ein Zeichen von Überreife, der Käse schmeckt nach Ammoniak.

Bei *Rotschmierkäsen* sollten Sie die äußere Schicht mit dem Messer abschaben. Eine gelbliche Tönung der Rinde zeigt, daß der Käse fehlerhaft gereift ist.

Wissenswertes
Vor einiger Zeit wurde viel über bestimmte Bakterien, die *Listerien*, in Weichkäsen diskutiert. Listerien können beim Menschen eine bedrohliche Infektionskrankheit auslösen, die im schlimmsten Fall tödlich enden kann. Gefährdet sind vor allem Säuglinge, Schwangere und alte Menschen. Vermutet wurde, daß speziell Weichkäse, der aus roher, d.h. unerhitzter Milch hergestellt wird, Listerien enthält. Bei Untersuchungen der Stiftung Warentest konnten jedoch bei 20 Rohmilchkäsen keine Listerien nachgewiesen werden. Die bereits fleckige, harte Rinde von älteren Rohmilchweichkäsen sollten Sie zur Verminderung eines möglichen Risikos nach französischem Vorbild abschneiden.

KÄSE

Brie, 50% Fett i.Tr. (30 g)
absolute Menge in

	100 g	1 Portion	Note
Energie, kcal	361,00	108,00	2
Wasser, g	45,50	13,70	
Eiweiß, g	22,60	6,78	3
Fett (gesamt), g	27,90	8,37	2
davon mehrfach ungesättigte Fettsäuren, g	–	–	
Cholesterin, mg	100,00	30,00	2
Kohlenhydrate, g	0,99	0,29	5
Ballaststoffe, g	0,00	0,00	6
davon wasserlöslich	–	–	
Vitamine			
Vitamin A, µg RÄq	157,00	47,10	4
Vitamin D, µg	0,80	0,24	4
Vitamin E, mg TÄq	0,50	0,15	5
Vitamin K, µg	30,00	9,00	1
Vitamin B_1, mg	0,05	0,02	5
Vitamin B_2, mg	0,34	0,10	4
Vitamin B_6, mg	0,23	0,07	4
Vitamin B_{12}, µg	1,70	0,51	1
Niacin, mg Äq	1,13	0,34	5
Folsäure, µg	65,00	20,00	3
Pantothensäure, mg	0,69	0,21	4
Biotin, µg	6,20	1,90	5
Vitamin C, mg	Spuren	(0)	6
Mineralstoffe			
Kalium, mg	152,00	45,60	5
Kalzium, mg	400,00	120,00	2
Phosphor, mg	188,00	56,40	1
Magnesium, mg	20,00	6,00	5
Eisen, mg	0,50	0,15	5
Fluor, µg	100,00	30,00	5
Jod, µg	20,00	6,00	5
Selen, µg	–	–	
Zink, µg	3000,00	900,00	3
Natrium, mg	1170,00	351,00	4

KÄSE

Camembert, 50% Fett i.Tr. (30 g)
absolute Menge in

	100 g	1 Portion	Note
Energie, kcal	329,00	99,00	1
Wasser, g	50,00	15,00	
Eiweiß, g	20,50	6,20	3
Fett (gesamt), g	25,70	7,70	1
davon mehrfach ungesättigte Fettsäuren, g	0,77	0,23	5
Cholesterin, mg	71,00	21,00	1
Kohlenhydrate, g	0,22	0,06	5
Ballaststoffe, g	0,00	0,00	6
davon wasserlöslich	–	–	

Vitamine

Vitamin A, µg RÄq	416,00	124,80	1
Vitamin D, µg	0,32	0,09	5
Vitamin E, mg TÄq	0,58	0,17	5
Vitamin K, µg	20,00	6,00	3
Vitamin B_1, mg	0,04	0,01	5
Vitamin B_2, mg	0,57	0,17	2
Vitamin B_6, mg	0,24	0,07	4
Vitamin B_{12}, µg	2,60	0,78	1
Niacin, mg Äq	1,00	0,30	5
Folsäure, µg	56,00	17,00	4
Pantothensäure, mg	0,76	0,23	4
Biotin, µg	4,30	1,29	5
Vitamin C, mg	Spuren	(0)	6

Mineralstoffe

Kalium, mg	96,00	28,80	5
Kalzium, mg	510,00	153,00	1
Phosphor, mg	390,00	117,00	2
Magnesium, mg	15,00	5,00	5
Eisen, mg	0,13	0,04	5
Fluor, µg	22,00	6,60	5
Jod, µg	20,00	6,00	5
Selen, µg	6,00	1,80	5
Zink, µg	2700,00	810,00	4
Kochsalz, mg	900,00	270,00	3

KÄSE

Schmelzkäse und -zubereitungen

Verbrauch
Pro Kopf und Jahr: 1,5 kg
Verzehr pro Tag (geschätzt): 4,0 g

Warenkunde
Schmelzkäse und -zubereitungen sind haltbare, gut streichfähige oder schnittfeste Käse, die im Gegensatz zu den anderen Käsesorten nicht aus Milch, sondern aus bereits ausgereiften Hart-, Schnitt- oder Weichkäsen hergestellt werden.

Gesäuberte Käselaibe werden nach dem vorgesehenen Fettgehalt in der Trockenmasse und der gewünschten Geschmacksrichtung zusammengestellt und zu dünnen Flocken zerkleinert. Im Schmelzkessel werden je nach Sorte Butter und/oder Kräuter, Gewürze oder Salamiwurst zugesetzt. Sogenannte „Schmelzsalze" sorgen dafür, daß sich Fett und Eiweiß bei Schmelz-Temperaturen von etwa 90 °C nicht trennen, und bewirken eine stabile Emulsion. Die Hitze tötet eventuell vorhandene Keime ab; Schmelzkäse ist daher sehr lange haltbar. Der geschmolzene Käse wird noch heiß geformt und abgepackt.

KÄSE

Schmelzkäse, 45% Fett i.Tr. (30 g)

absolute Menge in

	100 g	1 Portion	Note
Energie, kcal	282,00	85,00	1
Wasser, g	51,30	15,40	
Eiweiß, g	14,40	4,30	4
Fett (gesamt), g	23,60	7,08	1
davon mehrfach ungesättigte Fettsäuren, g	–	–	
Cholesterin, mg	53,00	15,90	1
Kohlenhydrate, g	0,00	0,00	6
Ballaststoffe, g	0,00	0,00	6
davon wasserlöslich	–	–	

Vitamine

	100 g	1 Portion	Note
Vitamin A, µg RÄq	300,00	90,00	2
Vitamin D, µg	3,13	0,94	1
Vitamin E, mg TÄq	0,46	0,14	5
Vitamin K, µg	21,00	6,30	2
Vitamin B_1, mg	0,03	0,01	5
Vitamin B_2, mg	0,38	0,11	3
Vitamin B_6, mg	0,07	0,02	5
Vitamin B_{12}, µg	0,25	0,08	5
Niacin, mg Äq	0,22	0,07	5
Folsäure, µg	3,46	1,04	5
Pantothensäure, mg	0,52	0,16	5
Biotin, µg	3,60	1,08	5
Vitamin C, mg	–	–	

Mineralstoffe

	100 g	1 Portion	Note
Kalium, mg	65,00	19,50	5
Kalzium, mg	547,00	164,00	1
Phosphor, mg	944,00	283,20	3
Magnesium, mg	35,00	11,00	4
Eisen, mg	1,00	0,30	5
Fluor, µg	140,00	42,00	5
Jod, µg	30,00	9,00	4
Selen, µg	–	–	
Zink, µg	3500,00	1050,00	3
Natrium, mg	1260,00	378,00	4

Wegweiser Lebensmittel

Hartkäse

Verbrauch

Pro Kopf und Jahr: 1,0 kg
Verzehr pro Tag (geschätzt): 2,5 g

Warenkunde

Nach der Milchgerinnung durch den Zusatz von Lab – Hartkäse gehört wie Schnitt- und Weichkäse zu den Süßmilchkäsen – wird die Käsemasse mit der Käseharfe bis auf die Größe von Weizenkörnern zerkleinert, wobei die Molke abfließt. Anschließend wird die Masse in Formen gebracht, gepreßt und wandert ins Salzbad. Dann durchlaufen die Hartkäse wie die Schnittkäse die unterschiedlichen Reifungs-Stationen. Im Gärkeller produzieren Mikroorganismen Gase, die die Löcher im Käse entstehen lassen. Bevor ein Hartkäse in den Handel kommt, hat er mehrere Monate Reifezeit hinter sich. Je länger die Reifezeit ist, desto ausgeprägter wird der Geschmack.

Durch die intensive Bruchbearbeitung erreichen Hartkäse einen sehr hohen Trockenmassegehalt von mindestens 60%. Sie müssen deshalb aber nicht immer hart sein. Zur Gruppe der Hartkäse zählen *Parmesan* und *Chester*, Hartkäse ohne Löcher, Emmentaler mit den typischen kirsch- bis walnußgroßen Löchern, der traditionell aus unerhitzter Milch (Rohmilch) hergestellt wird, sowie *Bergkäse* und *Greyerzer* (oder Gruyère) mit geringer Lochbildung.

Tips

Hartkäse ist gut abgelagert, wenn sich in seinem Inneren weiße Pünktchen (auskristallisiertes Eiweiß) gebildet haben. Aufbewahren sollten Sie ihn, fest in Frischhaltefolie verpackt, im Kühlschrank. Die oft mit Antibiotika behandelte Rinde, die den Käse vor Schmutz, Infektionen und Lichteinwirkung schützt, ist vor dem Verzehr zu entfernen.

Schimmel auf Hart- und Schnittkäse sollten Sie vorsichtshalber großzügig abschneiden. Man kann nicht sicher sein, daß er wirklich ungefährlich ist.

Sind die Löcher beim *Emmentaler* nicht rund, sondern oval und sehr groß, kann auf eine Fehlreifung geschlossen werden. Bei ausgereiftem Emmentaler bilden sich in den Löchern winzige Salzwassertröpfchen – nicht zu verwechseln mit Schwitzwasser, das sich bei falscher Aufbewahrung auf der gesamten Fläche absetzt. Schwitzwasser kann eine Schimmelbildung unterstützen.

KÄSE

Emmentaler, 45% Fett i.Tr. (30 g)
absolute Menge in

	100 g	1 Portion	Note
Energie, kcal	403,00	121,00	2
Wasser, g	35,70	10,70	
Eiweiß, g	28,70	8,60	3
Fett (gesamt), g	29,70	8,90	2
davon mehrfach ungesättigte Fettsäuren, g	1,22	0,37	4
Cholesterin, mg	92,00	27,60	2
Kohlenhydrate, g	0,45	0,14	5
Ballaststoffe, g	0,00	0,00	6
davon wasserlöslich	–	–	
Vitamine			
Vitamin A, µg RÄq	343,00	102,90	2
Vitamin D, µg	1,10	0,33	3
Vitamin E, mg TÄq	0,35	0,11	5
Vitamin K, µg	30,00	9,00	1
Vitamin B_1, mg	0,05	0,02	5
Vitamin B_2, mg	0,34	0,10	4
Vitamin B_6, mg	0,07	0,02	5
Vitamin B_{12}, µg	2,20	0,66	1
Niacin, mg Äq	0,18	0,05	5
Folsäure, µg	4,30	1,30	5
Pantothensäure, mg	0,40	0,12	5
Biotin, µg	3,00	0,90	5
Vitamin C, mg	0,50	0,15	5
Mineralstoffe			
Kalium, mg	107,00	32,10	5
Kalzium, mg	1020,00	306,00	1
Phosphor, mg	636,00	191,00	2
Magnesium, mg	35,00	11,00	4
Eisen, mg	0,31	0,09	5
Fluor, µg	60,00	18,00	5
Jod, µg	40,00	12,00	4
Selen, µg	11,00	3,30	4
Zink, µg	4630,00	1389,00	2
Natrium, mg	450,00	135,00	2

KÄSE

Parmesan, 35% Fett i.Tr. (30 g)

absolute Menge in

	100 g	1 Portion	Note
Energie, kcal	396,00	119,00	2
Wasser, g	29,60	8,88	
Eiweiß, g	35,60	10,68	3
Fett (gesamt), g	25,80	7,70	1
davon mehrfach ungesättigte Fettsäuren, g	0,57	0,17	5
Cholesterin, mg	68,00	20,40	1
Kohlenhydrate, g	0,06	0,02	5
Ballaststoffe, g	0,00	0,00	6
davon wasserlöslich	–	–	
Vitamine			
Vitamin A, µg RÄq	340,00	102,00	2
Vitamin D, µg	0,65	0,19	4
Vitamin E, mg TÄq	0,50	0,15	5
Vitamin K, µg	26,00	7,80	2
Vitamin B_1, mg	0,02	Spuren	5
Vitamin B_2, mg	0,62	0,19	2
Vitamin B_6, mg	0,09	0,03	5
Vitamin B_{12}, µg	2,00	0,60	1
Niacin, mg Äq	0,17	0,05	5
Folsäure, µg	20,00	6,00	5
Pantothensäure, mg	0,53	0,16	5
Biotin, µg	3,00	0,90	5
Vitamin C, mg	0,00	0,00	6
Mineralstoffe			
Kalium, mg	131,00	39,30	5
Kalzium, mg	1290,00	387,00	1
Phosphor, mg	840,00	252,00	3
Magnesium, mg	44,50	13,35	4
Eisen, mg	1,02	0,30	5
Fluor, µg	160,00	48,00	5
Jod, µg	–	–	
Selen, µg	–	–	
Zink, µg	3000,00	900,00	3
Natrium, mg	704,00	211,20	3

KÄSE

Sauermilch- und Kochkäse

Verbrauch
Pro Kopf und Jahr: 0,4 kg

Warenkunde

Läßt man Quark reifen, entsteht Sauermilchkäse. Er wurde ursprünglich aus nur mit Milchsäurebakterien dickgelegter Milch gewonnen. Heute wird Sauermilchkäse durch Reifung von Quark hergestellt, der aus einer Mischung von Milchsäure- und Labquark besteht.

In einer Quarkmühle wird der Magerquark fein zerkleinert bzw. cremig geschlagen. Nach einer Beimpfung mit speziellen Mikroorganismen wird der Käse ausgeformt und auf Brettern abgelegt, wo er einige Stunden trocknet. Es folgt eine Lagerung im sehr feuchten „Schwitzraum", bei der sich der erste Teil der Reifung vollzieht. Im Reifungsraum bleibt der Sauermilchkäse solange, bis sich die charakteristische Färbung bzw. der Schimmelrasen entwickelt hat.

Im Laufe der Jahre entwickelten sich **zwei Arten** von Sauermilchkäse: der Gelb- oder Rotschmierekäse und der Edelschimmelkäse. Erstere werden wie der Limburger oder Romadur mit Rotkulturen versetzt und schmecken entsprechend kräftig. Edelschimmelkäse werden nach dem Ausformen mit Camembertschimmel besprüht und sind dezenter im Geschmack. Die bekanntesten Sauermilchkäse sind Harzer und Mainzer Käse. Sie sind nur als Gelbkäse erhältlich. Sowohl als Edelschimmelkäse wie auch als Gelbkäse sind Handkäse, Bauernhandkäse, Korbkäse, Stangenkäse und Spitzkäse im Handel.

Bringt man Sauermilchkäse zum Schmelzen, erhält man Kochkäse. Er wird oft unter Zusatz von Salz, Gewürzen, Butter und/oder Kümmel hergestellt.

KÄSE

Sauermilchkäse, max. 10% Fett i.Tr. (30 g)

absolute Menge in

	100 g	1 Portion	Note
Energie, kcal	140,00	42,00	1
Wasser, g	64,00	19,20	
Eiweiß, g	30,00	9,00	3
Fett (gesamt), g	0,70	0,21	1
davon mehrfach ungesättigte Fettsäuren, g	–	–	
Cholesterin, mg	3,00	0,90	1
Kohlenhydrate, g	0,30	0,09	5
Ballaststoffe, g	0,00	0,00	6
davon wasserlöslich	–	–	
Vitamine			
Vitamin A, µg RÄq	280,00	84,00	2
Vitamin D, µg	0,50	0,15	5
Vitamin E, mg TÄq	0,30	0,09	5
Vitamin K, µg	18,00	5,40	3
Vitamin B_1, mg	0,03	0,01	5
Vitamin B_2, mg	0,36	0,11	3
Vitamin B_6, mg	0,12	0,04	5
Vitamin B_{12}, µg	1,50	0,45	1
Niacin, mg Äq	0,70	0,21	5
Folsäure, µg	–	–	
Pantothensäure, mg	–	–	
Biotin, µg	5,00	1,50	5
Vitamin C, mg	–	–	
Mineralstoffe			
Kalium, mg	106,00	31,80	5
Kalzium, mg	125,00	38,00	4
Phosphor, mg	266,00	79,80	1
Magnesium, mg	13,00	4,00	5
Eisen, mg	0,29	0,09	5
Fluor, µg	17,00	5,10	5
Jod, µg	10,00	3,00	5
Selen, µg	–	–	
Zink, µg	2000,00	600,00	4
Natrium, mg	1520,00	456,00	5

… EIER

Hühnerei

Verbrauch
Pro Kopf und Jahr: 14,6 kg (= 240 Stück)
Verzehr pro Tag (geschätzt): 26,0 g

Geschichte
Das Ei gilt von altersher als Fruchtbarkeitssymbol – Ägypter, Griechen, Perser und Römer sahen in ihm das Sinnbild der wiedererstehenden Natur.
Da in der Fastenzeit früher der Verzehr von Eiern verboten war, verband man mit dem Osterfest auch wieder den Genuß von Eiern.

Ernährung
Eier zählen zu den wertvollsten tierischen Nahrungsmitteln. Die Proteinqualität, d.h. die biologische Wertigkeit, von Vollei ist höher als die von Fleisch, Fisch oder Milch.
In ihrer Zusammensetzung unterscheiden sich Eigelb und Eiklar stark voneinander. Das Eigelb ist reich an Fett, Cholesterin und fettlöslichen Vitaminen. Das Eiklar besteht dagegen zum größten Teil aus Wasser und Eiweiß. Kalzium und Eisen kommen in größeren Mengen im Eigelb vor, Natrium und Kalium im Eiklar. Aufgrund des hohen Cholesteringehaltes ist es ratsam, den Eierkonsum auf 2–3 Stück pro Woche zu beschränken (einschließlich der Eier in Nudeln und Backwaren).
Rohes Eiklar enthält die Eiweißsubstanz Avidin, die im menschlichen Körper das Vitamin Biotin binden und dadurch dem Organismus entziehen kann. Durch übermäßigen Genuß von rohen Eiern kann ein Biotin-Mangel ausgelöst werden (allerdings müßte man schon mehrere Wochen lang ungefähr 6 rohe Eier pro Tag essen). Beim Erhitzen geht die Biotinbindende Fähigkeit des Avidins verloren.

Warenkunde
Bei Hühnereiern unterscheidet man verschiedene Güteklassen. Im Einzelhandel gibt es praktisch nur Eier der Handelsklasse A. Sie müssen eine normale, unverletzte und möglichst saubere Schale haben und dürfen weder gewaschen noch sonstwie gereinigt sein.
Außer dem Hühnerei kennt man in der menschlichen Ernährung auch z. B. Wachtel-, Gänse- oder Enteneier. Letztere müssen vom Händler mit dem Aufdruck: „Entenei 10 Minuten kochen" versehen sein. Rohe bzw. teilweise rohe Enteneier bergen ein großes Salmonellenrisiko (siehe unten).
Den Frischezustand eines Eies können Sie ganz einfach zu Hause feststellen, indem Sie das Ei in ein mit Wasser gefülltes Glas legen. Schwimmt das Ei, ist es schon älter; sinkt es zu Boden, ist es noch ganz frisch. Die Erklärung dafür liefert die Luftkammer im Ei. Sie vergrößert sich bei längerer Lagerung, weil Wasser aus dem Ei verdunstet. Das Ei wird leichter und schwimmt im Wasserglas.

Lagerung
Je höher die Umgebungstemperaturen und je geringer die Luftfeuchtigkeitsraten sind, desto schneller altern Eier. Im Haushalt können Sie frische Eier für 2 bis 3 Wochen im Kühlschrank aufbewahren.

Wegweiser Lebensmittel

EIER

Küchentip
Geben Sie ein paar Tropfen Zitronensaft oder eine Prise Salz zum Eiklar, wenn Sie Eischnee herstellen wollen. Beide Zutaten begünstigen das Festwerden der Masse.
Wenn Sie sich nicht mehr sicher sind, ob Sie ihr Frühstücksei bereits gekocht haben oder nicht: versuchen Sie, es auf dem Tisch zu drehen. Schlingert und „eiert" es dabei, ist das Ei noch roh.

Wissenswertes
Eier geraten in letzter Zeit immer mehr ins Kreuzfeuer. Schuld daran sind winzige Organismen – die Salmonellen.
Nimmt der Mensch sehr viele Salmonellen auf (über einen bestimmten Schwellenwert hinweg), kann er an einer ernstzunehmenden Krankheit, der sogenannten „Salmonellose" erkranken. Eine Salmonellose hat Durchfall und Erbrechen zur Folge und kann bei geschwächten Personen im schlimmsten Fall bis zum Tod führen. Aber Sie müssen Eier jetzt nicht generell vom Speisenplan streichen. Einige Verhaltensregeln können helfen, die Gefahr zu bannen.

- Kaufen Sie möglichst frische Eier, erkundigen Sie sich nach dem Legedatum. Das auf Eierpackungen angegebene Datum sagt nur etwas über das Verpacken der Eier aus. Je öfter Sie den Händler nach dem Legedatum fragen, desto eher wird sich eine vollständige Kennzeichnung der Verpackungen durchsetzen. Vorgeschrieben ist seit neuestem die Angabe des Mindesthaltbarkeitsdatums. Ein Schritt in die richtige Richtung.
- Achten Sie darauf, Eier aus dem Kühlregal zu kaufen. Seit Anfang 1993 sind die Händler angewiesen, Eier möglichst kühl aufzubewahren. Weisen Sie Ihren Händler immer wieder darauf hin.
- Lagern Sie auch selbst die Eier im Kühlschrank und bewahren sie nicht zu lange auf.
- Wenn Sie Eier aufschlagen, sollten Sie das Eiklar nicht mit den Fingern ausschaben, weil Sie es mit Salmonellen verunreinigen könnten, die sich an der Eischale befanden.
- Kochen Sie Ihr Frühstücksei mindestens 5 Minuten und lassen es langsam abkühlen (nicht abschrecken).
- Rühreier und Spiegeleier gut durchgaren.

Hühnerei (1 Ei)

absolute Menge in

	100 g	1 Portion	Note
Energie, kcal	154,00	84,00	1
Wasser, g	73,80	38,20	
Eiweiß, g	12,90	6,70	3
Fett (gesamt), g	11,70	6,20	1
davon mehrfach ungesättigte Fettsäuren, g	1,20	0,70	3
Cholesterin, mg	604,00	314,00	6
Kohlenhydrate, g	0,60	0,30	5
Ballaststoffe, g	0,00	0,00	6
davon wasserlöslich	0,00	0,00	

Vitamine

	100 g	1 Portion	Note
Vitamin A, µg RÄq	220,00	110,00	2
Vitamin D, µg	1,78	1,03	1
Vitamin E, mg TÄq	0,80	0,40	4
Vitamin K, µg	45,00	26,00	1
Vitamin B_1, mg	0,13	0,07	4
Vitamin B_2, mg	0,31	0,17	2
Vitamin B_6, mg	0,12	0,06	4
Vitamin B_{12}, µg	1,90	0,91	1
Niacin, mg Äq	0,08	0,05	5
Folsäure, µg	65,00	38,00	1
Pantothensäure, mg	1,60	0,90	1
Biotin, µg	25,00	14,50	1
Vitamin C, mg	Spuren	Spuren	5

Mineralstoffe

	100 g	1 Portion	Note
Kalium, mg	144,00	75,00	5
Kalzium, mg	58,00	30,00	5
Phosphor, mg	216,00	125,00	2
Magnesium, mg	12,00	7,00	5
Eisen, mg	2,70	1,40	2
Fluor, µg	110,00	64,00	4
Jod, µg	10,00	5,80	5
Selen, µg	10,40	6,00	3
Zink, µg	1350,00	783,00	4
Natrium, mg	144,00	69,12	1

Fisch allgemein

Den überwiegenden Teil des bundesdeutschen Fischertrags liefert die Hochseefischerei. Auf die Binnenfischerei entfallen nur etwa 10%, wobei der Anteil aus der Fischzucht im Gegensatz zur Flußfischerei ständig zunimmt.

Ernährung

Die Heimat der Seefische, die Meere, machen etwa 71 % der gesamten Erdoberfläche aus. Nicht ohne Grund gilt Fisch daher seit Jahrtausenden als wichtiges Grundnahrungsmittel. Noch dazu ist er ein wertvoller Nährstofflieferant.

Zu etwa einem Viertel besteht Fisch aus **Eiweiß**. Das Fischeiweiß ist biologisch hochwertig, weil seine Zusammensetzung der des menschlichen Eiweißes sehr ähnlich ist. Schon eine Fischmahlzeit (150–200 g) deckt den täglichen Bedarf an Eiweiß zur Hälfte – und damit den Bedarf an *tierischem* Eiweiß insgesamt.

In einer Gesellschaft wie der unsrigen muß man sich um die Deckung seines Eiweißbedarfs keine Sorgen machen. Durch den Verzehr von Fleisch, Eiern, Milch und -produkten ist der tägliche Bedarf sogar überreichlich gedeckt. Es empfiehlt sich, ein- bis zweimal pro Woche auf Fisch umzusteigen. Denn Fisch enthält nicht nur hochwertiges Eiweiß, er kann auch mit etlichen **Mineralstoffen** und Vitaminen aufwarten. Fisch enthält nennenswerte Mengen an Kalium, Kalzium, Phosphor, Eisen und Fluor. Seefische sind reich an Jod. Der Bedarf (pro Woche) an diesem Mineralstoff kann durch ein- bis zweimal wöchentlichen Seefischverzehr ohne Problem gedeckt werden. Jodmangel führt zu Krankheiten der Schilddrüse – ein weit verbreiteter, gut erkennbarer Jod-Mangelzustand ist der Kropf (Schilddrüsenvergrößerung). Von den **Vitaminen** sind insbesondere die fettlöslichen Vitamine A und D im Fischfett enthalten, auch ist Fisch reich an den wasserlöslichen Vitaminen der B-Gruppe. **Kohlenhydrate** fehlen beim Fisch so gut wie immer. (Von besonderem Interesse für Diabetiker.)

Die meisten Fische sind relativ mager, manche enthalten hingegen reichlich **Fett**. Nun braucht aber niemand vor dem Fischfett zurückzuschrecken. Insbesondere das Fett von Seefischen ist reich an langkettigen, mehrfach ungesättigten Fettsäuren. Dies sind Fettbausteine, die aus vielen, z.T. doppelt verbundenen Kohlenstoffteilchen bestehen und einen erhöhten Blutcholesterinspiegel senken können. Diesbezüglich von Interesse sind vor allem die vielgelobten Omega-3-Fettsäuren.

Fischfleisch enthält so gut wie kein Bindegewebe und ist daher leichter verdaulich als z.B. Rind- oder Schweinefleisch. Das macht ihn für die Krankenkost so geeignet. Die kürzere Verweildauer im Magen bedingt ein geringeres Sättigungsgefühl, was aber nicht mit einem geringeren Nährwert verwechselt werden darf.

Wissenswertes

Wird Fisch nicht direkt nach dem Fang bis hin zum Endverbraucher ausreichend gekühlt, beginnt er ohne Umschweife zu verderben. Das äußerlich unauffällige Fischfleisch riecht nach relativ kurzer Zeit intensiv nach Fisch. Durch den Genuß von Fisch, der sich in einem fortgeschrittenen Stadium der Verderbnis befindet, kann sogar eine akute Fischvergiftung

FISCH

hervorgerufen werden. Im allgemeinen wird derart verdorbener Fisch jedoch wohl kaum „genossen" bzw. überhaupt verzehrt werden: Er schmeckt ungewöhnlich beißend, bitter und metallisch. Symptome einer Fischvergiftung sind starke Kopfschmerzen, Übelkeit, eine intensive Gesichtsrötung und z.T. Durchfall.

Tips

Gut **eingekauft** ist halb gewonnen. Frischer Fisch ist leicht verderblich und muß während des ganzen Transportes vom Schiff bis ins Geschäft immer gut gekühlt werden. Fisch, der bereits „nach Fisch riecht", sollten Sie links liegen lassen. Fischgeruch ist ein Zeichen für mangelnde Frische. Bei ganzen Fischen ist die Beurteilung der Frische einfach: Die Augen müssen leicht hervorstehen und frisch und klar glänzen. Die Kiemen sollten feucht und rot leuchten, die einzelnen Kiemenblättchen sich gut erkennen lassen. Bei Filets müssen Sie sich auf Ihre gute Nase verlassen.

Bei der **Vorbereitung** erfordert Fisch eine saubere, sachgerechte Behandlung. Falls nicht bereits beim Fischhändler geschehen, muß Fisch zuhause gesäubert werden. Dazu sind die Flossen zu stutzen und die Schuppen sowie die Eingeweide zu entfernen. Gerade bei dem zweiten der berühmten drei „S" (säubern, säuern, salzen) scheiden sich, wie so oft im Lebensmittelbereich, die Geister. Während die Einen das Säuern eines fangfrischen Fisches als unabdingbares „Muß" bezeichnen, betrachten andere es geradezu als Frevel. Befürworter der Zitrone führen z.B. an, daß die Säure den Fischgeruch bindet, den Geschmack verbessert und das Fleisch fester und weißer macht. Gegner sind dagegen der Meinung, daß der Fisch im wahrsten Sinne des Wortes „sauer" werden und auch so schmecken würde.

Salzen sollten Sie Fisch erst unmittelbar vor dem Garen. Das Salz würde den Fisch sonst austrocknen.

Fisch kann man auf vielfältige Weise **zubereiten**: die Variationsmöglichkeiten reichen vom Kochen, Braten oder Fritieren übers Dämpfen, Dünsten und Grillen bis hin zum Überbacken.

Fisch sollte allerdings niemals sprudelnd kochen – er würde dabei auseinanderfallen.

Fischgeruch kann durch Mitgaren einer Scheibe Käse in Grenzen gehalten werden.

Der größte Teil des jährlichen Pro-Kopf-Verbrauchs an Fisch geht auf das Konto von bearbeitetem Fisch (Konserven, Tiefkühlfisch, Fischsalate etc.). Auf frischen Fisch entfallen nur etwa 10% des gesamten Fanggewichtes.

FISCH

Hering

Verbrauch
Pro Kopf und Jahr: 3,9 kg
Verzehr pro Tag (geschätzt): 10,0 g

Warenkunde
Hering, der wohl populärste aller Seefische, stammt aus den Nordmeeren und dem Atlantik. Fängt man ihn im Herbst, ist er eher mager, im Frühling fett. Als frischer Fisch, *grüner Hering*, wird er nur in geringen Mengen angelandet. Der für die Industrie benötigte Hering wird bereits auf See ausgenommen, filetiert und gefrostet.

Hering ist auch unter folgenden Bezeichnungen bekannt: *Matjes*, ein Hering, der noch nicht gelaicht hat, *Vollhering*, ein mit Milch (Fischsperma) oder Rogen (Fischeier) angefüllter Hering kurz vor der Laichzeit und *Yhlen*, ein schlanker, magerer Hering, der bereits ausgelaicht hat.

Hering wird im allgemeinen nicht größer als 30 cm, ist weißgeschuppt und glänzt silbriggrün.

Zur großen Heringsfamilie gehören auch die Sardine (Mittelmeerfisch, bekannt als Sardinen in Öl), die Sardelle (aus Mittelmeer und Atlantik, bekannt als würzige, eingelegte Anchosen) und die Sprotte (Fisch der Nord- und Ostsee, in geräucherter Form bekannt als „Kieler Sprotten").

Häufig wird Hering in bearbeiteter Form angeboten:
– heißgeräuchert als Bückling,
– sauer eingelegt als Bismarckhering bzw. Rollmops (mit eingerollten Gurkenstückchen),
– gebraten und sauer eingelegt als Brathering oder
– eingesalzen als Matjes, Vollhering oder Yhlenhering.

Anchosen sind ganze, filetierte oder in Stücke zerteilte Heringe (auch Sprotten oder Sardellen), die durch Salz, Zucker, Gewürzmischungen und andere Zutaten gereift und mit wäßrigen würzigen Saucen versehen werden.

FISCH

Hering (150 g)
absolute Menge in

	100 g	1 Portion	Note
Energie, kcal	249,00	347,00	4
Wasser, g	65,30	97,90	
Eiweiß, g	18,20	27,30	3
Fett (gesamt), g	17,80	26,70	4
davon mehrfach ungesättigte Fettsäuren, g	4,63	6,90	1
Cholesterin, mg	91,00	136,50	6
Kohlenhydrate, g	0,00	0,00	6
Ballaststoffe, g	(0)	(0)	6
davon wasserlöslich	–	–	
Vitamine			
Vitamin A, µg RÄq	38,00	57,00	3
Vitamin D, µg	31,00	46,50	1
Vitamin E, mg TÄq	1,50	2,25	1
Vitamin K, µg	(0)	(0)	6
Vitamin B_1, mg	0,04	0,06	4
Vitamin B_2, mg	0,22	0,33	1
Vitamin B_6, mg	0,45	0,68	1
Vitamin B_{12}, µg	8,50	12,80	1
Niacin, mg Äq	3,80	5,70	1
Folsäure, µg	–	–	
Pantothensäure, mg	0,94	1,41	1
Biotin, µg	4,50	6,75	2
Vitamin C, mg	0,50	0,75	5
Mineralstoffe			
Kalium, mg	360,00	540,00	1
Kalzium, mg	60,00	90,00	3
Phosphor, mg	250,00	375,00	4
Magnesium, mg	31,00	47,00	1
Eisen, mg	1,20	1,80	
Fluor, µg	–	–	
Jod, µg	52,00	78,00	1
Selen, µg	140,00	210,00	1
Zink, µg	–	–	
Natrium, mg	117,00	175,50	2

FISCH

Seelachs

Verbrauch
Pro Kopf und Jahr: 3,1 kg
Verzehr pro Tag (geschätzt): 8,0 g

Warenkunde
Der Seelachs ist ein Raubfisch der Nordsee. Aufgrund seines Aussehens, er hat ein tiefschwarzes Maul, wird er als Köhler bezeichnet. Den Namen „Seelachs" verdankt der Fisch seiner Verwendung als Lachsersatz. Seelachs ist aber nicht mit dem Lachs, sondern mit dem Kabeljau verwandt. Er wird bis zu 1 Meter lang.

Das Fleisch von Seelachs sieht grau-rötlich aus, beim Garen färbt es sich hell. Seelachs wird überwiegend als Lachsersatz („Seelachs in Öl") verwendet bzw. in Filetform angeboten.

Seehecht

Verbrauch
Pro Kopf und Jahr: 1,3 kg
Verzehr pro Tag (geschätzt): 3,0 g

Warenkunde
Der Seehecht hat eine schlanke Körperform mit sehr spitzem Kopf und „stacheligen" Flossen. Er erreicht Längen von über 1 m.

Seehecht dürfte vielen in Form von Fischstäbchen bekannt sein.

Boniten (Thunfischarten)

Verbrauch
Pro Kopf und Jahr: 1,3 kg
Verzehr pro Tag (geschätzt): 3,0 g

Warenkunde
Thunfischarten unterscheiden sich erheblich hinsichtlich ihrer Größe und Fleischfarbe: *Roter Thun* ist dunkelfleischig und wird bis 3 Meter lang, *Weißer Thun* ist hellfleischig und kleiner. Der Thunfisch ist ein Raubfisch, der im Mittelmeer, im Pazifik und Atlantik lebt. Die Boniten gehören zu einer eigenen Gattung – sie dürfen deshalb nur als Thun mit dem Zusatz – (Bonito) – gehandelt werden.

Thunfisch hat ein rötliches, festes und sehr aromatisches Fleisch. Das wohl bekannteste Thunfischerzeugnis sind Thunfischkonserven mit oder ohne Öl bzw. Gemüsezutaten.

FISCH

Köhler (Seelachs) (150 g)
absolute Menge in

	100 g	1 Portion	Note
Energie, kcal	88,00	132,00	2
Wasser, g	80,20	120,30	
Eiweiß, g	18,30	27,50	3
Fett (gesamt), g	0,78	1,17	1
davon mehrfach ungesättigte Fettsäuren, g	–	–	
Cholesterin, mg	71,00	106,50	6
Kohlenhydrate, g	0,00	0,00	6
Ballaststoffe, g	(0)	(0)	6
davon wasserlöslich	–	–	

Vitamine

Vitamin A, µg RÄq	10,50	15,80	5
Vitamin D, µg	0,54	0,81	1
Vitamin E, mg TÄq	0,39	0,59	4
Vitamin K, µg	(0)	(0)	6
Vitamin B_1, mg	0,09	0,14	2
Vitamin B_2, mg	0,35	0,53	1
Vitamin B_6, mg	0,33	0,49	1
Vitamin B_{12}, µg	3,50	5,30	1
Niacin, mg Äq	4,00	6,00	1
Folsäure, µg	10,00	15,00	4
Pantothensäure, mg	0,36	0,54	2
Biotin, µg	7,50	11,30	1
Vitamin C, mg	–	–	

Mineralstoffe

Kalium, mg	374,00	561,00	1
Kalzium, mg	14,00	21,00	5
Phosphor, mg	300,00	450,00	5
Magnesium, mg	–	–	
Eisen, mg	1,00	1,50	2
Fluor, µg	–	–	
Jod, µg	200,00	300,00	1
Selen, µg	–	–	
Zink, µg	–	–	
Natrium, mg	81,20	121,80	2

Wegweiser Lebensmittel

FISCH

Seehecht (150 g)

absolute Menge in

	100 g	1 Portion	Note
Energie, kcal	84,00	126,00	2
Wasser, g	80,80	121,20	
Eiweiß, g	17,20	25,80	3
Fett (gesamt), g	0,85	1,28	1
davon mehrfach ungesättigte Fettsäuren, g	0,27	0,40	4
Cholesterin, mg	–	–	
Kohlenhydrate, g	0,00	0,00	6
Ballaststoffe, g	(0)	(0)	6
davon wasserlöslich	–	–	
Vitamine			
Vitamin A, µg RÄq	14,00	21,00	4
Vitamin D, µg	0,18	0,27	4
Vitamin E, mg TÄq	0,14	0,21	5
Vitamin K, µg	(0)	(0)	6
Vitamin B_1, mg	0,10	0,15	1
Vitamin B_2, mg	0,20	0,30	1
Vitamin B_6, mg	0,19	0,29	1
Vitamin B_{12}, µg	1,89	2,84	1
Niacin, mg Äq	4,70	7,00	1
Folsäure, µg	12,00	18,00	4
Pantothensäure, mg	0,15	0,23	4
Biotin, µg	3,80	5,70	3
Vitamin C, mg	–	–	
Mineralstoffe			
Kalium, mg	–	–	
Kalzium, mg	41,00	62,00	3
Phosphor, mg	–	–	
Magnesium, mg	–	–	
Eisen, mg	–	–	
Fluor, µg	–	–	
Jod, µg	–	–	
Selen, µg	–	–	
Zink, µg	–	–	
Natrium, mg	101,00	151,50	2

FISCH

Thunfisch (100 g)
absolute Menge in

	100 g	1 Portion	Note
Energie, kcal		242,00	3
Wasser, g		61,50	
Eiweiß, g		21,50	2
Fett (gesamt), g		15,50	2
davon mehrfach ungesättigte Fettsäuren, g		4,57	1
Cholesterin, mg		80,00	4
Kohlenhydrate, g		0,00	6
Ballaststoffe, g		(0)	6
davon wasserlöslich		–	

Vitamine

Vitamin A, µg RÄq		450,00	1
Vitamin D, µg		5,38	1
Vitamin E, mg TÄq		–	
Vitamin K, µg		(0)	6
Vitamin B_1, mg		0,16	1
Vitamin B_2, mg		0,16	2
Vitamin B_6, mg		0,46	1
Vitamin B_{12}, µg		4,25	1
Niacin, mg Äq		8,50	1
Folsäure, µg		15,00	4
Pantothensäure, mg		0,66	2
Biotin, µg		–	
Vitamin C, mg		–	

Mineralstoffe

Kalium, mg		293,00	2
Kalzium, mg		40,00	4
Phosphor, mg		200,00	2
Magnesium, mg		20,00	4
Eisen, mg		1,00	3
Fluor, µg		28,00	5
Jod, µg		50,00	1
Selen, µg		130,00	1
Zink, µg		1700,00	1
Natrium, mg		43,00	1

Wegweiser Lebensmittel

FISCH

Rotbarsch

Verbrauch
Pro Kopf und Jahr: 1,1 kg
Verzehr pro Tag (geschätzt): 3,0 g

Warenkunde
Rotbarsch ist ein Tiefseefisch aus dem Nordatlantik. Er wird durchschnittlich 40 cm lang, kann jedoch auch Größen von 1 Meter erreichen. Man unterscheidet zwischen dem dunkelroten Tiefseerotbarsch mit magerem Fleisch und dem goldgelben Rotbarsch (aufgrund seiner Färbung auch Goldbarsch genannt), der relativ fettreich ist.

Wegen seiner harten Schuppen und stacheligen Flossen wird Rotbarsch meist filetiert angeboten. Er gilt als beliebter Bratfisch, weil sein Fleisch relativ fest ist und bei der Zubereitung nicht so leicht zerfällt.

Makrele

Verbrauch
Pro Kopf und Jahr: 0,93 kg

Warenkunde
Die Makrele ist in großen Schwärmen im Nordatlantik und im Mittelmeer zu Hause. Sie erreicht Größen von 30 bis 50 cm. Der Fisch schimmert perlmuttartig, hat einen weißen Bauch und einen dunkelgrünen Rücken. Durch schwarze Querstreifen auf dem Rücken ist die Makrele leicht von anderen Fischen ähnlicher Größe zu unterscheiden. Besonders schmackhaft soll sie zwischen Mai und Oktober sein.

Makrelen sind relativ fettreich, daher müssen sie durch rasche Kühlung nach dem Fang vor Verderbnis geschützt werden. Das Makrelenfett besteht zu einem großen Teil aus mehrfach ungesättigten Fettsäuren. Dies sind Fettbausteine, die günstig auf einen zu hohen Cholesterinspiegel wirken.

FISCH

Rotbarsch (150 g)
absolute Menge in

	100 g	1 Portion	Note
Energie, kcal	114,00	171,00	2
Wasser, g	76,90	115,40	
Eiweiß, g	18,20	27,30	3
Fett (gesamt), g	3,61	5,40	1
davon mehrfach ungesättigte Fettsäuren, g	0,87	1,31	2
Cholesterin, mg	38,00	57,00	3
Kohlenhydrate, g	0,00	0,00	6
Ballaststoffe, g	(0)	(0)	6
davon wasserlöslich	–	–	
Vitamine			
Vitamin A, µg RÄq	12,00	18,00	5
Vitamin D, µg	2,30	3,45	1
Vitamin E, mg TÄq	1,25	1,88	1
Vitamin K, µg	(0)	(0)	6
Vitamin B_1, mg	0,11	0,17	1
Vitamin B_2, mg	0,08	0,12	3
Vitamin B_6, mg	0,33	0,49	1
Vitamin B_{12}, µg	3,80	5,70	1
Niacin, mg Äq	2,50	3,80	1
Folsäure, µg	–	–	
Pantothensäure, mg	0,29	0,44	3
Biotin, µg	4,70	7,10	2
Vitamin C, mg	0,80	1,20	5
Mineralstoffe			
Kalium, mg	308,00	462,00	1
Kalzium, mg	22,00	33,00	4
Phosphor, mg	201,00	302,00	3
Magnesium, mg	29,00	44,00	1
Eisen, mg	0,69	1,04	3
Fluor, µg	140,00	210,00	1
Jod, µg	99,00	149,00	1
Selen, µg	44,00	66,00	1
Zink, µg	590,00	885,00	3
Natrium, mg	80,00	120,00	2

Wegweiser Lebensmittel

FISCH

Makrele (150 g)

absolute Menge in

	100 g	1 Portion	Note
Energie, kcal	195,00	293,00	3
Wasser, g	68,00	102,00	
Eiweiß, g	18,70	28,00	3
Fett (gesamt), g	11,90	17,90	3
davon mehrfach ungesättigte Fettsäuren, g	2,27	3,40	1
Cholesterin, mg	69,00	103,50	5
Kohlenhydrate, g	0,00	0,00	6
Ballaststoffe, g	(0)	(0)	6
davon wasserlöslich	–	–	
Vitamine			
Vitamin A, µg RÄq	100,00	150,00	1
Vitamin D, µg	1,00	1,50	1
Vitamin E, mg TÄq	1,25	1,88	1
Vitamin K, µg	(0)	(0)	6
Vitamin B_1, mg	0,13	0,19	1
Vitamin B_2, mg	0,36	0,54	1
Vitamin B_6, mg	0,63	0,95	1
Vitamin B_{12}, µg	9,00	13,50	1
Niacin, mg Äq	7,50	11,30	1
Folsäure, µg	1,24	1,86	5
Pantothensäure, mg	0,46	0,69	1
Biotin, µg	4,00	6,00	3
Vitamin C, mg	0,00	0,00	6
Mineralstoffe			
Kalium, mg	396,00	594,00	1
Kalzium, mg	12,00	18,00	5
Phosphor, mg	244,00	366,00	4
Magnesium, mg	30,00	45,00	1
Eisen, mg	1,00	1,50	2
Fluor, µg	30,00	45,00	5
Jod, µg	74,00	111,00	1
Selen, µg	35,00	53,00	1
Zink, µg	500,00	750,00	4
Natrium, mg	95,00	142,50	2

FISCH

Kabeljau

Verbrauch
Pro Kopf und Jahr: 0,4 kg

Warenkunde
Der Kabeljau ist ein im Nordatlantik, der Nord- und Ostsee beheimateter Raubfisch, der bis zu 1,5 Meter lang und 15 kg schwer werden kann. Junger, noch nicht geschlechtsreifer Kabeljau sowie Kabeljau, der aus der Ostsee stammt, wird auch als Dorsch bezeichnet.

Kabeljau wird als Frischfisch und Filet verkauft, er liefert mageres, weißes Fleisch. Die fettreiche Leber (Dorschleber) wird als Konserve gehandelt bzw. zur Produktion von Lebertran verwendet. Als Kabeljau-Spezialitäten gelten *Stockfisch*, luftgetrockneter Kabeljau und *Klippfisch*, gesalzener und ebenfalls luftgetrockneter Kabeljau – früher direkt auf den Klippen getrocknet. Aus dem Rogen von Kabeljau wird häufig auch Kaviar-Ersatz („Deutscher Kaviar") hergestellt.

Scholle

Verbrauch
Pro Kopf und Jahr: 0,2 kg

Warenkunde
Die Scholle zählt zu den Plattfischen. Diese verdanken ihren Namen der charakteristischen, stark zusammengedrückten Körperform. Alle Plattfische haben eine ihrer Körperseiten dem Meeresboden zugewandt. Je nachdem, welche Körperseite nach oben gerichtet ist, haben sich die Augen verlagert. Die Ausrichtung der Augen ist artspezifisch. So sind z.B. beim Heilbutt die Augen nach rechts gewandert, beim Steinbutt dagegen nach links.

Platt, mit roten Flecken und schiefen Augen ist die Scholle nicht gerade eine Schönheit. Dennoch hat sie unter den zahlreichen Plattfischen die größte wirtschaftliche Bedeutung. Sie wird bis zu 40 cm lang. Ganze Fische sollte man sich vom Händler filetieren lassen. Mit Ausnahme der Maischolle ist sowohl die obere als auch die untere Haut von Plattfischen vor dem Verzehr zu entfernen.

Neben der Scholle sind die Flunder, die Seezunge sowie der Steinbutt und der Heilbutt von gewisser Handelsbedeutung.

FISCH

Kabeljau (150 g)

absolute Menge in

	100 g	1 Portion	Note
Energie, kcal	82,00	123,00	2
Wasser, g	80,80	121,20	
Eiweiß, g	17,70	26,60	3
Fett (gesamt), g	0,40	0,60	1
davon mehrfach ungesättigte Fettsäuren, g	0,11	0,17	5
Cholesterin, mg	47,00	70,50	4
Kohlenhydrate, g	0,00	0,00	6
Ballaststoffe, g	(0)	(0)	6
davon wasserlöslich	–	–	
Vitamine			
Vitamin A, µg RÄq	10,00	15,00	5
Vitamin D, µg	1,30	1,90	1
Vitamin E, mg TÄq	0,26	0,39	4
Vitamin K, µg	(0)	(0)	6
Vitamin B_1, mg	0,06	0,09	3
Vitamin B_2, mg	0,05	0,08	4
Vitamin B_6, mg	0,20	0,30	1
Vitamin B_{12}, µg	0,53	0,79	1
Niacin, mg Äq	2,30	3,50	1
Folsäure, µg	12,00	18,00	4
Pantothensäure, mg	0,12	0,18	4
Biotin, µg	1,50	2,30	4
Vitamin C, mg	2,00	3,00	5
Mineralstoffe			
Kalium, mg	356,00	534,00	1
Kalzium, mg	24,00	36,00	4
Phosphor, mg	184,00	276,00	3
Magnesium, mg	25,00	38,00	2
Eisen, mg	0,44	0,66	4
Fluor, µg	28,00	42,00	5
Jod, µg	120,00	180,00	1
Selen, µg	27,00	40,50	1
Zink, µg	500,00	750,00	4
Natrium, mg	72,00	108,00	2

Scholle (150 g)

absolute Menge in

	100 g	1 Portion	Note
Energie, kcal	83,00	125,00	2
Wasser, g	80,70	121,00	
Eiweiß, g	17,10	25,70	3
Fett (gesamt), g	0,80	1,20	1
davon mehrfach ungesättigte Fettsäuren, g	–	–	
Cholesterin, mg	63,00	94,50	5
Kohlenhydrate, g	0,00	0,00	6
Ballaststoffe, g	(0)	(0)	6
davon wasserlöslich	–	–	

Vitamine

	100 g	1 Portion	Note
Vitamin A, µg RÄq	3,00	4,50	5
Vitamin D, µg	2,70	4,00	1
Vitamin E, mg TÄq	0,56	0,84	3
Vitamin K, µg	(0)	(0)	6
Vitamin B_1, mg	0,21	0,32	1
Vitamin B_2, mg	0,22	0,33	1
Vitamin B_6, mg	0,22	0,33	1
Vitamin B_{12}, µg	1,45	2,20	1
Niacin, mg Äq	4,00	6,00	1
Folsäure, µg	11,00	17,00	4
Pantothensäure, mg	0,80	1,20	1
Biotin, µg	1,08	1,75	5
Vitamin C, mg	1,50	2,30	5

Mineralstoffe

	100 g	1 Portion	Note
Kalium, mg	311,00	467,00	1
Kalzium, mg	61,00	92,00	2
Phosphor, mg	198,00	297,00	3
Magnesium, mg	22,00	33,00	2
Eisen, mg	0,90	1,35	2
Fluor, µg	240,00	360,00	1
Jod, µg	190,00	285,00	1
Selen, µg	65,00	98,00	1
Zink, µg	500,00	750,00	4
Natrium, mg	104,00	156,00	2

FISCH

Sonstige Fischarten

Der *Dornhai*, ein Raubfisch der Nordsee, ist bei uns meist nur als Schillerlocke oder Seeaal bekannt. Seinen Namen verdankt er den kräftigen Stacheln vor jeder Rückenflosse. Schillerlocken sind enthäutete, geräucherte Bauchlappen, „Seeaal" ist die enthäutete Rückenmuskulatur des Dornhais.

Schellfisch zählt zu den kabeljauartigen Fischen, er unterscheidet sich von diesen durch einen runden schwarzen Fleck an der Seitenlinie. Wegen seines zarten, weichen und sehr mageren Fleisches ist Schellfisch als Kochfisch beliebt. Ausgewachsene Exemplare erreichen eine Länge von 1 Meter und ein Gewicht von 12 kg.

Im Vergleich zu den Seefischen haben **Süßwasserfische** in der Bundesrepublik nur relativ geringe Marktbedeutung. Die beliebtesten Süßwasserfische sind *Lachs, Forellen* und *Karpfen*. Der Lachs wird zu den Süßwasserfischen gerechnet, weil er seine Jugend im Süßwasser verbringt. Zum laichreifen Fisch wächst er im Meer heran, um zum Laichen ins Süßwasser zurückzukehren. Der größte Teil des Edelfisches stammt heute nicht mehr aus der Binnenfischerei, sondern aus Meerfarmen. Lachs ist mit den Forellen verwandt und kann bis zu 1,5 m lang werden. Sein blaßrosa gefärbtes Fleisch schmeckt sehr edel, ist zart und grätenarm. Auch die Süßwasserfische Aal, Hecht, Zander und Barsch sind von gewisser regionaler Bedeutung.

Auch **Schalen- und Krustentiere**, die im Meer bzw. Süßwasser leben, werden in den statistischen Angaben über den Lebensmittelverbrauch unter der Rubrik Fisch geführt.

Die im Wasser lebenden Schalentiere sind Weichtiere, die durch eine Kalkschale geschützt werden (Muscheln). Die bekannteste Muschel ist wohl die *Auster*, in der Bundesrepublik wird jedoch hauptsächlich die *Miesmuschel* verzehrt. Muscheln sind selbst unverletzt außerhalb des Wassers nur kurze Zeit haltbar. Extrem schnelle Abläufe bei Vertrieb und Verkauf sind daher erforderlich. Offene Muscheln müssen vor der Zubereitung aussortiert werden, wenn sie sich auf leichten Druck oder bei Kontakt mit Süßwasser nicht selbständig schließen. Sind Muscheln nach dem Kochen noch verschlossen, sind sie ebenfalls nicht genießbar.

Bei den Krusten- oder Krebstieren unterscheidet man in langschwänzige und kurzschwänzige Krebse. Zu ersteren zählen *Hummer*, mit den typischen großen Scheren; *Langusten*, die im Gegensatz zum Hummer statt Scheren zwei lange Fühler haben; *Kaisergranat* (besser bekannt als *Scampi*), der „Hummer für jedermann", und *Garnelen*, kleine Krebse mit nach hinten abgebogenem Schwanz. Die oft verwendete Bezeichnung „Krabben" für die bis zu 6 cm langen Nordseegarnelen ist übrigens zoologisch falsch. Dieser Name ist eigentlich den kurzschwänzigen Krebsarten vorbehalten. *Shrimps* ist der Handelsname für eine Vielzahl verschiedener Garnelenarten wie Tiefseegarnelen oder Felsengarnelen.

Zu den kurzschwänzigen Krebsen zählen z.B. Taschenkrebse. Hummer, Langusten und Krebse müssen vor der Zubereitung noch ihre Muskeln bewegen können – sie werden bei lebendigem Leibe ins heiße Wasser geworfen.

FISCH

Karpfen (150 g)
absolute Menge in

	100 g	1 Portion	Note
Energie, kcal	125,00	188,00	2
Wasser, g	75,80	113,70	
Eiweiß, g	18,00	27,00	3
Fett (gesamt), g	4,80	7,20	1
davon mehrfach ungesättigte Fettsäuren, g	1,10	1,65	1
Cholesterin, mg	67,00	100,00	5
Kohlenhydrate, g	0,00	0,00	6
Ballaststoffe, g	(0)	(0)	6
davon wasserlöslich	–	–	

Vitamine

Vitamin A, µg RÄq	44,00	66,00	3
Vitamin D, µg	2,70	4,05	1
Vitamin E, mg TÄq	0,50	0,75	3
Vitamin K, µg	(0)	(0)	6
Vitamin B_1, mg	0,07	0,11	3
Vitamin B_2, mg	0,05	0,08	4
Vitamin B_6, mg	0,15	0,23	1
Vitamin B_{12}, µg	1,90	2,85	1
Niacin, mg Äq	1,90	2,85	1
Folsäure, µg	–	–	
Pantothensäure, mg	0,45	0,68	2
Biotin, µg	7,60	11,40	1
Vitamin C, mg	1,00	1,50	5

Mineralstoffe

Kalium, mg	306,00	459,00	1
Kalzium, mg	52,00	78,00	3
Phosphor, mg	216,00	324,00	4
Magnesium, mg	30,00	45,00	1
Eisen, mg	1,10	1,65	1
Fluor, µg	32,00	48,00	5
Jod, µg	1,70	2,55	5
Selen, µg	60,00	90,00	1
Zink, µg	470,00	705,00	4
Natrium, mg	46,00	69,00	1

FISCH

Forelle (150 g)

absolute Menge in

	100 g	1 Portion	Note
Energie, kcal	112,00	168,00	2
Wasser, g	76,00	114,00	
Eiweiß, g	19,50	29,30	3
Fett (gesamt), g	2,73	4,10	1
davon mehrfach ungesättigte Fettsäuren, g	0,78	1,17	2
Cholesterin, mg	56,00	84,00	4
Kohlenhydrate, g	0,00	0,00	6
Ballaststoffe, g	(0)	(0)	6
davon wasserlöslich	–	–	
Vitamine			
Vitamin A, µg RÄq	45,00	67,50	3
Vitamin D, µg	4,50	6,75	1
Vitamin E, mg TÄq	0,21	0,32	5
Vitamin K, µg	(0)	(0)	6
Vitamin B_1, mg	0,08	0,12	2
Vitamin B_2, mg	0,08	0,12	3
Vitamin B_6, mg	0,18	0,27	1
Vitamin B_{12}, µg	4,50	6,75	1
Niacin, mg Äq	3,41	5,10	1
Folsäure, µg	–	–	
Pantothensäure, mg	0,55	0,83	1
Biotin, µg	7,60	11,40	1
Vitamin C, mg	–	–	
Mineralstoffe			
Kalium, mg	465,00	698,00	1
Kalzium, mg	18,00	27,00	5
Phosphor, mg	242,00	363,00	4
Magnesium, mg	27,00	41,00	1
Eisen, mg	0,69	1,04	3
Fluor, µg	30,00	45,00	5
Jod, µg	3,20	4,80	5
Selen, µg	800,00	1200,00	1
Zink, µg	480,00	720,00	4
Natrium, mg	40,00	60,00	1

FISCH

Miesmuschel (100 g)
absolute Menge in

	100 g	1 Portion	Note
Energie, kcal		56,00	1
Wasser, g		83,00	
Eiweiß, g		9,80	3
Fett (gesamt), g		1,30	1
davon mehrfach ungesättigte Fettsäuren, g		0,33	5
Cholesterin, mg		126,00	6
Kohlenhydrate, g		(0)	6
Ballaststoffe, g		(0)	6
davon wasserlöslich		–	

Vitamine

	100 g	1 Portion	Note
Vitamin A, µg RÄq		54,00	3
Vitamin D, µg		–	
Vitamin E, mg TÄq		0,75	3
Vitamin K, µg		–	
Vitamin B_1, mg		0,16	1
Vitamin B_2, mg		0,22	1
Vitamin B_6, mg		0,08	4
Vitamin B_{12}, µg		8,00	1
Niacin, mg Äq		1,60	2
Folsäure, µg		33,00	2
Pantothensäure, mg		–	
Biotin, µg		–	
Vitamin C, mg		3,20	5

Mineralstoffe

	100 g	1 Portion	Note
Kalium, mg		277,00	2
Kalzium, mg		27,00	5
Phosphor, mg		246,00	3
Magnesium, mg		36,00	2
Eisen, mg		5,12	1
Fluor, µg		–	
Jod, µg		130,00	1
Selen, µg		48,00	1
Zink, µg		2700,00	1
Natrium, mg		296,00	3

Salz

Verbrauch
Pro Kopf und Jahr: 5,4 kg
Verzehr pro Tag (geschätzt): 10,0 g

Geschichte
Die Geschichte des Salzes und seiner Verwendung umfaßt einige Jahrtausende. Bereits in **prähistorischer Zeit** spielte Salz eine bedeutende Rolle – in vielen Kulturen galt es gar als heilig. Die Menschen konnten sich die Herkunft des Salzes nicht erklären und betrachteten es deshalb als „Göttergabe".

Die regelmäßige Verwendung von Salz begann vermutlich um 10.000 v.Chr., als die Menschen sich zunehmend von gekochter Nahrung ernährten und Salz als Geschmackszutat schätzen lernten. Damals entdeckten sie auch die konservierenden Fähigkeiten von Salz. Dort, wo Wasser und auf natürlichem Wege auskristallisiertes Salz vorhanden war, ließen sich die Menschen häuslich nieder und errichteten Siedlungen.

Die Hochkultur der alten **Ägypter** betrieb die Salzgewinnung aus Wasser bereits professionell. Sie leiteten das salzhaltige Wasser des Mittelmeeres in flache Teiche (sog. **Salzgärten**) und ließen es unter der Sonne verdampfen. Zurück blieb Kochsalz, das allerdings leicht bräunlich gefärbt war und bitter schmeckte. Eigenschaften, die auf Verunreinigungen zurückzuführen waren. Salz aus Oasenwasser war sehr viel weißer und reiner.

Die Salzgewinnung aus dem Meer war zu allen Zeiten der Salzgeschichte ein wichtiges Verfahren der Salzproduktion. Auch heute noch werden ca. 30% der Weltproduktion aus Meerwasser gewonnen – vor allem in den südlichen Ländern, wo die Bedingungen für die natürliche Salzgewinnung aufgrund der Wärme besonders günstig ist.

Auch die vielzitierten **Römer** priesen die „unvergleichliche Kraft des Salzes". Ihr kostbarstes Gut, ein silbernes Salzfäßchen (salinum), das sie von einer Generation auf die andere vererbten, zeugt von der Wertschätzung. Römische Soldaten erhielten ihren Lohn (salarium) lange Zeit als Salzration, und salzhaltige Quellen wurden damals häufig zur Ursache blutiger Kriege. Eine der ersten Handelsstraßen für Salz war die Via Salaria im römischen Reich. Ein umgefallenes Salzgefäß gilt seit römischen Zeiten als schlechtes Zeichen.

Durch das Verdunsten früher Meere haben sich schon vor Millionen Jahren unterirdische Salzvorkommen gebildet. Die Entdeckung dieser Steinsalzvorkommen führte zur Etablierung des **Salzbergbaus** vor allem in kühleren Regionen bzw. im Landesinneren, wo die Bedingungen für eine Salzgewinnung aus Meerwasser nicht zum besten standen. Bereits zu Urzeiten sollen die Menschen Stollen in die Berge gegraben haben, um dort das kostbare Gut abzubauen. Städtenamen wie Salzburg, Halle an der Saale, Reichenhall oder Salzgitter weisen auf Salzvorkommen in der Gegend hin.

In Deutschland griff man zur Gewinnung größerer Salzmengen bis ins 19. Jahrhundert vornehmlich auf natürliche salzhaltige Quellen und Brunnen (**Sole**) zurück. In Siedehäusern (Salinen) wurde die Sole mit Hilfe gewaltiger Feuer in offenen Gefäßen eingedampft – trockenes Kochsalz blieb zurück. Die Salzsiederei erklärt übrigens auch die Herkunft des

Begriffs „Kochsalz". Sole konnte auch „künstlich" erzeugt werden, indem man Wasser in unterirdische Steinsalzlager einleitete, das so entstandene Salzwasser mittels Pumpen zutage förderte und wieder eindampfte. Oft ließ man die künstliche Sole vor dem Eindampfen über große Gestelle mit Schilf oder Ästen (sog. Gradierwerke) fließen. Sonne und Wind sorgten dafür, daß ein großer Teil des Wassers verdunstete und die Sole konzentrierter wurde.

Ernährung
Spricht man von Salz, so ist gewöhnlich Kochsalz gemeint. Chemisch betrachtet besteht es aus nur zwei Elementen (Natrium und Chlor) die sich zum **Natriumchlorid** (Kochsalz) zusammengetan haben.

Im menschlichen Körper erfüllen beide Elemente wichtige Aufgaben. So ist **Natrium** an der Erregbarkeit von Muskeln und Nerven sowie an der Aufnahme von Zuckern und Eiweißbausteinen aus dem Darm beteiligt und regelt die Aktivität verschiedener Verdauungsenzyme. Außerdem ist es ein Baustein der Knochen. Zusammen mit **Chlorid** bindet Natrium Wasser und hält es im Gewebe. Ferner sorgen die beiden Elemente dafür, daß in den Körperflüssigkeiten immer ein ganz bestimmter Druck aufrecht erhalten bleibt.

Ein **Salzmangel** ist unter normalen Lebensbedingungen kaum zu befürchten. Wenn es zu Salzverlusten kommt, ist damit auch immer ein Verlust an Körperwasser und anderen darin gelösten Mineralstoffen verbunden. Durch extremes Schwitzen, Durchfälle und Blutverluste (z.B. nach Unfällen) sind derartige Salzmangelzustände denkbar. In solchen Fällen wird ein Arzt zum Ausgleich des Mineralstoffmangels und des Flüssigkeitsverlustes Lösungen geben, die unter anderem Kochsalz enthalten. Eine einfache Form dieser Lösungen stellt das alte Hausrezept bei Durchfall dar: Limonade mit Salzstangen.

Salzüberfluß ist bei der heutigen Ernährungsweise dagegen schon häufiger anzutreffen. Eine übermäßige Aufnahme von Kochsalz ist gesundheitlich nicht unbedenklich und insbesondere für salzempfindliche Menschen mit einem erhöhten **Blutdruck** ein Risikofaktor. Aufgrund einer erblichen Veranlagung gibt es Personen, die auf die in Industrienationen übliche Kochsalzzufuhr mit Bluthochdruck reagieren (salzempfindliche Personen).

Neuere Studien zeigen, daß Natrium vorwiegend in Verbindung mit Chlorid blutdrucksteigernd wirkt, nicht aber in anderen Verbindungen (z.B. als Natriumbikarbonat, das in Mineralwasser vorkommt). Es wird sogar diskutiert, daß das Chlorid allein für eine Blutdrucksteigerung verantwortlich sei.

Da es schwer abzuschätzen ist, wer genetisch bedingt salzempfindlich ist, gilt nach wie vor die Empfehlung, es mit dem Zusalzen nicht zu übertreiben. Insbesondere salzempfindliche Hochdruck-Patienten sollten zusätzlich auf kochsalzreduzierte Lebensmittel zurückgreifen. Denn: Mit bearbeiteten Lebensmitteln nimmt der Bundesbürger Tag für Tag etwa 6,5 g Kochsalz zu sich. Etwa 2 g verwendet er täglich, um Speisen am Herd oder bei Tisch zu salzen – das entspricht ungefähr einem halben Teelöffel – und 1,5 g stammen aus unverarbeiteten Lebensmitteln.

SALZ

Als ausreichend wird für den Erwachsenen heute ein Salzverzehr von etwa 5 g pro Tag angesehen, von einer Zufuhr über 10 g täglich wird abgeraten. Grundsätzlich läßt sich der Salz-Konsum am besten kontrollieren, wenn die Verarbeitung bzw. Zubereitung der Lebensmittel in Ihrer Hand liegt.

Zur Beeinflussung eines erhöhten Blutdrucks ist jedoch nicht allein die Beschränkung des Kochsalzverzehrs von Bedeutung. Auch eine Gewichtsabnahme, der Verzicht auf Alkohol und Zigaretten sowie Streßabbau sind wirksame Methoden, den Blutdruck zu senken.

Eine wesentliche Eigenschaft des Kochsalzes ist sein Wasserbindungsvermögen (1 g Kochsalz bindet 100 ml Wasser). Bei einem Übermaß an Natrium und Chlorid im Körper kann so viel Flüssigkeit zurückgehalten werden, daß es zur Bildung von **Ödemen** kommt (Wasseransammlungen im Gewebe). Die Salzzufuhr mit der Nahrung ist zwar nicht als Ursache für Ödeme zu sehen, trägt aber zum relativen Salzüberschuß bei und verstärkt die Wasseransammlungen. Bei Ödemen sollte daher auf eine salzarme Ernährung geachtet werden.

Warenkunde

Meersalz wird, wie der Name bereits andeutet, aus Meer- und Salzseewasser gewonnen. Neben Natrium und Chlorid sind im Meersalz als einzigem natürlich vorkommenden Salz weitere Mineralstoffe in geringen Mengen enthalten. Zur Bedarfsdeckung sind diese Mengen jedoch unerheblich.

Steinsalz stammt aus unterirdischen Salzablagerungen, die ähnlich wie im Kohlebergbau unter Tage abgebaut werden. Durch Brechen, Mahlen und Sieben wird Steinsalz zu Salz verschiedener Feinheit aufbereitet.

Siede- und Salinensalz kommt ebenfalls aus den Tiefen der Erde. Nur wird es nicht bergmännisch abgebaut, sondern durch das Eindampfen von Salzwasser (Sole) in modernen Siedeanlagen gewonnen. Natürliche Sole entsteht, wenn sich Steinsalzlager mit unterirdischen Quellen verbinden. Zur Erzeugung künstlicher Sole werden Salzlager unter Wasser gesetzt.

Bei *jodiertem Speisesalz* handelt es sich um Kochsalz, dem Jod (meist in Form von Kaliumjodat) zugesetzt wurde. Es enthält 20 mg Jod ($\pm$ 5 mg) je Kilogramm Salz und ist insbesondere zur Vorbeugung von Jodmangelkrankheiten zu empfehlen. Die alleinige Verwendung von Jodsalz reicht aber nicht zur Deckung des täglichen Jodbedarfs von 200 µg aus. Lebensmittel, die relativ viel Jod enthalten, sind vor allem Seefische. Erfreulicherweise enthalten heute auch viele industriell hergestellten Lebensmittelprodukte Jodsalz anstelle von herkömmlichem Kochsalz.

Unter *Diätsalz* versteht man Kochsalzersatz für natriumempfindliche Personen, bei dem Natrium durch ein anderes Element, meist Kalium, ersetzt wurde. Personen mit Nierenfunktionsstörungen sollten dieses Salz nur nach Rücksprache mit ihrem Arzt verwenden.

Gewürz- oder Kräutersalz ist eine Mischung aus normalem Kochsalz mit verschiedenen Gewürzen bzw. Kräutern. Der Kochsalzanteil beträgt über 40 %.

Pökelsalz wird in der gewerblichen Herstellung von Fleisch- und Wurstwaren zur Haltbarmachung und zur Erhöhung der Saftigkeit verwendet. Gleichzeitig bewirkt es eine Rötung der Produkte. Im normalen Einzelhandel ist Pökelsalz nicht erhältlich.

SALZ

Tips und Tricks

In medizinischen Badeorten stehen auch heute noch Gradierwerke (siehe Seite 269). Ein Spaziergang entlang dieser Bauten ist bei *Erkrankungen der Atemwege* ähnlich wohltuend wie ein Aufenthalt an der See. Die salzhaltige Luft wirkt schleimhautabschwellend und beugt gleichzeitig einem Austrocknen vor.

Salzbäder (medizinisch: Solebäder) fördern die Hautdurchblutung und lindern rheumatische Beschwerden, Gicht und Ischias. Auch zur Behandlung verschiedener Hautkrankheiten werden Solebäder eingesetzt. Salzbäder lassen sich nicht nur im Meer oder in Kurorten durchführen. Das häusliche Solebad kann man ganz einfach durch die Zugabe von einem Gramm Kochsalz zu jedem Liter Badewasser herstellen. Salzige Fußbäder können bei müden und schmerzenden Füßen helfen.

Wer auf kochsalzarme Kost achten muß, kann sich zum *Würzen* der zu Hause zubereiteten Gerichte aus einer breiten Palette von Gewürzen oder Küchenkräutern bedienen. Von Anis über Dill und Pfeffer bis Zimt reicht das Spektrum der Gewürze. Bei den bekanntesten Küchenkräutern beginnt das Alphabet mit B wie Basilikum und endet bei Z wie Zitronenmelisse.

Den alten Trick mit den *Rotweinflecken* kennt wahrscheinlich jeder. (Frische Rotweinflecken mit Salz bestreuen – sie lassen sich dann mit kaltem Wasser auswaschen.) Aber wer hat schon davon gehört, daß lauwarmes Salzwasser *Kaffeeflecken* verschwinden läßt, daß Kerzen angeblich nicht tropfen sollen, wenn man sie vor Gebrauch in kaltes Salzwasser legt, oder daß ein Eßlöffel Salz im Abwaschwasser *Kristall und Besteck* neuen Glanz verleiht. Doch damit nicht genug: Sind weiße *Gardinen*, Taschentücher etc. vergilbt, legen Sie sie über Nacht in lauwarmes Salzwasser. Nach dem nächsten Waschen sollten sie wieder strahlend weiß sein.

Für all diese Tricks gilt: Probieren geht über Studieren.

In unserer Nährwerttabelle haben wir Kochsalz nicht aufgeführt, weil es keine nennenswerten anderen Inhaltsstoffe als Natrium und Chlorid enthält.

Honig

Verbrauch
Pro Kopf und Jahr: 1,5 kg
Verzehr pro Tag (geschätzt):   4,0 g

Geschichte
Bevor die Möglichkeiten der Zuckerherstellung aus Zuckerrohr oder Zuckerrüben entdeckt wurden, diente Honig lange Zeit als einziges Süßungsmittel. Praktisch seit Urzeiten hat er den Süßhunger der Menschen gestillt und sie als Kräftigungs- und Heilmittel begleitet. Auch zur Schönheitspflege wurde Honig genutzt. Verstorbenen Ägyptern gab man Honig als Grabbeigabe mit auf den Weg ins Totenreich, ein Zeichen für seine Wertschätzung.

Honig wurde zunächst aus den Waben wilder Bienenvölker gewonnen, bis man feststellte, daß Bienen immer dort bleiben, wo sich ihre Königin niederläßt. Von diesem Zeitpunkt an entwickelte sich die systematische Imkerei.

Die Bundesbürger sind heute mit 1,5 kg verbrauchtem Honig pro Jahr in punkto Honigschlecken absolute Weltspitze.

Ernährung
Honig besteht in erster Linie aus **Invertzucker**, einem Gemisch aus Traubenzucker (Glukose) und Fruchtzucker (Fruktose) zu je gleichen Teilen. Im Gegensatz dazu ist Haushaltszucker (Saccharose) eine Verbindung der beiden Zuckerstoffe (vgl. Seite 294). Die stärkere Süßkraft von Invertzucker im Vergleich zur Saccharose kann man sich beispielsweise beim Süßen von Speisen oder Backwaren mit Honig statt Haushaltszucker zunutze machen.

Eiweiß, Vitamine und Mineralstoffe sind im Honig zwar enthalten, im Hinblick auf die üblichen Verzehrsmengen und den gleichzeitig aufgenommenen Zucker aber zu vernachlässigen. Die im Honig vorkommenden **Enzyme** (Wirkstoffe aus Eiweißbausteinen) werden im Verdauungsprozeß wie „normale" Eiweißstoffe abgebaut, sie bringen keine ernährungsphysiologische Aufwertung.

Alles in allem wird die Bedeutung des Honigs für unsere Ernährung meist überschätzt. Abgesehen vom Genußwert besitzt Honig keinen ausgeprägten Vorteil gegenüber anderen Zuckerstoffen.

Die vielgelobte kräftigende Wirkung des Honigs beruht auf dem Gehalt an schnell aufnehmbaren Zuckern. Diese Zucker sind jedoch auch für die kariesfördernde Wirkung des klebrigen Honigs verantwortlich.

Honig wurden und werden auch heute noch heilende Eigenschaften zugeschrieben. Auf offene Verletzungen gestrichen, soll er einen guten wundverschließenden Effekt haben, weil er dem Gewebe überschüssiges Wasser entzieht. Allerdings muß der Honig besonders sorgfältig gewonnen und die Bienen dürfen nicht mit Arzneimitteln behandelt worden sein. Gesundheitlich relevante bakterienhemmende Wirkungen führen einige Wissenschaftler schlicht auf die hohe Zuckerkonzentraion im Honig zurück – ähnlich wie auch der Zuckergehalt in Marmelade konservierend wirkt.

HONIG

Heiße Milch mit Honig, das alte Hausmittel gegen Erkältungen, wirkt kurzzeitig lindernd, weil die Mischung den gereizten Hals- und Rachenraum mit einem dünnen Schleimfilm überzieht. Mediziner betonen jedoch, daß das Milch-Honig-Gemisch, längerfristig angewendet, unerwünschten Krankheitserregern als idealer Nährboden dient und deren Vermehrung eher fördert als hemmt.

Warenkunde

Nach der Honigverordnung wird unter Honig ein flüssiges, dickflüssiges oder kristallines Lebensmittel verstanden, das von Bienen (Immen) erzeugt wird. Zu seiner Herstellung sammeln die Bienen Honigrohstoffe, wandeln sie durch bieneneigene Sekrete um und speichern das Produkt in Waben.

Man unterscheidet grundsätzlich zwischen **Blütenhonig** und **Honigtauhonig**. Als Rohstoff für Blütenhonig dient den Bienen Blütennektar, eine zuckerreiche Flüssigkeit, die von Pflanzen abgegeben wird, um zu ihrer Befruchtung Bienen anzulocken. Manche Insekten wie Schild- oder Blattläuse zapfen das Leitungssystem von Pflanzen an und saugen die zuckerhaltige Flüssigkeit auf. Einen Teil davon geben sie als sog. Honigtau wieder ab. An der Luft dickt dieser Saft schnell zu einer zuckerreichen Masse ein, die den Bienen als Rohstoff für ihre Honigproduktion dient. Bei genauem Hinsehen ist Honigtau in kleinen Tröpfchen auf Blättern oder Nadeln von Bäumen zu erkennen.

Bei der Umwandlung von Blütennektar oder Honigtau zu Honig wird die Zuckerzusammensetzung durch die Sekrete der Bienen verändert. Die enthaltene Saccharose wird fast vollständig in ihre Bausteine Fruchtzucker und Traubenzucker gespalten.

Honiggewinnung

Der Imker gewinnt den Honig aus den Waben, indem er sie einfach austropfen läßt, ausschleudert oder auspreßt.

Tropfhonig läuft nach Zerschneiden der brutfreien Bienenwaben durch ein Sieb ab und wird nicht mehr weiter bearbeitet. *Schleuderhonig*, die weitaus wichtigste Honigsorte, erhält man durch die Behandlung der Waben in einer speziellen Honigschleuder (Zentrifuge). Den ausgeschleuderten „Junghonig" läßt man einige Tage stehen, damit sich Luftbläschen und Wabenreste als Schaum absetzen und abgehoben werden können. Durch Auspressen gewonnener Honig wird als *Preßhonig* bezeichnet. Er ist trübe und schmeckt deutlich nach Bienenwachs. Wegen seines hohen Anteils an Pollen (Blütenstaub) und Wasser ist Preßhonig schimmelanfälliger und nicht so lange haltbar wie Schleuderhonig. Eine besondere Spezialität ist sog. *Wabenhonig*. Dieser Honig befindet sich noch in den abgedeckelten Waben und gelangt in diesem „Originalzustand" an den Honigfreund. *Scheibenhonig* nennt man in Scheiben geschnittene Waben mit Heidehonig, der aufgrund seiner gelartigen Beschaffenheit nicht ausläuft.

Sehr zähflüssige oder kristalline Honige lassen sich nicht ohne weiteres abfüllen, so daß der Imker sie durch leichtes Erwärmen (nicht über 40 °C) flüssiger macht. Höhere Temperaturen lassen das Honigaroma leiden. Ein zu hoch erhitzter Honig darf nur noch als „Backhonig" gehandelt werden.

HONIG

Die Bildung von Zuckerkristallen in Honig ist ein natürlicher Vorgang – jeder Honig kristallisiert über kurz oder lang aus. Honig, der viel Traubenzucker enthält (z.B. Rapshonig), kristallisiert schneller als Honig mit einem hohen Anteil Fruchtzucker (z.B. Akazienhonig). Auch hellere Flecken in einem festgewordenen Honig sind normal. Diese auch als „Blüten" bezeichneten Flecken entstehen durch Lufteinlagerungen zwischen den Honigkristallen. Überhaupt ist Honig sehr gut lagerfähig, wenn er gut verschlossen (er nimmt sonst leicht Fremdgerüche an und zieht Wasser) kühl und dunkel aufbewahrt wird.

Wird Honig unter einer **Sortenbezeichnung** (z.B. Rapshonig, Lindenhonig, Akazienhonig etc.) angeboten, muß er vorwiegend der genannten Blüte bzw. Pflanze, auch Tracht genannt, entstammen. Waldhonig ist ein gemischter Honig aus Honigtau von Fichten und verschiedenen Laubbaumarten.

Qualitätsangaben wie „feinste, beste, Auslese, kaltgeschleudert oder wabenecht" geben Hinweise auf besonders sorgfältige Gewinnung, Lagerung und Abfüllung. Für solchen Honig gelten gegenüber einfachem Speisehonig höhere gesetzliche Anforderungen an bestimmte Inhaltsstoffe.

Honig im Durchschnitt (20 g, 1 EL)

absolute Menge in

	100 g	1 Portion	Note
Energie, kcal	302,00	60,40	1
Wasser, g	18,60	3,70	
Eiweiß, g	0,38	0,07	4
Fett (gesamt), g	0,00	0,00	1
davon mehrfach ungesättigte Fettsäuren, g	–	–	
Cholesterin, mg	0,00	0,00	1
Kohlenhydrate, g	75,10	15,00	4
Ballaststoffe, g	(0)	(0)	6
davon wasserlöslich	–	–	

Vitamine

	100 g	1 Portion	Note
Vitamin A, µg RÄq	(0)	(0)	6
Vitamin D, µg	–	–	
Vitamin E, mg TÄq	–	–	
Vitamin K, µg	25,00	5,00	3
Vitamin B_1, mg	Spuren	(0)	6
Vitamin B_2, mg	0,05	0,01	5
Vitamin B_6, mg	0,16	0,03	5
Vitamin B_{12}, µg	–	–	
Niacin, mg Äq	0,13	0,03	5
Folsäure, µg	–	–	
Pantothensäure, mg	0,07	0,01	5
Biotin, µg	–	–	
Vitamin C, mg	2,40	0,48	5

Mineralstoffe

	100 g	1 Portion	Note
Kalium, mg	47,00	9,40	5
Kalzium, mg	4,50	0,90	5
Phosphor, mg	18,00	3,60	1
Magnesium, mg	5,50	1,10	5
Eisen, mg	1,30	0,26	5
Fluor, µg	–	–	
Jod, µg	0,50	0,10	5
Selen, µg	–	–	
Zink, µg	350,00	70,00	5
Natrium, mg	7,40	1,50	1

NÄHRSTOFFREGISTER

Nährstoffregister mit kleiner Nährstofflehre

Unser Körper ist auf die Zufuhr von Energie und ganz bestimmte chemische Nahrungsbestandteile (Nährstoffe) angewiesen, um die Leistung zu erbringen, die wir ihm tagtäglich abverlangen. Zu den Nährstoffen zählen Eiweiß, Fett, Kohlenhydrate, Vitamine und Mineralstoffe. Sie werden entsprechend ihren Eigenschaften im Körper als Brenn-, Bau- oder Reglerstoffe eingesetzt. Das folgende Nährstoffregister soll Ihnen einen kleinen Überblick über die Bedeutung der einzelnen Nährstoffe für den Organismus geben.

Aufgeführt sind die im ersten Teil des Buches in Tabellen benoteten Nährstoffe mit einem erläuternden Begleittext. In aufsteigender Reihenfolge sind die Lebensmittel aus diesem Buch nach ihren jeweiligen Nährstoffgehalten aufgelistet. Liegen für ein Lebensmittel zu einem bestimmten Nährstoff keine Daten über den Nährstoffgehalt vor, haben wir dieses Lebensmittel bei dem betreffenden Nährstoff nicht aufgeführt. Zur Orientierung haben wir die Schulnoten ebenfalls angegeben.

Energie

Die zur Aufrechterhaltung der Körperfunktionen benötigte Energie erhält der Mensch aus der Umsetzung („Verbrennung") der energieliefernden Nährstoffe Fett, Kohlenhydrate und z.T. Eiweiß. Die bei der Umsetzung (als Stoffwechsel bezeichnet) dieser Nährstoffe freiwerdende Energie wird an Energieträger gebunden (ATP) und so für den Betrieb des Körpers nutzbar gemacht. Man mißt die Energie in Kilokalorien (kcal) – oft nur als Kalorien bezeichnet – bzw. Kilojoule (kJ). Eine Kilokalorie entspricht rund 4,2 Kilojoule.
1 Gramm Fett liefert 9 kcal,
1 Gramm Kohlenhydrate 4 kcal,
1 Gramm Eiweiß ebenfalls 4 kcal und
1 Gramm Alkohol liefert dem Körper übrigens ganze 7 kcal.

Der Energiebedarf des Menschen setzt sich zusammen aus dem Grundumsatz, das ist die Energiemenge, die wir selbst im Schlaf verbrauchen, und dem Arbeitsumsatz, dem zusätzlichen Energieverbrauch bei jeder Art von körperlicher Betätigung. **Der tägliche Gesamtenergiebedarf eines Erwachsenen, der leichte körperliche Arbeit verrichtet, liegt bei etwa 2.400 kcal (10.000 kJ).** Wird mit einer Portion eines Lebensmittels mehr als 20% der empfohlenen täglichen Energiezufuhr gedeckt, erhält es bei unserem Benotungssystem die Note 6 (siehe Tabelle). Denn mit nur 5 Lebensmitteln, deren Portionen die Note 6 bekommen haben, ist bereits der gesamte Energiebedarf gedeckt, und es besteht die Möglichkeit einer zu hohen Kalorienzufuhr. Es ist sinnvoll, die empfohlene tägliche Energiemenge in fünf kleinen Mahlzeiten gleichmäßig über den Tag zu verteilen. Die natürlichen Leistungstiefs, die jeder im Laufe eines Tages durchmacht, werden durch lange Eßpausen zwischen wenigen, reichlichen Mahlzeiten verstärkt. Mehrere kleine Mahlzeiten können die Tiefs der Leistungskurve ausgleichen. Für Nerven und Muskeln steht damit den ganzen Tag über ausreichend schnell verfügbare Energie bereit.

NÄHRSTOFFREGISTER

Energieaufnahme und Energieverbrauch sollten sich die Waage halten. Bei einer Energiezufuhr, die über längere Zeit **nicht den Verbrauch deckt**, greift der Körper zunächst auf seine Reserven (Fettdepots) zurück. Ein Effekt, der beim maßvollen Abnehmen durchaus erwünscht ist. Sind jedoch alle (Fett)speicher aufgebraucht, beginnt der Raubbau am Körper. Muskeln (Proteine) werden abgebaut, Leistungsfähigkeit und Nervenkraft lassen nach. Ein Energiemangel kommt in der Bundesrepublik nur sehr selten vor. Erheblich häufiger ist dagegen eine Fehlernährung, bei der Vitamine, Mineralstoffe, Kohlenhydrate und Ballaststoffe zu kurz kommen, Fett, Cholesterin und Eiweiß jedoch im Übermaß verzehrt werden. Verbunden mit einer solchen Ernährung ist in den westlichen Industrienationen auch eine im Vergleich zum Verbrauch **zu hohe Energiezufuhr** anzutreffen. Dies ist vor allem darauf zurückzuführen, daß der Energieverbrauch gesunken ist. Der Schweregrad der täglich zu verrichtenden Arbeit hat mit den Jahren abgenommen, und der Mensch ist bequemer geworden. Statt Treppen zu steigen, fährt er lieber Fahrstuhl, statt Fahrrad zu fahren, steigt er auch für kurze Strecken ins Auto.

Eine Energiezufuhr, die den Umsatz langfristig übersteigt, führt zu Übergewicht bis hin zur schweren Fettsucht mit bedenklichen Folgen für die Gesundheit. Man nimmt heute außerdem an, daß nicht allein die Masse, sondern auch die Verteilung des Körperfettes das Risikoprofil einer Fettsucht beeinflußt. Bevorzugter Fettansatz am Bauch (die männliche Form des Übergewichtes) soll im Gegensatz zum betont weiblichen Fettverteilungsmuster (Fettansatz an den Hüften) einen eigenen Risikofaktor für Herz-Kreislauf-Erkrankungen darstellen.

Tabelle:

Energie, kcal hier Bezugsgröße:		Note
0– 4 %	0–100 kcal	1
5– 8 %	101–200 kcal	2
9–12 %	201–300 kcal	3
13–16 %	301–400 kcal	4
17–20 %	401–500 kcal	5
>20 %	>500 kcal	6

NÄHRSTOFFREGISTER

Energie

Lebensmittel	Energie (kcal) je Portion	Note	Lebensmittel	Energie (kcal) je Portion	Note
Kondensmilch, 7,5% Fett (5 g)	7,00	1	Himbeere (125 g)	45,00	1
Rettich, roh (50 g)	7,00	1	Johannisbeere, rot (125 g)	45,00	1
Kopfsalat (80 g)	8,80	1	Preiselbeere (125 g)	45,00	1
Tomate (60 g)	10,20	1	Heidelbeere (125 g)	46,00	1
Chinakohl, roh (100 g)	13,00	1	Rosenkohl, gekocht (150 g)	47,00	1
Einlegegurke, milchsauer (80 g)	15,00	1	Pfirsich (115 g)	48,00	1
Zwiebel, roh (50 g)	15.00	1	Stachelbeere (125 g)	49,00	1
Chicorée, roh (100 g)	16,00	1	Brombeere (125 g)	53,80	1
Weintraube (24 g, 10 St.)	16,80	1	Miesmuschel (100 g)	56,00	1
Champignon, Zucht- (110 g)	17,00	1	Johannisbeere, schwarz (125 g)	58,80	1
Sellerie, roh (100 g)	18,00	1	Sahne, sauer, 20% Fett (30 g)	59,00	1
Möhre, roh (80 g)	20,00	1	Grünkohl, gekocht (200 g)	60,00	1
Zitrone, Saft (50 g, 4 EL)	20,00	1	Honig (20 g, 1 EL)	60,40	1
Zucker (5 g)	20,00	1	Apfel (120 g)	66,00	1
Rotkohl, roh (100 g)	21,00	1	Erdbeere (200 g)	66,00	1
Spinat, gekocht (150)	21,00	1	Haselnuß (10 g, 10 St.)	67,00	1
Blumenkohl, roh (100)	22,00	1	Gerstengraupen (20 g)	68,00	1
Aprikose (50 g)	23,00	1	Buttermilch (200 g)	70,00	1
Clementine, Mandarine (50 g)	23,00	1	Kartoffel, roh (100 g)	70,00	1
Spargel, gekocht (180 g)	23,00	1	Milch, entrahmt, 0,3% Fett (200 g)	72,00	1
Kohlrabi, roh (100 g)	24,00	1	Pflaume (150 g, 5 St.)	75,00	1
Porree (Lauch), roh (100 g)	24,00	1	Apfelsine (180 g)	77,00	1
Schälgurke (200 g)	24,00	1	Birne (140 g)	77,00	1
Wirsing, roh (100 g)	24,00	1	Grapefruit (200 g)	80,00	1
Weißkohl, roh (100 g)	25,00	1	Hühnerei (1 Ei)	84,00	1
Weißkohl, gekocht (150 g)	30,00	1	Schmelzkäse, 45% F.i.Tr. (30 g)	85,00	1
Kohlrabi, gekocht (150 g)	33,00	1	Rindertalg (10 g)	92,00	1
Blumenkohl, gekocht (150 g)	35,00	1	Kokosfett (10 g)	92,40	1
Grünkohl, roh (100 g)	36,00	1	Pflanzenöl (10 g)	92,60	1
Wirsing, gekocht (150 g)	38,00	1	Mandel (15 g, 10 St.)	94,00	1
Porree (Lauch), gekocht (150 g)	39,00	1	Kirsche, süß (150 g)	95,00	1
grüne Bohnen, gekocht (150 g)	41,00	1	Sahne, süß, 30% Fett (30 g)	95,00	1
Möhre, gekocht (150 g)	42,00	1	Trinkmilch, 1,5% Fett (200 g)	98,00	1
Sauermilchkäse, max. 10% F.i.Tr. (30 g)	42,00	1	Camembert, 50% F.i.Tr. (30 g)	99,00	1

NÄHRSTOFFREGISTER

Lebensmittel	Energie (kcal) je Portion	Note
Edamer, 40 % F. i. Tr. (30 g)	99,00	1
Roggen, ganzes Korn (50 g)	100,00	1
grüne Erbse, Samen gekocht (150 g)	102,00	2
Roggenvollkornbrot (50 g)	103,00	2
Weizenvollkornbrot (50 g)	103,00	2
Doppelrahmfrischkäse, mind. 60 % F. i. Tr. (30 g)	106,00	2
Brie, 50 % F. i. Tr. (30 g)	108,00	2
Joghurt, 3,5 % Fett (150 g)	110,00	2
Roggenmischbrot (50 g)	111,00	2
Roggenbrot (50 g)	114,00	2
Gouda, 45 % F. i. Tr. (30 g)	115,00	2
Speisequark, mager (150 g)	117,00	2
Parmesan, 35 % F. i. Tr. (30 g)	119,00	2
Weißbrot (50 g)	119,00	2
Weizenmischbrot (50 g)	120,00	2
Emmentaler, 45 % F. i. Tr. (30 g)	121,00	2
Dickmilch, 3,5 % Fett (200 g)	122,00	2
Kabeljau (150 g)	123,00	2
Scholle (150 g)	125,00	2
Seehecht (150 g)	126,00	2
Knäckebrot (40 g)	127,00	2
Reis, gekocht (120 g)	127,00	2
Banane (140 g)	129,00	2
Kefir, 3,5 % Fett (20 g)	132,00	2
Köhler (Seelachs), (150 g)	132,00	2
Trinkmilch, 3,5 % Fett (200 g)	134,00	2
Schweinefleisch, Muskel, mager (120 g)	137,00	2
Rindfleisch, Muskel, mager (120 g)	138,00	2
Walnuß (20 g, 5 St.)	139,00	2
Kartoffel, gekocht, mit Schale (200 g)	140,00	2
Schaffleisch, Hammel u. Lamm (120 g)	146,00	2
Margarine (20 g)	149,00	2
Kalbfleisch, Muskel (150 g)	152,00	2
Butter (20 g)	155,00	2
Weizen, ganzes Korn (50 g)	158,00	2
Gerste, ganzes Korn (50 g)	159,00	2
Mais, ganzes Korn (50 g)	167,00	2
Forelle (150 g)	168,00	2
Maisgrieß (50 g)	169,50	2
Niere, Schwein (130 g)	171,00	2
Rotbarsch (150 g)	171,00	2
Leber, Rind (140 g)	172,00	2
Truthahn/Puter, Brust (150 g)	172,50	2
Hirse, ganzes Korn (50 g)	178,00	2
Hafer, ganzes Korn (50 g)	179,00	2
Bohne, Samen, getrocknet (60 g)	181,00	2
Haferflocken (50 g)	188,00	2
Karpfen (150 g)	188,00	2
Schweineschmalz (20 g)	189,60	2
Linse, Samen, getrocknet (60 g)	195,00	2
Schweinekotelett, Kamm (120 g)	199,00	2
Roastbeef (150 g)	201,00	3
Leber, Schwein (140 g)	203,00	3
Erbse, Samen, getrocknet (60 g)	205,00	3
Sojabohne, Samen, trocken (60 g)	206,00	3
Reis, unpoliert, ganzes Korn (60 g)	208,00	3
Thunfisch (100 g)	242,00	3
Speisequark, 40 % F. i. Tr. (150 g)	251,00	3
Makrele (150 g)	293,00	3
Erdnuß (50 g)	304,00	4
Roggenmehl, Type 1150 (100 g)	321,00	4
Roggenmehl, Type 815 (100 g)	323,00	4
Suppenhuhn (120 g)	329,00	4
Weizenmehl, Type 1050 (100 g)	336,00	4
Weizenmehl, Type 405 (100 g)	338,00	4
Hering (150 g)	347,00	4
Ente (150 g)	364,00	4
Jungmasthuhn/Hähnchen (350 g)	504,00	6
Gans (150 g)	546,00	6

NÄHRSTOFFREGISTER

Eiweiß (Protein)

Verglichen mit den Kohlenhydraten und Fetten stellt Eiweiß keine wichtige Energiequelle dar. Es dient dem Körper in erster Linie als **Baustoff** für Zellen, Muskeln und Organe. Die große Bedeutung der Proteine liegt darin begründet, daß sie unseren Organismus mit **Aminosäuren** versorgen. Diese Eiweißbausteine werden zum Aufbau und Umbau von körpereigenen Proteinen und zahlreichen Wirkstoffen (Enzymen) benötigt.

In den Nahrungsproteinen kommen 20 verschiedene Aminosäuren vor. Von ihnen sind acht **essentiell**, d. h. sie können von unserem Körper nicht selbst hergestellt werden und müssen mit der Nahrung zugeführt werden (bei Kindern sind sogar zehn Aminosäuren essentiell). Unser Körper ist daher auf die regelmäßige Zufuhr von Aminosäuren angewiesen.

Das Motto „Viel hilft viel" ist allerdings hier nicht angebracht. Ein **Zuviel** an Protein ist nicht unproblematisch, da es den Stoffwechsel belasten und die **Nierenfunktion** sowie den **Kalzium- und Magnesiumhaushalt** beeinträchtigen kann. Der **Flüssigkeitsbedarf ist erhöht**, da die Niere etwa 15 ml Wasser benötigt, um 1g der Produkte aus dem Eiweißstoffwechsel ausscheiden zu können.

Im Wachstumsalter führt ein **Mangel** an Proteinen zu körperlicher, in schweren Fällen auch zu geistiger Unterentwicklung. Die Leistungsfähigkeit und die Widerstandskraft gegen Krankheiten lassen nach. In den ärmeren Ländern der Welt kommt ein Proteinmangel infolge Unterernährung auch heute noch häufiger vor. In den westlichen Industrieländern liegt die Proteinzufuhr jedoch erheblich über den **empfohlenen Werten (0,8 g pro Kilogramm Körpergewicht; für einen mittelschweren 65 kg schweren Menschen wären das 52 g pro Tag).**

Da ein Überschuß an Eiweiß ebenso ungünstig zu bewerten ist wie eine zu geringe Zufuhr, haben wir bei der Vergabe der Schulnoten für Lebensmittel ein spezielles Bezugssystem für den Eiweißgehalt entwickelt. Deckt eine Portion eines Lebensmittels zwischen 30 und 40% der empfohlenen mittleren Eiweißzufuhr, erhält das Lebensmittel die Note 1. Ist weniger oder mehr Eiweiß in einer Lebensmittelportion enthalten, verschlechtert sich die Note entsprechend (siehe Tabelle). Die Noten 5 und 6 entfallen bei diesem System.

Je ähnlicher ein Protein in seiner Zusammensetzung dem menschlichen ist, desto günstiger ist seine **biologische Wertigkeit**. Sie gibt an, wie gut unser Organismus aus dem aufgenommenen Nahrungsprotein Körperprotein aufbauen kann.

Besonders in **tierischen Lebensmitteln** (Fleisch, Fisch, Eier, Milch) sind die biologischen Wertigkeiten hoch. Allerdings: Bei tierischem Protein muß die gleichzeitige Aufnahme von Fett und Cholesterin bedacht werden. Mischungen aus pflanzlichem und tierischem Protein liegen mit ihrer biologischen Wertigkeit oftmals besser als einzelne proteinhaltige Lebensmittel.

NÄHRSTOFFREGISTER

So lassen Kartoffeln mit Ei oder Linsensuppe mit Nudeln die biologische Wertigkeit des verzehrten Proteins im Vergleich zur alleinigen Aufnahme von Kartoffel- bzw. Linseneiweiß in die Höhe schnellen. Allein durch sinnvolle Kombination läßt sich bei einer Ernährung, die überwiegend aus pflanzlichen Lebensmitteln besteht, eine im Eiweißgehalt vollwertige Kost zusammenstellen.

Tabelle:

Eiweiß, g hier Bezugsgröße:		Note
0–10 %	0 – 5 g	4
11–20 %	5,1–11 g	3
21–30 %	11,1–16 g	2
31–40 %	16,1–21 g	1
41–50 %	21,1–26 g	(2)
51–60 %	26,1–31 g	(3)
>60 %	>31 g	(4)

NÄHRSTOFFREGISTER

Eiweiß

Lebensmittel	Eiweiß (g) je Portion	Note
Pflanzenöl (10 g)	0,00	4
Zucker (5 g)	0,00	4
Schweineschmalz (20 g)	0,02	4
Margarine (20 g)	0,04	4
Honig (20 g, 1 EL)	0,07	4
Kokosfett (10 g)	0,08	4
Rindertalg (10 g)	0,08	4
Butter (20 g)	0,14	4
Weintraube (24 g, 10 St.)	0,26	4
Kondensmilch 7,5 % Fett (5 g)	0,30	4
Preiselbeere (125 g)	0,35	4
Clementine, Mandarine (50 g)	0,40	4
Zitrone, Saft (50 g, 4 EL)	0,40	4
Apfel (120 g)	0,41	4
Aprikose (50 g)	0,45	4
Tomate (60 g)	0,54	4
Rettich, roh (50 g)	0,60	4
Birne (140 g)	0,70	4
Sahne, süß 30 % Fett (30 g)	0,70	4
Zwiebel, roh (50 g)	0,70	4
Heidelbeere (125 g)	0,75	4
Einlegegurke, milchsauer (80 g)	0,80	4
Möhre, roh (80 g)	0,80	4
Sahne, sauer, 20 % Fett (30 g)	0,80	4
Pfirsich (115 g)	0,90	4
Pflaume (150 g, 5 St.)	0,90	4
Stachelbeere (125 g)	1,00	4
Kopfsalat (80 g)	1,04	4
Chinakohl, roh (100 g)	1,20	4
Grapefruit (200 g)	1,20	4
Haselnuß (10 g, 10 St.)	1,20	4
Schälgurke (200 g)	1,20	4
Chicorée, roh (100 g)	1,30	4
Johannisbeere, rot (125 g)	1,40	4
Kirsche, süß (150 g)	1,40	4
Möhre, gekocht (150 g)	1,40	4
Weißkohl, roh (100 g)	1,40	4
Brombeere (125 g)	1,50	4
Rotkohl, roh (100 g)	1,50	4
Erdbeere (200 g)	1,60	4
Himbeere (125 g)	1,60	4
Johannisbeere, schwarz (125 g)	1,60	4
Sellerie, roh (100 g)	1,60	4
Banane (140 g)	1,70	4
Weißkohl, gekocht (150 g)	1,70	4
Apfelsine (180 g)	1,80	4
Gerstengraupen (20 g)	1,90	4
Kohlrabi, roh (100 g)	1,90	4
Kartoffel, roh (100 g)	2,00	4
Porree (Lauch), roh (100 g)	2,20	4
grüne Bohnen, gekocht (150 g)	2,40	4
Reis, gekocht (120 g)	2,40	4
Blumenkohl, roh (100 g)	2,50	4
Kohlrabi, gekocht (150 g)	2,60	4
Mandel (15 g, 10 St.)	2,80	4
Champignon, Zucht- (110 g)	2,90	4
Walnuß (20 g, 5 St.)	2,90	4
Wirsing, roh (100 g)	2,90	4
Roggenbrot (50 g)	3,10	4
Spargel, gekocht (180 g)	3,10	4
Weizenmischbrot (50 g)	3,12	4
Blumenkohl, gekocht (150 g)	3,20	4
Porree (Lauch), gekocht (150 g)	3,20	4
Roggenmischbrot (50 g)	3,20	4
Wirsing, gekocht (150 g)	3,30	4
Doppelrahmfrischkäse, mind. 60 % F.i.Tr. (30 g)	3,40	4
Roggenvollkornbrot (50 g)	3,40	4
Weizenvollkornbrot (50 g)	3,50	4

NÄHRSTOFFREGISTER

Lebensmittel	Eiweiß (g) je Portion	Note
Spinat, gekocht (150 g)	3,60	4
Knäckebrot (40 g)	3,80	4
Weißbrot (50 g)	3,80	4
Kartoffel, gekocht, mit Schale (200 g)	4,00	4
Grünkohl, roh (100 g)	4,30	4
Mais, ganzes Korn (50 g)	4,30	4
Reis, unpoliert, ganzes Korn (60 g)	4,30	4
Schmelzkäse, 45% F.i.Tr. (30 g)	4,30	4
Maisgrieß (50 g)	4,40	4
Roggen, ganzes Korn (50 g)	4,40	4
Gerste, ganzes Korn (50 g)	4,90	4
Hirse, ganzes Korn (50 g)	4,90	4
Rosenkohl, gekocht (150 g)	5,70	3
Hafer, ganzes Korn (50 g)	5,90	3
Joghurt, 3,5% Fett (150 g)	5,90	3
Weizen, ganzes Korn (50 g)	5,90	3
Camembert, 50% f.i.Tr. (30 g)	6,20	3
Haferflocken (50 g)	6,30	3
Roggenmehl, Type 815 (100 g)	6,40	3
Dickmilch, 3,5% Fett (200 g)	6,60	3
Kefir, 3,5% Fett (200 g)	6,60	3
Trinkmilch, 3,5% Fett (200 g)	6,60	3
Hühnerei (1 Ei)	6,70	3
Brie, 50% F.i.Tr. (30 g)	6,78	3
Trinkmilch, 1,5% Fett (200 g)	6,80	3
Buttermilch (200 g)	7,00	3
Milch, entrahmt 0,3% Fett (200 g)	7,00	3
Gouda, 45% F.i.Tr. (30 g)	7,60	3
Edamer, 40% F.i.Tr. (30 g)	7,80	3
Grünkohl, gekocht (200 g)	8,00	3
grüne Erbse, Samen gekocht (150 g)	8,10	3
Roggenmehl, Type 1150 (100 g)	8,30	3
Emmentaler, 45% F.i.Tr. (30 g)	8,60	3
Sauermilchkäse, max. 10% F.i.Tr. (30 g)	9,00	3
Miesmuschel (100 g)	9,80	3
Weizenmehl, Type 405 (100 g)	9,90	3
Parmesan, 35% F.i.Tr. (30 g)	10,68	3
Weizenmehl, Type 1050 (100 g)	11,20	2
Bohne, Samen, getrocknet (60 g)	12,80	2
Erdnuß (50 g)	13,00	2
Erbse, Samen, getrocknet (60 g)	13,80	2
Linse, Samen, getrocknet (60 g)	14,10	2
Speisequark, 40% F.i.Tr. (150 g)	16,70	1
Sojabohne, Samen, trocken (60 g)	20,20	1
Speisequark, mager (150 g)	20,30	1
Thunfisch (100 g)	21,50	(2)
Suppenhuhn (120 g)	22,20	(2)
Niere, Schwein (130 g)	23,10	(2)
Gans (150 g)	23,55	(2)
Schweinekotelett, Kamm (120 g)	24,00	(2)
Schaffleisch, Hammel u. Lamm (120 g)	24,50	(2)
Scholle (150 g)	25,70	(2)
Seehecht (150 g)	25,80	(2)
Rindfleisch, Muskel, mager (120 g)	26,40	(3)
Schweinefleisch, Muskel, mager (120 g)	26,40	(3)
Kabeljau (150 g)	26,60	(3)
Karpfen (150 g)	27,00	(3)
Ente (150 g)	27,20	(3)
Hering (150 g)	27,30	(3)
Rotbarsch (150 g)	27,30	(3)
Köhler (Seelachs) (150 g)	27,50	(3)
Leber, Rind (140 g)	27,80	(3)
Makrele (150 g)	28,00	(3)
Leber, Schwein (140 g)	28,10	(3)
Forelle (150 g)	29,30	(3)
Roastbeef (150 g)	31,50	(4)
Kalbfleisch, Muskel (150 g)	31,90	(4)
Truthahn/Puter, Brust (150 g)	36,20	(4)
Jungmasthuhn/Hähnchen (350 g)	72,10	(4)

Bitte Begleittext beachten

NÄHRSTOFFREGISTER

Fett

Fette erfüllen in unserem Körper die unterschiedlichsten Aufgaben. Der überwiegende Teil der aufgenommenen Nahrungsfette wird als Brennstoff „verheizt" und liefert **Energie**. Der Energiegehalt von Fett übersteigt den von Kohlenhydraten und Proteinen um mehr als das Doppelte. Fette umgeben außerdem **innere Organe** und schützen sie vor Verletzungen. Dieses Organfett bleibt auch bei extremen Hungerkuren erhalten. Fett in der Nahrung ist für die Aufnahme der **fettlöslichen Vitamine** ins Körperinnere unentbehrlich. Bestimmte Fettbausteine, die ungesättigten Fettsäuren, werden für den **Aufbau von Körperzellen** benötigt. Fett, das nicht für diese Aufgaben verbraucht wurde, wandert in die Fettspeicher und dient hier als Energiereserve.

Chemisch betrachtet sind Nahrungsfette wasserunlösliche Stoffe, sogenannte **Triglyzeride**. An einem Grundgerüst aus Glyzerin hängen jeweils drei Fettsäuren. Jede dieser Fettsäuren besteht wiederum aus Kohlenstoffteilchen, die einfach oder doppelt miteinander verknüpft sind. Je nach Anzahl der Kohlenstoffteilchen werden kurz-, mittel- und langkettige Fettsäuren unterschieden, je nach Vorkommen bzw. Anzahl der Doppelbindungen unterscheidet man in gesättigte (keine Doppelbindung) und ungesättigte Fettsäuren (eine oder mehrere Doppelbindungen). Unter den Fettsäuren gibt es einige, die der menschliche Körper nicht selbst herstellen kann. Diese Fettsäuren – es sind vor allem die **mehrfach ungesättigten** – sind essentiell und müssen mit den Nahrungsfetten zugeführt werden. Es gilt als erwiesen, daß die Aufnahme großer Mengen **gesättigter Fettsäuren** ein hohes Risiko für Herz- und Gefäßleiden darstellt, da sie Cholesterinwerte im Blut anheben. Einfach und insbesondere mehrfach ungesättigte Fettsäuren können einen erhöhten Cholesterinspiegel dagegen senken.

Der menschliche Körper braucht also Nahrungsfette, aber längst nicht soviel, wie wir tatsächlich täglich essen. Zuviel Fett fördert Übergewicht und erhöhte Blutfettspiegel, beides Risikofaktoren für Herz-Kreislauf-Erkrankungen.

Die wünschenswerte Zufuhr von Fett liegt bei 25–30% der täglich aufgenommenen Energie, das entspricht etwa 67–80 g Gesamtfett pro Tag. Bedenken muß man dabei, daß neben Butter und Öl auch Fleisch, Käse, Nüsse etc. Fett enthalten (sogenanntes verstecktes Fett). Lebensmittel, von denen eine Portion mehr als die Hälfte der empfohlenen täglichen Fettzufuhr deckt, erhalten bei unserem Bewertungssystem die Note 6 (siehe Tabelle).

Tabelle:

Fett, g hier Bezugsgröße:		Note
0–10%	0– 8 g	1
11–20%	8,1–16 g	2
21–30%	16,1–22 g	3
31–40%	22,1–29 g	4
41–50%	29,1–37 g	5
>50%	>37 g	6

Fett

Lebensmittel	Fett gesamt (g) je Portion	Note
Honig (20 g, 1 EL)	0,00	1
Zucker (5 g)	0,00	1
Aprikose (50 g)	0,07	1
Weintraube (24 g, 10 St.)	0,07	1
Kartoffel, roh (100 g)	0,10	1
Kohlrabi, roh (100 g)	0,10	1
Pfirsich (115 g)	0,10	1
Rettich, roh (50 g)	0,10	1
Tomate (60 g)	0,13	1
Einlegegurke, milchsauer (80 g)	0,16	1
Kopfsalat (80 g)	0,16	1
Möhre, roh (80)	0,16	1
Chicorée, roh (100 g)	0,20	1
Clementine, Mandarine (50 g)	0,20	1
Kartoffel, gekocht, mit Schale (200 g)	0,20	1
Kohlrabi, gekocht (150 g)	0,20	1
Rotkohl, roh (100 g)	0,20	1
Spargel, gekocht (180 g)	0,20	1
Weißkohl, roh (100 g)	0,20	1
Zwiebel, roh (50 g)	0,20	1
Sauermilchkäse, max. 10% F.i.Tr. (30 g)	0,21	1
Champignon, Zucht- (110 g)	0,22	1
Reis, gekocht (120 g)	0,24	1
Johannisbeere, rot (125 g)	0,25	1
Johannisbeere, schwarz (125 g)	0,28	1
Banane (140 g)	0,30	1
Blumenkohl, gekocht (150 g)	0,30	1
Blumenkohl, roh (100 g)	0,30	1
Chinakohl, roh (100 g)	0,30	1
Gerstengraupen (20 g)	0,30	1
Grapefruit (200 g)	0,30	1
Möhre, gekocht (150 g)	0,30	1
Porree (Lauch), roh (100 g)	0,30	1
Porree (Lauch), gekocht (150 g)	0,30	1
Sellerie, roh (100 g)	0,30	1
Stachelbeere (125 g)	0,30	1
Weißkohl, gekocht (150 g)	0,30	1
Zitrone, Saft (50 g, 4 EL)	0,30	1
Speisequark, mager (150 g)	0,38	1
Apfelsine (180 g)	0,40	1
Birne (140 g)	0,40	1
Himbeere (125 g)	0,40	1
Kondensmilch, 7,5% Fett (5 g)	0,40	1
Pflaume (150 g, 5 St.)	0,40	1
Schälgurke (200 g)	0,40	1
Wirsing, roh (100 g)	0,40	1
Weizenvollkornbrot (50 g)	0,43	1
Apfel (120 g)	0,50	1
grüne Bohnen, gekocht (150 g)	0,50	1
Kirsche, süß (150 g)	0,50	1
Roggenbrot (50 g)	0,50	1
Spinat, gekocht (150 g)	0,50	1
Roggenmischbrot (50 g)	0,55	1
Kabeljau (150 g)	0,60	1
Knäckebrot (40 g)	0,60	1
Maisgrieß (50 g)	0,60	1
Roggenvollkornbrot (50 g)	0,60	1
Weißbrot (50 g)	0,60	1
Weizenmischbrot (50 g)	0,60	1
Wirsing, gekocht (150 g)	0,60	1
Preiselbeere (125 g)	0,66	1
Heidelbeere (125 g)	0,75	1
Erdbeere (200 g)	0,80	1
grüne Erbse, Samen, gekocht (150 g)	0,80	1
Rosenkohl, gekocht (150 g)	0,80	1
Erbse, Samen, getrocknet (60 g)	0,84	1
Linse, Samen, gestrocknet (60 g)	0,84	1
Grünkohl, roh (100 g)	0,90	1

NÄHRSTOFFREGISTER

Lebensmittel	Fett gesamt (g) je Portion	Note	Lebensmittel	Fett gesamt (g) je Portion	Note
Roggen, ganzes Korn (50 g)	0,90	1	Kefir, 3,5% Fett (200 g)	7,00	1
Weizenmehl, Type 405 (100 g)	0,90	1	Trinkmilch, 3,5% Fett (200 g)	7,00	1
Bohne, Samen, getrocknet (60 g)	0,96	1	Edamer, 40% F.i.Tr. (30 g)	7,02	1
Buttermilch (200 g)	1,00	1	Schmelzkäse, 45% F.i.Tr. (30 g)	7,08	1
Weizen, ganzes Korn (50 g)	1,00	1	Karpfen (150 g)	7,20	1
Roggenmehl, Type 815 (100 g)	1,03	1	Niere, Schwein (130 g)	7,30	1
Gerste, ganzes Korn (50 g)	1,05	1	Camembert, 50% F.i.Tr. (30 g)	7,70	1
Köhler (Seelachs) (150 g)	1,17	1	Parmesan, 35% F.i.Tr. (30 g)	7,70	1
Kalbfleisch, Muskel (150 g)	1,20	1	Leber, Schwein (140 g)	7,90	1
Scholle (150 g)	1,20	1	Mandel (15 g, 10 St.)	8,10	2
Seehecht (150 g)	1,28	1	Brie, 50% F.i.Tr. (30 g)	8,37	2
Brombeere (125 g)	1,30	1	Gouda, 45% F.i.Tr. (30 g)	8,70	2
Miesmuschel (100 g)	1,30	1	Emmentaler, 45% F.i.Tr. (30 g)	8,90	2
Reis, unpoliert, ganzes Korn (60 g)	1,30	1	Doppelrahmfrischkäse, mind. 60% F.i.Tr. (30 g)	9,50	2
Roggenmehl, Type 1150 (100 g)	1,30	1	Sahne, süß 30% Fett (30 g)	9,50	2
Milch, entrahmt, 0,3% Fett (200 g)	1,40	1	Rindertalg (10 g)	9,65	2
Truthahn/Puter, Brust (150 g)	1,49	1	Kokosfett (10 g)	9,90	2
Grünkohl, gekocht (200 g)	1,80	1	Pflanzenöl (10 g)	9,96	2
Weizenmehl, Type 1050 (100 g)	1,80	1	Schweinekotelett, Kamm (120 g)	10,80	2
Hirse, ganzes Korn (50 g)	1,90	1	Sojabohne, Samen, trocken (60 g)	10,90	2
Mais, ganzes Korn (50 g)	1,90	1	Walnuß (20 g, 5 St.)	12,50	2
Rindfleisch, Muskel, mager (120 g)	2,30	1	Thunfisch (100 g)	15,50	2
Schweinefleisch, Muskel, mager (120 g)	2,30	1	Margarine (20 g)	16,00	2
Trinkmilch, 1,5% Fett (200 g)	3,20	1	Butter (20 g)	16,60	3
Haferflocken (50 g)	3,50	1	Speisequark, 40% F.i.Tr. (150 g)	17,10	3
Hafer, ganzes Korn (50 g)	3,60	1	Makrele (150 g)	17,90	3
Forelle (150 g)	4,10	1	Jungmasthuhn/Hähnchen (350 g)	19,60	3
Schaffleisch, Hammel u. Lamm (120 g)	4,10	1	Schweineschmalz (20 g)	19,90	3
Leber, Rind (140)	4,30	1	Erdnuß (50 g)	24,00	4
Rotbarsch (150 g)	5,40	1	Suppenhuhn (120 g)	24,40	4
Sahne, sauer, 20% Fett (30 g)	5,40	1	Ente (150 g)	25,80	4
Joghurt, 3,5% (150 g)	5,60	1	Hering (150 g)	26,70	4
Haselnuß (10 g, 10 St.)	6,20	1	Gans (150 g)	46,50	6
Hühnerei (1 Ei)	6,20	1			
Roastbeef (150 g)	6,80	1			
Dickmilch, 3,5% Fett (200 g)	7,00	1			

NÄHRSTOFFREGISTER

Mehrfach ungesättigte Fettsäuren (MUF)

Fettsäuren sind Bausteine der Nahrungsfette. Sie bestehen aus unterschiedlich vielen Kohlenstoffteilchen, die einfach oder doppelt miteinander verbunden sein können. Enthält eine Fettsäure viele Doppelbindungen, ist sie mehrfach ungesättigt. Man unterscheidet je nach Lage der ersten Doppelbindung in der Fettsäure in Omega-6-Fettsäuren (Linolsäure und aus ihr gebildete längerkettige Fettsäuren) sowie Omega-3-Fettsäuren (Linolensäure und aus ihr gebildete längerkettige Fettsäuren). Höhere Gehalte an Omega-6-Fettsäuren weisen vor allem Pflanzenöle auf, Omega-3-Fettsäuren sind überwiegend in Seefischen enthalten.

Ungesättigte Fettsäuren sind unentbehrlich als **Baumaterial** für unsere Körperzellen. Zusammen mit anderen Substanzen (u. a. Cholesterin) bilden sie die schützende Hülle der Zellen. Mehrfach ungesättigte Fettsäuren sind essentiell, d. h. der menschliche Körper kann sie nicht selbst herstellen und muß sie daher mit der täglichen Nahrung aufnehmen.

Mehrfach ungesättigte Fettsäuren sind in der Lage, erhöhte **Blutfettspiegel**, anerkannte Risikofaktoren für Herz-Kreislauf-Erkrankungen, zu senken. Omega-3-Fettsäuren haben dabei einen deutlicheren Effekt auf den Triglyzeridspiegel, Omega-6-Fettsäuren einen deutlicheren Effekt auf erhöhtes Cholesterin.

Die empfohlene Zufuhr von mehrfach ungesättigten Fettsäuren liegt bei etwa 11 g pro Tag, wobei hier keine Unterscheidung zwischen Omega-3- und Omega-6-Fettsäuren gemacht wird. In unserem Schulnotensystem erhält ein Lebensmittel die Note 1, wenn eine Portion mehr als 12 % der täglich empfohlenen Zufuhr an mehrfach ungesättigten Fettsäuren deckt (siehe Tabelle).

Im Durchschnitt sind die Bundesbürger bedarfsdeckend mit essentiellen Fettsäuren versorgt. Zur Erzielung der medizinischen Wirkung der ungesättigten Fettsäuren auf den Blutfettspiegel sind jedoch höhere Zufuhrmengen, als sie zur Deckung des täglichen Bedarfs empfohlen werden, erforderlich. Aufgrund der beschriebenen günstigen Wirkungen (vgl. auch Cholesterin) sollten daher Fette mit mehrfach ungesättigten Fettsäuren gegenüber Fetten mit gesättigten Fettsäuren bevorzugt werden.

Tabelle:

Mehrfach ungesättigte Fettsäuren (MUF), g	Note
> 1,32 g	1
1,0 –1,32 g	2
0,67–0,99 g	3
0,34–0,66 g	4
> 0–0,33 g	5
0 g	6

NÄHRSTOFFREGISTER

mehrfach ungesättigte Fettsäuren (MUF)

Lebensmittel	MUF (g) je Portion	Note
Walnuß (20 g, 5 St.)	8,30	1
Erdnuß (50 g)	7,20	1
Hering (150 g)	6,90	1
Sojabohne, Samen, trocken (60 g)	5,79	1
Thunfisch (100 g)	4,57	1
Jungmasthuhn/Hähnchen (350 g)	4,20	1
Margarine (20 g)	3,90	1
Schweinekotelett, Kamm (120 g)	3,60	1
Suppenhuhn (120 g)	3,48	1
Makrele (150 g)	3,40	1
Schweineschmalz (20 g)	2,26	1
Leber, Schwein (140 g)	1,92	1
Niere, Schwein (130 g)	1,79	1
Karpfen (150 g)	1,65	1
Mandel (15 g, 10 St.)	1,52	1
Hafer, ganzes Korn (50 g)	1,43	1
Haferflocken (50 g)	1,35	1
Rotbarsch (150 g)	1,31	2
Forelle (150 g)	1,17	2
Leber, Rind (140 g)	0,98	3
Hirse, ganzes Korn (50 g)	0,95	3
Pflanzenöl (10 g)	0,89	3
Mais, ganzes Korn (50 g)	0,84	3
Grünkohl, gekocht (200 g)	0,80	3
Speisequark, 40 % F.i.Tr. (150 g)	0,71	3
Weizenmehl, Type 1050 (100 g)	0,70	3
Hühnerei (1 Ei)	0,70	3
Haselnuß (10 g, 10 St.)	0,65	4
Gerste, ganzes Korn (50 g)	0,63	4
Butter (20 g)	0,60	4
Weizen, ganzes Korn (50 g)	0,59	4
Rindertalg (10 g)	0,50	4
Reis, unpoliert, ganzes Korn (60 g)	0,49	4
Grünkohl, roh (100 g)	0,48	4
Erbse, Samen, getrocknet (60 g)	0,46	4
Roggen, ganzes Korn (50 g)	0,41	4
Seehecht (150 g)	0,40	4
Roggenmehl, Type 1150 (100 g)	0,40	4
Erdbeere (200 g)	0,40	4
Kalbfleisch, Muskel (150 g)	0,39	4
Emmentaler, 45 % F.i.Tr. (30 g)	0,37	4
Truthahn/Puter, Brust (150 g)	0,35	4
Sahne, süß, 30 % Fett (30 g)	0,33	5
Miesmuschel (100 g)	0,33	5
Weizenmhel, Type 405 (100 g)	0,30	5
Rosenkohl, gekocht (150 g)	0,30	5
Roggenmehl, Type 815 (100 g)	0,30	5
Doppelrahmfrischkäse, mind. 60 % F.i.Tr. (30 g)	0,30	5
Apfel (120 g)	0,28	5
Trinkmilch, 3,5 % Fett (200 g)	0,24	5
Joghurt, 3,5 % Fett (150 g)	0,23	5
Camembert, 50 % F.i.Tr. (30 g)	0,23	5
Sahne, sauer, 20 % Fett (30 g)	0,21	5
Gouda, 45 % F.i.Tr. (30 g)	0,21	5
Kefir, 3,5 % Fett (200 g)	0,20	5
Dickmilch, 3,5 % Fett (200 g)	0,20	5
Birne (140 g)	0,20	5
Trinkmilch, 1,5 % Fett (200 g)	0,18	5
Schälgurke (200 g)	0,18	5
Poree (Lauch), roh (100 g)	0,18	5
Sellerie, roh (100 g)	0,17	5
Schweinefleisch, Muskel, mager (120 g)	0,17	5
Parmesan, 35 % F.i.Tr. (30 g)	0,17	5
Kabeljau (150 g)	0,17	5
Edamer, 40 % F.i.Tr. (30 g)	0,17	5
Möhre, gekocht (150 g)	0,15	5
Pflaume (150 g, 5 St.)	0,14	5
Kokosfett (10 g)	0,14	5

NÄHRSTOFFREGISTER

Lebensmittel	MUF (g) je Portion	Note
Kirsche, süß (150 g)	0,14	5
Blumenkohl, roh (100 g)	0,14	5
Apfelsine (180 g)	0,14	5
Johannisbeere, schwarz (125 g)	0,13	5
Reis, gekocht (120 g)	0,12	5
Weißkohl, roh (100 g)	0,10	5
Schaffleisch, Hammel u. Lamm (120 g)	0,10	5
Rindfleisch, Muskel, mager (120 g)	0,10	5
Kopfsalat (80 g)	0,10	5
Kartoffel, gekocht, mit Schale (200 g)	0,10	5
Chicorée, roh (100 g)	0,10	5
Stachelbeere (125 g)	0,09	5
Rotkohl, roh (100 g)	0,09	5
Möhre, roh (80 g)	0,09	5
Johannisbeere, rot (125 g)	0,09	5
Banane (140 g)	0,08	5
Kohlrabi, roh (100 g)	0,07	5
Tomate (60 g)	0,06	5
Zwiebel, roh (50 g)	0,05	5
Kartoffel, roh (100 g)	0,05	5
Weintraube (24 g, 10 St.)	0,04	5
Rettich, roh (50 g)	0,04	5
Gerstengraupen (20 g)	0,04	5
Kondensmilch, 7,5 % Fett (5 g)	0,01	5
Blumenkohl, gekocht (150 g)	Spuren	5
Buttermilch (200 g)	Spuren	5
Champignon, Zucht- (110 g)	Spuren	5
Clementine, Mandarine (50 g)	Spuren	5
Einlegegurken, milchsauer (80 g)	Spuren	5
grüne Bohnen, gekocht (150 g)	Spuren	5
grüne Erbse, Samen, gekocht (150 g)	Spuren	5
Himbeere (125 g)	Spuren	5
Kohlrabi, gekocht (150 g)	Spuren	5
Maisgrieß (50 g)	Spuren	5
Milch, entrahmt 0,3 % Fett (200 g)	Spuren	5
Pfirsich (115 g)	Spuren	5
Poree (Lauch), gekocht (150 g)	Spuren	5
Spargel, gekocht (180 g)	Spuren	5
Spinat, gekocht (150 g)	Spuren	5
Weißkohl, gekocht (150 g)	Spuren	5
Wirsing, gekocht (150 g)	Spuren	5
Wirsing, roh (100 g)	Spuren	5
Zucker (5 g)	0,00	6

NÄHRSTOFFREGISTER

Cholesterin

Cholesterin ist eine fettähnliche Substanz, die in vielen Lebensmitteln tierischer Herkunft vorkommt. Auch im menschlichen Körper selbst wird Cholesterin gebildet, und zwar in größeren Mengen als wir mit der Nahrung aufnehmen.

Cholesterin liefert keine Energie, sondern wird als **Bausubstanz** für die Schutzhülle von Körperzellen gebraucht. Außerdem werden aus Cholesterin verschiedene Hormone, Gallensäuren, die zur Verdauung von Fetten benötigt werden, und Vitamin D (vgl. Seite 306) aufgebaut.

Eine **unerwünschte Rolle** spielt Cholesterin **nur dann**, wenn es im Blut in zu hohen Konzentrationen vorkommt. Ein erhöhter Blut-Cholesterinspiegel geht mit einem erhöhten Risiko einher, an Arterienverkalkung und im Extremfall an ihren Folgen wie Schlaganfall oder Herzinfarkt zu erkranken. Der Gesamtanteil an Cholesterin im Blut sollte 200 mg pro Deziliter Blut nicht überschreiten.

Nun ist aber nicht jedes im Blut vorkommende Cholesterin gleich negativ zu bewerten. Cholesterin ist nicht wasserlöslich und kann im Blut nicht ohne weiteres transportiert werden. Daher wird es an Proteine gebunden und bildet mit diesen sogenannte „Lipoproteine". Nach ihrer Zusammensetzung unterscheidet man unter anderem in „low density lipoproteins" (**LDL**, Lipoproteine mit geringer Dichte) und „high density lipoproteins" (**HDL**, Lipoproteine mit hoher Dichte). LDL transportieren Cholesterin auf dem Blutweg in alle Zellen des Körpers. Bei einem Überangebot an Cholesterin schließen die Zellen jedoch ihre Schleusen und nehmen kein weiteres Cholesterin mehr auf. Das überschüssige Cholesterin fördert die Bildung von Ablagerungen in den Gefäßwänden der Blutgefäße. HDL können dieses überflüssige Cholesterin aus den Ablagerungen oder auch den Zellen aufnehmen und es zum Abbauort, der Leber transportieren. HDL-Cholesterin gilt aus diesem Grund als „gutes Cholesterin". Der HDL-Spiegel im Blut kann durch eine Ernährung, die reich ist an Ballaststoffen und mehrfach ungesättigten Fettsäuren, angehoben werden. Der Gesamt-Cholesterinspiegel wird bei dieser Ernährungsweise gleichzeitig gesenkt.

An der Entstehung einer **Adernverkalkung** ist jedoch nicht allein nur ein erhöhter Cholesterinspiegel schuld. Auch ein zu hoher Blutdruck, erbliche Veranlagung, Bewegungsmangel, Streß und Rauchen spielen eine Rolle als Risikofaktoren für einen Herzinfarkt. Da die Bedeutung eines erhöhten Cholesterinspiegels jedoch nicht zu unterschätzen ist, wird insbesondere **gefährdeten Personen** empfohlen, **täglich nicht mehr als 300 mg Cholesterin mit der Nahrung aufzunehmen**. Enthält eine Portion eines Lebensmittel mehr als 105 mg Cholesterin, wird es in unserem Schulnotensystem mit der Note 6 bewertet (siehe Tabelle).

NÄHRSTOFFREGISTER

Zur Senkung eines zu hohen Cholesterinspiegels empfiehlt es sich, den Verzehr cholesterinreicher Lebensmittel einzuschränken. Auch kann eine ausreichende Zufuhr von Ballaststoffen und mehrfach ungesättigten Fettsäuren (insbesondere Omega-3-Fettsäuren aus Seefischen) bei der Senkung des Gesamt-Cholesterinspiegels (s. o.) hilfreich sein. Die körpereigene Bildung von Cholesterin läßt sich einschränken, wenn man die Energiezufuhr generell vermindert und die Zufuhr von gesättigten Fettsäuren herabsetzt.

Tabelle:

Cholesterin, mg		**Note**
hier Bezugsgröße:		
0– 7 %	0– 21 mg	1
8–14 %	22– 42 mg	2
15–21 %	43– 63 mg	3
22–28 %	64– 84 mg	4
29–35 %	85–105 mg	5
> 35 %	> 105 mg	6

NÄHRSTOFFREGISTER

Cholesterin

Lebensmittel	Cholesterin (mg) je Portion	Note	Lebensmittel	Cholesterin (mg) je Portion	Note
Apfel (120 g)	0,00	1	Kartoffel, roh (100 g)	0,00	1
Apfelsine (180 g)	0,00	1	Kirsche, süß (150 g)	0,00	1
Aprikose (50 g)	0,00	1	Knäckebrot (40 g)	0,00	1
Banane (140 g)	0,00	1	Kohlrabi, gekocht (150 g)	0,00	1
Birne (140 g)	0,00	1	Kohlrabi, roh (100 g)	0,00	1
Blumenkohl, gekocht (150 g)	0,00	1	Kopfsalat (80 g)	0,00	1
Blumenkohl, roh (100 g)	0,00	1	Linse, Samen, getrocknet (60 g)	0,00	1
Bohne, Samen, getrocknet (60 g)	0,00	1	Mandel (15 g, 10 St.)	0,00	1
Brombeere (125 g)	0,00	1	Möhre, gekocht (150 g)	0,00	1
Champignon, Zucht- (110 g)	0,00	1	Möhre, roh (80 g)	0,00	1
Chicorée, roh (100 g)	0,00	1	Pfirsich (115 g)	0,00	1
Chinakohl, roh (100 g)	0,00	1	Pflaume (150 g, 5 St.)	0,00	1
Clementine, Mandarine (50 g)	0,00	1	Porree (Lauch), roh (100 g)	0,00	1
Einlegegurke, milchsauer (80 g)	0,00	1	Porree (Lauch), gekocht (150 g)	0,00	1
Erbse, Samen, getrocknet (60 g)	0,00	1	Preiselbeere (125 g)	0,00	1
Erdbeere (200 g)	0,00	1	Reis, gekocht (120 g)	0,00	1
Erdnuß (50 g)	0,00	1	Reis, unpoliert, ganzes Korn (60 g)	0,00	1
Gerste, ganzes Korn (50 g)	0,00	1	Rettich, roh (50 g)	0,00	1
Gerstengraupen (20 g)	0,00	1	Roggenbrot (50 g)	0,00	1
Grapefruit (200 g)	0,00	1	Roggenmischbrot (50 g)	0,00	1
grüne Bohnen, gekocht (150 g)	0,00	1	Roggenvollkornbrot (50 g)	0,00	1
grüne Erbsen, Samen, gekocht (150 g)	0,00	1	Rosenkohl, gekocht (150 g)	0,00	1
Grünkohl, gekocht (200 g)	0,00	1	Rotkohl, roh (100 g)	0,00	1
Grünkohl, roh (100 g)	0,00	1	Schälgurke (200 g)	0,00	1
Hafer, ganzes Korn (50 g)	0,00	1	Sellerie, roh (100 g)	0,00	1
Haferflocken (50 g)	0,00	1	Sojabohne, Samen, trocken (60 g)	0,00	1
Haselnuß (10 g, 10 St.)	0,00	1	Spargel, gekocht (180 g)	0,00	1
Heidelbeere (125 g)	0,00	1	Spinat, gekocht (150 g)	0,00	1
Himbeere (125 g)	0,00	1	Stachelbeere (125 g)	0,00	1
Hirse, ganzes Korn (50 g)	0,00	1	Tomate (60 g)	0,00	1
Honig (20 g, 1 EL)	0,00	1	Walnuß (20 g, 5 St.)	0,00	1
Johannisbeere, rot (125 g)	0,00	1	Weintraube (24 g, 10 St.)	0,00	1
Johannisbeere, schwarz (125 g)	0,00	1	Weißbrot (50 g)	0,00	1
Kartoffel, gekocht, mit Schale (200 g)	0,00	1	Weißkohl, gekocht (150 g)	0,00	1

NÄHRSTOFFREGISTER

Lebensmittel	Cholesterin (mg) je Portion	Note
Weißkohl, roh (100 g)	0,00	1
Weizenmischbrot (50)	0,00	1
Weizenvollkornbrot (50 g)	0,00	1
Wirsing, gekocht (150 g)	0,00	1
Wirsing, roh (100 g)	0,00	1
Zitrone, Saft (50 g, 4 EL)	0,00	1
Zucker (5 g)	0,00	1
Zwiebel, roh (50 g)	0,00	1
Mais, ganzes Korn (50 g)	(0)	1
Maisgrieß (50 g)	(0)	1
Roggen, ganzes Korn (50 g)	(0)	1
Roggenmehl, Type 1150 (100 g)	(0)	1
Roggenmehl, Type 815 (100 g)	(0)	1
Weizen, ganzes Korn (50)	(0)	1
Weizenmehl, Type 1050 (100 g)	(0)	1
Weizenmehl, Type 405 (100 g)	(0)	1
Kokosfett (10 g)	0,06	1
Pflanzenöl (10 g)	0,20	1
Sauermilchkäse, max. 10% F.i.Tr. (30 g)	0,90	1
Kondensmilch, 7,5% Fett (5 g)	1,00	1
Speisequark, mager (150 g)	1,20	1
Margarine (20 g)	1,40	1
Milch, entrahmt, 0,3% Fett (200 g)	6,00	1
Buttermilch (200 g)	8,00	1
Rindertalg (10 g)	10,00	1
Trinkmilch, 1,5% Fett (200 g)	10,00	1
Schmelzkäse, 45% F.i.Tr. (30 g)	15,90	1
Schweineschmalz (20 g)	17,20	1
Joghurt, 3,5% Fett (150 g)	18,00	1
Sahne, sauer, 20% Fett (30 g)	18,00	1
Parmesan, 35.% F.i.Tr. (30 g)	20,40	1
Camembert, 50% F.i.Tr. (30 g)	21,00	1
Edamer, 40% F.i.Tr. (30 g)	21,00	1
Dickmilch, 3,5% Fett (200 g)	22,00	2
Kefir, 3,5% Fett (200 g)	22,00	2
Trinkmilch, 3,5% Fett (200 g)	24,00	2

Lebensmittel	Cholesterin (mg) je Portion	Note
Emmentaler, 45% F.i.Tr. (30 g)	27,60	2
Brie, 50% F.i.Tr. (30 g)	30,00	2
Doppelrahmfrischkäse, mind. 60% F.i.Tr. (30 g)	30,90	2
Sahne, süß 30% Fett (30 g)	33,00	2
Gouda, 45% F.i.Tr. (30 g)	34,20	3
Butter (20 g)	48,00	3
Speisequark, 40% F.i.Tr. (150 g)	56,00	3
Rotbarsch (150 g)	57,00	3
Schweinefleisch, Muskel, mager (120 g)	66,00	4
Kabeljau (150 g)	70,50	4
Rindfleisch, Muskel, mager (120 g)	72,00	4
Schweinekotelett, Kamm (120 g)	78,00	4
Thunfisch (100 g)	80,00	4
Forelle (150 g)	84,00	4
Schaffleisch, Hammel u. Lamm (120 g)	84,00	4
Suppenhuhn (120 g)	90,00	5
Truthahn/Puter, Brust (150 g)	90,00	5
Scholle (150 g)	94,50	5
Karpfen (150 g)	100,00	5
Makrele (150 g)	103,50	5
Ente (150 g)	105,00	5
Kalbfleisch, Muskel (150 g)	105,00	5
Roastbeaf (150 g)	105,00	5
Köhler (Seelachs) (150 g)	106,50	6
Miesmuschel (100 g)	126,00	6
Gans (150 g)	129,00	6
Hering (150 g)	136,50	6
Jungmasthuhn/Hähnchen (350 g)	284,00	6
Hühnerei (1 Ei)	314,00	6
Leber, Rind (140 g)	371,00	6
Leber, Schwein (140 g)	476,00	6
Niere, Schwein (130 g)	511,00	6

(0) = praktisch gleich Null

NÄHRSTOFFREGISTER

Kohlenhydrate

Kohlenhydrate liefern Energie, sie dienen als **Brennstoffe** (mit Ausnahme der Ballaststoffe). Um eine Systematik in die große Gruppe der Kohlenhydrate zu bringen, unterscheidet man in kompliziert aufgebaute, schwer lösliche Kohlenhydrate wie Stärke und Ballaststoffe sowie in relativ einfach aufgebaute, leicht lösliche Kohlenhydrate vom Typ Zucker.

Kohlenhydrate bestehen aus den drei Bausteinen Glukose, Fruktose und Galaktose. Je nachdem, wieviele dieser Zuckerbausteine eine Kette bilden, spricht man von Einfach-, Zweifach- und Vielfachzuckern. Zu den Einfachzuckern (**Monosaccharide**) zählen die erwähnten Glukose (Traubenzucker), Fruktose (Fruchtzucker) und Galaktose. Die Gruppe der Zweifachzucker (**Disaccharide**) umfaßt z.B. Haushaltszucker (Saccharose), der aus Glukose und Fruktose aufgebaut ist, und Milchzucker (Laktose), der aus Glucose und Galaktose besteht. Zu den Vielfachzuckern (**Polysaccharide**) gehören Stärke und auch Ballaststoffe.

Insbesondere das Gehirn und die roten Blutkörperchen sind für ihre Arbeit auf die Bereitstellung des Zuckerbausteins Glukose (Traubenzucker) angewiesen. Dennoch ist Glukose kein essentieller Nährstoff. Der Körper kann diesen Zuckerbaustein selbst herstellen: Mit Ausnahme der Ballaststoffe, die unverdaulich sind, werden alle Vielfachzucker im Mund und im Darm **in ihre Bausteine**, die Einfachzucker, **zerlegt**, damit sie vom Körper aufgenommen werden können.

Man könnte nun annehmen, daß es unerheblich ist, ob man Stärke oder Zucker ißt, wenn Stärke zur Verwertung sowieso in Einfachzucker zerlegt wird. Dieser Abbau erfordert jedoch Zeit, was zur Folge hat, daß stärkehaltige Lebensmittel langsamer aus dem Darm ins Blut aufgenommen werden als z.B. Haushaltszucker. Eine langsame Aufnahme von Zuckern ist wünschenswert, weil der **Zuckerspiegel** im Blut nicht so schnell ansteigt. Dadurch hat man ein längeres Sättigungsgefühl, und die Bauchspeicheldrüse wird nicht übermäßig beansprucht. Sie muß das Hormon Insulin herstellen, das den Zuckerstoffwechsel regelt.

Energie, die beim Um- und Abbau von Zucker entsteht und nicht für den Betrieb des Körpers verbraucht wird, wandelt der Organismus in Fett um und speichert sie in **Fettdepots**. Einfach- und Zweifachzucker werden schneller in Fette umgebaut als Mehrfachzucker.

Es wird empfohlen, mehr als 50% der täglich zugeführten Energiemenge durch den Verzehr von Kohlenhydraten zu decken. Das entspricht etwa 300 g Kohlenhydraten pro Tag. Enthält die Portion eines Lebensmittels mehr als 36 g Kohlenhydrate, wird es mit der Schulnote 1 bewertet (siehe Tabelle). Lebensmittel, die Vielfachzucker enthalten (Kartoffeln, Getreide etc.), sollten dabei gegenüber Lebensmitteln, die überwiegend aus Einfach- oder Zweifachzuckern bestehen (Haushaltszucker, Süßigkeiten etc.), bevorzugt werden. Stärke- bzw. ballaststoffreiche Lebensmittel liefern im Gegensatz zu Süßigkeiten gleichzeitig mehr Vitamine und Mineralstoffe.

NÄHRSTOFFREGISTER

Bei Personen, die ihren täglichen Energiebedarf zu einem großen Teil durch Süßigkeiten decken, kann es zu Übergewicht bei gleichzeitiger Mangelversorgung mit Vitaminen und Mineralstoffen kommen.

Tabelle:

Kohlenhydrate, g	Note
> 36 g	1
27,1–36 g	2
18,1–27 g	3
9,1–18 g	4
> 0– 9 g	5
0 g	6

NÄHRSTOFFREGISTER

Kohlenhydrate

Lebensmittel	Kohlenhydrate (g) je Portion	Note	Lebensmittel	Kohlenhydrate (g) je Portion	Note
Roggenmehl, Type 815 (100 g)	71,00	1	Apfel (120 g)	15,00	4
Weizenmehl, Type 405 (100 g)	70,90	1	Gerstengraupen (20 g)	14,20	4
Roggenmehl, Type 1150 (100 g)	67,80	1	Erdbeere (200 g)	13,00	4
Weizenmehl, Type 1050 (100 g)	67,20	1	Johannisbeere, schwarz (125 g)	12,40	4
Reis, unpoliert, ganzes Korn (60 g)	44,00	1	Pfirsich (115 g)	10,80	4
Maisgrieß (50 g)	36,80	1	Stachelbeere (125 g)	10,60	4
Hirse, ganzes Korn (50 g)	34,40	2	Milch, entrahmt, 0,3 % Fett (200 g)	10,00	4
Erbse, Samen, getrocknet (60 g)	34,00	2	Trinkmilch, 3,5 % Fett (200 g)	9,60	4
Mais, ganzes Korn (50 g)	32,40	2	Trinkmilch, 1,5 % Fett (200 g)	9,60	4
Gerste, ganzes Korn (50 g)	31,70	2	Kefir, 3,5 % Fett (200 g)	9,60	4
Linse, Samen, getrocknet (60 g)	31,10	2	Preiselbeere (125 g)	9,50	4
Kartoffel, gekocht, mit Schale (200 g)	30,80	2	Heidelbeere (125 g)	9,30	4
Weizen, ganzes Korn (50 g)	30,50	2	Johannisbeere, rot (125 g)	9,20	4
Roggen, ganzes Korn (50 g)	30,40	2	Brombeere (125 g)	9,00	5
Banane (140 g)	30,00	2	Möhre, gekocht (150 g)	8,70	5
Hafer, ganzes Korn (50 g)	29,90	2	Himbeere (125 g)	8,60	5
Reis, gekocht (120 g)	28,80	2	Joghurt, 3,5 % Fett (150 g)	8,10	5
Bohne, Samen, getrocknet (60 g)	28,70	2	Dickmilch, 3,5 % Fett (200 g)	8,00	5
Knäckebrot (40 g)	26,10	3	Buttermilch (200 g)	8,00	5
Weizenmischbrot (50 g)	24,90	3	grüne Bohnen, gekocht (150 g)	6,60	5
Weißbrot (50 g)	23,90	3	Erdnuß (50 g)	6,00	5
Roggenbrot (50 g)	23,80	3	Porree (Lauch), gekocht (150 g)	5,90	5
Roggenmischbrot (50 g)	22,70	3	Speisequark, mager (150 g)	5,85	5
Haferflocken (50 g)	21,70	3	Weißkohl, gekocht (150)	5,70	5
Kirsche, süß (150 g)	21,00	3	Kohlrabi, gekocht (150 g)	5,30	5
Weizenvollkornbrot (50 g)	20,70	3	Clementine, Mandarine (50 g)	5,00	5
Roggenvollkornbrot (50 g)	20,40	3	Zucker (5 g)	4,90	5
Grapefruit (200 g)	17,90	4	Speisequark, 40 % F. i. Tr. (150 g)	4,90	5
Birne (140 g)	17,80	4	Aprikose (50 g)	4,90	5
Apfelsine (180 g)	16,60	4	Blumenkohl, gekocht (150 g)	4,80	5
Pflaume (150 g, 5 St.)	16,40	4	Weißkohl, roh (100 g)	4,60	5
grüne Erbse, Samen, gekocht (150 g)	15,60	4	Wirsing, gekocht (150 g)	4,50	5
Kartoffel, roh (100 g)	15,40	4	Rosenkohl, gekocht (150 g)	4,40	5
Honig (20 g, 1 EL)	15,00	4	Schälgurke (200 g)	4,20	5

NÄHRSTOFFREGISTER

Lebensmittel	Kohlenhydrate (g) je Portion	Note
Zitrone, Saft (50 g, 4 EL)	4,00	5
Grünkohl, gekocht (200 g)	4,00	5
Weintraube (24 g, 10 St.)	3,90	5
Möhre, roh (80 g)	3,90	5
Kohlrabi, roh (100 g)	3,90	5
Sojabohne, Samen, trocken (60 g)	3,70	5
Rotkohl, roh (100 g)	3,50	5
Porree (Lauch), roh (100 g)	3,20	5
Zwiebel, roh (50 g)	2,90	5
Grünkohl, roh (100 g)	2,90	5
Blumenkohl, roh (100 g)	2,50	5
Wirsing, roh (100 g)	2,40	5
Walnuß (20 g, 5 St.)	2,40	5
Leber, Rind (140 g)	2,40	5
Sellerie, roh (100 g)	2,30	5
Einlegegurke, milchsauer (80 g)	2,30	5
Chicorée, roh (100 g)	2,30	5
Spargel, gekocht (180 g)	2,20	5
Tomate (60 g)	1,70	5
Mandel (15 g, 10 St.)	1,40	5
Sahne, sauer, 20 % Fett (30 g)	1,30	5
Chinakohl, roh (100 g)	1,30	5
Rindfleisch, Muskel, mager (120 g)	1,20	5
Haselnuß (10 g, 10 St.)	1,10	5
Niere, Schwein (130 g)	1,04	5
Rettich, roh (50 g)	1,00	5
Sahne, süß, 30 % Fett (30 g)	0,90	5
Kopfsalat (80 g)	0,90	5
Doppelrahmfrischkäse, mind. 60 % F.i.Tr. (30 g)	0,90	5
Spinat, gekocht (150 g)	0,80	5
Champignon, Zucht- (110 g)	0,80	5
Leber, Schwein (140 g)	0,70	5
Kondensmilch, 7,5 % Fett (5 g)	0,50	5
Hühnerei (1 Ei)	0,30	5
Brie, 50 % F.i.Tr. (30 g)	0,29	5
Emmentaler, 45 % F.i.Tr. (30 g)	0,14	5

Lebensmittel	Kohlenhydrate (g) je Portion	Note
Sauermilchkäse, max. 10 % F.i.Tr. (30 g)	0,09	5
Margarine (20 g)	0,08	5
Camembert, 50 & F.i.Tr. (30 g)	0,06	5
Parmesan, 35 % F.i.Tr. (30 g)	0,02	5
Pflanzenöl (10 g)	0,01	5
Ente (150 g)	Spuren	5
Gans (150 g)	Spuren	5
Jungmasthuhn/Hähnchen (350 g)	Spuren	5
Kalbfleisch, Muskel (150 g)	Spuren	5
Kokosfett (10 g)	Spuren	5
Roastbeef (150 g)	Spuren	5
Schaffleisch, Hammel u. Lamm (120 g)	Spuren	5
Schweinefleisch, Muskel, mager (120 g)	Spuren	5
Schweinekotelett, Kamm (120 g)	Spuren	5
Suppenhuhn (120 g)	Spuren	5
Truthahn/Puter, Brust (150 g)	0,00	6
Butter (20 g)	0,00	6
Edamer, 40 % F.i.Tr. (30 g)	0,00	6
Forelle (150 g)	0,00	6
Gouda, 45 % F.i.Tr. (30 g)	0,00	6
Hering (150 g)	0,00	6
Kabeljau (150 g)	0,00	6
Karpfen (150 g)	0,00	6
Köhler (Seelachs) (150 g)	0,00	6
Makrele (150 g)	0,00	6
Miesmuschel (100 g)	0,00	6
Rindertalg (10 g)	0,00	6
Rotbarsch (150 g)	0,00	6
Schmelzkäse, 45 % F.i.Tr. (30 g)	0,00	6
Scholle (150 g)	0,00	6
Schweineschmalz (20 g)	0,00	6
Seehecht (150 g)	0,00	6
Thunfisch (100 g)	0,00	6

Wegweiser Lebensmittel

Ballaststoffe

Ballaststoffe sind Bestandteile **pflanzlicher Nahrung**, die von unseren Verdauungssäften **nicht abgebaut** werden. Es handelt sich um eine unverdauliche Gruppe der Kohlenhydrate (siehe dort). Viele der Ballaststoffe dienen als Stütz- und Strukturelemente der Pflanzen.

Lange Zeit hielt man Ballaststoffe für überflüssigen, wenn nicht gar schädlichen Bestandteil der Kost, eben für Ballast. So wurden z. B. beim Getreide in den Müllereien die kleiereichen Außenschichten des Korns beim Mahlen abgetrennt. Unser derzeitiger Ballaststoff-Mangel liegt allerdings nicht nur im Verzehr des „weißen" Mehls begründet, sondern auch darin, daß der Verzehr tierischer und damit ballaststofffreier Kost ständig gestiegen ist.

Obst und Gemüse weisen in der Regel einen niedrigeren Ballaststoffgehalt auf als Getreide und Getreideprodukte. Die Effekte der einzelnen Ballaststoffkomponenten sind jedoch unterschiedlich, so daß Ballaststoffe sowohl aus Vollgetreide als auch aus Obst, Kartoffeln und Gemüse aufgenommen werden sollten.

Worin liegt nun die große Bedeutung der Ballaststoffe? Durch ihre Fähigkeit, Wasser zu binden, bedingen Ballaststoffe eine gute Magenfüllung und verstärken so das **Sättigungsgefühl**. Der wesentliche Ballaststoffeffekt ist allerdings die Quellung im Darm. Die Ballaststoffe binden auch im Dickdarm Wasser und vergrößern so das Volumen des Darminhaltes. Dies stimuliert die Dickdarmmuskulatur, die **Nahrungsreste schneller aus dem Darm** herauszubefördern. So kann Verstopfung entgegengewirkt werden. Zu diesem Effekt tragen vor allem die Ballaststoffe aus Getreide bei. Als gesichert gilt außerdem, daß Ballaststoffe z. B. krebserregende Substanzen binden und aus dem Darm entfernen können.

Bestimmte Ballaststoffe – die wasserlöslichen wie Pektin und Guar, die vor allem im Obst vorkommen – haben einen **cholesterinsenkenden Effekt**. Dies wiederum bietet einen gewissen Schutz vor arteriosklerotischen Veränderungen und deren Folgen im Herz-Kreislauf-Geschehen.

Eine ballaststoffreiche Ernährung unterstützt zudem die Diät bei **Zuckerkrankheit** (Diabetes mellitus). Da Ballaststoffe den Abbau der Nahrungskohlenhydrate verzögern (die Nahrung ist den Verdauungssäften nicht so gut zugänglich), steigt der Blutzuckerspiegel nicht abrupt an, und der momentane Bedarf an dem Hormon Insulin wird reduziert.

Bei einer ballaststoffreichen Ernährung muß auf eine ausreichende Flüssigkeitszufuhr geachtet werden, sonst kann es zu gegenteiligen Effekten (Verstopfung) kommen.

Bakterien, die natürlicherweise unseren Dickdarm besiedeln, sind in der Lage, einen Teil der Ballaststoffe abzubauen. Dabei produzieren sie Gase, die bei der Umstellung auf eine ballaststoffreiche Kost zunächst Blähungen verursachen können.

NÄHRSTOFFREGISTER

Viele Fragen rund um die Ballaststoffe sind noch offen. Sicher ist: Für eine gesunderhaltende Ernährung sind sie unverzichtbar.

Die Empfehlungen für eine angemessene Zufuhr liegen bei mindestens 30 g Ballaststoffe/Tag. Lebensmittel, die in einer Portion mehr als 3,6 g Ballaststoffe enthalten (> 12 % der empfohlenen täglichen Zufuhr), bekommen die Schulnote 1 (siehe Tabelle).

Tabelle:

Ballaststoffe, g	Note
> 3,6 g	1
2,8–3,6 g	2
1,9–2,7 g	3
1,0–1,8 g	4
>0–0,9 g	5
0 g	6

NÄHRSTOFFREGISTER

Ballaststoffe

Lebensmittel	Ballaststoffe (g) je Portion	Note
Bohne, Samen, getrocknet (60 g)	10,20	1
Erbse, Samen, getrocknet (60 g)	9,90	1
Sojabohne, Samen, trocken (60 g)	9,10	1
Johannisbeere, schwarz (125 g)	8,50	1
Roggenmehl, Type 1150 (100 g)	8,00	1
Grünkohl, gekocht (200 g)	8,00	1
Roggen, ganzes Korn (50 g)	6,60	1
Roggenmehl, Type 815 (100 g)	6,50	1
Linse, Samen, getrocknet (60 g)	6,40	1
Heidelbeere (125 g)	6,10	1
grüne Erbse, Samen, gekocht (150 g)	6,00	1
Knäckebrot (40 g)	5,80	1
Himbeere (125 g)	5,80	1
Weizenmehl, Type 1050 (100 g)	5,20	1
Weizen, ganzes Korn (50 g)	5,20	1
Kartoffel, gekocht, mit Schale (200 g)	5,00	1
Gerste, ganzes Korn (50 g)	4,90	1
Mais, ganzes Korn (50 g)	4,60	1
Weißkohl, gekocht (150 g)	4,50	1
Rosenkohl, gekocht (150 g)	4,50	1
Möhre, gekocht (150 g)	4,50	1
grüne Bohnen, gekocht (150 g)	4,50	1
Johannisbeere, rot (125 g)	4,40	1
Sellerie, roh (100 g)	4,20	1
Grünkohl, roh (100)	4,20	1
Weizenmehl, Type 405 (100 g)	4,00	1
Erdbeere (200 g)	4,00	1
Brombeere (125)	4,00	1
Birne (140 g)	4,00	1
Roggenvollkornbrot (50 g)	3,90	1
Apfelsine (180 g)	3,90	1
Weizenvollkornbrot (50 g)	3,80	1
Stachelbeere (125 g)	3,80	1
Preiselbeere (125 g)	3,63	1
Erdnuß (50 g)	3,60	2
Roggenmischbrot (50 g)	3,10	2
Wirsing, gekocht (150 g)	3,00	2
Blumenkohl, gekocht (150 g)	3,00	2
Banane (140 g)	3,00	2
Porree (Lauch), gekocht (150 g)	2,90	2
Kirsche, süß (150 g)	2,90	2
Blumenkohl, roh (100 g)	2,90	2
Roggenbrot (50 g)	2,80	2
Hafer, ganzes Korn (50 g)	2,80	2
Apfel (120 g)	2,80	2
Spargel, gekocht (180 g)	2,70	3
Möhre, roh (80 g)	2,70	3
Haferflocken (50 g)	2,70	3
Pflaume (150 g, 5 St.)	2,60	3
Weißkohl, roh (100 g)	2,50	3
Rotkohl, roh (100 g)	2,50	3
Kartoffel, roh (100 g)	2,50	3
Spinat, gekocht (150 g)	2,30	3
Porree (Lauch), roh (100 g)	2,30	3
Kohlrabi, gekocht (150 g)	2,30	3
Champignon, Zucht- (110 g)	2,10	3
Pfirsich (115 g)	2,00	3
Hirse, ganzes Korn (50 g)	1,90	3
Weizenmischbrot (50 g)	1,80	4
Weißbrot (50 g)	1,80	4
Schälgurke (200 g)	1,80	4
Reis, unpoliert, ganzes Korn (60 g)	1,70	4
Chinakohl, roh (100 g)	1,70	4
Zwiebel, roh (50 g)	1,60	4
Wirsing, roh (100 g)	1,50	4
Mandel (15 g, 10 St.)	1,50	4
Kohlrabi, roh (100 g)	1,40	4
Chicorée, roh (100 g)	1,30	4

NÄHRSTOFFREGISTER

Lebensmittel	Ballaststoffe (g) je Portion	Note
Kopfsalat (80 g)	1,20	4
Grapefruit (200 g)	1,16	4
Tomate (60 g)	1,10	4
Aprikose (50 g)	1,01	4
Clementine, Mandarine (50 g)	1,00	4
Walnuß (20 g, 5 St.)	0,90	5
Gerstengraupen (20 g)	0,90	5
Haselnuß (10 g, 10 St)	0,70	5
Rettich, roh (50 g)	0,60	5
Weintraube (24 g, 10 St.)	0,49	5
Reis, gekocht (120 g)	0,40	5
Einlegegurken, milchsauer (80 g)	0,30	5
Zitrone, Saft (50 g, 4 EL)	0,20	5
Forelle (150 g)	(0)	6
Hering (150 g)	(0)	6
Jungmasthuhn/Hähnchen (350 g)	(0)	6
Kabeljau (150 g)	(0)	6
Kalbfleisch, Muskel (150 g)	(0)	6
Karpfen (150 g)	(0)	6
Köhler (Seelachs) (150 g)	(0)	6
Leber, Rind (140 g)	(0)	6
Leber, Schwein (140 g)	(0)	6
Makrele (150 g)	(0)	6
Niere, Schwein (130 g)	(0)	6
Rindfleisch, Muskel, mager (120 g)	(0)	6
Roastbeef (150 g)	(0)	6
Rotbarsch (150 g)	(0)	6
Schaffleisch, Hammel u. Lamm (120 g)	(0)	6
Scholle (150 g)	(0)	6
Schweinefleisch, Muskel, mager (120 g)	(0)	6
Schweinekotelett, Kamm (120 g)	(0)	6
Seehecht (150 g)	(0)	6
Suppenhuhn (120 g)	(0)	6
Thunfisch (100 g)	(0)	6
Truthahn/Puter, Brust (150 g)	(0)	6
Buttermilch (200 g)	0,00	6

Lebensmittel	Ballaststoffe (g) je Portion	Note
Dickmilch, 3,5 % Fett (200 g)	0,00	6
Doppelrahmfrischkäse, mind. 60 % F.i.Tr. (30 g)	0,00	6
Hühnerei (1 Ei)	0,00	6
Joghurt, 3,5 % Fett (150 g)	0,00	6
Kefir, 3,5 % Fett (200 g)	0,00	6
Kondensmilch, 7,5 % Fett (5 g)	0,00	6
Milch, entrahmt, 0,3 % Fett (200 g)	0,00	6
Sahne, sauer, 20 % Fett (30 g)	0,00	6
Sahne, süß, 30 % Fett (30 g)	0,00	6
Sauermilchkäse, max. 10 % F.i.Tr. (30 g)	0,00	6
Trinkmilch, 1,5 % Fett (200 g)	0,00	6
Trinkmilch, 3,5 % Fett (200 g)	0,00	6
Brie, 50 % F.i.Tr. (30 g)	0,00	6
Butter (20 g)	0,00	6
Camembert, 40 % F.i.Tr. (30 g)	0,00	6
Edamer, 40 % F.i.Tr. (30 g)	0,00	6
Emmentaler, 45 % F.i.Tr. (30 g)	0,00	6
Gouda, 45 % F.i.Tr. (30 g)	0,00	6
Honig (20, 1 EL)	0,00	6
Kokosfett (10 g)	0,00	6
Margarine (20 g)	0,00	6
Miesmuschel (100 g)	0,00	6
Parmesan, 35 % F.i.Tr. (30 g)	0,00	6
Pflanzenöl (10 g)	0,00	6
Rindertalg (10 g)	0,00	6
Schmelzkäse, 45 % F.i.Tr. (30 g)	0,00	6
Schweineschmalz, (20 g)	0,00	6
Speisequark, 40 % F.i.Tr. (150 g)	0,00	6
Speisequark, mager (150 g)	0,00	6
Zucker (5 g)	0,00	6

(0) = praktisch gleich Null

Wegweiser Lebensmittel

NÄHRSTOFFREGISTER

Vitamine allgemein

Vitamine zählen zu den **Reglerstoffen** im menschlichen Körper. Sie sind lebensnotwendige Verbindungen, die bereits in geringen Mengen wirksam sind. Da der menschliche Körper sie nicht selbst bilden kann, müssen sie in Form des Vitamins selbst oder als Vorstufen, die der Körper in die entsprechenden Vitamine umwandeln kann, regelmäßig mit der Nahrung aufgenommen werden.

Grundsätzlich unterscheidet man zwischen **wasserlöslichen** und **fettlöslichen** Vitaminen. Überschüssige fettlösliche Vitamine (A, D, E und K) speichert der menschliche Körper. Deshalb können wir einen kurzfristigen Mangel an fettlöslichen Vitaminen gut verkraften. Extrem hohe Zufuhrmengen, die jedoch nur in seltenen Fällen durch die Ernährung bedingt sind, können schädigende Effekte haben. Die wasserlöslichen Vitamine werden bei hoher Zufuhr über den Urin wieder ausgeschieden. Große Mengen an wasserlöslichen Vitaminen schaden daher in der Regel nicht, allerdings kann der Körper einen Mangel weniger gut ausgleichen.

Vitamin A

Vitamin A (Retinol) zählt zur Gruppe der **fettlöslichen Vitamine**. Es ist nur in tierischen Lebensmitteln enthalten. Eine wichtige Vorstufe von Vitamin A sind **Karotine**, die in pflanzlichen Lebensmitteln vorkommen. Man bezeichnet sie auch als „Provitamin A". Diese gelben, fettlöslichen Farbstoffe werden im tierischen und menschlichen Körper mit unterschiedlichem Wirkungsgrad in Retinol umgewandelt und tragen so zur Deckung des Vitamin-A-Bedarfs bei. Um die Unterschiede im Umwandlungsgrad aufzuzeigen, wird Karotin in Retinol umgerechnet (Aus 6 mg Karotin entsteht im Körper 1 mg Retinol) und als „Retinol-Äquivalent" in Nährwerttabellen angegeben.

Da Vitamin A und seine Vorstufen nur in Verbindung mit Fett aus der Nahrung aufgenommen (resorbiert) werden können, ist eine Zugabe **geringer Mengen Fett** bei der Zubereitung karotinhaltiger pflanzlicher Lebensmittel notwendig. Auch sollten diese Lebensmittel zum Verzehr zerkleinert werden, damit die Vitamin-A-Vorstufe leichter aus den Zellen aufgenommen werden kann. Aus rohen, im Ganzen gegessenen Möhren z. B. wird Karotin nur sehr schlecht resorbiert. Schon besser ist die Aufnahme aus geriebenen Möhren mit etwas Fett. Der größte Prozentsatz an Karotin wird aus gekochten Möhren resorbiert, die mit etwas Fett zubereitet wurden.

Besonders wichtig ist Vitamin A für die Aufrechterhaltung der Sehkraft und der Funktionsfähigkeit von Haut und Schleimhäuten. Auch für die Infektionsabwehr ist Vitamin A erforderlich. Bei einem Mangel kann es zu Wachstumsstörungen, Nachtblindheit und Hautveränderungen kommen.

NÄHRSTOFFREGISTER

Wie alle fettlöslichen Vitamine kann auch Vitamin A bei übermäßiger Zufuhr nicht wieder ausgeschieden werden, sondern wird im Körper gespeichert. Bei einer sehr hohen Retinol-Zufuhr sind daher auch Überdosierungen mit Folgen wie Knochenveränderungen, Entzündungen und Blutungen in verschiedenen Geweben möglich.

Besonders im ersten Drittel einer Schwangerschaft ist Vorsicht vor zu hohem Vitamin-A-Konsum geboten. Fehlbildungen des Ungeborenen sind bei sehr hoher Aufnahme von Vitamin A (mehr als 3 mg Retinol mehrfach wiederholt) nicht hinreichend sicher auszuschließen. Durch eine hohe Zufuhr von Provitamin A können keine von Vitamin A ausgelösten Schäden hervorgerufen werden, da Karotin nur begrenzt resorbiert und in Retinol umgewandelt wird.

Die empfohlene Vitamin-A-Zufuhr liegt bei 0,8–1 mg Retinol-Äquivalenten pro Tag. Wird mit einer Lebensmittelportion mehr als 12 % der täglichen Zufuhrempfehlung gedeckt, erhält das Lebensmittel die Note 1 (siehe Tabelle).

Karotine werden nicht nur in Retinol umgewandelt, sondern auch unverändert aufgenommen. Sie werden überwiegend im Blutplasma und im Fettgewebe gespeichert und verleihen ihnen die charakteristische gelbliche Farbe.

Verschiedene Studien zeigen, daß Karotine unabhängig von ihrer Eigenschaft als A-Provitamine das Risiko vermindern, an verschiedenen Krebsarten zu erkranken. Der Schutz ist um so ausgeprägter, je mehr Karotine aufgenommen werden.

Tabelle:

Vitamin A, µg RÄq	Note
> 110 µg	1
81–110 µg	2
51– 80 µg	3
21– 50 µg	4
>0– 20 µg	5
0 µg	6

NÄHRSTOFFREGISTER

Vitamin A

Lebensmittel	Vitamin A (µg) je Portion	Note	Lebensmittel	Vitamin A (µg) je Portion	Note
Leber, Schwein (140 g)	54 700,00	(1)	Forelle (150 g)	67,50	3
Leber, Rind (140 g)	21 400,00	(1)	Karpfen (150 g)	66,00	3
Möhre, gekocht (150 g)	3 000,00	1	Kefir, 3,5 % Fett (200 g)	62,00	3
Möhre, roh (80 g)	1 600,00	1	Dickmilch, 3,5 % Fett (200 g)	62,00	3
Grünkohl, gekocht (200 g)	1 332,00	1	Trinkmilch, 3,5 % Fett (200 g)	61,60	3
Spinat, gekocht (150 g)	1 050,00	1	Porree (Lauch), roh (100 g)	60,00	3
Grünkohl, roh (100 g)	683,00	1	Hering (150 g)	57,00	3
Thunfisch (100 g)	450,00	1	Schälgurke (200 g)	56,67	3
Chicorée, roh (100 g)	215,00	1	Brombeere (125 g)	56,30	3
Makrele (150 g)	150,00	1	Miesmuschel (100 g)	54,00	3
Aprikose (50 g)	149,00	1	Banane (140 g)	53,00	3
Speisequark, 40 % F.i.Tr. (150 g)	148,50	1	Pflaume (150 g, 5 St.)	52,00	3
Jungmasthuhn/Hähnchen (350 g)	136,50	1	Joghurt, 3,5 % Fett (150 g)	48,00	4
Butter (20 g)	130,60	1	Brie, 50 % F.i.Tr. (30 g)	47,10	4
Margarine (20 g)	127,60	1	Maisgrieß (50 g)	45,00	4
Camembert, 50 % F.i.Tr. (30 g)	124,80	1	Stachelbeere (125 g)	43,80	4
Hühnerei (1 Ei)	110,00	2	Bohne, Samen, getrocknet (60 g)	39,96	4
Kopfsalat (80 g)	105,28	2	Sahne, sauer, 20 % Fett (30 g)	39,60	4
Emmentaler, 45 % F.i.Tr. (30 g)	102,90	2	Suppenhuhn (120 g)	38,40	4
Parmesan, 35 % F.i.Tr. (30 g)	102,00	2	Sojabohne, Samen, trocken (60 g)	37,98	4
Gans (150 g)	97,50	2	Porree (Lauch), gekocht (150 g)	34,50	4
Doppelrahmfrischkäse, mind. 60 % F.i.Tr. (30 g)	97,50	2	Kohlrabi, roh (100 g)	33,33	4
Schmelzkäse, 45 % F.i.Tr. (30 g)	90,00	2	Mais, ganzes Korn (50 g)	30,80	4
Pfirsich (115 g)	84,50	2	Kohlrabi, gekocht (150 g)	30,00	4
Sauermilchkäse, max. 10 % F.i.Tr. (30 g)	84,00	2	Johannisbeere, schwarz (125 g)	29,10	4
Niere, Schwein (130 g)	84,00	2	Clementine, Mandarine (50 g)	29,00	4
Sahne, süß, 30 % Fett (30 g)	82,50	2	Trinkmilch, 1,5 % Fett (200 g)	28,60	4
Tomate (60 g)	82,00	2	Heidelbeere (125 g)	27,08	4
grüne Erbse, Samen, gekocht (150 g)	79,50	3	Apfelsine (180 g)	27,00	4
Rosenkohl, gekocht (150 g)	78,00	3	Rindertalg (10 g)	25,70	4
grüne Bohnen, gekocht (150 g)	78,00	3	Rindfleisch, Muskel, mager (120 g)	24,00	4
Gouda, 45 % F.i.Tr. (30 g)	78,00	3	Roastbeef (150 g)	22,50	4
Edamer, 40 % F.i.Tr. (30 g)	70,80	3	Seehecht (150 g)	21,00	4
Ente (150 g)	70,50	3	Kirsche, süß (150 g)	21,00	4

NÄHRSTOFFREGISTER

Lebensmittel	Vitamin A (µg) je Portion	Note	Lebensmittel	Vitamin A (µg) je Portion	Note
Rotbarsch (150 g)	18,00	5	Walnuß (20 g, 5 St.)	1,60	5
Buttermilch (200 g)	18,00	5	Weizenvollkornbrot (50 g)	1,50	5
Himbeere (125 g)	16,60	5	Zitrone, Saft (50 g, 4 EL)	1,30	5
Erdbeere (200 g)	16,40	5	Weintraube (24 g, 10 St.)	1,20	5
Köhler (Seelachs), (150 g)	15,80	5	Erdnuß (50 g)	0,90	5
Kabeljau (150 g)	15,00	5	Rettich, roh (50 g)	0,50	5
Chinakohl, roh (100 g)	13,00	5	Haselnuß (10 g, 10 St.)	0,48	5
Pflanzenöl (10 g)	12,00	5	Gerste, ganzes Korn (50 g)	0,08	5
Weißkohl, gekocht (150 g)	10,50	5	Kalbfleisch, Muskel (150 g)	Spuren	5
Linse, Samen, getrocknet (60 g)	10,02	5	Kokosfett (10 g)	(0)	6
Apfel (120 g)	10,00	5	Honig (20 g, 1 EL)	0,00	6
Wirsing, gekocht (150 g)	9,75	5	Reis, gekocht (120 g)	0,00	6
Blumenkohl, gekocht (150 g)	8,25	5	Reis, unpoliert, ganzes Korn (60 g)	0,00	6
Spargel, gekocht (180 g)	8,10	5	Roggenbrot (50 g)	0,00	6
Erbse, Samen, getrocknet (60 g)	8,04	5	Roggenmischbrot (50 g)	0,00	6
Johannisbeere, rot (125 g)	7,88	5	Schaffleisch, Hammel u. Lamm (120 g)	0,00	6
Birne (140 g)	7,40	5	Schweinekotelett, Kamm (120 g)	0,00	6
Schweinefleisch, Muskel, mager (120 g)	7,20	5	Weizenmischbrot (50 g)	0,00	6
Weißkohl, roh (100 g)	7,00	5	Zucker (5 g)	0,00	6
Wirsing, roh (100 g)	6,50	5			
Blumenkohl, roh (100 g)	5,50	5			
Rotkohl, roh (100 g)	5,00	5			
Grapefruit (200 g)	5,00	5			
Milch, entrahmt, 0,3 % Fett (200 g)	4,80	5			
Preiselbeere (125 g)	4,79	5			
Scholle (150 g)	4,50	5			
Weißbrot (50 g)	3,50	5			
Speisequark, mager (150 g)	3,45	5			
Mandel (15 g, 10 St.)	3,00	5			
Kondensmilch 7,5 % Fett (5 g)	2,68	5			
Zwiebel, roh (50 g)	2,50	5			
Sellerie, roh (100 g)	2,50	5			
Kartoffel, gekocht, mit Schale (200 g)	2,00	5			
Champignon, Zucht- (110 g)	1,84	5			
Weizen, ganzes Korn (50 g)	1,67	5	(0) = praktisch gleich Null		
Kartoffel, roh (100 g)	1,67	5	(1) = bitte den Begleittext beachten		

NÄHRSTOFFREGISTER

Vitamin D

Die Vitamin-D-Gruppe besteht aus mehreren fettlöslichen Wirkstoffen, die alle Vitamin-D-Aktivität besitzen. Die wichtigsten Vertreter dieser Gruppe sind Vitamin D_3 und Vitamin D_2, sie haben beim Menschen etwa die gleiche Wirksamkeit. Vitamin D_2 wird in der Haut unter dem Einfluß von Sonnenlicht aus einer in pflanzlichen Lebensmitteln enthaltenen Vorstufe gebildet. Die Vorstufe für Vitamin D_3 entsteht aus Cholesterin und kann sowohl im tierischen als auch im menschlichen Körper gebildet werden. Die Vitamin-D_3-Vorstufe wird ebenfalls unter dem Einfluß von Sonnenlicht in Vitamin D_3 umgebildet.

Wer seinen Körper genügend dem Sonnenlicht aussetzt, kann sich die Zufuhr von Vitamin D über die Nahrung im Grunde genommen sparen, da das Vitamin D_3 letztlich aus Cholesterin hergestellt werden kann. Bereits ein 10minütiger Spaziergang an der frischen Luft soll genügen, um von einer Aufnahme mit der Nahrung unabhängig zu werden. Tatsächlich wird nur ein geringer Prozentsatz der Vitamin-D-Versorgung über die Lebensmittelzufuhr gedeckt. Da unsere Haut aber häufig, besonders in den Wintermonaten, nur wenig oder gar kein Sonnenlicht zu sehen bekommt, sind wir auch darauf angewiesen, Vitamin D_2 oder D_3 mit der Nahrung aufzunehmen.

Damit Vitamin D seine Funktionen im Körper erfüllen kann, wird es zum Vitamin-D-Hormon (Calcitriol) umgebaut. Dieses Hormon ist notwendig für die Aufnahme von Kalzium und Phosphor aus dem Blut sowie für die Einlagerung dieser beiden Mineralstoffe in Knochen und Zähne.

Ein Mangel an Vitamin D kann im Kindesalter zu **Rachitis** führen. Die damit verbundene Knochenentkalkung hat bleibende Schäden wie Schädel- und Wirbelsäulenverformungen zur Folge. Beim Erwachsenen ruft ein Vitamin-D-Mangel ebenfalls Knochenerweichungen (Osteomalazie) hervor.

Da Vitamin D ein fettlösliches Vitamin ist, können durch extreme Mengen Schäden verursacht werden. So sind z. B. bei langfristiger **Überdosierung** von Vitamin D Kalkablagerungen in Organen und schwere Nierenschäden festgestellt worden.

Die empfohlene Zufuhr für einen Erwachsenen liegt bei 5 µg (5/1000 mg) Vitamin D täglich, für Säuglinge wird als Rachitis-Vorbeugung eine zusätzliche Ergänzungsgabe mittels Tabletten von 10 µg pro Tag empfohlen. Deckt eine Portion eines Lebensmittels mehr als 12% der empfohlenen täglichen Zufuhr für Erwachsene, erhält es in unserem Bewertungssystem die Note 1 (siehe Tabelle).

Tabelle:

Vitamin D, µg	Note
> 0,60 µg	1
0,46–0,60 µg	2
0,31–0,45 µg	3
0,16–0,30 µg	4
> 0–0,15 µg	5
0 µg	6

Vitamin D

Lebensmittel	Vitamin D (µg) je Portion	Note	Lebensmittel	Vitamin D (µg) je Portion	Note
Hering (150 g)	46,50	1	Apfelsine (180 g)	(0)	6
Forelle (150 g)	6,75	1	Aprikose (50 g)	(0)	6
Thunfisch (100 g)	5,38	1	Banane (140 g)	(0)	6
Karpfen (150 g)	4,05	1	Birne (140 g)	(0)	6
Scholle (150 g)	4,00	1	Blumenkohl, gekocht (150 g)	(0)	6
Rotbarsch (150 g)	3,45	1	Blumenkohl, roh (100 g)	(0)	6
Leber, Rind (140 g)	2,38	1	Bohne, Samen, getrocknet (60 g)	(0)	6
Champignon, Zucht- (110 g)	2,13	1	Brombeere (125 g)	(0)	6
Kabeljau (150)	1,90	1	Chicorée, roh (100 g)	(0)	6
Makrele (150 g)	1,50	1	Chinakohl, roh (100 g)	(0)	6
Hühnerei (1 Ei)	1,03	1	Clementine, Mandarine (50 g)	(0)	6
Schmelzkäse, 45% F.i.Tr. (30 g)	0,94	1	Einlegegurke, milchsauer (80 g)	(0)	6
Köhler (Seelachs) (150 g)	0,81	1	Erdbeere (200 g)	(0)	6
Margarine (20 g)	0,50	2	Erdnuß (50 g)	(0)	6
Gouda, 45% F.i.Tr. (30 g)	0,38	3	Gerste, ganzes Korn (50 g)	(0)	6
Sahne, süß, 30% Fett (30 g)	0,33	3	Gerstengraupen (20 g)	(0)	6
Emmentaler, 45% F.i.Tr. (30 g)	0,33	3	Grapefruit (200 g)	(0)	6
Speisequark, 40% F.i.Tr. (150 g)	0,29	4	grüne Bohnen, gekocht (150 g)	(0)	6
Seehecht (150 g)	0,27	4	grüne Erbse, Samen, gekocht (150 g)	(0)	6
Butter (20 g)	0,26	4	Grünkohl, gekocht (200 g)	(0)	6
Brie, 50% F.i.Tr. (30 g)	0,24	4	Grünkohl, roh (100 g)	(0)	6
Parmesan, 35% F.i.Tr. (30 g)	0,19	4	Hafer, ganzes Korn (50 g)	(0)	6
Leber, Schwein (140 g)	0,18	4	Haferflocken (50 g)	(0)	6
Dickmilch, 3,5% Fett (200 g)	0,18	4	Haselnuß (10 g, 10 St.)	(0)	6
Kefir 3,5% Fett (200 g)	0,16	4	Heidelbeere (125 g)	(0)	6
Sauermilchkäse, max. 10% F.i.Tr. (30 g)	0,15	5	Himbeere (125 g)	(0)	6
Trinkmilch, 3,5% Fett (200 g)	0,12	5	Hirse, ganzes Korn (50 g)	(0)	6
Joghurt, 3,5% Fett (150 g)	0,09	5	Johannisbeere, rot (125 g)	(0)	6
Edamer, 40% F.i.Tr. (30 g)	0,09	5	Johannisbeere, schwarz (125 g)	(0)	6
Camembert, 50% F.i.Tr. (30 g)	0,09	5	Kartoffel, gekocht, mit Schale (200 g)	(0)	6
Trinkmilch, 1,5% Fett (200 g)	0,06	5	Kartoffel, roh (100 g)	(0)	6
Doppelrahmfrischkäse, mind. 60% F.i.Tr. (30 g)	0,06	5	Kirsche, süß (150 g)	(0)	6
Kondensmilch 7,5% Fett (5 g)	Spuren	5	Knäckebrot (40 g)	(0)	6
Apfel (120 g)	(0)	6	Kohlrabi, gekocht (150 g)	(0)	6

NÄHRSTOFFREGISTER

Lebensmittel	Vitamin D (µg) je Portion	Note	Lebensmittel	Vitamin D (µg) je Portion	Note
Kohlrabi, roh (100 g)	(0)	6	Weißbrot (50 g)	(0)	6
Kokosfett (10 g)	(0)	6	Weißkohl, gekocht (150 g)	(0)	6
Kopfsalat (80 g)	(0)	6	Weißkohl, roh (100 g)	(0)	6
Linse, Samen, getrocknet (60 g)	(0)	6	Weizen, ganzes Korn (50 g)	(0)	6
Mais, ganzes Korn (50 g)	(0)	6	Weizenmehl, Type 1050 (100 g)	(0)	6
Maisgrieß (50 g)	(0)	6	Weizenmehl, Type 405 (100 g)	(0)	6
Mandel (15 g, 10 St.)	(0)	6	Weizenmischbrot (50 g)	(0)	6
Möhre, gekocht (150 g)	(0)	6	Weizenvollkornbrot (50 g)	(0)	6
Möhre, roh (80 g)	(0)	6	Wirsing, gekocht (150 g)	(0)	6
Pfirsich (115 g)	(0)	6	Wirsing, roh (100 g)	(0)	6
Pflanzenöl (10 g)	(0)	6	Zitrone, Saft (50 g, 4 EL)	(0)	6
Porree (Lauch), roh (100 g)	(0)	6	Zwiebel, roh (50 g)	(0)	6
Porree (Lauch), gekocht (150 g)	(0)	6	Erbse, Samen, getrocknet (60 g)	0,00	6
Preiselbeere (125 g)	(0)	6	Milch, entrahmt, 0,3 % Fett (200 g)	0,00	6
Reis, gekocht (120 g)	(0)	6	Niere, Schwein (130 g)	0,00	6
Reis, unpoliert, ganzes Korn (60 g)	(0)	6	Pflaume (150 g, 5 St.)	0,00	6
Rettich, roh (50 g)	(0)	6	Speisequark, mager (150 g)	0,00	6
Rindertalg (10 g)	(0)	6	Weintraube (24 g, 10 St.)	0,00	6
Roggen, ganzes Korn (50 g)	(0)	6	Zucker (5 g)	0,00	6
Roggenbrot (50 g)	(0)	6			
Roggenmehl, Type 1150 (100 g)	(0)	6			
Roggenmehl, Type 815 (100 g)	(0)	6			
Roggenmischbrot (50 g)	(0)	6			
Roggenvollkornbrot (50 g)	(0)	6			
Rosenkohl, gekocht (150 g)	(0)	6			
Rotkohl, roh (100 g)	(0)	6			
Schälgurke (200 g)	(0)	6			
Schaffleisch, Hammel u. Lamm (120 g)	(0)	6			
Schweineschmalz (20 g)	(0)	6			
Sellerie, roh (100 g)	(0)	6			
Sojabohne, Samen, trocken (60 g)	(0)	6			
Spargel, gekocht (180 g)	(0)	6			
Spinat, gekocht (150 g)	(0)	6			
Stachelbeere (125 g)	(0)	6			
Tomate (60 g)	(0)	6			
Walnuß (20 g, 5 St.)	(0)	6			

(0) = praktisch gleich Null

Vitamin E

Unter dem Begriff Vitamin E wird eine Gruppe **fettlöslicher**, chemisch sehr ähnlicher Verbindungen zusammengefaßt, die Vitamin-E-Wirkung zeigen. Ähnlich wie beim Vitamin A wird der Gehalt eines Lebensmittels an diesen verschiedenen Verbindungen umgerechnet auf die wirksamste Form des Vitamin E, das alpha-Tocopherol. Der in Nährwerttabellen angegebene Vitamin-E-Gehalt wird daher in „Tocopherol-Äquivalent" ausgedrückt.

Die genauen Funktionen des Vitamin E sind noch immer nicht ganz geklärt. Vermutlich besteht die wesentliche Aufgabe darin, Fette, andere Vitamine und Wirkstoffe vor einer Zerstörung durch sogenannte **freie Radikale** zu schützen. Freie Radikale sind äußerst reaktive Verbindungen, denen der Körper ständig ausgesetzt ist. Sie können über die Atemluft (Luftverschmutzung, Zigarettenrauch) in den Körper gelangen oder über die Nahrung zugeführt werden. Auch im Organismus selbst entstehen laufend Radikale (z. B. bei der Abwehr von Krankheitserregern).

Mit der empfohlenen Vitamin-E-Zufuhr von 12 mg Tocopherol-Äquivalent pro Tag ist der Grundbedarf an Vitamin E gedeckt. Eine Portion eines Lebensmittels erhält dann die Note 1, wenn mehr als 12% der täglich empfohlenen Zufuhr in ihr enthalten sind (siehe Tabelle). Unter normalen Ernährungsbedingungen tritt ein **Mangel** an Vitamin E beim Erwachsenen nicht auf.

In Anbetracht der Tatsache, daß Umweltbelastungen, Streß und damit freie Radikale den Menschen heute in verstärktem Maße belasten, wird häufig zu einer Aufnahme von Vitamin E geraten, die ein Mehrfaches der empfohlenen Zufuhr beträgt. So soll Vitamin E rheumatische Schmerzen lindern und die Haut angeblich vor Alterungsprozessen bewahren (weshalb in letzter Zeit immer mehr Kosmetika mit Vitamin-E-Zusatz auf den Markt kommen). Aufgrund seiner Schutzwirkung vor freien Radikalen wird ihm auch ein gewisser Schutz vor bestimmten Krebsarten zugeschrieben. Über **Überdosierungen** ist bisher kaum etwas bekannt. Hohe Dosen von Vitamin E sollten jedoch nur unter ärztlicher Kontrolle aufgenommen werden.

Da auch ungesättigte Fettsäuren in Lebensmitteln durch freie Radikale zerstört (oxidiert) werden können, werden insbesondere Pflanzenöle heute oft mit Vitamin E angereichert.

Tabelle:

Vitamin E, mg TÄq	Note
> 1,44 mg	1
1,09–1,44 mg	2
0,73–1,08 mg	3
0,37–0,72 mg	4
> 0–0,36 mg	5
0 mg	6

NÄHRSTOFFREGISTER

Vitamin E

Lebensmittel	Vitamin E (mg) je Portion	Note	Lebensmittel	Vitamin E (mg) je Portion	Note
Grünkohl, gekocht (200 g)	7,20	1	Weizen, ganzes Korn (50 g)	0,70	4
Erdnuß (50 g)	4,60	1	Pfirsich (115 g)	0,70	4
Mandel (15 g, 10 St.)	3,72	1	Rindfleisch, Muskel, mager (120 g)	0,65	4
Spargel, gekocht (180 g)	3,24	1	Himbeere (125 g)	0,63	4
Haselnuß (10 g, 10 St.)	2,62	1	Heidelbeere (125 g)	0,63	4
Wirsing, roh (100 g)	2,50	1	Möhre, gekocht (150 g)	0,60	4
Hering (150 g)	2,25	1	Birne (140 g)	0,60	4
Pflanzenöl (10 g)	2,00	1	Apfel (120 g)	0,60	4
Margarine (20 g)	2,00	1	Köhler (Seelachs) (150 g)	0,59	4
Rotbarsch (150 g)	1,88	1	Schaffleisch, Hammel, u. Lamm (120 g)	0,52	4
Makrele (150 g)	1,88	1	Tomate (60 g)	0,50	4
Weißkohl, roh (100 g)	1,70	1	Roggenmehl, Type 815 (100 g)	0,50	4
Rotkohl, roh (100 g)	1,70	1	Haferflocken (50 g)	0,50	4
Grünkohl, roh (100 g)	1,70	1	Grapefruit (200 g)	0,50	4
Roastbeef (150 g)	1,65	1	Möhre, roh (80 g)	0,48	4
Roggenmehl, Type 1150 (100 g)	1,60	1	Stachelbeere (125 g)	0,46	4
Weizenmehl, Type 1050 (100 g)	1,40	2	Reis, unpoliert, ganzes Korn (60 g)	0,46	4
Truthahn/Puter, Brust (150 g)	1,35	2	Butter (20 g)	0,44	4
Johannisbeere, schwarz (125 g)	1,25	2	Apfelsine (180 g)	0,43	4
Walnuß (20 g, 5 St.)	1,24	2	Hafer, ganzes Korn (50 g)	0,42	4
Pflaume (150 g, 5 St.)	1,20	2	Speisequark, 40% F.i.Tr. (150 g)	0,41	4
Porree (Lauch), gekocht (150 g)	1,02	3	Hühnerei (1 Ei)	0,40	4
Roggen, ganzes Korn (50 g)	0,98	3	Banane (140 g)	0,40	4
Mais, ganzes Korn (50 g)	0,98	3	Kabeljau (150 g)	0,39	4
Leber, Rind (140 g)	0,94	3	Roggenbrot (50 g)	0,35	5
Sojabohne, Samen, trocken (60 g)	0,90	3	Maisgrieß (50 g)	0,35	5
Porree (Lauch), roh (100 g)	0,90	3	Kopfsalat (80 g)	0,35	5
Brombeere (125 g)	0,90	3	Jungmasthuhn/Hähnchen (350 g)	0,35	5
Gans (150 g)	0,89	3	Gerste, ganzes Korn (50 g)	0,33	5
Scholle (150 g)	0,84	3	Schweineschmalz (20 g)	0,32	5
Ente (150 g)	0,84	3	Forelle (150 g)	0,32	5
Miesmuschel (100 g)	0,75	3	Weizenmehl, Type 405 (100 g)	0,30	5
Karpfen (150 g)	0,75	3	Johannisbeere, rot (125 g)	0,26	5
Schweinekotelett, Kamm (120 g)	0,72	4	Roggenmischbrot (50 g)	0,25	5

NÄHRSTOFFREGISTER

Lebensmittel	Vitamin E (mg) je Portion	Note
Weizenmehl, Type 405 (100 g)	0,30	5
Johannisbeere, rot (125 g)	0,26	5
Roggenmischbrot (50 g)	0,25	5
Aprikose (50 g)	0,25	5
Leber, Schwein (140 g)	0,24	5
Erdbeere (200 g)	0,24	5
Weizenmischbrot (50 g)	0,23	5
Suppenhuhn (120 g)	0,23	5
Sahne, süß, 30 % Fett (30 g)	0,23	5
Seehecht (150 g)	0,21	5
Doppelrahmfrischkäse, mind. 60 % F.i.Tr. (30 g)	0,21	5
Weizenvollkornbrot (50 g)	0,20	5
Schälgurke (200 g)	0,20	5
Kirsche, süß (150 g)	0,20	5
Kefir, 3,5 % Fett (200 g)	0,20	5
Dickmilch, 3,5 % Fett (200 g)	0,20	5
Camembert, 50 % F.i.Tr. (30 g)	0,17	5
Trinkmilch, 3,5 % Fett (200 g)	0,16	5
Sahne, sauer 20 % Fett (30 g)	0,15	5
Roggenvollkornbrot (50 g)	0,15	5
Parmesan, 35 % F.i.Tr. (30 g)	0,15	5
grüne Bohnen, gekocht (150 g)	0,15	5
Gouda, 45 % F.i.Tr. (30 g)	0,15	5
Brie, 50 % F.i.Tr. (30 g)	0,15	5
Blumenkohl, gekocht (150 g)	0,15	5
Schmelzkäse, 45 % F.i.Tr. (30 g)	0,14	5
Joghurt, 3,5 % Fett (150 g)	0,14	5
Rindertalg (10 g)	0,13	5
Bohne, Samen, getrocknet (60 g)	0,13	5
Reis, gekocht (120 g)	0,12	5
Champignon, Zucht- (110 g)	0,12	5
Emmentaler, 45 % F.i.Tr. (30 g)	0,11	5
Schweinefleisch, Muskel, mager (120 g)	0,10	5
Edamer, 40 % F.i.Tr. (30 g)	0,10	5
Chicorée, roh (100 g)	0,10	5
Buttermilch (200 g)	0,10	5
Sauermilchkäse, max. 10 % F.i.Tr. (30 g)	0,09	5
Trinkmilch, 1,5 % Fett (200 g)	0,08	5
Kokosfett (10 g)	0,08	5
Zwiebel, roh (50 g)	0,07	5
Kartoffel, roh (100 g)	0,06	5
Einlegegurke, milchsauer (80 g)	0,06	5
Weißbrot (50 g)	0,05	5
Gerstengraupen (20 g)	0,04	5
Hirse, ganzes Korn (50)	0,04	5
Rettich, roh (50 g)	0,03	5
Blumenkohl, roh (100 g)	0,03	5
Speisequark, mager (150 g)	0,02	5
Kondensmilch, 7,5 % Fett (5 g)	Spuren	5
Milch, entrahmt, 0,3 % Fett (200 g)	Spuren	5
Zucker (5 g)	0,00	6

Wegweiser Lebensmittel

Vitamin K

Unter Vitamin K versteht man eine Reihe **fettlöslicher** Verbindungen. Die wichtigsten sind Vitamin K_1, das in Pflanzen vorkommt und Vitamin K_2, das von verschiedenen Bakterien gebildet wird (auch im menschlichen Darm).

Vitamin K wird im Körper für eine **normale Blutgerinnung** benötigt.

Der Bedarf an Vitamin K läßt sich nur schwer ermitteln, weil es in großen Mengen gespeichert werden kann und außerdem von den Bakterien der menschlichen Darmflora gebildet wird. In welchem Ausmaß dieses im Darm gebildete Vitamin K vom Körper genutzt werden kann, ist noch unklar. **Es wird empfohlen, täglich 60–80 Mikrogramm (µg) Vitamin K mit der Nahrung aufzunehmen.** Die Schulnote 1 wird an eine Lebensmittelportion vergeben, die mehr als 12 % der empfohlenen Zufur deckt (siehe Tabelle). Schädliche Wirkungen durch **Überdosierungen** sind nicht bekannt.

Ein **Vitamin-K-Mangel** ist sehr selten anzutreffen, da das Vitamin bei gemischter Kost sehr reichlich zugeführt wird. Mangelerscheinungen wie stark verlängerte Blutungszeiten können beim Erwachsenen dann auftreten, wenn Störungen im Verdauungstrakt oder im Leberstoffwechsel vorliegen.

Der klassische Vitamin-K-Mangel trifft vor allem voll gestillte **Neugeborene**, da diese noch keinen ausreichenden Speicher an Vitamin K anlegen konnten und die Muttermilch nicht genügend Vitamin K enthält. Aus diesem Grund wird allen Kindern nach der Geburt vorsorglich Vitamin K gegeben. Häufig wird das Vitamin dabei unter die Haut oder in die Muskeln gespritzt (parenterale Gabe). In letzter Zeit wird vermehrt über einen Zusammenhang zwischen dieser Art der Vitamin-K-Gabe und Krebserkrankungen im Kindesalter diskutiert. Da bei **dieser** Verabreichungsform ein erhöhtes Krebsrisiko nicht eindeutig ausgeschlossen werden kann, die vorsorgliche Vitamin-K-Gabe aber nach wie vor notwendig ist, wird von Fachleuten eine andere, weniger belastende Art der Vitamingabe empfohlen: Die Neugeborenen sollten Vitamin K in einer Lösung zu trinken bekommen (orale Gabe).

Tabelle:

Vitamin K, µg	Note
> 8,0 µg	1
6,1–8,0 µg	2
4,1–6,0 µg	3
2,1–4,0 µg	4
>0–2,0 µg	5
0 µg	6

NÄHRSTOFFREGISTER

Vitamin K

Lebensmittel	Vitamin K (µg) je Portion	Note
Jungmasthuhn/Hähnchen (350 g)	1 050,00	1
Ente (150 g)	627,00	1
Gans (150 g)	585,00	1
Suppenhuhn (120 g)	480,00	1
Blumenkohl, roh (100 g)	300,00	1
Rotkohl, roh (100 g)	200,00	1
Chicorée, roh (100 g)	200,00	1
Kopfsalat (80 g)	160,00	1
Weißkohl, roh (100 g)	145,00	1
Sojabohne, Samen, trocken (60 g)	114,00	1
Sellerie, roh (100 g)	100,00	1
Kartoffel, gekocht, mit Schale (200 g)	100,00	1
Speisequark, 40 % F.i.Tr. (150 g)	75,00	1
Möhre, roh (80 g)	64,00	1
Leber, Rind (140 g)	63,00	1
Roggenmehl, Type 1150 (100 g)	50,00	1
Kartoffel, roh (100 g)	50,00	1
Leber, Schwein (140 g)	33,60	1
Roastbeef (150 g)	30,00	1
Hühnerei (1 Ei)	26,00	1
Erdbeere (200 g)	26,00	1
Rindfleisch, Muskel, mager (120 g)	25,20	1
Rettich, roh (50 g)	25,00	1
Hafer, ganzes Korn (50 g)	25,00	1
Schweinefleisch, Muskel, mager (120 g)	21,60	1
Pflanzenöl (10 g)	20,00	1
Mais, ganzes Korn (50 g)	20,00	1
Champignon, Zucht- (110 g)	19,00	1
Schweinekotelett, Kamm (120 g)	18,00	1
Roggenbrot (50 g)	18,00	1
Heidelbeere (125 g)	12,50	1
Brombeere (125 g)	12,50	1
Roggenvollkornbrot (50 g)	12,00	1
Butter (20 g)	12,00	1
Roggenmischbrot (50 g)	11,50	1
Schälgurke (200 g)	10,00	1
Weizenvollkornbrot (50 g)	9,50	1
Weizenmischbrot (50 g)	9,00	1
Emmentaler, 45 % F.i.Tr. (30 g)	9,00	1
Doppelrahmfrischkäse, mind. 60 % F.i.Tr. (30 g)	9,00	1
Brie, 50 % F.i.Tr. (30 g)	9,00	1
Trinkmilch, 3,5 % Fett (200 g)	8,00	2
Kefir, 3,5 % Fett (200 g)	8,00	2
Parmesan, 35 % F.i.Tr. (30 g)	7,80	2
Gouda, 45 % F.i.Tr. (30 g)	7,50	2
Weißbrot (50 g)	7,00	2
Schmelzkäse, 45 % F.i.Tr. (30 g)	6,30	2
Edamer, 40 % F.i.Tr. (30 g)	6,00	3
Camembert, 50 % F.i.Tr. (30 g)	6,00	3
Sauermilchkäse, max. 10 % F.i.Tr. (30 g)	5,40	3
Weizen, ganzes Korn (50 g)	5,00	3
Honig (20 g, 1 EL)	5,00	3
Grapefruit (200 g)	5,00	3
Aprikose (50 g)	5,00	3
Tomate (60 g)	4,80	3
Apfelsine (180 g)	4,50	3
Trinkmilch, 1,5 % Fett (200 g)	4,00	4
Banane (140 g)	2,80	4
Apfel (120 g)	2,40	4
Speisequark, mager (150 g)	1,80	5
Forelle (150 g)	(0)	6
Hering (150 g)	(0)	6
Kabeljau (150 g)	(0)	6
Karpfen (150 g)	(0)	6
Köhler (Seelachs) (150 g)	(0)	6
Makrele (150 g)	(0)	6
Margarine (20 g)	(0)	6
Rotbarsch (150 g)	(0)	6

NÄHRSTOFFREGISTER

Lebensmittel	Vitamin K (µg) je Portion	Note
Scholle (150 g)	(0)	6
Seehecht (150 g)	(0)	6
Thunfisch (100 g)	(0)	6
Kokosfett (10 g)	0,00	6
Schweineschmalz (20 g)	0,00	6
Zucker (5 g)	0,00	6

(0) = praktisch gleich Null

Vitamin B_1

Vitamin B_1, auch Thiamin genannt, ist ein **wasserlösliches** Vitamin, das in geringen Mengen in vielen Lebensmitteln vorkommt. Es spielt bei den zur Energiegewinnung notwendigen Um- und Abbauprozessen von Kohlenhydraten eine wichtige Rolle. Da das Gehirn und das **Nervensystem** ihren Energiebedarf im wesentlichen aus der Verbrennung von Kohlenhydraten decken, ist Vitamin B_1 von besonderer Bedeutung für „gute Nerven". Thiamin kann im Körper nur schlecht gespeichert werden, eine möglichst regelmäßige Versorgung ist daher erforderlich.

Die Zufuhrempfehlungen für Vitamin B_1 liegen bei 1,1–1,3 mg pro Tag. Werden mehr als 12% dieser Empfehlung mit einer Portion eines Lebensmittel gedeckt, erhält es die Note 1 (siehe Tabelle). Thiamin ist gut wasserlöslich und empfindlich gegenüber Hitze und Luftsauerstoff, deshalb nimmt der Thiamin-Gehalt eines Lebensmittels bei der Lagerung und Zubereitung ab.

Die klassische schwere Vitamin-B_1-Mangelerscheinung ist die auch heute noch in Entwicklungsländern vorkommende **Beriberi**-Krankheit. Beriberi wird durch Eiweiß- und Thiamin-Mangel hervorgerufen. Es kommt zu schweren Störungen des Nervensystems und der Herzgefäße sowie zu Muskelschwund. Der schwere Thiamin- und Eiweiß-Mangel ist häufig durch den nahezu ausschließlichen Verzehr von geschältem, weißem Reis bedingt. Der Name Beriberi („Schafsgang") beschreibt die Gangart der Erkrankten. Nach und nach versteifen sich deren Beine, wodurch ihr Gang dem eines Schafes ähnelt.

Ein leichter, oft unentdeckter Thiamin-Mangel ist auch in Industrieländern relativ häufig. Er ist bedingt durch den hohen Konsum von Zucker, Süßigkeiten, weißem Mehl und geschältem Reis. Erste Anzeichen für einen Mangel sind Appetitlosigkeit, Müdigkeit, nachlassendes Gedächtnis und Verdauungsstörungen.

Nach Injektionen (unter die Haut gespritzt) von mehr als der hundertfachen Tagesdosis an Thiamin sind Krämpfe, Allergien und Herzrhythmusstörungen beobachtet worden. Dagegen zeigen auch große Mengen eingenommenes Thiamin keine Nebenwirkungen, weil der Körper nicht mehr als 5 mg aufnehmen (resorbieren) kann.

Tabelle:
Vitamin B_1, mg

> 0,14 mg	1
0,12–0,14 mg	2
0,08–0,11 mg	3
0,04–0,07 mg	4
> 0–0,03 mg	5
0 mg	6

NÄHRSTOFFREGISTER

Vitamin B_1

Lebensmittel	Vitamin B_1 (mg) je Portion	Note	Lebensmittel	Vitamin B_1 (mg) je Portion	Note
Schweinefleisch, Muskel, mager (120 g)	1,08	1	Seehecht (150 g)	0,15	1
Schweinekotelett, Kamm (120 g)	0,96	1	Köhler (Seelachs) (150 g)	0,14	2
Sojabohne, Samen, trocken (60 g)	0,59	1	Rosenkohl, gekocht (150 g)	0,14	2
Niere, Schwein, (130 g)	0,48	1	Roastbeef (150 g)	0,14	2
Erbse, Samen, getrocknet (60 g)	0,46	1	Blumenkohl, gekocht (150 g)	0,14	2
Erdnuß (50 g)	0,45	1	Apfelsine (180 g)	0,14	2
Ente (150 g)	0,45	1	Weizenvollkornbrot (50 g)	0,13	2
Weizenmehl, Type 1050 (100 g)	0,43	1	Reis, gekocht (120 g)	0,13	2
Leber, Schwein (140 g)	0,43	1	Hirse, ganzes Korn (50 g)	0,13	2
Leber, Rind (140 g)	0,42	1	Spinat, gekocht (150 g)	0,12	2
grüne Erbse, Samen gekocht (150 g)	0,35	1	Forelle (150 g)	0,12	2
Scholle (150 g)	0,32	1	Kartoffel, roh (100 g)	0,11	3
Haferflocken (50 g)	0,29	1	Karpfen (150 g)	0,11	3
Rindfleisch, Muskel, mager (120 g)	0,28	1	grüne Bohnen, gekocht (150 g)	0,11	3
Jungmasthuhn/Hähnchen (350 g)	0,28	1	Champignon, Zucht- (110 g)	0,11	3
Bohne, Samen, getrocknet (60 g)	0,28	1	Blumenkohl, roh (100 g)	0,11	3
Linse, Samen, getrocknet (60 g)	0,26	1	Porree (Lauch), roh (100 g)	0,10	3
Hafer, ganzes Korn (50 g)	0,26	1	Pflaume (150 g, 5 St.)	0,10	3
Reis, unpoliert, ganzes Korn (60 g)	0,25	1	Grünkohl, roh (100 g)	0,10	3
Weizen, ganzes Korn (50 g)	0,24	1	Grünkohl, gekocht (200 g)	0,10	3
Schafffleisch, Hammel u. Lamm (120 g)	0,22	1	Grapefruit (200 g)	0,10	3
Roggenmehl, Type 1150 (100 g)	0,22	1	Roggenvollkornbrot (50 g)	0,09	3
Gerste, ganzes Korn (50 g)	0,22	1	Roggenmischbrot (50 g)	0,09	3
Kalbfleisch, Muskel (150 g)	0,21	1	Roggenbrot (50 g)	0,09	3
Kartoffel, gekocht, mit Schale (200 g)	0,20	1	Porree (Lauch), gekocht (150 g)	0,09	3
Makrele (150 g)	0,19	1	Kabeljau (150 g)	0,09	3
Roggenmehl, Type 815 (100 g)	0,18	1	Truthahn/Puter, Brust (150 g)	0,08	3
Roggen, ganzes Korn (50 g)	0,18	1	Trinkmilch, 3,5 % Fett (200 g)	0,08	3
Mais, ganzes Korn (50 g)	0,18	1	Trinkmilch, 1,5 % Fett (200 g)	0,08	3
Gans (150 g)	0,18	1	Möhre, gekocht (150 g)	0,08	3
Rotbarsch (150 g)	0,17	1	Milch, entrahmt, 0,3 % Fett (200 g)	0,08	3
Thunfisch (100 g)	0,16	1	Maisgrieß (50 g)	0,08	3
Spargel, gekocht (180 g)	0,16	1	Kohlrabi, gekocht (150 g)	0,08	3
Miesmuschel (100 g)	0,16	1	Knäckebrot (40 g)	0,08	3

NÄHRSTOFFREGISTER

Lebensmittel	Vitamin B$_1$ (mg) je Portion	Note	Lebensmittel	Vitamin B$_1$ (mg) je Portion	Note
Weizenmischbrot (50 g)	0,07	4	Pfirsich (115 g)	0,03	5
Suppenhuhn (120 g)	0,07	4	Mandel (15 g, 10 St.)	0,03	5
Rotkohl, roh (100 g)	0,07	4	Himbeere (125 g)	0,03	5
Hühnerei (1 Ei)	0,07	4	Heidelbeere (125 g)	0,03	5
Wirsing, gekocht (150 g)	0,06	4	Clementine, Mandarine (50 g)	0,03	5
Weizenmehl, Type 405 (100 g)	0,06	4	Chinakohl, roh (100 g)	0,03	5
Weißkohl, gekocht (150 g)	0,06	4	Zwiebel, roh (50 g)	0,02	5
Walnuß (20 g, 5 St.)	0,06	4	Rettich, roh (50 g)	0,02	5
Speisequark, mager (150 g)	0,06	4	Gerstengraupen (20 g)	0,02	5
Möhre, roh (80 g)	0,06	4	Emmentaler, 45% F.i.Tr. (30 g)	0,02	5
Kirsche, süß (150 g)	0,06	4	Edamer, 40% F.i.Tr. (30 g)	0,02	5
Kefir, 3,5% Fett (200 g)	0,06	4	Doppelrahmfrischkäse, mind. 60% F.i.Tr. (30 g)	0,02	5
Johannisbeere, schwarz (125 g)	0,06	4	Brie, 50% F.i.Tr. (30 g)	0,02	5
Joghurt, 3,5% Fett (150 g)	0,06	4	Aprikose (50 g)	0,02	5
Hering (150 g)	0,06	4	Weintraube (24 g, 10 St.)	0,01	5
Erdbeere (200 g)	0,06	4	Schmelzkäse, 45% F.i.Tr. (30 g)	0,01	5
Dickmilch, 3,5% Fett (200 g)	0,06	4	Sauermilchkäse, max. 10% F.i.Tr. (30 g)	0,01	5
Buttermilch (200 g)	0,06	4	Sahne, süß, 30% Fett (30 g)	0,01	5
Banane (140 g)	0,06	4	Sahne, sauer, 20% Fett (30 g)	0,01	5
Wirsing, roh (100 g)	0,05	4	Preiselbeere (125 g)	0,01	5
Weißkohl, roh (100 g)	0,05	4	Gouda, 45% F.i.Tr. (30 g)	0,01	5
Weißbrot (50 g)	0,05	4	Camembert, 50% F.i.Tr. (30 g)	0,01	5
Speisequark, 40% F.i.Tr. (150 g)	0,05	4	Einlegegurke, milchsauer (80 g)	Spuren	5
Kopfsalat (80 g)	0,05	4	Kondensmilch, 7,5% Fett (5 g)	Spuren	5
Kohlrabi, roh (100 g)	0,05	4	Parmesan, 35% F.i.Tr. (30 g)	Spuren	5
Johannisbeere, rot (125 g)	0,05	4	Butter (20 g)	(0)	6
Chicorée, roh (100 g)	0,05	4	Honig (20 g, 1 EL)	(0)	6
Apfel (120 g)	0,05	4	Pflanzenöl (10 g)	0,00	6
Tomate (60 g)	0,04	4	Rindertalg (10 g)	0,00	6
Sellerie, roh (100 g)	0,04	4	Schweineschmalz (20 g)	0,00	6
Schälgurke (200 g)	0,04	4	Zucker (5 g)	0,00	6
Haselnuß (10 g, 10 St.)	0,04	4			
Brombeere (125 g)	0,04	4			
Birne (140 g)	0,04	4			
Zitrone, Saft (50 g, 4 EL)	0,03	5			
Stachelbeere (125 g)	0,03	5	(0) = praktisch gleich Null		

Vitamin B_2

Auch Vitamin B_2 (= Riboflavin) ist ein **wasserlösliches** Vitamin. Es erfüllt wichtige Aufgaben im Stoffwechsel von Kohlenhydraten, Fetten und Proteinen. Riboflavin ist Bestandteil von Wirkstoffen (Enzymen), die bei der Energiegewinnung zum Einsatz kommen. Ferner unterstützt es Heilungsprozesse der Haut. Besonders hoch ist die Konzentration im Auge, eine Tatsache, die für eine Beteiligung des Riboflavins am Sehvorgang spricht, wobei genaue Erkenntnisse noch fehlen.

Die empfohlene tägliche Zufuhr beträgt 1,5–1,7 mg. Enthält eine Portion eines Lebensmittels mehr als 12% dieser Zufuhrempfehlung, wird das Lebensmittel mit der Note 1 bewertet (siehe Tabelle). Während schwerwiegende und vor allem reine Riboflavin-Mängel unter unseren Lebensbedingungen kaum bekannt sind, sind leichte **Mangelerscheinungen** wie Müdigkeit, Risse in den Mundwinkeln, Schädigungen an Haut und Augen nicht selten.

Ein ausgeprägter Vitamin-B_2-Mangel während der Schwangerschaft kan Mißbildungen des Ungeborenen zur Folge haben („Hasenscharte").

Symptome durch eine zu hohe Aufnahme von Riboflavin sind nicht bekannt.

Tabelle:

Vitamin B_2, mg	Note
> 0,20 mg	1
0,16–0,20 mg	2
0,11–0,15 mg	3
0,06–0,10 mg	4
> 0–0,05 mg	5
0 mg	6

NÄHRSTOFFREGISTER

Vitamin B_2

Lebensmittel	Vitamin B_2 (mg) je Portion	Note
Leber, Schwein (140 g)	4,44	1
Leber, Rind (140 g)	4,03	1
Niere, Schwein (130 g)	2,52	1
Jungmasthuhn/Hähnchen (350 g)	0,56	1
Makrele (150 g)	0,54	1
Köhler (Seelachs) (150 g)	0,53	1
Champignon, Zucht- (110 g)	0,48	1
Speisequark, mager (150 g)	0,45	1
Kalbfleisch, Muskel (150 g)	0,41	1
Gans (150 g)	0,39	1
Trinkmilch, 3,5% Fett (200 g)	0,36	1
Trinkmilch, 1,5% Fett (200 g)	0,36	1
Speisequark, 40% F.i.Tr. (150 g)	0,36	1
Kefir, 3,5% Fett (200 g)	0,36	1
Dickmilch, 3,5% Fett (200 g)	0,36	1
Milch, entrahmt, 0,3% Fett (200 g)	0,34	1
Scholle (150 g)	0,33	1
Hering (150 g)	0,33	1
Buttermilch (200 g)	0,32	1
Sojabohne, Samen, trocken (60 g)	0,31	1
Rindfleisch, Muskel, mager (120 g)	0,31	1
Seehecht (150 g)	0,30	1
Schaffleisch, Hammel u. Lamm (120 g)	0,30	1
Ente (150 g)	0,30	1
Schweinefleisch, Muskel, mager (120 g)	0,28	1
Joghurt, 3,5% Fett (150 g)	0,27	1
Grünkohl, roh (100 g)	0,25	1
Spinat, gekocht (150 g)	0,24	1
Roastbeef (150 g)	0,24	1
grüne Erbse, Samen, gekocht (150 g)	0,24	1
Schweinekotelett, Kamm (120 g)	0,23	1
Miesmuschel (100 g)	0,22	1
Suppenhuhn (120 g)	0,20	2
Grünkohl, gekocht (200 g)	0,20	2
Parmesan, 35% F.i.Tr. (30 g)	0,19	2
Spargel, gekocht (180 g)	0,18	2
Rosenkohl, gekocht (150 g)	0,18	2
Hühnerei (1 Ei)	0,17	2
Camembert, 50% F.i.Tr. (30 g)	0,17	2
Thunfisch (100 g)	0,16	2
Erbse, Samen, getrocknet (60 g)	0,16	2
Linse, Samen, getrocknet (60 g)	0,16	2
grüne Bohnen, gekocht (150 g)	0,14	3
Truthahn/Puter, Brust (150 g)	0,12	3
Rotbarsch (150 g)	0,12	3
Forelle (150 g)	0,12	3
Blumenkohl, gekocht (150 g)	0,12	3
Schmelzkäse, 45% F.i.Tr. (30 g)	0,11	3
Sauermilchkäse, max. 10% F.i.Tr. (30 g)	0,11	3
Edamer, 40% F.i.Tr. (30 g)	0,11	3
Roggenmehl, Type 1150 (100 g)	0,10	4
Mais, ganzes Korn (50 g)	0,10	4
Kartoffel, gekocht, mit Schale (200 g)	0,10	4
Erdbeere (200 g)	0,10	4
Emmentaler, 45% F.i.Tr. (30 g)	0,10	4
Brie, 50% F.i.Tr. (30 g)	0,10	4
Blumenkohl, roh (100 g)	0,10	4
Roggenmehl, Type 815 (100 g)	0,09	4
Roggen, ganzes Korn (50 g)	0,09	4
Mandel (15 g, 10 St.)	0,09	4
Hafer, ganzes Korn (50 g)	0,09	4
Gerste, ganzes Korn (50 g)	0,09	4
Wirsing, gekocht (150 g)	0,08	4
Weizenvollkornbrot (50 g)	0,08	4
Roggenvollkornbrot (50 g)	0,08	4
Karpfen (150 g)	0,08	4
Kabeljau (150 g)	0,08	4
Haferflocken (50 g)	0,08	4

NÄHRSTOFFREGISTER

Lebensmittel	Vitamin B$_2$ (mg) je Portion	Note	Lebensmittel	Vitamin B$_2$ (mg) je Portion	Note
Banane (140 g)	0,08	4	Möhre, roh (80 g)	0,04	5
Weizenmehl, Type 1050 (100 g)	0,07	4	Johannisbeere, rot (125 g)	0,04	5
Weizen, ganzes Korn (50 g)	0,07	4	Grapefruit (200 g)	0,04	5
Sellerie, roh (100 g)	0,07	4	Chinakohl, roh (100 g)	0,04	5
Knäckebrot (40 g)	0,07	4	Apfel (120 g)	0,04	5
Hirse, ganzes Korn (50 g)	0,07	4	Weizenmehl, Type 405 (100 g)	0,03	5
Doppelrahmfrischkäse, mind. 60 % F. i. Tr. (30 g)	0,07	4	Weißbrot (50 g)	0,03	5
Bohne, Samen, getrocknet (60 g)	0,07	4	Stachelbeere (125 g)	0,03	5
Apfelsine (180 g)	0,07	4	Preiselbeere (125 g)	0,03	5
Wirsing, roh (100 g)	0,06	4	Maisgrieß (50 g)	0,03	5
Schälgurke (200 g)	0,06	4	Heidelbeere (125 g)	0,03	5
Roggenbrot (50 g)	0,06	4	Chicorée, roh (100 g)	0,03	5
Porree (Lauch), roh (100 g)	0,06	4	Aprikose (50 g)	0,03	5
Pflaume (150 g, 5 St.)	0,06	4	Zwiebel, roh (50 g)	0,02	5
Pfirsich (115 g)	0,06	4	Walnuß (20 g, 5 St.)	0,02	5
Kopfsalat (80 g)	0,06	4	Tomate (60 g)	0,02	5
Kohlrabi, gekocht (150 g)	0,06	4	Rettich, roh (50 g)	0,02	5
Kirsche, süß (150 g)	0,06	4	Haselnuß (10 g, 10 St.)	0,02	5
Himbeere (125 g)	0,06	4	Gerstengraupen (20 g)	0,02	5
Gouda, 45 % F. i. Tr. (30 g)	0,06	4	Einlegegurke, milchsauer (80 g)	0,02	5
Birne (140 g)	0,06	4	Clementine, Mandarine (50 g)	0,02	5
Weißkohl, gekocht (150 g)	0,05	5	Zitrone, Saft (50 g, 4 EL)	0,01	5
Sahne, süß, 30 % Fett (30 g)	0,05	5	Weintraube (24 g, 10 St.)	0,01	5
Sahne, sauer 20 % Fett (30 g)	0,05	5	Reis, gekocht (120 g)	0,01	5
Rotkohl, roh (100 g)	0,05	5	Honig (20 g, 1 EL)	0,01	5
Reis, unpoliert, ganzes Korn (60 g)	0,05	5	Kondensmilch, 7,5 % Fett (5 g)	Spuren	5
Porree (Lauch), gekocht (150 g)	0,05	5	Margarine (20 g)	Spuren	5
Möhre, gekocht (150 g)	0,05	5	Butter (20 g)	(0)	6
Kohlrabi, roh (100 g)	0,05	5	Pflanzenöl (10 g)	0,00	6
Kartoffel, roh (100 g)	0,05	5	Rindertalg (10 g)	0,00	6
Johannisbeere, schwarz (125 g)	0,05	5	Schweineschmalz (20 g)	0,00	6
Erdnuß (50 g)	0,05	5	Zucker (5 g)	0,00	6
Brombeere (125 g)	0,05	5			
Weizenmischbrot (50 g)	0,04	5			
Weißkohl, roh (100 g)	0,04	5			
Roggenmischbrot (50 g)	0,04	5	(0) = praktisch gleich Null		

Vitamin B_6

Unter dem Begriff Vitamin B_6 werden drei **wasserlösliche**, wirkungsgleiche Verbindungen zusammengefaßt: Pyridoxin, Pyridoxal und Pyridoxamin.

Der menschliche Körper benötigt Vitamin B_6 als Bestandteil wichtiger Reglerstoffe (Enzyme) hauptsächlich für den Auf- und Umbau von Proteinen. Außerdem ist Vitamin B_6 wichtig für die Bildung von Gallensäuren (für die Fettverdauung) sowie für Wachstumsprozesse, die Immunabwehr und das Nervensystem.

Als empfohlene tägliche Zufuhr werden 1,6–1,8 mg angegeben. Auch bei diesem Vitamin gilt: Deckt eine Portion eines Lebensmittels über 12 % der empfohlenen Zufuhr, erhält das Lebensmittel die Note 1 (siehe Tabelle). Bei extrem hoher Eiweißzufuhr steigt der Bedarf an Vitamin B_6. Auch in der Wachstumsphase, bei starker körperlicher Belastung und in der Schwangerschaft ist der Bedarf erhöht. Ferner können Medikamente (schmerzstillende Mittel und die Antibabypille) den Bedarf steigern.

Ein schwerer **Vitamin-B_6-Mangel** kommt in den Industrieländern relativ selten vor, leichte Mangelerscheinungen lassen sich dagegen auch bei diesem wasserlöslichen Vitamin häufiger feststellen. Zu den Mangelsymptomen zählen beispielsweise wunde Mundwinkel, erhöhte Anfälligkeit für Infektionen, Niedergeschlagenheit und schlechte Haut. Säuglinge reagieren auf einen Vitamin-B_6-Mangel mit krampfartigen Anfällen.

Über schädigende Wirkungen bei **hoher Zufuhr** von Vitamin B_6 ist wenig bekannt. Bei extrem hoher täglicher Aufnahme von mehr als 2 g über einen längeren Zeitraum konnten Nervenschäden beobachtet werden.

Tabelle:

Vitamin B_6, mg	Note
> 0,20 mg	1
0,16–0,20 mg	2
0,11–0,15 mg	3
0,06–0,10 mg	4
> 0–0,05 mg	5
0 mg	6

NÄHRSTOFFREGISTER

Vitamin B_6

Lebensmittel	Vitamin B_6 (mg) je Portion	Note
Jungmasthuhn/Hähnchen (350 g)	1,75	1
Leber, Rind (140 g)	0,99	1
Makrele (150 g)	0,95	1
Gans (150 g)	0,87	1
Leber, Schwein (140 g)	0,83	1
Niere, Schwein (130 g)	0,77	1
Suppenhuhn (120 g)	0,72	1
Sojabohne, Samen, trocken (60 g)	0,71	1
Truthahn/Puter, Brust (150 g)	0,69	1
Hering (150 g)	0,68	1
Schweinekotelett, Kamm (120 g)	0,60	1
Schweinefleisch, Muskel, mager (120 g)	0,60	1
Kalbfleisch, Muskel (150 g)	0,60	1
Ente (150 g)	0,54	1
Banane (140 g)	0,50	1
Rotbarsch (150 g)	0,49	1
Köhler (Seelachs) (150 g)	0,49	1
Rindfleisch, Muskel, mager (120 g)	0,48	1
Hafer, ganzes Korn (50 g)	0,48	1
Thunfisch (100 g)	0,46	1
Roastbeef (150 g)	0,45	1
Reis, unpoliert, ganzes Korn (60 g)	0,40	1
Grünkohl, gekocht (200 g)	0,40	1
Hirse, ganzes Korn (50 g)	0,38	1
Linse, Samen, getrocknet (60 g)	0,36	1
Roggenmehl, Type 1150 (100 g)	0,35	1
Scholle (150 g)	0,33	1
Rosenkohl, gekocht (150 g)	0,30	1
Kabeljau (150 g)	0,30	1
Seehecht (150 g)	0,29	1
Weizenmehl, Type 1050 (100 g)	0,28	1
Gerste, ganzes Korn (50 g)	0,28	1
Forelle (150 g)	0,27	1
Porree (Lauch), roh (100 g)	0,25	1
Grünkohl, roh (100 g)	0,25	1
Schaffleisch, Hammel u. Lamm (120 g)	0,24	1
Reis, gekocht (120 g)	0,24	1
Blumenkohl, gekocht (150 g)	0,24	1
Porree, gekocht (150 g)	0,23	1
Karpfen (150 g)	0,23	1
Weizen, ganzes Korn (50 g)	0,22	1
Kartoffel, roh (100 g)	0,21	1
Wirsing, roh (100 g)	0,20	2
Spinat, gekocht (150 g)	0,20	2
Sellerie, roh (100 g)	0,20	2
Mais, ganzes Korn (50 g)	0,20	2
Blumenkohl, roh (100 g)	0,20	2
Wirsing, gekocht (150 g)	0,18	2
Weizenvollkornbrot (50 g)	0,18	2
Weizenmehl, Type 405 (100 g)	0,18	2
grüne Bohnen, gekocht (150 g)	0,18	2
Walnuß (20 g, 5 St.)	0,17	2
Bohne, Samen, getrocknet (60 g)	0,17	2
Chinakohl, roh (100 g)	0,16	2
Speisequark, mager (150 g)	0,15	3
Rotkohl, roh (100 g)	0,15	3
Roggenvollkornbrot (50 g)	0,15	3
Roggen, ganzes Korn (50 g)	0,15	3
Kohlrabi, gekocht (150 g)	0,15	3
grüne Erbse, Samen, gekocht (150 g)	0,15	3
Weißkohl, gekocht (150 g)	0,14	3
Speisequark, 40 % F.i.Tr. (150 g)	0,12	3
Kohlrabi, roh (100 g)	0,12	3
Knäckebrot (40 g)	0,12	3
Erdbeere (200 g)	0,12	3
Weißkohl, roh (100 g)	0,11	3
Roggenmehl, Type 815 (100 g)	0,11	3
Möhre, gekocht (150 g)	0,11	3

NÄHRSTOFFREGISTER

Lebensmittel	Vitamin B$_6$ (mg) je Portion	Note
Trinkmilch, 3,5 % Fett (200 g)	0,10	4
Trinkmilch, 1,5 % Fett (200 g)	0,10	4
Roggenbrot (50 g)	0,10	4
Milch, entrahmt 0,3 % Fett (200 g)	0,10	4
Kefir, 3,5 % Fett (200 g)	0,10	4
Johannisbeere, schwarz (125 g)	0,10	4
Himbeere (125 g)	0,10	4
Dickmilch, 3,5 % Fett (200 g)	0,10	4
Haferflocken (50 g)	0,09	4
Apfelsine (180 g)	0,09	4
Schälgurke (200 g)	0,08	4
Pflaume (150 g, 5 St.)	0,08	4
Miesmuschel (100 g)	0,08	4
Kirsche, süß (150 g)	0,08	4
Joghurt, 3,5 % Fett (150 g)	0,08	4
Heidelbeere (125 g)	0,08	4
Champignon, Zucht- (110 g)	0,08	4
Buttermilch (200 g)	0,08	4
Zwiebel, roh (50 g)	0,07	4
Spargel, gekocht (180 g)	0,07	4
Möhre, roh (80 g)	0,07	4
Camembert, 50 % F.i.Tr. (30 g)	0,07	4
Brie, 50 % F.i.Tr. (30 g)	0,07	4
Tomate (60 g)	0,06	4
Roggenmischbrot (50 g)	0,06	4
Johannisbeere, rot (125 g)	0,06	4
Hühnerei (1 Ei)	0,06	4
Grapefruit (200 g)	0,06	4
Brombeere (125 g)	0,06	4
Apfel (120 g)	0,06	4
Weizenmischbrot (50 g)	0,05	5
Kopfsalat (80 g)	0,05	5
Haselnuß (10 g, 10 St.)	0,05	5
Chicorée, roh, (100 g)	0,05	5
Sauermilchkäse, max. 10 % F.i.Tr. (30 g)	0,04	5
Gerstengraupen (20 g)	0,04	5
Erbse, Samen, getrocknet (60 g)	0,04	5
Aprikose (50 g)	0,04	5
Zitrone, Saft (50 g, 4 EL)	0,03	5
Rettich, roh (50 g)	0,03	5
Pfirsich (115 g)	0,03	5
Parmesan, 35 % F.i.Tr. (30 g)	0,03	5
Honig (20 g, 1 EL)	0,03	5
Birne (140 g)	0,03	5
Weißbrot (50 g)	0,02	5
Weintraube (24 g, 10 St.)	0,02	5
Schmelzkäse, 45 % F.i.Tr. (30 g)	0,02	5
Gouda, 45 % F.i.Tr. (30 g)	0,02	5
Erdnuß (50 g)	0,02	5
Emmentaler, 45 % F.i.Tr. (30 g)	0,02	5
Einlegegurke, milchsauer (80 g)	0,02	5
Edamer, 40 % F.i.Tr. (30 g)	0,02	5
Doppelrahmfrischkäse, mind. 60 % F.i.Tr. (30 g)	0,02	5
Stachelbeere (125 g)	0,01	5
Sahne, süß 30 % Fett (30 g)	0,01	5
Preiselbeere (125 g)	0,01	5
Mandel (15 g, 10 St.)	0,01	5
Clementine, Mandarine (50 g)	0,01	5
Kondensmilch, 7,5 % Fett (5 g)	Spuren	5
Sahne, sauer, 20 % Fett (30 g)	Spuren	5
Butter (20 g)	(0)	6
Margarine (20 g)	(0)	6
Pflanzenöl (10 g)	0,00	6
Rindertalg (10 g)	0,00	6
Schweineschmalz (20 g)	0,00	6
Zucker (5 g)	0,00	6

Wegweiser Lebensmittel

NÄHRSTOFFREGISTER

Vitamin B_{12}

Vitamin B_{12} ist eine Sammelbezeichnung für eine Gruppe nah verwandter Verbindungen, die Cobalamine. Diese Verbindungen können nur von **Mikroorganismen** (z. B. im Magen-Darm-Trakt von Tieren) gebildet werden. Auch im menschlichen Darm wird Vitamin B_{12} hergestellt. Allerdings kann es vom Körper nicht mehr verwertet werden, da das Vitamin B_{12} eine Verbindung mit einem sogenannten Intrinsic-Faktor eingehen muß, um ins Blut aufgenommen zu werden, und dieser Intrinsic-Faktor nur im Magen vorkommt.

Aus der Nahrung nimmt der Mensch Vitamin B_{12} fast ausschließlich durch Lebensmittel tierischer Herkunft auf. Pflanzliche Lebensmittel enthalten nur dann Vitamin B_{12}, wenn sie durch bakterielle Gärung hergestellt werden (z. B. Sauerkraut) oder hygienisch nicht einwandfrei sind (der Verzehr derartiger pflanzlicher Lebensmittel ist jedoch nicht zu empfehlen!).

Vitamin B_{12} ist Bestandteil vieler Enzyme und in jeder Körperzelle vorhanden. Es ist u. a. bei der Zellteilung erforderlich. Vitamin B_{12} wird außerdem für die Umwandlung des Vitamins Folsäure in dessen aktive Form benötigt. Daher hat ein Vitamin-B_{12}-Mangel immer auch die für Folsäure-Mangel typische Blutarmut zur Folge.

Als empfohlene Zufuhr gelten 3 µg pro Tag. Da das Vitamin nur in dieser geringen Menge benötigt wird, sind Mangelzustände bei gemischter Kost selten (Bewertungssystem für Lebensmittel siehe Tabelle). Außerdem gibt es beim Vitamin B_{12} noch eine Besonderheit: es wird als einziges wasserlösliches Vitamin in nicht unerheblichen Mengen im Körper **gespeichert**. Die Versorgung des Erwachsenen ist dadurch für mehrere Jahre gesichert. Ein ernährungsbedingter Mangel kann bei massiven Schädigungen der Darmschleimhaut oder des Magens (Intrinsic-Faktor, s. oben) auftreten. Bei streng vegetarischer Kost (eine Ernährungsform, bei der auf alle tierischen Lebensmittel verzichtet wird), sind ebenfalls Mangelerscheinungen möglich, wenn nicht vergorene Lebensmittel wie Sauerkraut oder verschiedene Sojaprodukte zur Bedarfsdeckung herangezogen werden.

Ein **Mangel** an Vitamin B_{12} äußert sich in Schäden an Haut und Schleimhäuten, Nervenstörungen und Blutarmut.

Schädigende Eigenschaften durch **Überdosierungen** sind nicht bekannt.

Tabelle:

Vitamin B_{12}, µg	Note
> 0,40 µg	1
0,31–0,40 µg	2
0,21–0,30 µg	3
0,11–0,20 µg	4
> 0–0,10 µg	5
0 µg	6

Vitamin B_{12}

Lebensmittel	Vitamin B_{12} (µg) je Portion	Note
Leber, Rind (140 g)	91,00	1
Leber, Schwein (140 g)	54,60	1
Niere, Schwein (130 g)	21,00	1
Makrele (150 g)	13,50	1
Hering (150 g)	12,80	1
Miesmuschel (100 g)	8,00	1
Forelle (150 g)	6,75	1
Schweinefleisch, Muskel, mager (120 g)	6,00	1
Schaffleisch, Hammel u. Lamm (120 g)	6,00	1
Rindfleisch, Muskel, mager (120 g)	6,00	1
Rotbarsch (150 g)	5,70	1
Köhler (Seelachs) (150 g)	5,30	1
Thunfisch (100 g)	4,25	1
Schweinekotelett, Kamm (120 g)	3,00	1
Kalbfleisch, Muskel (150 g)	3,00	1
Karpfen (150 g)	2,85	1
Seehecht (150 g)	2,84	1
Scholle (150 g)	2,20	1
Jungmasthuhn/Hähnchen (350 g)	1,75	1
Roastbeef (150 g)	1,50	1
Speisequark, mager (150 g)	1,32	1
Speisequark, 40 % F.i.Tr. (150 g)	1,09	1
Kefir, 3,5 % Fett (200 g)	1,00	1
Hühnerei (1 Ei)	0,91	1
Trinkmilch, 3,5 % Fett (200 g)	0,84	1
Trinkmilch, 1,5 % Fett (200 g)	0,84	1
Kabeljau (150 g)	0,79	1
Camembert, 50 % F.i.Tr. (30 g)	0,78	1
Truthahn/Puter, Brust (150 g)	0,78	1
Emmentaler, 45 % F.i.Tr. (30 g)	0,66	1
Parmesan, 35 % F.i.Tr. (30 g)	0,60	1
Milch, entrahmt 0,3 % Fett (200 g)	0,60	1
Dickmilch, 3,5 % Fett (200 g)	0,60	1
Ente (150 g)	0,59	1
Edamer, 40 % F.i.Tr. (30 g)	0,57	1
Suppenhuhn (120 g)	0,56	1
Gans (150 g)	0,51	1
Brie, 50 % F.i.Tr. (30 g)	0,51	1
Sauermilchkäse, max. 10 % F.i.Tr. (30 g)	0,45	1
Buttermilch (200 g)	0,40	2
Gouda, 45 % F.i.Tr. (30 g)	0,30	3
Doppelrahmfrischkäse, mind. 60 % F.i.Tr. (30 g)	0,16	4
Joghurt, 3,5 % Fett (150 g)	0,14	4
Sahne, süß, 30 % Fett (30 g)	0,12	4
Sahne, sauer, 20 % Fett (30 g)	0,09	5
Schmelzkäse, 45 % F.i.Tr. (30 g)	0,08	5
Kondensmilch, 7,5 % Fett (5 g)	0,02	5
Apfel (120 g)	(0)	6
Apfelsine (180 g)	(0)	6
Banane (140 g)	(0)	6
Birne (140 g)	(0)	6
Blumenkohl, gekocht (150 g)	(0)	6
Blumenkohl, roh (100 g)	(0)	6
Bohne, Samen, getrocknet (60 g)	(0)	6
Brombeere (125 g)	(0)	6
Butter (20 g)	(0)	6
Champignon, Zucht- (110 g)	(0)	6
Chicorée, roh (100 g)	(0)	6
Chinakohl, roh (100 g)	(0)	6
Clementine, Mandarine (50 g)	(0)	6
Einlegegurke, milchsauer (80 g)	(0)	6
Erdbeere (200 g)	(0)	6
Erdnuß (50 g)	(0)	6
Gerste, ganzes Korn (50 g)	(0)	6
Gerstengraupen (20 g)	(0)	6
Grapefruit (200 g)	(0)	6
grüne Bohnen, gekocht (150 g)	(0)	6
grüne Erbse, Samen, gekocht (150 g)	(0)	6

NÄHRSTOFFREGISTER

Lebensmittel	Vitamin B$_{12}$ (µg) je Portion	Note
Grünkohl, gekocht (200 g)	(0)	6
Grünkohl, roh (100 g)	(0)	6
Hafer, ganzes Korn (50 g)	(0)	6
Haferflocken (50 g)	(0)	6
Haselnuß (10 g, 10 St.)	(0)	6
Heidelbeere (125 g)	(0)	6
Himbeere (125 g)	(0)	6
Hirse, ganzes Korn (50 g)	(0)	6
Johannisbeere, rot (125 g)	(0)	6
Kartoffel, gekocht, mit Schale (200 g)	(0)	6
Kartoffel, roh (100 g)	(0)	6
Knäckebrot (40 g)	(0)	6
Kohlrabi, gekocht (150 g)	(0)	6
Kohlrabi, roh (100 g)	(0)	6
Linse, Samen, getrocknet (60 g)	(0)	6
Mais, ganzes Korn (50 g)	(0)	6
Maisgrieß (50 g)	(0)	6
Mandel (15 g, 10 St.)	(0)	6
Margarine (20 g)	(0)	6
Möhre, gekocht (150 g)	(0)	6
Möhre, roh (80 g)	(0)	6
Porree (Lauch), roh (100 g)	(0)	6
Porree (Lauch), gekocht (150 g)	(0)	6
Preiselbeere (125 g)	(0)	6
Reis, gekocht (120 g)	(0)	6
Reis, unpoliert, ganzes Korn (60 g)	(0)	6
Rettich, roh (50 g)	(0)	6
Roggen, ganzes Korn (50 g)	(0)	6
Roggenbrot (50 g)	(0)	6
Roggenmehl, Type 1150 (100 g)	(0)	6
Roggenmehl, Type 815 (100 g)	(0)	6
Roggenmischbrot (50 g)	(0)	6
Roggenvollkornbrot (50 g)	(0)	6
Rosenkohl, gekocht (150 g)	(0)	6
Rotkohl, roh (100 g)	(0)	6
Schälgurke (200 g)	(0)	6

Lebensmittel	Vitamin B$_{12}$ (µg) je Portion	Note
Sellerie, roh (100 g)	(0)	6
Sojabohne, Samen, trocken (60 g)	(0)	6
Spargel, gekocht (180 g)	(0)	6
Spinat, gekocht (150 g)	(0)	6
Stachelbeere (125 g)	(0)	6
Tomate (60 g)	(0)	6
Walnuß (20 g, 5 St.)	(0)	6
Weißbrot (50 g)	(0)	6
Weißkohl, gekocht (150 g)	(0)	6
Weißkohl, roh (100 g)	(0)	6
Weizen, ganzes Korn (50 g)	(0)	6
Weizenmehl, Type 1050 (100 g)	(0)	6
Weizenmehl, Type 405 (100 g)	(0)	6
Weizenmischbrot (50 g)	(0)	6
Weizenvollkornbrot (50 g)	(0)	6
Wirsing, gekocht (150 g)	(0)	6
Wirsing, roh (100 g)	(0)	6
Zitrone, Saft (50 g, 4 EL)	(0)	6
Zwiebel, roh (50 g)	(0)	6
Aprikose (50 g)	0,00	6
Erbse, Samen, getrocknet (60 g)	0,00	6
Johannisbeere, schwarz (125 g)	0,00	6
Kirsche, süß (150 g)	0,00	6
Kopfsalat (80 g)	0,00	6
Pfirsich (115 g)	0,00	6
Pflanzenöl (10 g)	0,00	6
Pflaume (150 g, 5 St.)	0,00	6
Rindertalg (10 g)	0,00	6
Schweineschmalz (20 g)	0,00	6
Weintraube (24 g, 10 St.)	0,00	6
Zucker (5 g)	0,00	6

(0) = praktisch gleich Null

Niacin

Niacin ist eine Sammelbezeichnung für die Wirkstoffe Nikotinsäure und Nikotinamid. Diese beiden Substanzen können im Körper ineinander umgewandelt werden. Der Niacingehalt eines Lebensmittels wird daher in „Niacin-Äquivalenten" angegeben. Um eine Verwechslung mit dem Nikotin des Tabak zu vermeiden, wurde der Begriff Niacin geschaffen. Niacin gehört wie alle bisher dargestellten **wasserlöslichen** Vitamine zur **Gruppe der B-Vitamine** und erfüllt im Körper ähnliche Aufgaben. Es ist am Energiegewinnungsprozeß aus Kohlenhydraten beteiligt und wirkt mit beim Auf- und Umbau von Fetten und Proteinen.

Der Körper ist in der Lage, Niacin aus dem Eiweißbaustein (Aminosäure) Tryptophan herzustellen. **Tryptophan** wiederum ist eine essentielle Aminosäure, die vom Menschen nicht selbst hergestellt werden kann – sie muß über Proteine (Eiweiße) aufgenommen werden. Die Versorgung mit Niacin kann also sowohl über die Nahrung als auch durch die körpereigene Produktion erfolgen (Aus 60 mg Tryptophan kann 1 mg Niacin gebildet werden).

Mit einer Zufuhr von 15–18 mg Niacin-Äquivalenten pro Tag ist der Bedarf gedeckt. Sind in einer Lebensmittelportion mehr als 12% der täglich empfohlenen Zufuhr enthalten, erhält das Lebensmittel die Note 1 (siehe Tabelle).

Ein **Mangel** an Niacin verursacht bei gleichzeitig geringer Proteinzufuhr (vor allem in Entwicklungsländern möglich) schwere Hautveränderungen, depressive Verstimmungen und Störungen im Magen-Darm-Trakt sowie im Nervensystem. Dieses Krankheitsbild wird auch als **Pellagra** bezeichnet. In unseren Breiten ist mit einem Niacinmangel nur bei extremen Abweichungen von den üblichen Ernährungsgewohnheiten zu rechnen (z. B. chronischer Alkoholismus).

Mehr als 100 mg Nikotinsäure pro Tag über längere Zeit eingenommen können Symptome wie Kopfschmerzen und Hitzegefühl sowie Leberschäden auslösen.

Tabelle:

Niacin, mg Äq	Note
>2,0 mg	1
1,51–2,0 mg	2
1,01–1,5 mg	3
0,51–1,0 mg	4
>0–0,5 mg	5
0 mg	6

NÄHRSTOFFREGISTER

Niacin

Lebensmittel	Niacin (mg) je Portion	Note
Jungmasthuhn/Hähnchen (350 g)	25,00	1
Leber, Schwein (140 g)	22,00	1
Leber, Rind (140 g)	21,00	1
Truthahn/Puter, Brust (150 g)	16,90	1
Makrele (150 g)	11,30	1
Suppenhuhn (120 g)	11,00	1
Niere, Schwein (130 g)	11,00	1
Kalbfleisch, Muskel (150 g)	11,00	1
Rindfleisch, Muskel, mager (120 g)	10,00	1
Gans (150 g)	9,60	1
Thunfisch (100 g)	8,50	1
Roastbeef (150 g)	8,00	1
Erdnuß (50 g)	7,70	1
Seehecht (150 g)	7,00	1
Schaffleisch, Hammel u. Lamm (120 g)	7,00	1
Schweinefleisch, Muskel, mager (120 g)	6,00	1
Scholle (150 g)	6,00	1
Köhler (Seelachs) (150 g)	6,00	1
Champignon, Zucht- (110 g)	6,00	1
Hering (150 g)	5,70	1
Ente (150 g)	5,30	1
Forelle (150 g)	5,10	1
Schweinekotelett, Kamm (120 g)	5,00	1
Rotbarsch (150 g)	3,80	1
Kabeljau (150 g)	3,50	1
Kartoffel, gekocht, mit Schale (200 g)	3,40	1
Grünkohl, gekocht (200 g)	3,20	1
Reis, unpoliert, ganzes Korn (60 g)	3,10	1
grüne Erbse, Samen gekocht (150 g)	3,00	1
Karpfen (150 g)	2,85	1
Weizen, ganzes Korn (50 g)	2,50	1
Gerste, ganzes Korn (50 g)	2,50	1
Grünkohl, roh (100 g)	2,10	1
Kohlrabi, roh (100 g)	2,00	2
Kohlrabi, gekocht (150 g)	1,80	2
Weizenvollkornbrot (50 g)	1,70	2
Erbse, Samen, getrocknet (60 g)	1,70	2
Miesmuschel (100 g)	1,60	2
Sojabohne, Samen, trocken (60 g)	1,50	3
Weizenmehl, Type 1050 (100 g)	1,40	3
Spargel, gekocht (180 g)	1,30	3
Linse, Samen, getrocknet (60 g)	1,30	3
Bohne, Samen, getrocknet (60 g)	1,30	3
Reis, gekocht (120 g)	1,20	3
Kartoffel, roh (100 g)	1,20	3
Hafer, ganzes Korn (50 g)	1,20	3
Roggenmehl, Type 1150 (100 g)	1,10	3
Erbeere (200 g)	1,02	3
Banane (140 g)	1,00	4
Pfirsich (115 g)	0,96	4
Sellerie, roh (100 g)	0,90	4
Rosenkohl, gekocht (150 g)	0,90	4
Roggen, ganzes Korn (50 g)	0,90	4
Porree (Lauch), gekocht (150 g)	0,90	4
Hirse, ganzes Korn (50 g)	0,90	4
Mais, ganzes Korn (50 g)	0,80	4
Spinat, gekocht (150 g)	0,78	4
Möhre, gekocht (150 g)	0,75	4
grüne Bohnen, gekocht (150 g)	0,75	4
Blumenkohl, gekocht (150 g)	0,75	4
Weizenmehl, Type 405 (100 g)	0,70	4
Pflaume (150 g, 5 St.)	0,66	4
Mandel (15 g, 10 St.)	0,63	4
Weizenmischbrot (50 g)	0,60	4
Roggenmehl, Type 815 (100 g)	0,60	4
Gerstengraupen (20 g)	0,60	4
Blumenkohl, roh (100 g)	0,60	4
Apfelsine (180 g)	0,54	4

NÄHRSTOFFREGISTER

Lebensmittel	Niacin (mg) je Portion	Note
Porree (Lauch), roh (100 g)	0,53	4
Möhre, roh (80 g)	0,50	5
Heidelbeere (125 g)	0,50	5
Haferflocken (50 g)	0,50	5
Brombeere (125 g)	0,50	5
Roggenmischbrot (50 g)	0,48	5
Grapefruit (200 g)	0,48	5
Roggenbrot (50 g)	0,46	5
Wirsing, gekocht (150 g)	0,45	5
Weißkohl, gekocht (150 g)	0,45	5
Knäckebrot (40 g)	0,44	5
Weißbrot (50 g)	0,43	5
Rotkohl, roh (100 g)	0,43	5
Kirsche, süß (150 g)	0,41	5
Schälgurke (200 g)	0,40	5
Johannisbeere, schwarz (125 g)	0,40	5
Himbeere (125 g)	0,40	5
Chinakohl, roh (100 g)	0,40	5
Apfel (120 g)	0,40	5
Aprikose (50 g)	0,39	5
Brie, 50% F.i.Tr. (30 g)	0,34	5
Wirsing, roh (100 g)	0,33	5
Preiselbeere (125 g)	0,33	5
Stachelbeere (125 g)	0,31	5
Birne (140 g)	0,31	5
Weißkohl, roh (100 g)	0,30	5
Tomate (60 g)	0,30	5
Roggenvollkornbrot (50 g)	0,30	5
Camembert, 50% F.i.Tr. (30 g)	0,30	5
Maisgrieß (50 g)	0,25	5
Kopfsalat (80 g)	0,24	5
Chicorée, roh (100 g)	0,24	5
Speisequark, mager (150 g)	0,23	5
Sauermilchkäse, max. 10% F.i.Tr. (30 g)	0,21	5
Walnuß (20 g, 5 St.)	0,20	5
Rettich, roh (50 g)	0,20	5

Lebensmittel	Niacin (mg) je Portion	Note
Milch, entrahmt, 0,3% Fett (200 g)	0,20	5
Kefir, 3,5% Fett (200 g)	0,20	5
Dickmilch, 3,5% Fett (200 g)	0,20	5
Buttermilch, (200 g)	0,20	5
Trinkmilch, 3,5% Fett (200 g)	0,18	5
Trinkmilch, 1,5% Fett (200 g)	0,18	5
Speisequark, 40% F.i.Tr. (150 g)	0,18	5
Joghurt, 3,5% Fett (150 g)	0,14	5
Haselnuß (10 g, 10 St.)	0,14	5
Zwiebel, roh (50 g)	0,10	5
Einlegegurke, milchsauer (80 g)	0,10	5
Clementine, Mandarine (50 g)	0,10	5
Zitrone, Saft (50 g, 4 EL)	0,09	5
Johannisbeere, rot (125 g)	0,09	5
Schmelzkäse, 45% F.i.Tr. (30 g)	0,07	5
Weintraube (24 g, 10 St.)	0,06	5
Parmesan, 35% F.i.Tr. (30 g)	0,05	5
Hühnerei (1 Ei)	0,05	5
Emmentaler, 45% F.i.Tr. (30 g)	0,05	5
Margarine (20 g)	0,03	5
Honig (20 g, 1 EL)	0,03	5
Gouda, 45% F.i.Tr. (30 g)	0,03	5
Doppelrahmfrischkäse, mind. 60% F.i.Tr. (30 g)	0,03	5
Sahne, süß, 30% Fett (30 g)	0,02	5
Sahne, sauer, 20% Fett (30 g)	0,02	5
Edamer, 40% F.i.Tr. (30 g)	0,02	5
Kondensmilch, 7,5% Fett (5 g)	0,01	5
Kokosfett (10 g)	0,01	5
Butter (20 g)	Spuren	5
Schweineschmalz (20 g)	Spuren	5
Pflanzenöl (10 g)	0,00	6
Rindertalg (10 g)	0,00	6
Zucker (5 g)	0,00	6

Folsäure

Unter dieser Bezeichnung werden mehrere wasserlösliche Verbindungen zusammengefaßt, die sich chemisch sehr ähnlich und wirkungsgleich sind.

Ein großer Teil der in der Nahrung enthaltenen Folsäure liegt nur in gebundener Form vor. Sie kann vom Körper schlechter ausgenutzt werden als „freie" Folsäure.

Zusammen mit Vitamin B_{12} ist Folsäure für die Bildung und Reifung der roten Blutkörperchen erforderlich. Außerdem wird sie für die Zellteilung und damit für das Wachstum benötigt.

Als empfohlene Zufuhrmengen werden 300 µg „Gesamtfolsäure" pro Tag angegeben. Die Gesamtfolsäure umfaßt all die Verbindungen in der Nahrung, die Folsäurewirkungen zeigen. Bei unserem Bewertungssystem erhält ein Lebensmittel dann die Note 1 für seinen Gesamtfolsäuregehalt, wenn mehr als 12 % der täglichen Zufuhrempfehlung mit einer Portion des Lebensmittels gedeckt werden. Folsäure ist sehr hitzeempfindlich. Durch zu langes Warmhalten von gekochten Speisen können daher erhebliche Folsäureverluste auftreten.

Da die Folsäure von besonderer Bedeutung für die Zellteilung ist, zeigen sich **Mangelerscheinungen** meist an Zellsystemen mit einer hohen Teilungsrate. Dazu gehören in erster Linie die roten und weißen Blutkörperchen sowie die Schleimhäute. Symptome sind Blutarmut, Verdauungsstörungen und Veränderungen der Mundschleimhaut. Ein Folsäuremangel ist keineswegs selten. Gerade Schwangere sind häufig unterversorgt, da das ungeborene Kind einen Großteil der täglichen Folsäurezufuhr für seine Entwicklung beansprucht. Eine unzureichende Folsäureversorgung kann sogar zu Frühgeburten führen. Besonders schwer sind die Folgen eines Mangels an Folsäure, wenn gleichzeitig eine Unterversorgung mit Vitamin B_{12} und Eisen besteht (siehe dort).

Schädigungen durch Überdosierungen sind so gut wie nicht bekannt. In gelegentlichen Fällen sind Allergien beschrieben worden.

Tabelle:

Folsäure, µg	Note
> 36 µg	1
27,1–36 µg	2
18,1–27 µg	3
9,1–18 µg	4
> 0– 9 µg	5
0 µg	6

Folsäure

Lebensmittel	Folsäure (µg) je Portion	Note
Leber, Schwein (140 g)	308,00	1
Leber, Rind (140 g)	308,00	1
Sojabohne, Samen, trocken (60 g)	138,00	1
Wirsing, roh (100 g)	90,00	1
Chinakohl, roh (100 g)	83,00	1
Weißkohl, roh (100 g)	79,00	1
Bohne, Samen, getrocknet (60 g)	78,00	1
Roggenmehl, Type 1150 (100 g)	70,00	1
Grünkohl, roh (100 g)	60,00	1
Blumenkohl, roh (100 g)	55,00	1
Chicorée, roh (100 g)	52,00	1
Apfelsine (180 g)	43,00	1
Rosenkohl, gekocht (150 g)	42,00	1
Schälgurke (200 g)	40,00	1
Hühnerei (1 Ei)	38,00	1
Grünkohl, gekocht (200 g)	36,00	2
Erbse, Samen, getrocknet (60 g)	35,40	2
Wirsing, gekocht (150 g)	35,00	2
Rotkohl, roh (100 g)	35,00	2
Ente (150 g)	34,50	2
Miesmuschel (100 g)	33,00	2
Gerste, ganzes Korn (50 g)	33,00	2
Jungmasthuhn/Hähnchen (350 g)	32,00	2
Erdbeere (200 g)	32,00	2
Weizenvollkornbrot (50 g)	30,00	2
Kopfsalat (80 g)	30,00	2
Spinat, gekocht (150 g)	29,00	2
Spargel, gekocht (180 g)	29,00	2
Champignon, Zucht- (110 g)	28,00	2
Banane (140 g)	28,00	2
Speisequark, mager (150 g)	27,00	3
Erdnuß (50 g)	27,00	3
Porree (Lauch), roh (100 g)	26,00	3
Weizen, ganzes Korn (50 g)	24,50	3
Tomate (60 g)	23,00	3
Speisequark, 40 % F.i.Tr. (150 g)	23,00	3
Roastbeef (150 g)	23,00	3
grüne Bohnen, gekocht (150 g)	23,00	3
Weizenmehl, Type 1050 (100 g)	22,00	3
Grapefruit (200 g)	22,00	3
Roggen, ganzes Korn (50 g)	21,00	3
Linse, Samen, getrocknet (60 g)	21,00	3
Brie, 50 % F.i.Tr. (30 g)	20,00	3
Birne (140 g)	20,00	3
Seehecht (150 g)	18,00	4
Rindfleisch, Muskel, mager (120 g)	18,00	4
Kabeljau (150 g)	18,00	4
Scholle (150 g)	17,00	4
Hafer, ganzes Korn (50 g)	17,00	4
Camembert, 50 % F.i.Tr. (30 g)	17,00	4
Knäckebrot (40 g)	16,00	4
Walnuß (20 g, 5 St.)	15,40	4
Thunfisch (100 g)	15,00	4
Roggenmehl, Type 815 (100 g)	15,00	4
Köhler (Seelachs)) (150 g)	15,00	4
Joghurt, 3,5 % Fett (150 g)	15,00	4
Brombeere (125 g)	15,00	4
Blumenkohl, gekocht (150 g)	15,00	4
Buttermilch (200 g)	14,00	4
Mais, ganzes Korn (50 g)	13,00	4
Trinkmilch, 3,5 % Fett (200 g)	12,00	4
Suppenhuhn (120 g)	12,00	4
Rettich, roh (50 g)	12,00	4
Haferflocken (50 g)	12,00	4
grüne Erbse, Samen gekocht (150 g)	12,00	4
Dickmilch, 3,5 % Fett (200 g)	12,00	4
Weizenmischbrot (50 g)	11,00	4
Roggenmischbrot (50 g)	10,50	4

NÄHRSTOFFREGISTER

Lebensmittel	Folsäure (µg) je Portion	Note
Truthahn/Puter, Brust (150 g)	10,50	4
Weizenmehl, Type 405 (100 g)	10,00	4
Roggenvollkornbrot (50 g)	10,00	4
Milch, entrahmt, 0,3 % Fett (200 g)	10,00	4
Kefir 3,5 % Fett (200 g)	10,00	4
Reis, unpoliert, ganzes Korn (60 g)	9,60	4
Kirsche, süß (150 g)	9,00	5
Einlegegurke, milchsauer (80 g)	8,80	5
Roggenbrot (50 g)	8,00	5
Kalbfleisch, Muskel (150 g)	8,00	5
Apfel (120 g)	7,80	5
Weißbrot (50 g)	7,50	5
Heidelbeere (125 g)	7,50	5
Schweinefleisch, Muskel, mager (120 g)	7,20	5
Sellerie, roh (100 g)	7,00	5
Mandel (15 g, 10 St.)	7,00	5
Kartoffel, roh (100 g)	7,00	5
Haselnuß (10 g, 10 St.)	7,00	5
Porree (Lauch), gekocht (150 g)	6,90	5
Gouda, 45 % F. i. Tr. (30 g)	6,30	5
Trinkmilch, 1,5 % Fett (200 g)	6,00	5
Schweinekotelett, Kamm (120 g)	6,00	5
Parmesan, 35 % F. i. Tr. (30 g)	6,00	5
Möhre, roh (80 g)	6,00	5
Möhre, gekocht (150 g)	6,00	5
Gans (150 g)	6,00	5
Edamer, 40 % F. i. Tr. (30 g)	6,00	5
Zwiebel, roh (50 g)	4,00	5
Schaffleisch, Hammel u. Lamm (120 g)	4,00	5
Gerstengraupen (20 g)	4,00	5
Clementine, Mandarine (50 g)	4,00	5
Pfirsich (115 g)	3,50	5
Preiselbeere (125 g)	3,25	5
Zitrone, Saft (50 g, 4 EL)	3,00	5
Pflaume (150 g, 5 St.)	3,00	5
Sahne, sauer, 20 % Fett (30 g)	2,00	5

Lebensmittel	Folsäure (µg) je Portion	Note
Makrele (150 g)	1,86	5
Aprikose (50 g)	1,80	5
Weintraube (24 g, 10 St.)	1,30	5
Emmentaler, 45 % F. i. Tr. (30 g)	1,30	5
Sahne, süß, 30 % Fett (30 g)	1,20	5
Schmelzkäse, 45 % F. i. Tr. (30 g)	1,04	5
Kondensmilch, 7,5 % Fett (5 g)	0,30	5
Margarine (20 g)	0,18	5
Butter (20 g)	(0)	6
Kokosfett (10 g)	0,00	6
Pflanzenöl (10 g)	0,00	6
Rindertalg (10 g)	0,00	6
Schweineschmalz (20 g)	0,00	6
Zucker (5 g)	0,00	6

(0) = praktisch gleich Null

NÄHRSTOFFREGISTER

Pantothensäure

Pantothensäure ist ein **wasserlösliches** Vitamin der B-Gruppe. Es ist von zentraler Bedeutung für alle Umsetzungsprozesse des Körpers. Pantothensäure ist als Bestandteil eines Enzyms am Abbau von Kohlenhydraten, Fetten und verschiedenen Eiweißbausteinen beteiligt. Auch verläuft der körpereigene Aufbau von Cholesterin, Fettsäuren und Gallensäuren mit Hilfe von Pantothensäure. Ferner erhöht Pantothensäure die Abwehrkraft gegenüber Infektionen und fördert das Haarwachstum und die -färbung.

Für die empfehlenswerte Zufuhr gibt es nur Schätzwerte. Sie liegen bei 6 mg Pantothensäure täglich. Auch für dieses Vitamin gilt: Enthält ein Lebensmittel mehr als 12 % der empfohlenen Tageszufuhr in einer Portion, wird es mit der Note 1 bewertet (siehe Tabelle). In geringen Mengen ist Pantothensäure in fast allen Lebensmitteln enthalten, ein Mangel kommt daher so gut wie nicht vor. Reaktionen auf eine zu hohe Pantothensäurezufuhr mit der Nahrung sind unbekannt. Lediglich über gelegentliche allergische Reaktionen auf Pantothensäurezusätze in Kosmetika oder Wundheilungssalben wurde berichtet.

Tabelle:

Pantothensäure, mg	Note
> 0,68 mg	1
0,52–0,68 mg	2
0,35–0,51 mg	3
0,18–0,34 mg	4
> 0–0,17 mg	5
0 mg	6

NÄHRSTOFFREGISTER

Pantothensäure

Lebensmittel	Pantothensäure (mg) je Portion	Note
Leber, Rind (140 g)	10,22	1
Leber, Schwein (140 g)	9,52	1
Niere, Schwein (130 g)	4,34	1
Jungmasthuhn/Hähnchen (350 g)	3,36	1
Ente (150 g)	2,51	1
Champignon, Zucht- (110 g)	2,31	1
Suppenhuhn (120 g)	1,44	1
Hering (150 g)	1,41	1
Erdnuß (50 g)	1,30	1
Kalbfleisch, Muskel (150 g)	1,28	1
Erbse, Samen, getrocknet (60 g)	1,26	1
Scholle (150 g)	1,20	1
Sojabohne, Samen, trocken (60 g)	1,15	1
Speisequark, mager (150 g)	1,11	1
Gans (150 g)	1,07	1
Reis, unpoliert, ganzes Korn (60 g)	1,02	1
Blumenkohl, roh (100 g)	1,01	1
Roggenmehl, Type 1150 (100 g)	1,00	1
Speisequark, 40% F.i.Tr. (150 g)	0,92	1
Hühnerei (1 Ei)	0,90	1
Truthahn/Puter, Brust (150 g)	0,89	1
Roastbeef (150 g)	0,87	1
Schweinefleisch, Muskel, mager (120 g)	0,84	1
Forelle (150 g)	0,83	1
Linse, Samen, getrocknet (60 g)	0,82	1
Roggen, ganzes Korn (50 g)	0,75	1
Blumenkohl, gekocht (150 g)	0,75	1
Rindfleisch, Muskel, mager (120 g)	0,72	1
Kefir, 3,5% Fett (200 g)	0,72	1
Dickmilch, 3,5% Fett (200 g)	0,72	1
Trinkmilch, 3,5% Fett (200 g)	0,70	1
Trinkmilch 1,5% Fett (200 g)	0,70	1
Grünkohl, roh (100 g)	0,70	1
Buttermilch (200 g)	0,70	1
Makrele (150 g)	0,69	1
grüne Erbse, Samen, gekocht (150 g)	0,69	1
Karpfen (150 g)	0,68	2
Thunfisch (100 g)	0,66	2
Schweinekotelett, Kamm (120 g)	0,64	2
Weizenmehl, Type 1050 (100 g)	0,63	2
Spargel, gekocht (180 g)	0,63	2
Grünkohl, gekocht (200 g)	0,60	2
Erdbeere (200 g)	0,60	2
Weizen, ganzes Korn (50 g)	0,59	2
Milch, entrahmt 0,3% Fett (200 g)	0,56	2
Haferflocken (50 g)	0,55	2
Köhler (Seelachs) (150 g)	0,54	2
Joghurt, 3,5% Fett (150 g)	0,53	2
Bohne, Samen, getrocknet (60 g)	0,52	2
Sellerie, roh (100 g)	0,51	3
Johannisbeere, schwarz (125 g)	0,50	3
Grapefruit (200 g)	0,50	3
Schälgurke (200 g)	0,48	3
Rosenkohl, gekocht (150 g)	0,45	3
Rotbarsch (150 g)	0,44	3
Knäckebrot (40 g)	0,44	3
Apfelsine (180 g)	0,43	3
Kartoffel, roh (100 g)	0,40	3
Chicorée, roh (100 g)	0,40	3
Himbeere (125 g)	0,37	3
Hafer, ganzes Korn (50 g)	0,36	3
Weißbrot (50 g)	0,35	3
Gerste, ganzes Korn (50 g)	0,34	4
Weizenvollkornbrot (50 g)	0,33	4
Mais, ganzes Korn (50 g)	0,33	4
Rotkohl, roh (100 g)	0,32	4
Stachelbeere (125 g)	0,31	4
Banane (140 g)	0,30	4

NÄHRSTOFFREGISTER

Lebensmittel	Pantothensäure (mg) je Portion	Note
Kirsche, süß (150 g)	0,29	4
Brombeere (125 g)	0,28	4
Pflaume (150 g, 5 St.)	0,27	4
Weißkohl, roh (100 g)	0,26	4
Spinat, gekocht (150 g)	0,26	4
Roggenbrot (50 g)	0,24	4
Weißkohl, gekocht (150 g)	0,23	4
Seehecht (150 g)	0,23	4
Möhre, gekocht (150 g)	0,23	4
Camembert, 50% F.i.Tr. (30 g)	0,23	4
Möhre, roh (80 g)	0,22	4
Wirsing, roh (100 g)	0,21	4
Weizenmehl, Type 405 (100 g)	0,21	4
Brie, 50% F.i.Tr. (30 g)	0,21	4
Tomate (60 g)	0,20	4
Heidelbeere (125 g)	0,20	4
Chinakohl, roh (100 g)	0,20	4
Wirsing, gekocht (150 g)	0,19	4
Kabeljau (150 g)	0,18	4
Walnuß (20 g, 5 St.)	0,16	5
Schmelzkäse, 45% F.i.Tr. (30 g)	0,16	5
Preiselbeere (125 g)	0,16	5
Pfirsich (115 g)	0,16	5
Parmesan, 35% F.i.Tr. (30 g)	0,16	5
Roggenvollkornbrot (50 g)	0,15	5
Aprikose (50 g)	0,15	5
Zitrone, Saft (50 g, 4 EL)	0,14	5
Porree (Lauch), roh (100 g)	0,14	5
Weizenmischbrot (50 g)	0,13	5
Roggenmischbrot (50 g)	0,13	5
Doppelrahmfrischkäse, mind. 60% F.i.Tr. (30 g)	0,13	5
Haselnuß (10 g, 10 St.)	0,12	5
Emmentaler, 45% F.i.Tr. (30 g)	0,12	5
Einlegegurke, milchsauer (80 g)	0,12	5
Apfel (120 g)	0,12	5
Porree (Lauch), gekocht (150 g)	0,11	5

Lebensmittel	Pantothensäure (mg) je Portion	Note
Edamer, 40% F.i.Tr. (30 g)	0,11	5
Sahne, sauer, 20% Fett (30 g)	0,10	5
Kohlrabi, roh (100 g)	0,10	5
Gouda, 45% F.i.Tr. (30 g)	0,10	5
Gerstengraupen (20 g)	0,10	5
Zwiebel, roh (50 g)	0,09	5
Sahne, süß, 30% Fett (30 g)	0,09	5
Rettich, roh (50 g)	0,09	5
Mandel (15 g, 10 St.)	0,09	5
Kopfsalat (80 g)	0,09	5
Kohlrabi, gekocht (150 g)	0,09	5
Johannisbeere, rot (125 g)	0,08	5
Birne (140 g)	0,08	5
Kondensmilch, 7,5% Fett (5 g)	0,03	5
Weintraube (24 g, 10 St.)	0,01	5
Honig (20 g, 1 EL)	0,01	5
Butter (20 g)	Spuren	5
Margarine (20 g)	Spuren	5
Pflanzenöl (10 g)	0,00	6
Rindertalg (10 g)	0,00	6
Schweineschmnalz (20 g)	0,00	6
Zucker (5 g)	0,00	6

NÄHRSTOFFREGISTER

Biotin

Biotin zählt zum Komplex der B-Vitamine und ist wie diese **wasserlöslich**. Biotin wird immer dann gebraucht, wenn Nahrungsenergie für den Körper nutzbar gemacht wird. Es ist für den Aufbau von Fettsäuren erforderlich. Ferner unterstützt es das Vitamin K bei der Aufrechterhaltung einer normalen Blutgerinnung. Generell kann man Biotin als einen wichtigen Faktor für geregeltes Wachstum bezeichnen.

Über die empfohlene tägliche Biotinzufuhr liegen nur Schätzwerte vor. Sie bewegen sich in einem Rahmen von 30–100 µg pro Tag. Für die Bewertung nach Schulnoten heißt das: ein Lebensmittel bekommt die Note 1, wenn eine Portion mehr als 12 % der durchschnittlich empfohlenen Zufuhr (65 µg) an Biotin deckt.

Ein **Mangel** an Biotin bei Erwachsenen ist äußerst selten. Er ist bisher nur nach längerfristigem Verzehr roher Eier (6 rohe Eier täglich über einen Zeitraum von mehreren Wochen) beobachtet worden. Im Eiklar roher Eier ist Avidin enthalten, einer Eiweißsubstanz, die Biotin bindet und dadurch eine Aufnahme durch den Körper unmöglich macht. Bei Kleinkindern kann Milchschorf, eine schuppige Hauterscheinung, durch Biotingaben gebessert werden. Schäden durch Überdosierungen sind nicht bekannt.

Tabelle:

Biotin, µg	Note
> 8 µg	1
6,1–8 µg	2
4,1–6 µg	3
2,1–4 µg	4
>0–2 µg	5
0 µg	6

NÄHRSTOFFREGISTER

Biotin

Lebensmittel	Biotin (μg) je Portion	Note
Leber, Rind (140 g)	140,00	1
Niere, Schwein (130 g)	112,00	1
Leber, Schwein (140 g)	37,80	1
Sojabohne, Samen, trocken (60 g)	36,00	1
Champignon, Zucht- (110 g)	17,60	1
Erdnuß (50 g)	17,00	1
Hühnerei (1 Ei)	14,50	1
Karpfen (150 g)	11,40	1
Forelle (150 g)	11,40	1
Erbse, Samen, getrocknet (60 g)	11,40	1
Köhler (Seelachs) (150 g)	11,30	1
Speisequark, mager (150 g)	10,50	1
Haferflocken (50 g)	10,00	1
Speisequark, 40% F.i.Tr. (150 g)	9,00	1
Erdbeere (200 g)	8,00	2
Ente (150 g)	7,80	2
Banane (140 g)	7,70	2
Gans (150 g)	7,50	2
Reis, unpoliert, ganzes Korn (60 g)	7,20	2
Rotbarsch (150 g)	7,10	2
Trinkmilch, 3,5% Fett (200 g)	7,00	2
Trinkmilch, 1,5% Fett (200 g)	7,00	2
Jungmasthuhn/Hähnchen (350 g)	7,00	2
Hering (150 g)	6,75	2
Schweinekotelett, Kamm (120 g)	6,60	2
Hafer, ganzes Korn (50 g)	6,50	2
Schweinefleisch, Muskel, mager (120 g)	6,00	3
Makrele (150 g)	6,00	3
Kefir, 3,5% Fett (200 g)	6,00	3
Seehecht (150 g)	5,70	3
Dickmilch, 3,5% Fett (200 g)	5,40	3
Joghurt, 3,5% Fett (150 g)	5,30	3
Apfel (120 g)	5,00	3
Chicorée, roh (100 g)	4,80	3
Apfelsine (180 g)	4,10	3
Walnuß (20 g, 5 St.)	4,00	4
Möhre, roh (80 g)	4,00	4
Rindfleisch, Muskel, mager (120 g)	3,60	4
Buttermilch (200 g)	3,40	4
Johannisbeere, rot (125 g)	3,30	4
Weißkohl, roh (100 g)	3,10	4
Weizen, ganzes Korn (50 g)	3,00	4
Spinat, gekocht (150 g)	3,00	4
Roggenmehl, Type 1150 (100 g)	3,00	4
Milch, entrahmt, 0,3% Fett (200 g)	3,00	4
Mais, ganzes Korn (50 g)	3,00	4
Johannisbeere, schwarz (125 g)	3,00	4
Weizenmehl, Type 1050 (100 g)	2,90	4
Knäckebrot (40 g)	2,80	4
Roggen, ganzes Korn (50 g)	2,50	4
Tomate (60 g)	2,40	4
Kabeljau (150 g)	2,30	4
Suppenhuhn (120 g)	2,20	4
Pfirsich (115 g)	2,20	4
Rotkohl, roh (100 g)	2,00	4
Brie, 50% F.i.Tr. (30 g)	1,90	5
Zwiebel, roh (50 g)	1,80	5
Weizenvollkornbrot (50 g)	1,80	5
Schälgurke (200 g)	1,80	5
Mandel (15 g, 10 St.)	1,80	5
Scholle (150 g)	1,75	5
Porree (Lauch), roh (100 g)	1,60	5
Weizenmehl, Type 405 (100 g)	1,50	5
Weißbrot (50 g)	1,50	5
Sauermilchkäse, max. 10% F.i.Tr. (30 g)	1,50	5
Roggenvollkornbrot (50 g)	1,50	5
Kopfsalat (80 g)	1,50	5
Blumenkohl, roh (100 g)	1,50	5

NÄHRSTOFFREGISTER

Lebensmittel	Biotin (μg) je Portion	Note
Blumenkohl, gekocht (150 g)	1,50	5
Roggenbrot (50 g)	1,40	5
Porree (Lauch), gekocht (150 g)	1,40	5
Heidelbeere (125 g)	1,38	5
Doppelrahmfrischkäse, mind. 60% F.i.Tr. (30 g)	1,32	5
Camembert, 50% F.i.Tr. (30 g)	1,29	5
Weizenmischbrot (50 g)	1,20	5
Roggenmischbrot (50 g)	1,15	5
Schmelzkäse, 45% F.i.Tr. (30 g)	1,08	5
Sahne, süß, 30% Fett (30 g)	1,00	5
Sahne, sauer, 20% Fett (30 g)	0,90	5
Parmesan, 35% F.i.Tr. (30 g)	0,90	5
Gouda, 45% F.i.Tr. (30 g)	0,90	5
Emmentaler, 45% F.i.Tr. (30 g)	0,90	5
Grapefruit (200 g)	0,70	5
Stachelbeere (125 g)	0,60	5
Kirsche, süß (150 g)	0,60	5
Kartoffel, gekocht, mit Schale (200 g)	0,60	5
Grünkohl, gekocht (200 g)	0,60	5
Rosenkohl, gekocht (150 g)	0,50	5
Grünkohl, roh (100 g)	0,50	5
Edamer, 40% F.i.Tr. (30 g)	0,45	5
Kartoffel, roh (100 g)	0,40	5
Weintraube (24 g, 10 St.)	0,36	5
Rettich, roh (50 g)	0,30	5
Kondensmilch, 7,5% Fett (5 g)	0,30	5
Clementine, Mandarine (50 g)	0,30	5
Pflaume (150 g, 5 St.)	0,20	5
Wirsing, gekocht (150 g)	0,15	5
Birne (140 g)	0,14	5
Wirsing, roh (100 g)	0,10	5
Butter (20 g)	(0)	6
Kokosfett (10 g)	0,00	6
Margarine (20 g)	0,00	6
Pflanzenöl (10 g)	0,00	6
Rindertalg (10 g)	0,00	6
Schweineschmalz (20 g)	0,00	6
Zucker (5 g)	0,00	6

(0) = praktisch gleich Null

NÄHRSTOFFREGISTER

Vitamin C

Das wohl bekannteste Vitamin, das **wasserlösliche** Vitamin C, ist an sehr vielen Umbauvorgängen im Körper beteiligt. Es regt die Bildung und Funktion von Bindegewebe, Knochen und Zähnen an. Vitamin C ist außerdem wichtig für die Wundheilung. Andere Vitamine und Zellbestandteile kann es vor der Zerstörung durch Sauerstoff (freie Radikale) schützen. Ferner stärkt Vitamin C die Abwehrkräfte.

Vitamin C ist äußerst empfindlich gegenüber Licht, Sauerstoff, Hitze und zu langer Lagerung, da hierbei im Grüngemüse Stoffe frei werden, die Vitamin C abbauen.

Eisen kann in Anwesenheit von Vitamin C vom Körper wesentlich besser aufgenommen werden. Es empfiehlt sich, zum Essen Vitamin-C-reiche Säfte zu trinken oder zum Nachtisch Obst zu essen.

Auch kann Vitamin C die Bildung bestimmter krebserregender Stoffe (Nitrosamine) im menschlichen Magen hemmen.

Die Versorgung mit Vitamin C ist in der Regel ausreichend. Die wichtigste Ursache für Mangelerscheinungen ist eine unausgewogene Ernährung. Fehlen frisches Obst und Gemüse auf dem täglichen Speiseplan, kann es zu Müdigkeit, einer erhöhten Anfälligkeit gegenüber Krankheiten, verzögerter Wundheilung und Zahnfleischbluten kommen. Ein langfristiger Vitamin-C-Mangel führt zur Entstehung des sog. Skorbuts. Dieses schwere Krankheitsbild mit Magen- und Darmbluten, Blutungen in der Haut, Zahnausfall und Gelenkschmerzen tritt heute zum Glück kaum noch auf. Skorbut hat als typische „Seefahrerkrankheit" traurige Bekanntheit erlangt. Viele Seefahrer starben früher an Vitamin-C-Mangel, weil auf den oft monatelangen Schiffsreisen kein frisches Obst oder Gemüse auf Vorrat gelagert werden konnte. Erst als man entdeckte, daß sich vergorenes Gemüse (Sauerkraut) als Proviant für lange Reisen eignet, bekam man diese tückische Krankheit in den Griff.

Der **tägliche Bedarf von ca. 75 mg Vitamin C** kann durch gemischte Kost problemlos gedeckt werden. Enthält die Portion eines Lebensmittels mehr als 32 % der Zufuhrempfehlung, erhält das Lebensmittel die Note 1 (siehe Tabelle). Für Raucher, Frauen, die die Antibabypille einnehmen, sowie bei starker körperlicher Belastung, fiebrigen Erkrankungen und generell im Winter besteht ein erhöhter Vitamin-C-Bedarf.

Tabelle:

Vitamin C, mg hier Bezugsgröße:		Note
> 32 %	> 24 mg	1
25–32 %	19–24 mg	2
17–24 %	13–18 mg	3
9–16 %	7–12 mg	4
>0– 8 %	>0– 6 mg	5
0 %	0 mg	6

NÄHRSTOFFREGISTER

Vitamin C

Lebensmittel	Vitamin C (mg) je Portion	Note
Johannisbeere, schwarz (125 g)	221,00	1
Grünkohl, gekocht (200 g)	150,00	1
Rosenkohl, gekocht (150 g)	128,00	1
Erdbeere (200 g)	128,00	1
Grünkohl, roh (100 g)	105,00	1
Apfelsine (180 g)	90,00	1
Grapefruit (200 g)	88,00	1
Blumenkohl, roh (100 g)	73,00	1
Blumenkohl, gekocht (150 g)	68,00	1
Kohlrabi, gekocht (150 g)	65,00	1
Kohlrabi, roh (100 g)	63,00	1
Wirsing, gekocht (150 g)	53,00	1
Weißkohl, gekocht (150 g)	50,00	1
Rotkohl, roh (100 g)	50,00	1
Weißkohl, roh (100 g)	46,00	1
Wirsing, roh (100 g)	45,00	1
Johannisbeere, rot (125 g)	45,00	1
Stachelbeere (125 g)	44,00	1
Spinat, gekocht (150 g)	44,00	1
Leber, Rind (140 g)	42,00	1
Chinakohl, roh (100 g)	36,00	1
Leber, Schwein (140 g)	32,00	1
Himbeere (125 g)	31,00	1
Porree (Lauch), roh (100 g)	30,00	1
Spargel, gekocht (180 g)	29,00	1
Kartoffel, gekocht, mit Schale (200 g)	28,00	1
Heidelbeere (125 g)	27,50	1
Zitrone, Saft (50 g, 4 EL)	27,00	1
grüne Erbse, Samen, gekocht (150 g)	26,00	1
Kirsche, süß (150 g)	23,00	2
Niere, Schwein (130 g)	22,00	2
Brombeere (125 g)	21,30	2
grüne Bohnen, gekocht (150 g)	18,00	3
Kartoffel, roh (100 g)	17,00	3
Banane (140 g)	17,00	3
Schälgurke (200 g)	16,00	3
Preiselbeere (125 g)	15,00	3
Clementine, Mandarine (50 g)	15,00	3
Tomate (60 g)	14,40	3
Rettich, roh (50 g)	14,00	3
Porree (Lauch), gekocht (150 g)	14,00	3
Apfel (120 g)	14,00	3
Pfirsich (115 g)	11,00	4
Jungmasthuhn/Hähnchen (350 g)	11,00	4
Ente (150 g)	10,50	4
Kopfsalat (80 g)	10,00	4
Chicorée, roh (100 g)	10,00	4
Sellerie, roh (100 g)	8,00	4
Pflaume (150 g, 5 St.)	7,50	4
Birne (140 g)	7,00	4
Möhre, roh (80 g)	6,00	5
Champignon, Zucht- (110 g)	5,50	5
Zwiebel, roh (50 g)	5,00	5
Möhre, gekocht (150 g)	5,00	5
Aprikose (50 g)	4,70	5
Gans (150 g)	4,50	5
Trinkmilch, 3,5 % Fett (200 g)	4,00	5
Trinkmilch, 1,5 % Fett (200 g)	4,00	5
Miesmuschel (100 g)	3,20	5
Kabeljau (150 g)	3,00	5
Suppenhuhn (120 g)	2,40	5
Schweinefleisch, Muskel, mager (120 g)	2,40	5
Scholle (150 g)	2,30	5
Milch, entrahmt, 0,3 % Fett (200 g)	2,00	5
Kefir, 3,5 % Fett (200 g)	2,00	5
Dickmilch, 3,5 % Fett (200 g)	2,00	5
Buttermilch (200 g)	2,00	5
Einlegegurke, milchsauer (80 g)	1,60	5

NÄHRSTOFFREGISTER

Lebensmittel	Vitamin C (mg) je Portion	Note
Linse, Samen, getrocknet (60 g)	1,50	5
Karpfen (150 g)	1,50	5
Joghurt, 3,5 % Fett (150 g)	1,50	5
Bohne, Samen, getrocknet (60 g)	1,50	5
Rotbarsch (150 g)	1,20	5
Weintraube (24 g, 10 St.)	1,00	5
Speisequark, mager (150 g)	1,00	5
Erbse, Samen, getrocknet (60 g)	0,96	5
Speisequark, 40 % F.i.Tr. (150 g)	0,75	5
Hering (150 g)	0,75	5
Walnuß (20 g, 5 St.)	0,60	5
Mandel (15 g, 10 St.)	0,60	5
Honig (20 g, 1 EL)	0,48	5
Weizen, ganzes Korn (50 g)	0,40	5
Sahne, süß, 30 % Fett (30 g)	0,30	5
Sahne, sauer, 20 % Fett (30 g)	0,30	5
Haselnuß (10 g, 10 St.)	0,30	5
Gouda, 45 % F.i.Tr. (30 g)	0,30	5
Emmentaler, 45 % F.i.Tr. (30 g)	0,15	5
Kondensmilch, 7,5 % Fett (5 g)	0,10	5
Butter (20 g)	0,04	5
Margarine (20 g)	0,03	5
Hühnerei (1 Ei)	Spuren	5
Rindfleisch, Muskel, mager (120 g)	Spuren	5
Brie, 50 % F.i.Tr. (30 g)	(0)	6
Camembert, 50 % F.i.Tr. (30 g)	(0)	6
Edamer, 40 % F.i.Tr. (30 g)	(0)	6
Schaffleisch, Hammel u. Lamm (120 g)	(0)	6
Erdnuß (50 g)	0,00	6
Schweinekotelett, Kamm (120 g)	0,00	6
Doppelrahmfrischkäse, mind. 60 % F.i.Tr. (30 g)	0,00	6
Gerste, ganzes Korn (50 g)	0,00	6
Gerstengraupen (20 g)	0,00	6
Haferflocken (50 g)	0,00	6
Hirse, ganzes Korn (50 g)	0,00	6
Knäckebrot (40 g)	0,00	6

Lebensmittel	Vitamin C (mg) je Portion	Note
Kokosfett (10 g)	0,00	6
Mais, ganzes Korn (50 g)	0,00	6
Maisgrieß (50 g)	0,00	6
Makrele (150 g)	0,00	6
Parmesan, 35 % F.i.Tr. (30 g)	0,00	6
Pflanzenöl (10 g)	0,00	6
Reis, gekocht (120 g)	0,00	6
Reis, unpoliert, ganzes Korn (60 g)	0,00	6
Roggen, ganzes Korn (50 g)	0,00	6
Roggenbrot (50 g)	0,00	6
Roggenmehl, Type 1150 (100 g)	0,00	6
Roggenmehl, Type 815 (100 g)	0,00	6
Roggenmischbrot (50 g)	0,00	6
Roggenvollkornbrot (50 g)	0,00	6
Schweineschmalz (20 g)	0,00	6
Weißbrot (50 g)	0,00	6
Weizenmehl, Type 1050 (100 g)	0,00	6
Weizenmehl, Type 405 (100 g)	0,00	6
Weizenmischbrot (50 g)	0,00	6
Weizenvollkornbrot (50 g)	0,00	6
Zucker (5 g)	0,00	6

(0) = praktisch gleich Null

NÄHRSTOFFREGISTER

Mineralstoffe allgemein

Mineralstoffe sind Substanzen aus dem unbelebten Teil der Natur. Zur Aufrechterhaltung der Körperstruktur und verschiedener Körperfunktionen (z. B. Reizleitung in Nerven und Muskeln) sind sie für den Menschen unentbehrlich. Sie liegen im Körper in Ionenform (elektrisch geladene Teilchen) vor und werden in unterschiedlichen Mengen benötigt. Man teilt sie nach ihrem mengenmäßigen Vorkommen im Körper in zwei Gruppen ein: In die **Mengenelemente**, die mit Gewichtsanteilen von 25 bis 1000 g im Körper eines Erwachsenen enthalten sind und die **Spurenelemente**, die nur geringe Mengen (1 mg bis 5 g) im Körper ausmachen. Zu den Mengenelementen zählen Natrium, Kalium, Kalzium, Magnesium und Phosphor, zu den Spurenelementen Eisen, Jod, Fluor, Zink und Selen.

Unser Körper kann Mineralstoffe nicht selbst herstellen, deshalb müssen sie mit der Nahrung zugeführt werden.

Kalium

Im Körper eines Erwachsenen sind 100–150 g Kalium vorhanden. Es kommt überwiegend im Inneren der Körperzellen vor und spielt hier bei der Regulation des Wasserhaushaltes eine Rolle. Außerdem ist es an der Weiterleitung von Reizen und der Muskeltätigkeit beteiligt. Kalium ist ferner Bestandteil der Verdauungssäfte des Magen-Darm-Traktes und nimmt somit am Verdauungsprozeß teil.

Die empfohlene tägliche Zufuhr an Kalium liegt zwischen 2 und 4 g. Deckt eine Portion eines Lebensmittels mehr als 12 % der mittleren täglich empfohlenen Zufuhr, erhält das Lebensmittel die Note 1 (siehe Tabelle).

Ein **Kaliummangel** kann durch schweren Durchfall, heftiges Erbrechen oder wassertreibende Medikamente verursacht sein. Er führt zu Muskelschlaffheit und -schwere, Darmlähmung und Herz-Muskel-Schäden. Ein **Anstieg des Kaliumspiegels** im Blut kann durch Nierenfunktionsstörungen und extreme Aufnahme von Kalium in Mineralstoffpräparaten hervorgerufen werden. Störungen des Herzschlags bis hin zum Herzstillstand sind möglich.

Tabelle:

Kalium, mg	Note
> 360 mg	1
271–360 mg	2
181–270 mg	3
91–180 mg	4
>0– 90 mg	5
0 mg	6

Kalium

Lebensmittel	Kalium (mg) je Portion	Note	Lebensmittel	Kalium (mg) je Portion	Note
Jungmasthuhn/Hähnchen (350 g)	1257,00	1	Niere, Schwein (130 g)	339,00	1
Sojabohne, Samen, trocken (60 g)	1044,00	1	Grapefruit (200 g)	360,00	2
Kartoffel, gekocht, mit Schale (200 g)	880,00	1	Erdnuß (50 g)	353,00	2
Bohne, Samen, getrocknet (60 g)	786,00	1	Schaffleisch, Hammel u. Lamm (120 g)	347,00	2
Grünkohl, gekocht (200 g)	768,00	1	Kirsche, süß (150 g)	344,00	2
Forelle (150 g)	698,00	1	Porree (Lauch), gekocht (150 g)	336,00	2
Gans (150 g)	630,00	1	Pflaume (150 g, 5 St.)	332,00	2
Makrele (150 g)	594,00	1	Blumenkohl, roh (100 g)	328,00	2
Köhler (Seelachs) (150 g)	561,00	1	Blumenkohl, gekocht (150 g)	326,00	2
Erbse, Samen, getrocknet (60 g)	558,00	1	Sellerie, roh (100 g)	321,00	2
Banane (140 g)	550,00	1	Kefir, 3,5 % Fett (200 g)	320,00	2
Hering (150 g)	540,00	1	grüne Erbse, Samen, gekocht (150 g)	320,00	2
Kalbfleisch, Muskel (150 g)	537,00	1	Apfelsine (180 g)	319,00	2
Kabeljau (150 g)	534,00	1	Wirsing, gekocht (150 g)	315,00	2
Roastbeef (150 g)	503,00	1	Trinkmilch, 3,5 % Fett (200 g)	314,00	2
Schweinefleisch, Muskel, mager (120 g)	502,00	1	Dickmilch, 3,5 % Fett (200 g)	314,00	2
Truthahn/Puter, Brust (150 g)	499,50	1	Trinkmilch, 1,5 % Fett (200 g)	310,00	2
Leber, Schwein (140 g)	490,00	1	Milch, entrahmt, 0,3 % Fett (200 g)	300,00	2
Grünkohl, roh (100 g)	490,00	1	Suppenhuhn (120 g)	300,00	2
Spinat, gekocht (150 g)	486,00	1	Johannisbeere, rot (125 g)	298,00	2
Linse, Samen, getrocknet (60 g)	486,00	1	Roggenmehl, Type 1150 (100 g)	297,00	2
Scholle (150 g)	467,00	1	Erdbeere (200 g)	294,00	2
Champignon, Zucht- (110 g)	464,00	1	Buttermilch (200 g)	294,00	2
Rotbarsch (150 g)	462,00	1	Thunfisch (100 g)	293,00	2
Karpfen (150 g)	459,00	1	Wirsing, roh (100 g)	282,00	2
Rindfleisch, Muskel, mager (120 g)	444,00	1	Schälgurke (200 g)	282,00	2
Kartoffel, roh (100 g)	443,00	1	Miesmuschel (100 g)	277,00	2
Ente (150 g)	438,00	1	Möhre, gekocht (150 g)	270,00	3
Rosenkohl, gekocht (150 g)	432,00	1	Rotkohl, roh (100 g)	266,00	3
Leber, Rind (140 g)	409,00	1	Roggen, ganzes Korn (50 g)	255,00	3
Kohlrabi, gekocht (150 g)	390,00	1	Stachelbeere (125 g)	254,00	3
Johannisbeere, schwarz (125 g)	388,00	1	Weizen, ganzes Korn (50 g)	251,00	3
Schweinekotelett, Kamm (120 g)	384,00	1	Weißkohl, gekocht (150 g)	245,00	3
Kohlrabi, roh (100 g)	380,00	1	Brombeere (125 g)	236,00	3

NÄHRSTOFFREGISTER

Lebensmittel	Kalium (mg) je Portion	Note
Pfirsich (115 g)	236,00	3
Joghurt, 3,5% Fett (150 g)	236,00	3
Möhre, roh (80 g)	232,00	3
Weißkohl, roh (100 g)	227,00	3
grüne Bohnen, gekocht (150 g)	227,00	3
Porree (Lauch), roh (100 g)	225,00	3
Gerste, ganzes Korn (50 g)	222,00	3
Himbeere (125 g)	213,00	3
Spargel, gekocht (180 g)	205,00	3
Weizenmehl, Type 1050 (100 g)	203,00	3
Chinakohl, roh (100 g)	202,00	3
Chicorée, roh (100 g)	192,00	3
Kopfsalat (80 g)	180,00	4
Tomate (60 g)	178,00	4
Hafer, ganzes Korn (50 g)	178,00	4
Birne (140 g)	176,00	4
Knäckebrot (40 g)	174,00	4
Apfel (120 g)	173,00	4
Roggenmehl, Type 815 (100 g)	170,00	4
Haferflocken (50 g)	168,00	4
Mais, ganzes Korn (50 g)	165,00	4
Rettich, roh (50 g)	161,00	4
Roggenvollkornbrot (50 g)	146,00	4
Speisequark, mager (150 g)	142,50	4
Aprikose (50 g)	139,00	4
Weizenvollkornbrot (50 g)	135,00	4
Mandel (15 g, 10 St.)	125,00	4
Speisequark, 40% F.i.Tr. (150 g)	123,00	4
Walnuß (20 g, 5 St.)	109,00	4
Weizenmehl, Type 405 (100 g)	108,00	4
Clementine, Mandarine (50 g)	105,00	4
Hirse, ganzes Korn (50 g)	100,00	4
Roggenmischbrot (50 g)	93,00	4
Reis, unpoliert, ganzes Korn (60 g)	90,00	5
Preiselbeere (125 g)	90,00	5
Weizenmischbrot (50 g)	89,00	5
Zwiebel, roh (50 g)	88,00	5
Roggenbrot (50 g)	85,00	5
Heidelbeere (125 g)	81,30	5
Einlegegurke, milchsauer (80 g)	80,00	5
Zitrone, Saft (50 g, 4 EL)	75,00	5
Hühnerei (1 Ei)	75,00	5
Weißbrot (50 g)	66,00	5
Haselnuß (10 g, 10 St.)	61,00	5
Weintraube (24 g, 10 St.)	46,00	5
Brie, 50% F.i.Tr. (30 g)	45,60	5
Sahne, sauer, 20% Fett (30 g)	43,00	5
Maisgrieß (50 g)	40,00	5
Parmesan, 35% F.i.Tr. (30 g)	39,30	5
Gerstengraupen (20 g)	38,00	5
Sahne, süß, 30% Fett (30 g)	34,00	5
Reis, gekocht (120 g)	34,00	5
Emmentaler, 45% F.i.Tr. (30 g)	32,10	5
Sauermilchkäse, max. 10% F.i.Tr. (30 g)	31,80	5
Edamer, 40% F.i.Tr. (30 g)	31,50	5
Camembert, 50% F.i.Tr. (30 g)	28,80	5
Doppelrahmfrischkäse, mind. 60% F.i.Tr. (30 g)	28,50	5
Gouda, 45% F.i.Tr. (30 g)	22,80	5
Schmelzkäse, 45% F.i.Tr. (30 g)	19,50	5
Kondensmilch, 7,5% Fett (5 g)	16,00	5
Honig (20 g, 1 EL)	9,40	5
Butter (20 g)	3,20	5
Margarine (20 g)	1,40	5
Rindertalg (10 g)	0,60	5
Schweineschmalz (20 g)	0,20	5
Kokosfett (10 g)	0,20	5
Zucker (5 g)	0,10	5
Pflanzenöl (10 g)	0,01	5

Kalzium

Kalzium ist im Körper eines Erwachsenen mit etwa 1 kg der mengenmäßig wichtigste Mineralstoff. Der überwiegende Teil des Kalziums (99%) ist in Knochen und Zähne eingelagert. Der Rest befindet sich innerhalb und außerhalb der Zellen und ist an der Erregbarkeit von Muskeln und Nerven beteiligt. Ferner stabilisiert Kalzium die Hülle der Zellen (Zellmembran) und ist wichtig für die Blutgerinnung. Im Alter unterliegt das Skelett einem natürlichen Abbauprozeß.

Je niedriger die **Kalziumzufuhr** mit der Nahrung ist, desto besser wird es aus dem Darm aufgenommen (resorbiert) und umgekehrt (Regelkreis). Die Resorption wird außerdem begünstigt durch eine normale Eiweißzufuhr, Vitamin D, Milchzucker und durch Säuren (z. B. Zitronensäure). Die gleichzeitige Aufnahme größerer Mengen an Oxalsäure (z. B. in Rhabarber und Spinat), Phytinsäure (in Getreide) und Phosphor verschlechtert die Resorption von Kalzium – bei normaler Mischkost ist dies jedoch zu vernachlässigen.

Die empfohlene tägliche Zufuhr an Kalzium beträgt 800–1200 mg. Bei unserem Bewertungssystem für Lebensmittel gehen wir von einer mittleren Zufuhrempfehlung von 1000 mg aus. Erreicht man mit einer Portion eines Lebensmittels mehr als 12% dieses Wertes, erhält es die Note 1 (siehe Tabelle).

Verschiedene Hormone, u. a. Sexualhormone wie das weibliche Östrogen, greifen regulierend in den Kalziumhaushalt ein. Östrogene fördern den Einbau von Kalzium in die Knochen.

Ein **Mangel** an Kalzium, verursacht durch zu geringe Aufnahme mit der Nahrung oder einen Mangel an Vitamin D, zeigt sich in schmerzhaften Muskelkrämpfen. Die wesentliche Mangelerscheinung bei einer langandauernden Kalziumunterversorgung ist jedoch die **Osteoporose**. Es kommt zu einer verstärkten Anfälligkeit für Knochenbrüche. Diese Erscheinung tritt häufig bei Frauen nach den Wechseljahren auf, da mit dem Beginn der Wechseljahre aufgrund des fehlenden Sexualhormons Östrogen die Einlagerung von Kalzium in den Knochen abnimmt und der Knochenabbau überwiegt.

Zur Therapie der Osteoporose hat es sich bewährt, Östrogene zu ersetzen und Vitamin D zu geben. Am wirksamsten ist jedoch die Vorbeugung durch eine hohe Kalziumzufuhr in der Zeit, in der die Knochen aufgebaut werden (bis etwa 25–30 Jahre). In dieser Knochenaufbauphase kann mittels ausreichender Kalziumaufnahme eine hohe Ausgangsknochenmasse erreicht werden, die die natürlichen Abbauprozesse im Alter besser verkraftet.

Eine **überhöhte Kalziumzufuhr** kann bei empfindlichen Personen in Verbindung mit Oxalsäure zur Bildung von Harnsteinen führen. Bei gleichzeitig extremer Zufuhr von Phosphor kann eine hohe Kalziumzufuhr Nierenstörungen bedingen.

Tabelle:

Kalzium, mg	Note
> 120 mg	1
91–120 mg	2
61– 90 mg	3
31– 60 mg	4
>0– 30 mg	5
0 mg	6

NÄHRSTOFFREGISTER

Kalzium

Lebensmittel	Kalzium (mg) je Portion	Note	Lebensmittel	Kalzium (mg) je Portion	Note
Parmesan, 35% F.i.Tr. (30 g)	387,00	1	Johannisbeere, schwarz (125 g)	58,00	4
Grünkohl, gekocht (200 g)	358,00	1	Brombeere (125 g)	55,00	4
Emmentaler, 45% F.i.Tr. (30 g)	306,00	1	Erdbeere (200 g)	52,00	4
Milch, entrahmt, 0,3% Fett (200 g)	246,00	1	Möhre, gekocht (150 g)	50,00	4
Gouda, 45% F.i.Tr. (30 g)	246,00	1	Himbeere (125 g)	50,00	4
Trinkmilch, 3,5% Fett (200 g)	240,00	1	Wirsing, roh (100 g)	47,00	4
Kefir, 3,5% Fett (200 g)	240,00	1	Weißkohl, roh (100 g)	46,00	4
Dickmilch, 3,5% Fett (200 g)	240,00	1	Linse, Samen, getrocknet (60 g)	44,40	4
Edamer, 40% F.i.Tr. (30 g)	238,00	1	Jungmasthuhn/Hähnchen (350 g)	42,00	4
Trinkmilch, 1,5% Fett (200 g)	236,00	1	Rosenkohl, gekocht (150 g)	41,00	4
Buttermilch (200 g)	218,00	1	Thunfisch (100 g)	40,00	4
Grünkohl, roh (100 g)	212,00	1	Hafer, ganzes Korn (50 g)	40,00	4
Spinat, gekocht (150 g)	189,00	1	Chinakohl, roh (100 g)	40,00	4
Joghurt, 3,5% Fett (150 g)	180,00	1	Sauermilchkäse, max. 10% F.i.Tr. (30 g)	38,00	4
Schmelzkäse, 45% F.i.Tr. (30 g)	164,00	1	Mandel (15 g, 10 St.)	38,00	4
Sojabohne, Samen, trocken (60 g)	154,00	1	Stachelbeere (125 g)	36,00	4
Camembert, 50% F.i.Tr. (30 g)	153,00	1	Kabeljau (150 g)	36,00	4
Speisequark, 40% F.i.Tr. (150 g)	142,50	1	Johannisbeere, rot (125 g)	36,00	4
Speisequark, mager (150 g)	138,00	1	Grapefruit (200 g)	36,00	4
Brie, 50% F.i.Tr. (30 g)	120,00	2	Rotkohl, roh (100 g)	35,00	4
Porree (Lauch), gekocht (150 g)	102,00	2	Rotbarsch (150 g)	33,00	4
Scholle (150 g)	92,00	2	Möhre, roh (80 g)	33,00	4
Hering (150 g)	90,00	3	grüne Erbse, Samen, gekocht (150 g)	33,00	4
Porree (Lauch), roh (100 g)	87,00	3	Weizenvollkornbrot (50 g)	32,00	4
Karpfen (150 g)	78,00	3	Spargel, gekocht (180 g)	32,00	4
Apfelsine (180 g)	76,00	3	Roggen, ganzes Korn (50 g)	32,00	4
grüne Bohnen, gekocht (150 g)	75,00	3	Erbse, Samen getrocknet (60 g)	31,00	4
Wirsing, gekocht (150 g)	68,00	3	Schälgurke (200 g)	30,00	5
Sellerie, roh (100 g)	68,00	3	Sahne, sauer, 20% Fett (30 g)	30,00	5
Kohlrabi, roh (100 g)	68,00	3	Kopfsalat (80 g)	30,00	5
Kohlrabi, gekocht (150 g)	68,00	3	Hühnerei (1 Ei)	30,00	5
Weißkohl, gekocht (150 g)	66,00	3	Erdnuß (50 g)	30,00	5
Bohne, Samen, getrocknet (60 g)	64,00	3	Weißbrot (50 g)	29,00	5
Seehecht (150 g)	62,00	3	Miesmuschel (100 g)	27,00	5

NÄHRSTOFFREGISTER

Lebensmittel	Kalzium (mg) je Portion	Note	Lebensmittel	Kalzium (mg) je Portion	Note
Haferflocken (50 g)	27,00	5	Birne (140 g)	14,00	5
Forelle (150 g)	27,00	5	Suppenhuhn (120 g)	13,00	5
Blumenkohl, gekocht (150 g)	27,00	5	Banane (140 g)	13,00	5
Kirsche, süß (150 g)	26,00	5	Hirse, ganzes Korn (50 g)	12,50	5
Chicorée, roh (100 g)	26,00	5	Heidelbeere (125 g)	12,50	5
Sahne, süß, 30 % Fett (30 g)	24,00	5	Roggenmischbrot (50 g)	12,00	5
Einlegegurke, milchsauer (80 g)	24,00	5	Reis, gekocht (120 g)	12,00	5
Doppelrahmfrischkäse, mind. 60 % F.i.Tr. (30 g)	24,00	5	Kondensmilch, 7,5 % Fett (5 g)	12,00	5
Haselnuß (10 g, 10 St.)	23,00	5	Niere, Schwein (130 g)	10,00	5
Weizen, ganzes Korn (50 g)	22,00	5	Leber, Rind (140 g)	10,00	5
Roggenvollkornbrot (50 g)	22,00	5	Kartoffel, roh (100 g)	10,00	5
Roggenmehl, Type 815 (100 g)	22,00	5	Weizenmischbrot (50 g)	9,00	5
Knäckebrot (40 g)	22,00	5	Pfirsich (115 g)	9,00	5
Pflaume (150 g, 5 St.)	21,00	5	Champignon, Zucht- (110 g)	9,00	5
Köhler (Seelachs) (150 g)	21,00	5	Tomate (60 g)	8,40	5
Roggenmehl, Type 1150 (100 g)	20,00	5	Aprikose (50 g)	8,00	5
Kartoffel, gekocht, mit Schale (200 g)	20,00	5	Apfel (120 g)	8,00	5
Kalbfleisch, Muskel (150 g)	20,00	5	Mais, ganzes Korn (50 g)	7,50	5
Blumenkohl, roh (100 g)	20,00	5	Zitrone, Saft (50 g, 4 EL)	6,00	5
Truthahn/Puter, Brust (150 g)	19,50	5	Schweinekotelett, Kamm (120 g)	6,00	5
Gerste, ganzes Korn (50 g)	19,00	5	Rindfleisch, Muskel, mager (120 g)	5,00	5
Roastbeef (150 g)	18,00	5	Weintraube (24 g, 10 St.)	4,00	5
Preiselbeere (125 g)	18,00	5	Schweinefleisch, Muskel, mager (120 g)	4,00	5
Makrele (150 g)	18,00	5	Gerstengraupen (20 g)	3,00	5
Gans (150 g)	18,00	5	Butter (20 g)	2,60	5
Walnuß (20 g, 5 St.)	17,00	5	Margarine (20 g)	2,00	5
Rettich, roh (50 g)	17,00	5	Maisgrieß (50 g)	2,00	5
Clementine, Mandarine (50 g)	17,00	5	Honig (20 g, 1 EL)	0,90	5
Ente (150 g)	16,50	5	Kokosfett (10 g)	0,20	5
Zwiebel, roh (50 g)	16,00	5	Pflanzenöl (10 g)	0,10	5
Weizenmehl, Type 405 (100 g)	15,00	5	Schweineschmalz (20 g)	0,08	5
Roggenbrot (50 g)	15,00	5	Zucker (5 g)	0,03	5
Weizenmehl, Type 1050 (100 g)	14,00	5	Rindertalg (10 g)	0,00	6
Schaffleisch, Hammel u. Lamm (120 g)	14,00	5			
Reis, unpoliert, ganzes Korn (60 g)	14,00	5			
Leber, Schwein (140 g)	14,00	5			

Wegweiser Lebensmittel

NÄHRSTOFFREGISTER

Phosphor

Im Körper eines Erwachsenen Menschen befinden sich etwa 600–700 g Phosphor. Mehr als 85 % davon liegen in Verbindung mit Kalzium im Skelett vor. Phosphorverbindungen sind die wichtigsten Energieüberträger im Körper. Sie sind z. b. notwendig, um die aus der Verbrennung der Nahrung gewonnene Energie in Muskelarbeit umzusetzen. Phosphor ist außerdem Baustein für Nukleinsäuren (Bestandteil der Erbinformation).

Die Aufnahme des Phosphors aus dem Darm ins Blut wird durch Vitamin D begünstigt und durch Bindung an andere Nahrungsinhaltsstoffe (z. B. Kalzium, Phytinsäure) gehemmt.

Die obligate, d. h. zwangsweise Aufnahme von Phosphor mit der täglichen Nahrung wird auf etwa 1400 mg geschätzt. **Als bedarfsdeckende Zufuhr werden jedoch nur etwa 800 mg empfohlen.** Die Höhe der wünschenswerten Phosphoraufnahme von 800 mg berücksichtigt auch die empfohlene Kalziumaufnahme (im Mittel 1000 mg), da besonders im Wachstumsalter der Knochenaufbau von einer ausgewogenen Kalzium- und Phosphorzufuhr abhängt. Auch Erwachsene sollten für ihren Knochenbau auf eine ausreichende Kalziumaufnahme achten.

Mangelerscheinungen sind beim Phosphor unbekannt, da praktisch alle Lebensmittel Phosphor enthalten. Bei sehr **hoher Phosphorzufuhr** und gleichzeitig niedriger Kalziumaufnahme (z. B. bei vermehrtem Konsum von Cola-Getränken mit gleichzeitiger Ablehnung von Milch und Käse) können Fehlentwicklungen der Knochen und Störungen des Kalziumstoffwechsels auftreten. Auch die Überaktivität von Kindern („Zappelphillip") wird von einigen Fachleuten auf eine zu hohe Phosphoraufnahme zurückgeführt. Viele industriell hergestellte bzw. verarbeitete Lebensmittel weisen aufgrund ihres Zusatzstoffgehaltes hohe Mengen an Phosphor auf, so daß die Phosphorzufuhr bei der heutigen Ernährungsweise weit oberhalb des Bedarfs liegt. Eine längerandauernde hohe Phosphorzufuhr (über 4 g pro Tag) kann bei gleichzeitig hoher Kalziumaufnahme zu einer Störung der Nierenfunktion führen.

Bei unserer Bewertung des Phosphorgehaltes von **unverarbeiteten Lebensmitteln** erhalten die Lebensmittel die Note 6, die mit einer Portion bereits mehr als 500 mg Phosphor liefern. Zwei Portionen dieses unverarbeiteten Lebensmittels bzw. zwei Lebensmittel mit der Note 6 decken den Bedarf bereits übermäßig (siehe Tabelle).

Tabelle:

Phosphor, mg hier Bezugsgröße:		Note
0–10 %	0–100 mg	1
11–20 %	101–200 mg	2
21–30 %	201–300 mg	3
31–40 %	301–400 mg	4
41–50 %	401–500 mg	5
> 50 %	> 500 mg	6

Phosphor

Lebensmittel	Phosphor (mg) je Portion	Note	Lebensmittel	Phosphor (mg) je Portion	Note
Zucker (5 g)	0,02	1	Johannisbeere, rot (125 g)	34,00	1
Kokosfett (10 g)	0,09	1	Reis, gekocht (120 g)	34,00	1
Schweineschmalz (20 g)	0,40	1	Maisgrieß (50 g)	37,00	1
Rindertalg (10 g)	0,70	1	Brombeere (125 g)	37,50	1
Margarine (20 g)	2,00	1	Gerstengraupen (20 g)	38,00	1
Honig (20 g, 1 EL)	3,60	1	Stachelbeere (125 g)	38,00	1
Butter (20 g)	4,20	1	Banane (140 g)	39,00	1
Weintraube (24 g, 10 St.)	5,00	1	Apfelsine (180 g)	41,00	1
Zitrone, Saft (50 g, 4 EL)	8,00	1	Doppelrahmfrischkäse, mind. 60 % F.i.Tr. (30 g)	41,10	1
Kondensmilch, 7,5 % Fett (5 g)	9,00	1	Weißbrot (50 g)	44,00	1
Clementine, Mandarine (50 g)	10,00	1	Porree (Lauch), roh (100 g)	46,00	1
Aprikose (50 g)	10,50	1	Schälgurke (200 g)	46,00	1
Preiselbeere (125 g)	12,00	1	Möhre, gekocht (150 g)	47,00	1
Apfel (120 g)	14,00	1	Johannisbeere, schwarz (125 g)	50,00	1
Rettich, roh (50 g)	15,00	1	Kartoffel, roh (100 g)	50,00	1
Tomate (60 g)	16,00	1	Kohlrabi, roh (100 g)	50,00	1
Heidelbeere (125 g)	16,30	1	Blumenkohl, roh (100 g)	54,00	1
Sahne, süß, 30 % Fett (30 g)	19,00	1	Himbeere (125 g)	55,00	1
Birne (140 g)	21,00	1	grüne Bohnen, gekocht (150 g)	56,00	1
Zwiebel, roh (50 g)	21,00	1	Wirsing, roh (100 g)	56,00	1
Einlegegurke, milchsauer (80 g)	24,00	1	Brie, 50 % F.i.Tr. (30 g)	56,40	1
Sahne, sauer, 20 % Fett (30 g)	24,00	1	Porree, gekocht (150 g)	57,00	1
Chicorée, roh (100 g)	26,00	1	Erdbeere (200 g)	58,00	1
Kopfsalat (80 g)	26,00	1	Roggenbrot (50 g)	59,00	1
Pfirsich (115 g)	26,00	1	Wirsing, gekocht (150 g)	60,00	1
Pflaume (150 g, 5 St.)	27,00	1	Blumenkohl, gekocht (150 g)	62,00	1
Möhre, roh (80 g)	28,00	1	Kohlrabi, gekocht (150 g)	62,00	1
Weißkohl, roh (100 g)	28,00	1	Spinat, gekocht (150 g)	62,00	1
Chinakohl, roh (100 g)	30,00	1	Weizenmischbrot (50 g)	64,00	1
Kirsche, süß (150 g)	30,00	1	Mandel (15 g, 10 St.)	68,00	1
Rotkohl, roh (100 g)	30,00	1	Roggenmischbrot (50 g)	68,00	1
Weißkohl, gekocht (150 g)	30,00	1	Spargel, gekocht (180 g)	68,00	1
Haselnuß (10 g, 10 St.)	33,00	1	Weizenmehl, Type 405 (100 g)	74,00	1
Grapefruit (200 g)	34,00	1	Sauermilchkäse, max. 10 % F.i.Tr. (30 g)	79,80	1

NÄHRSTOFFREGISTER

Lebensmittel	Phosphor (mg) je Portion	Note
Sellerie, roh (100 g)	80,00	1
Walnuß (20 g, 5 St.)	82,00	1
Grünkohl, roh (100 g)	87,00	1
Kartoffel, gekocht, mit Schale (200 g)	90,00	1
Weizenvollkornbrot (50 g)	98,00	1
Roggenvollkornbrot (50 g)	99,00	1
Rosenkohl, gekocht (150 g)	114,00	2
Camembert, 50% F.i.Tr. (30 g)	117,00	2
Knäckebrot (40 g)	120,00	2
Hühnerei (1 Ei)	125,00	2
Roggenmehl, Type 815 (100 g)	126,00	2
Mais, ganzes Korn (50 g)	128,00	2
Gouda, 45% F.i.Tr. (30 g)	132,90	2
Champignon, Zucht- (110 g)	135,00	2
Grünkohl, gekocht (200 g)	136,00	2
grüne Erbse, Samen, gekocht (150 g)	137,00	2
Joghurt, 3,5% Fett (150 g)	138,00	2
Edamer, 40% F.i.Tr. (30 g)	149,40	2
Hirse, ganzes Korn (50 g)	155,00	2
Roggen, ganzes Korn (50 g)	168,00	2
Schweinekotelett, Kamm (120 g)	168,00	2
Gerste, ganzes Korn (50 g)	171,00	2
Hafer, ganzes Korn (50 g)	171,00	2
Weizen, ganzes Korn (50 g)	172,00	2
Buttermilch (200 g)	180,00	2
Kefir, 3,5% Fett (200 g)	180,00	2
Trinkmilch, 1,5% Fett (200 g)	182,00	2
Dickmilch, 3,5% Fett (200 g)	184,00	2
Trinkmilch, 3,5% Fett (200 g)	184,00	2
Erdnuß (50 g)	186,00	2
Emmentaler, 45% F.i.Tr. (30 g)	191,00	2
Milch, entrahmt, 0,3% Fett (200 g)	194,00	2
Schaffleisch, Hammel u. Lamm (120 g)	194,00	2
Reis, unpoliert, ganzes Korn (60 g)	195,00	2
Haferflocken (50 g)	196,00	2
Roggenmehl, Type 1150 (100 g)	196,00	2
Thunfisch (100 g)	200,00	2
Weizenmehl, Type 1050 (100 g)	208,00	3
Suppenhuhn (120 g)	214,00	3
Erbse, Samen, getrocknet (60 g)	227,00	3
Rindfleisch, Muskel, mager (120 g)	233,00	3
Roastbeef (150 g)	236,00	3
Speisequark, mager (150 g)	240,00	3
Schweinefleisch, Muskel, mager (120 g)	245,00	3
Miesmuschel (100 g)	246,00	3
Linse, Samen, getrocknet (60 g)	247,00	3
Parmesan, 35% F.i.Tr. (30 g)	252,00	3
Bohne, Samen, getrocknet (60 g)	257,00	3
Gans (150 g)	276,00	3
Kabeljau (150 g)	276,00	3
Ente (150 g)	280,50	3
Speisequark, 40% F.i.Tr. (150 g)	280,50	3
Schmelzkäse, 45% F.i.Tr. (30 g)	283,20	3
Kalbfleisch, Muskel (150 g)	297,00	3
Scholle (150 g)	297,00	3
Truthahn/Puter, Brust (150 g)	300,00	3
Rotbarsch (150 g)	302,00	3
Karpfen (150 g)	324,00	4
Sojabohne, Samen, trocken (60 g)	355,00	4
Forelle (150 g)	363,00	4
Niere, Schwein (130 g)	364,00	4
Makrele (150 g)	366,00	4
Hering (150 g)	375,00	4
Köhler (Seelachs) (150 g)	450,00	5
Leber, Rind (140 g)	501,00	6
Leber, Schwein (140 g)	507,00	6
Jungmasthuhn/Hähnchen (350 g)	700,00	6

Magnesium

Der Gesamtbestand des menschlichen Körpers an Magnesium liegt bei etwa 25 g. Davon sind 60 % am Aufbau von Knochen und Sehnen beteiligt. Eine weitere Rolle spielt Magnesium bei der Reizübertragung von Nerven auf Muskeln. Außerdem ist es Bestandteil und Aktivator wichtiger Enzyme (Reglerstoffe des Organismus), die zur Energiegewinnung benötigt werden. Magnesium hemmt die Blutgerinnung, weshalb es als Schutz vor Gerinnselbildung in den Gefäßen (Thrombose) verordnet wird.

Die Aufnahme von Magnesium aus dem Darm ins Blut (Resorption) ist abhängig vom Versorgungszustand des Körpers und dem Angebot in der Nahrung. Eine hohe Aufnahme von Kalzium, Phosphat, Eiweiß, Fett und Phytinsäure (siehe Seite 166 f.) kann die Magnesiumaufnahme hemmen. Durch Vitamin D und ein Hormon der Nebenschilddrüse (Parathormon) wird der Magnesiumspiegel im Blut beeinflußt, der Regelmechanismus ist noch unbekannt.

Der genaue **Magnesiumbedarf** ist nicht bekannt. **Als tägliche Zufuhr werden 300–350 mg empfohlen**. Enthält ein Lebensmittel in einer Portion mehr als 12 % der täglich empfohlenen Zufuhr, erhält es in unserem Bewertungssystem die Note 1 (siehe Tabelle).

Ein ernährungsbedingter Magnesiummangel tritt bei den üblichen Ernährungsgewohnheiten selten auf. Bei Störungen im Magen-Darm-Trakt oder der häufigen Einnahme bestimmter Medikamente (z. B. Antibabypille, wassertreibende Mittel) ist eine unzureichende Versorgung mit Magnesium dagegen möglich.

Die Symptome bei **Magnesiummangel** sind denen des Kalziummangels sehr ähnlich. Es kommt zu Störungen der Reizleitung mit der Folge von Muskelkrämpfen. Außerdem können Schwindel, Unruhe oder Zittern und Herz-Kreislauf-Beschwerden durch Magnesiummangel bedingt sein.

Der Magnesiumbedarf ist an die Kalziumzufuhr gekoppelt: Je mehr Kalzium zugeführt wird, desto größer ist der Bedarf an Magnesium.

Ein **Magnesiumüberschuß** kann bei verminderter Nierenfunktion auftreten. Blutdruckabfall und Erschlaffung der Muskulatur sind die Folge. Bei Gesunden ist eine Überversorgung mit Magnesium kaum zu befürchten.

Tabelle:

Magnesium, mg	Note
> 40 mg	1
31–40 mg	2
21–30 mg	3
11–20 mg	4
>0–10 mg	5
0 mg	6

NÄHRSTOFFREGISTER

Magnesium

Lebensmittel	Magnesium (mg) je Portion	Note
Sojabohne, Samen, trocken (60 g)	148,00	1
Jungmasthuhn/Hähnchen (350 g)	130,00	1
Reis, unpoliert, ganzes Korn (60 g)	94,00	1
Hirse, ganzes Korn (50 g)	85,00	1
Erdnuß (50 g)	82,00	1
Bohne, Samen, getrocknet (60 g)	79,00	1
Weizen, ganzes Korn (50 g)	74,00	1
Haferflocken (50 g)	70,00	1
Erbse, Samen, getrocknet (60 g)	69,60	1
Spinat, gekocht (150 g)	69,00	1
Roggenmehl, Type 1150 (100 g)	67,00	1
Hafer, ganzes Korn (50 g)	65,00	1
Roggen, ganzes Korn (50 g)	60,00	1
Mais, ganzes Korn (50 g)	60,00	1
Gerste, ganzes Korn (50 g)	57,00	1
Weizenmehl, Type 1050 (100 g)	53,00	1
Grünkohl, gekocht (200 g)	52,00	1
Kartoffel, gekocht, mit Schale (200 g)	50,00	1
Banane (140 g)	50,00	1
Hering (150 g)	47,00	1
Linse, Samen, getrocknet (60 g)	46,20	1
Weizenvollkornbrot (50 g)	46,00	1
Makrele (150 g)	45,00	1
Karpfen (150 g)	45,00	1
Rotbarsch (150 g)	44,00	1
Kohlrabi, roh (100 g)	43,00	1
Forelle (150 g)	41,00	1
Kabeljau (150 g)	38,00	2
Himbeere (125 g)	38,00	2
Brombeere (125 g)	37,50	2
Suppenhuhn (120 g)	36,00	2
Miesmuschel (100 g)	36,00	2
Roastbeef (150 g)	35,00	2
Gans (150 g)	34,50	2
Scholle (150 g)	33,00	2
grüne Bohnen, gekocht (150 g)	33,00	2
Schweinefleisch, Muskel, mager (120 g)	32,00	2
Roggenvollkornbrot (50 g)	32,00	2
Buttermilch (200 g)	32,00	2
Grünkohl, roh (100 g)	31,00	2
Leber, Schwein (140 g)	29,00	2
Truthahn/Puter, Brust (150 g)	30,00	3
Erdbeere (200 g)	30,00	3
Schweinekotelett, Kamm (120 g)	29,00	3
Milch, entrahmt, 0,3 % Fett (200 g)	28,00	3
Kefir, 3,5 % Fett (200 g)	28,00	3
Spargel, gekocht (180 g)	27,00	3
Rosenkohl, gekocht (150 g)	27,00	3
Knäckebrot (40 g)	27,00	3
Walnuß (20 g, 5 St.)	26,00	3
Roggenmehl, Type 815 (100 g)	26,00	3
Mandel (15 g, 10 St.)	26,00	3
Rindfleisch, Muskel, mager (120 g)	25,00	3
Kartoffel, roh (100 g)	25,00	3
Gerstengraupen (20 g)	25,00	3
Apfelsine (180 g)	25,00	3
Weißkohl, gekocht (150 g)	24,00	3
Trinkmilch, 3,5 % Fett (200 g)	24,00	3
Trinkmilch, 1,5 % Fett (200 g)	24,00	3
Leber, Rind (140 g)	24,00	3
Kohlrabi, gekocht (150 g)	24,00	3
Dickmilch, 3,5 % Fett (200 g)	24,00	3
Weißkohl, roh (100 g)	23,00	3
Schaffleisch, Hammel u. Lamm (120 g)	23,00	3
Ente (150 g)	22,50	3
Niere, Schwein (130 g)	22,00	3
Johannisbeere, schwarz (125 g)	21,00	3
Blumenkohl, gekocht (150 g)	21,00	3

NÄHRSTOFFREGISTER

Lebensmittel	Magnesium (mg) je Portion	Note
Thunfisch (100 g)	20,00	4
Porree, gekocht (150 g)	20,00	4
Möhre, gekocht (150 g)	20,00	4
Grapefruit (200 g)	20,00	4
Stachelbeere (125 g)	19,00	4
Roggenmischbrot (50 g)	19,00	4
Speisequark, mager (150 g)	18,00	4
Rotkohl, roh (100 g)	18,00	4
Roggenbrot (50 g)	18,00	4
Porree (Lauch), roh (100 g)	18,00	4
Joghurt, 3,5% Fett (150 g)	18,00	4
Edamer, 40% F.i.Tr. (30 g)	18,00	4
Kirsche, süß (150 g)	17,00	4
Blumenkohl, roh (100 g)	17,00	4
Schälgurke (200 g)	16,00	4
Johannisbeere, rot (125 g)	16,00	4
Haselnuß (10 g, 10 St.)	16,00	4
Speisequark, 40% F.i.Tr. (150 g)	15,00	4
Pflaume (150 g, 5 St.)	15,00	4
Zitrone, Saft (50 g, 4 EL)	14,00	4
Wirsing, gekocht (150 g)	14,00	4
Möhre, roh (80 g)	14,00	4
Champignon, Zucht- (110 g)	14,00	4
Parmesan, 35% F.i.Tr. (30 g)	13,35	4
Chicorée, roh (100 g)	13,00	4
Wirsing, roh (100 g)	12,00	4
Weißbrot (50 g)	12,00	4
Tomate (60 g)	12,00	4
Reis, gekocht (120 g)	12,00	4
Schmelzkäse, 45% F.i.Tr. (30 g)	11,00	4
Emmentaler, 45% F.i.Tr. (30 g)	11,00	4
Chinakohl, roh (100 g)	11,00	4
Birne (140 g)	11,00	4
Pfirsich (115 g)	10,00	4
Weizenmischbrot (50 g)	10,00	5
Maisgrieß (50 g)	10,00	5

Lebensmittel	Magnesium (mg) je Portion	Note
Sellerie, roh (100 g)	9,00	5
Kopfsalat (80 g)	9,00	5
Gouda, 45% F.i.Tr. (30 g)	8,40	5
Rettich, roh (50 g)	8,00	5
Apfel (120 g)	7,70	5
Hühnerei (1 Ei)	7,00	5
Einlegegurke, milchsauer (80 g)	7,00	5
Preiselbeere (125 g)	6,90	5
Zwiebel, roh (50 g)	6,00	5
Clementine, Mandarine (50 g)	6,00	5
Brie, 50% F.i.Tr. (30 g)	6,00	5
Camembert, 50% F.i.Tr. (30 g)	5,00	5
Aprikose (50 g)	4,60	5
Sauermilchkäse, max. 10% F.i.Tr. (30 g)	4,00	5
Sahne, sauer, 20% Fett (30 g)	3,30	5
Sahne, süß, 30% Fett (30 g)	3,00	5
Heidelbeere (125 g)	3,00	5
Margarine (20 g)	2,60	5
Doppelrahmfrischkäse, mind. 60% F.i.Tr. (30 g)	2,20	5
Weintraube (24 g, 10 St.)	2,00	5
Honig (20 g, 1 EL)	1,10	5
Kondensmilch, 7,5% Fett (5 g)	1,00	5
Butter (20 g)	0,60	5
Rindertalg (10 g)	0,30	5
Schweineschmalz (20 g)	0,12	5
Kokosfett (10 g)	0,02	5
Zucker (5 g)	0,01	5

Wegweiser Lebensmittel

NÄHRSTOFFREGISTER

Eisen

Im menschlichen Körper sind etwa 3–5 g Eisen enthalten, von denen bis zu 70% im roten Blutfarbstoff und im Muskelfarbstoff enthalten sind. Eisen ermöglicht den Transport von Sauerstoff zu den Zellen und den Abtransport von Kohlendioxid zu den Lungen. Außerdem wird Eisen als Bestandteil verschiedener Reglerstoffe benötigt.

Die Aufnahme von Eisen aus dem Darm (Resorption) ist ein komplizierter Vorgang, der noch nicht in allen Einzelheiten bekannt ist. Man nimmt an, daß durchschnittlich etwa 10% des mit der Nahrung aufgenommenen Eisens vom Körper resorbiert werden können. Bei erhöhtem Bedarf an Eisen kann die Resorptionsquote auf 40% ansteigen. Aus pflanzlichen Lebensmitteln wird Eisen schlechter aufgenommen (die Resorptionsrate beträgt nur etwa 5%) als aus tierischen. Kombiniert man tierische und pflanzliche Lebensmittel, verdoppelt sich die Ausnutzung des pflanzlichen Eisens. Auch Zitronensäure und Vitamin C erhöhen die Eisenresorption. Kalzium, Gerbsäure (in schwarzem Tee und Kaffee), Phytinsäure und Phosphor verschlechtern die Eisenaufnahme aus der Nahrung.

Der **Bedarf** eines Erwachsenen an Eisen liegt bei 1 mg pro Tag. Wenn man berücksichtigt, daß nur 10% des Nahrungseisens resorbiert werden kann, ergibt sich eine **empfehlenswerte Zufuhr von 10 mg Eisen täglich (für Männer). Die Zufuhrempfehlung für Frauen liegt etwas höher (15 mg/Tag)**, um die Eisenverluste durch die monatliche Regelblutung auszugleichen. Enthält ein Lebensmittel in einer Portion mehr als 12% der mittleren täglich empfohlenen Zufuhr, erhält es in unserem Bewertungssystem die Note 1 (siehe Tabelle).

Ein **Eisenmangel** äußert sich durch rasches Ermüden, allgemeine Mattheit und Appetitlosigkeit. Grund ist die mangelnde Sauerstoffversorgung des gesamten Organismus. Längere Eisenmangelzustände haben eine Blutarmut (Anämie) zur Folge.

Als Folgen einer **zu hohen Eisenaufnahme** sind Leberveränderungen, eine Braunfärbung der Haut und Funktionsstörungen des Herzens festgestellt worden. Eine Überladung des Körpers mit Eisen kommt beim Gesunden jedoch so gut wie nicht vor, da die Resorptionsrate bei sehr großem Eisenangebot abnimmt. Es gibt seltene Krankheiten, sogenannte „Eisenspeicherkrankheiten" (Hämochromatose, Hämosiderose), bei denen eine gestörte Eisenresorption vorliegt und Eisenüberladungen des Körpers möglich sind.

Tabelle:

Eisen, mg	Note
> 1,5 mg	1
1,25–1,50 mg	2
0,87–1,24 mg	3
0,50–0,86 mg	4
>0 –0,49 mg	5
0 mg	6

NÄHRSTOFFREGISTER

Eisen

Lebensmittel	Eisen (mg) je Portion	Note
Leber, Schwein (140 g)	30,94	1
Niere, Schwein (130 g)	14,00	1
Leber, Rind (140 g)	9,94	1
Jungmasthuhn/Hähnchen (350 g)	6,30	1
Sojabohne, Samen, trocken (60 g)	5,15	1
Miesmuschel (100 g)	5,12	1
Hirse, ganzes Korn (50 g)	4,50	1
Spinat, gekocht (150 g)	4,35	1
Linse, Samen, getrocknet (60 g)	4,14	1
Roastbeef (150 g)	3,75	1
Bohne, Samen, getrocknet (60 g)	3,66	1
Grünkohl, gekocht (200 g)	3,40	1
Kalbfleisch, Muskel (150 g)	3,15	1
Ente (150 g)	3,15	1
Erbse, Samen, getrocknet (60 g)	3,00	1
Hafer, ganzes Korn (50 g)	2,90	1
Gans (150 g)	2,85	1
Weizenmehl, Type 1050 (100 g)	2,80	1
Roggenmehl, Type 1150 (100 g)	2,42	1
Roggen, ganzes Korn (50 g)	2,30	1
Haferflocken (50 g)	2,30	1
Rindfleisch, Muskel, mager (120 g)	2,28	1
Schweinekotelett, Kamm (120 g)	2,16	1
Schaffleisch, Hammel u. Lamm (120 g)	2,16	1
Roggenmehl, Type 815 (100 g)	2,10	1
Weizenmehl, Type 405 (100 g)	1,95	1
grüne Erbse, Samen, gekocht (150 g)	1,95	1
Erdbeere (200 g)	1,92	1
Grünkohl, roh (100 g)	1,90	1
Knäckebrot (40 g)	1,88	1
Spargel, gekocht (180 g)	1,80	1
Hering (150 g)	1,80	1
Roggenvollkornbrot (50 g)	1,70	1
Suppenhuhn (120 g)	1,68	1
Möhre, roh (80 g)	1,68	1
Weizen, ganzes Korn (50 g)	1,65	1
Karpfen (150 g)	1,65	1
Johannisbeere, schwarz (125 g)	1,63	1
Kartoffel, gekocht, mit Schale (200 g)	1,60	1
Reis, unpoliert, ganzes Korn (60 g)	1,56	1
Truthahn/Puter, Brust (150 g)	1,50	2
Makrele (150 g)	1,50	2
Köhler (Seelachs) (150 g)	1,50	2
Hühnerei (1 Ei)	1,40	2
Gerste, ganzes Korn (50 g)	1,40	2
Champignon, Zucht- (110 g)	1,39	2
Scholle (150 g)	1,35	2
Porree (Lauch), gekocht (150 g)	1,28	2
Einlegegurke, milchsauer (80 g)	1,28	2
Roggenbrot (50 g)	1,25	2
Himbeere (125 g)	1,25	2
Schweinefleisch, Muskel, mager (120 g)	1,20	3
Rosenkohl, gekocht (150 g)	1,20	3
Roggenmischbrot (50 g)	1,20	3
Johannisbeere, rot (125 g)	1,14	3
Brombeere (125 g)	1,13	3
Reis, gekocht (120 g)	1,08	3
Erdnuß (50 g)	1,05	3
Blumenkohl, gekocht (150 g)	1,05	3
Rotbarsch (150 g)	1,04	3
Forelle (150 g)	1,04	3
Weizenvollkornbrot (50 g)	1,00	3
Thunfisch (100 g)	1,00	3
Schälgurke (200 g)	1,00	3
Porree (Lauch), roh (100 g)	1,00	3
Heidelbeere (125 g)	0,93	3
Wirsing, roh (100 g)	0,90	3
Wirsing, gekocht (150 g)	0,90	3

NÄHRSTOFFREGISTER

Lebensmittel	Eisen (mg) je Portion	Note	Lebensmittel	Eisen (mg) je Portion	Note
Möhre, gekocht (150 g)	0,90	3	Tomate (60 g)	0,30	5
Kohlrabi, roh (100 g)	0,90	3	Schmelzkäse, 45% F.i.Tr. (30 g)	0,30	5
grüne Bohnen, gekocht (150 g)	0,90	3	Parmesan, 35% F.i.Tr. (30 g)	0,30	5
Kopfsalat (80 g)	0,88	3	Kefir, 3,5% Fett (200 g)	0,26	5
Weizenmischbrot (50 g)	0,85	4	Honig (20 g, 1 EL)	0,26	5
Kartoffel, roh (100 g)	0,80	4	Zwiebel, roh (50 g)	0,25	5
Banane (140 g)	0,80	4	Milch, entrahmt, 0,3% Fett (200 g)	0,24	5
Stachelbeere (125 g)	0,79	4	Zitrone, Saft (50 g, 4 EL)	0,23	5
Mais, ganzes Korn (50 g)	0,75	4	Buttermilch (200 g)	0,20	5
Kohlrabi, gekocht (150 g)	0,75	4	Doppelrahmfrischkäse, mind. 60% F.i.Tr. (30 g)	0,17	5
Chicorée, roh (100 g)	0,74	4	Gouda, 45% F.i.Tr. (30 g)	0,15	5
Apfelsine (180 g)	0,72	4	Clementine, Mandarine (50 g)	0,15	5
Grapefruit (200 g)	0,68	4	Brie, 50% F.i.Tr. (30 g)	0,15	5
Pflaume (150 g, 5 St.)	0,66	4	Weintraube (24 g, 10 St.)	0,12	5
Kabeljau (150 g)	0,66	4	Trinkmilch, 3,5% Fett (200 g)	0,10	5
Preiselbeere (125 g)	0,63	4	Trinkmilch, 1,5% Fett (200 g)	0,10	5
Blumenkohl, roh (100 g)	0,63	4	Schweineschmalz (20 g)	0,10	5
Mandel, (15 g, 10 St.)	0,62	4	Dickmilch, 3,5% Fett (200 g)	0,10	5
Speisequark, mager (150 g)	0,60	4	Sauermilchkäse, max. 10% F.i.Tr. (30 g)	0,09	5
Chinakohl, roh (100 g)	0,60	4	Emmentaler, 45% F.i.Tr. (30 g)	0,09	5
Apfel (120 g)	0,60	4	Joghurt, 3,5% Fett (150 g)	0,08	5
Pfirsich (115 g)	0,55	4	Edamer, 40% F.i.Tr.(30 g)	0,08	5
Sellerie, roh (100 g)	0,53	4	Camembert, 50% F.i.Tr. (30 g)	0,04	5
Kirsche, süß (150 g)	0,53	4	Rindertalg (10 g)	0,03	5
Speisequark, 40% F.i.Tr. (150 g)	0,51	4	Sahne, sauer, 20% Fett (30 g)	0,02	5
Weißkohl, roh (100 g)	0,50	4	Butter (20 g)	0,02	5
Walnuß (20 g, 5 St.)	0,50	4	Zucker (5 g)	0,01	5
Rotkohl, roh (100 g)	0,50	4	Sahne, süß, 30% Fett (30 g)	0,01	5
Maisgrieß (50 g)	0,50	4	Pflanzenöl (10 g)	0,01	5
Weißbrot (50 g)	0,48	5	Kokosfett (10 g)	Spuren	5
Weißkohl, gekocht (150 g)	0,45	5	Kondensmilch, 7,5% Fett (5 g)	Spuren	5
Rettich, roh (50 g)	0,40	5	Margarine (20 g)	Spuren	5
Gerstengraupen (20 g)	0,40	5			
Haselnuß (10 g, 10 St.)	0,38	5			
Birne (140 g)	0,36	5			
Aprikose (50 g)	0,33	5			

NÄHRSTOFFREGISTER

Fluor

Der Körperbestand eines Erwachsenen an dem **Spurenelement** Fluor, zwischen 2 und 6 g, liegt zum größten Teil im Skelett gebunden vor, wobei diese Menge mit dem Alter abzunehmen scheint. Die wesentliche Funktion des Fluors ist die Aufrechterhaltung der Stabilität von Knochen und Zähnen. Im Zahnschmelz erhöht Fluor die Widerstandskraft gegenüber Karies. Ein Grund, warum in immer mehr Ländern das Trinkwasser mit Fluor angereichert wird. Warum dies nicht ganz unproblematisch ist, lesen Sie unten. Nach dem Durchbruch des Zahns hat aus der Nahrung aufgenommenes Fluor jedoch keine direkte vorbeugende Wirkung gegenüber Karies mehr. In Versuchen konnte eine Zahnschädigung nach Zuckerverzehr durch die gleichzeitige Gabe von Fluor nicht verhindert werden.

Die Fluorresorption im Magen-Darm-Trakt beträgt nahezu 80 % des angebotenen Fluors. Große Mengen an Kalzium und Magnesium bilden mit Fluor im Darm unlösliche Verbindungen, die die Resorptionsrate verringern.

Für die empfohlene Gesamtzufuhr an Fluor werden Richtwerte angegeben, sie liegen zwischen 1,5 und 4 mg pro Tag. Da eine übermäßige Fluoraufnahme nicht unbedenklich ist, gehen wir bei der Vergabe der Schulnoten für Lebensmittel vom unteren empfohlenen Wert aus. Enthält eine Lebensmittelportion mehr als 12 % der unteren empfohlenen Zufuhr, wird sie mit der Note 1 bewertet (siehe Tabelle).

Ein **Mangel** an Fluor tritt nur sehr selten auf, lediglich bei Fehlfunktionen des Magen-Darm-Traktes sind Knochenentkalkungen beobachtet worden (zum großen Teil wahrscheinlich durch gleichzeitig vorliegende Mangelversorgung mit Kalzium bedingt).

Früheste Anzeichen einer **zu hohen Fluoraufnahme** sind sogenannte Dentalfluorosen bei Kindern bis zu neun Jahren. Diese bleibenden Zahnschmelzverfärbungen werden ausgelöst durch längerfristige hohe Fluorgaben (mehr als 0,1 mg pro Kilogramm Körpergewicht täglich, das entspricht bei einem 7jährigen Kind mit ca. 25 kg Körpergewicht ca. 3 mg pro Tag). Etwa die doppelte Menge (0,2 mg/kg/Tag) wirkt negativ auf die Festigkeit von Zähnen sowie Knochen und kann zu Knochenverformungen führen. Noch höhere Fluoraufnahmen können die Funktionen von Schilddrüse und Nieren stören. Extreme Mengen an Fluor (5–10 g) sind tödlich. Zu hohe Fluoraufnahmen durch Lebensmittel sind kaum denkbar. Die zuweilen empfohlene Erhöhung des Fluorgehaltes im Trinkwasser kann jedoch in der Praxis bei Personen mit hoher Flüssigkeitsaufnahme zu einer weit über dem Bedarf liegenden Fluorzufuhr führen und damit die vorgestellten schädigenden Wirkungen haben.

Tabelle:

Fluor, µg	Note
> 200 µg	1
151–200 µg	2
101–150 µg	3
51–100 µg	4
>0– 50 µg	5
0 µg	6

NÄHRSTOFFREGISTER

Fluor

Lebensmittel	Fluor (µg) je Portion	Note
Leber, Schwein (140 g)	406,00	1
Scholle (150 g)	360,00	1
Rotbarsch (150 g)	210,00	1
Leber, Rind (140 g)	182,00	2
Roggenmehl, Type 815 (100 g)	150,00	3
Roggenmehl, Type 1150 (100 g)	150,00	3
Walnuß (20 g, 5 St.)	136,00	3
Rindfleisch, Muskel, mager (120 g)	120,00	3
Jungmasthuhn/Hähnchen (350 g)	116,00	3
Gans (150 g)	105,00	3
Spargel, gekocht (180 g)	90,00	4
Roggen, ganzes Korn (50 g)	75,00	4
Erdnuß (50 g)	65,00	4
Hühnerei (1 Ei)	64,00	4
Porree (Lauch), gekocht (150 g)	63,00	4
Truthahn/Puter, Brust (150 g)	60,00	4
Schweinekotelett, Kamm (120 g)	60,00	4
Gerste, ganzes Korn (50 g)	60,00	4
Ente (150 g)	60,00	4
Suppenhuhn (120 g)	48,00	5
Parmesan, 35% F.i.Tr. (30 g)	48,00	5
Karpfen (150 g)	48,00	5
Hafer, ganzes Korn (50 g)	48,00	5
Grapefruit (200 g)	48,00	5
Erdbeere (200 g)	48,00	5
Bohne, Samen, getrocknet (60 g)	48,00	5
Weizen, ganzes Korn (50 g)	45,00	5
Makrele (150 g)	45,00	5
Forelle (150 g)	45,00	5
Schmelzkäse, 45% F.i.Tr. (30 g)	42,00	5
Kabeljau (150 g)	42,00	5
Weißbrot (50 g)	40,00	5
Schälgurke (200 g)	40,00	5
Kefir, 3,5% Fett (200 g)	40,00	5
Gerstengraupen (20 g)	40,00	5
Dickmilch, 3,5% Fett (200 g)	40,00	5
Buttermilch (200 g)	40,00	5
Gouda, 45% F.i.Tr. (30 g)	39,00	5
Möhre, gekocht (150 g)	38,00	5
Speisequark, mager (150 g)	37,50	5
Johannisbeere, schwarz (125 g)	36,00	5
Trinkmilch, 3,5% Fett (200 g)	34,00	5
Trinkmilch, 1,5% Fett (200 g)	34,00	5
Champignon, Zucht- (110 g)	34,00	5
Speisequark, 40% F.i.Tr. (150 g)	33,00	5
Einlegegurke, milchsauer (80 g)	32,00	5
Mais, ganzes Korn (50 g)	31,00	5
Reis, unpoliert, ganzes Korn (60 g)	30,00	5
Kalbfleisch, Muskel (150 g)	30,00	5
Brie, 50% F.i.Tr. (30 g)	30,00	5
Johannisbeere, rot (125 g)	29,00	5
Thunfisch (100 g)	28,00	5
Banane (140 g)	28,00	5
Kirsche, süß (150 g)	27,00	5
Kopfsalat (80 g)	26,00	5
Joghurt, 3,5% Fett (150 g)	26,00	5
Butter (20 g)	26,00	5
Hirse, ganzes Korn (50 g)	25,00	5
Schaffleisch, Hammel u. Lamm	24,00	5
Pfirsich (115 g)	24,00	5
Erbse, Samen, getrocknet (60 g)	24,00	5
Möhre, roh (80 g)	22,00	5
Sojabohne, Samen, trocken (60 g)	21,60	5
Zwiebel, roh (50 g)	21,00	5
Edamer, 40% F.i.Tr. (30 g)	21,00	5
Kartoffel, gekocht, mit Schale (200 g)	20,00	5
Grünkohl, roh (100 g)	20,00	5
Haferflocken (50 g)	19,00	5

NÄHRSTOFFREGISTER

Lebensmittel	Fluor (µg) je Portion	Note
Grünkohl, gekocht (200 g)	18,00	5
Emmentaler, 45% F.i.Tr. (30 g)	18,00	5
Birne (140 g)	17,00	5
Linse, Samen, getrocknet (60 g)	16,00	5
Weißkohl, gekocht (150 g)	15,00	5
Rettich, roh (50 g)	15,00	5
grüne Bohnen, gekocht (150 g)	15,00	5
Chinakohl, roh (100 g)	15,00	5
Chicorée, roh (100 g)	15,00	5
Blumenkohl, gekocht (150 g)	15,00	5
Tomate (60 g)	14,00	5
Stachelbeere (125 g)	14,00	5
Sellerie, roh (100 g)	14,00	5
Mandel (15 g, 10 St.)	13,50	5
Weißkohl, roh (100 g)	12,00	5
Rotkohl, roh (100 g)	12,00	5
Blumenkohl, roh (100 g)	12,00	5
Porree (Lauch), roh (100 g)	10,00	5
Kartoffel, roh (100 g)	10,00	5
Apfelsine (180 g)	9,00	5
Apfel (120 g)	8,40	5
Camembert, 50% F.i.Tr. (30 g)	6,60	5
Roggenbrot (50 g)	6,50	5
Sauermilchkäse, max. 10% F.i.Tr. (30 g)	5,10	5
Zitrone, Saft (50 g, 4 EL)	5,00	5
Clementine, Mandarine (50 g)	5,00	5
Aprikose (50 g)	4,80	5
Sahne, süß, 30% Fett (30 g)	4,00	5
Sahne, sauer, 20% Fett (30 g)	4,00	5
Weintraube (24 g, 10 St.)	3,36	5
Pflaume (150 g, 5 St.)	3,00	5
Heidelbeere (125 g)	2,50	5
Kondensmilch, 7,5% Fett (5 g)	2,00	5
Margarine (20 g)	1,80	5
Haselnuß (10 g, 10 St.)	1,70	5
Rindertalg (10 g)	1,00	5
Reis, gekocht (120 g)	Spuren	5

Jod

Das **Spurenelement** Jod ist mit 30 mg im menschlichen Körper vertreten. Ein großer Teil dieses Jods befindet sich in der Schilddrüse, in der es zur Produktion von Hormonen dient, die das jugendliche Wachstum und die körperliche Entwicklung steuern.

Der tägliche **Jodbedarf** eines Erwachsenen wird auf 100–200 Mikrogramm (μg) geschätzt. **Die empfohlene tägliche Zufuhr liegt bei etwa 200 Mikrogramm pro Tag.** Ist in einer Portion eines Lebensmittels mehr als 12 % der täglich empfohlenen Zufuhr an Jod enthalten, erhält es die Note 1 (siehe Tabelle).

Bedingt durch die allgemeine Jodarmut unserer Nahrung (mit Ausnahme von Seefischen) gelingt es häufig nicht, den täglichen Jodbedarf zu decken. Zur Ergänzung der Jodaufnahme über Lebensmittel ist es empfehlenswert, im Haushalt jodiertes Speisesalz anstelle des herkömmlichen Kochsalzes zu verwenden. Jodiertes Speisesalz ist so mit Jod angereichert, daß bei einer Verwendung von 5 g Speisesalz (1 Teelöffel) im Mittel 100 Mikrogramm Jod aufgenommen werden. Jedoch sollten Sie auch vom jodierten Speisesalz nicht mehr als 5 g täglich zum Salzen Ihrer Speisen verwenden. Aus gesundheitlichen Gründen (Bluthochdruck, Ödembildung; vgl. Seite 269) muß mit Salz generell sparsam umgegangen werden.

Ein **Mangel** an Jod hat Veränderungen der Struktur und Funktion der Schilddrüse zur Folge und damit Auswirkungen auf deren Hormonproduktion. Bei anhaltendem Jodmangel versucht die Schilddrüse, das Joddefizit durch eine Vermehrung der Produktionsstätten, d. h. durch eine Vergrößerung der Schilddrüse auszugleichen. Ein „Kropf" ist entstanden. Ein Jodmangel zeigt sich in zum Teil gegensätzlichen Erscheinungen: Man neigt zum Schwitzen oder auch Frieren, verspürt Heißhunger oder Appetitlosigkeit, nimmt spontan an Gewicht zu oder ab.

Folgen durch **Überdosierungen** sind nur extrem selten beobachtet worden. Erst bei einer Erhöhung der Zufuhr um das 100- bis 1000fache treten Störungen wie Bindehautentzündungen, Magen-Darm-Störungen und Jodakne auf.

Tabelle:

Jod, μg	Note
> 24 μg	1
18,1–24 μg	2
12,1–18 μg	3
6,1–12 μg	4
>0– 6 μg	5
0 μg	6

Jod

Lebensmittel	Jod (μg) je Portion	Note	Lebensmittel	Jod (μg) je Portion	Note
Köhler (Seelachs) (150 g)	300,00	1	Joghurt, 3,5% Fett (150 g)	5,50	5
Scholle (150 g)	285,00	1	Weißkohl, roh (100 g)	5,20	5
Kabeljau (150 g)	180,00	1	Rotkohl, roh (100 g)	5,20	5
Rotbarsch (150 g)	149,00	1	Speisequark, 40% F.i.Tr. (150 g)	5,10	5
Miesmuschel (100 g)	130,00	1	Schälgurke (200 g)	5,00	5
Makrele (150 g)	111,00	1	Forelle (150 g)	4,80	5
Hering (150 g)	78,00	1	Roastbeef (150 g)	4,50	5
Thunfisch (100 g)	50,00	1	Roggenbrot (50 g)	4,30	5
Porree (Lauch), gekocht (150 g)	32,00	1	Kalbfleisch, Muskel (150 g)	4,20	5
Grünkohl, gekocht (200 g)	20,00	2	Rettich, roh (50 g)	4,00	5
Champignon, Zucht- (110 g)	19,80	2	Buttermilch (200 g)	4,00	5
Leber, Schwein (140 g)	19,60	2	Banane (140 g)	4,00	5
Leber, Rind (140 g)	19,60	2	Sojabohne, Samen, trocken (60 g)	3,80	5
Möhre, gekocht (150 g)	13,50	3	Kartoffel, roh (100 g)	3,80	5
Möhre, roh (80 g)	12,00	4	Apfelsine (180 g)	3,80	5
Grünkohl, roh (100 g)	12,00	4	Schweinekotelett, Kamm (120 g)	3,60	5
Emmentaler, 45% F.i.Tr. (30 g)	12,00	4	Roggen, ganzes Korn (50 g)	3,60	5
Doppelrahmfrischkäse, mind. 60% F.i.Tr. (30 g)	12,00	4	Rindfleisch, Muskel, mager (120 g)	3,60	5
Chicorée, roh (100 g)	10,00	4	Gerste, ganzes Korn (50 g)	3,50	5
Schmelzkäse, 45% F.i.Tr. (30 g)	9,00	4	Einlegegurke, milchsauer (80 g)	3,20	5
Gouda, 45% F.i.Tr. (30 g)	9,00	4	Truthahn/Puter, Brust (150 g)	3,00	5
Erbse, Samen, getrocknet (60 g)	8,40	4	Sauermilchkäse, max. 10% F.i.Tr. (30 g)	3,00	5
Roggenmehl, Type 1150 (100 g)	7,00	4	Roggenmehl, Type 815 (100 g)	3,00	5
Erdnuß (50 g)	7,00	4	Hafer, ganzes Korn (50 g)	3,00	5
Milch, entrahmt, 0,3% Fett (200 g)	6,80	4	Weißbrot (50 g)	2,90	5
Trinkmilch, 3,5% Fett (200 g)	6,60	4	Sellerie, roh (100 g)	2,80	5
Trinkmilch, 1,5% Fett (200 g)	6,60	4	Kopfsalat (80 g)	2,60	5
Preiselbeere (125 g)	6,30	4	Grapefruit (200 g)	2,60	5
Weißkohl, gekocht (150 g)	6,00	5	Karpfen (150 g)	2,55	5
Speisequark, mager (150 g)	6,00	5	Roggenvollkornbrot (50 g)	2,50	5
Gans (150 g)	6,00	5	Apfel (120 g)	2,40	5
Camembert, 50% F.i.Tr. (30 g)	6,00	5	Birne (140 g)	2,10	5
Brie, 50% F.i.Tr. (30 g)	6,00	5	Weizenvollkornbrot (50 g)	2,00	5
Hühnerei (1 Ei)	5,80	5	Haferflocken (50 g)	2,00	5

NÄHRSTOFFREGISTER

Lebensmittel	Jod (µg) je Portion	Note
Erdbeere (200 g)	2,00	5
Schweineschmalz (20 g)	1,94	5
Weizenmischbrot (50 g)	1,50	5
Rosenkohl, gekocht (150 g)	1,50	5
Roggenmischbrot (50 g)	1,50	5
Pflaume (150 g, 5 St.)	1,50	5
Kohlrabi, gekocht (150 g)	1,50	5
Kirsche, süß (150 g)	1,50	5
Ente (150 g)	1,50	5
Edamer, 40% F.i.Tr. (30 g)	1,50	5
Kohlrabi, roh (100 g)	1,40	5
Reis, unpoliert, ganzes Korn (60 g)	1,30	5
Porree (Lauch), roh (100 g)	1,30	5
Mais, ganzes Korn (50 g)	1,30	5
Johannisbeere, schwarz (125 g)	1,30	5
Johannisbeere, rot (125 g)	1,30	5
Hirse, ganzes Korn (50 g)	1,30	5
Pfirsich (115 g)	1,20	5
Tomate (60 g)	1,02	5
Zwiebel, roh (50 g)	1,00	5
Butter (20 g)	0,88	5
Sahne, sauer, 20% Fett (30 g)	0,80	5
Himbeere (125 g)	0,80	5
Sahne, süß, 30% Fett (30 g)	0,70	5
Walnuß (20 g, 5 St.)	0,60	5
Pflanzenöl (10 g)	0,50	5
Brombeere (125 g)	0,50	5
Clementine, Mandarine (50 g)	0,40	5
Bohne, Samen, getrocknet (60 g)	0,36	5
Zitrone, Saft (50 g, 4 EL)	0,30	5
Weizen, ganzes Korn (50 g)	0,30	5
Mandel (15 g, 10 St.)	0,30	5
Kondensmilch, 7,5% Fett (5 g)	0,30	5
Chinakohl, roh (100 g)	0,30	5
Weintraube (24 g, 10 St.)	0,27	5
Stachelbeere (125 g)	0,25	5
Aprikose (50 g)	0,25	5
Margarine (20 g)	0,20	5
Haselnuß (10 g, 10 St.)	0,20	5
Blumenkohl, roh (100 g)	0,12	5
Honig (20 g, 1 EL)	0,10	5
Rindertalg (10 g)	0,00	6

Selen

Das **Spurenelement** Selen ist im menschlichen Körper essentieller **Bestandteil eines Enzyms** (Glutathionperoxidase), das Fettsäureradikale abfängt. Diese Radikale entstehen, wenn die Fettbausteine durch reaktiven Sauerstoff beschädigt werden. Die Schutzwirkung des Selens ist mit der des Vitamin E zu vergleichen (siehe dort).

Der Selengehalt des Erdbodens schwankt beträchtlich. Auch in Lebensmitteln sind daher erhebliche, regional bedingte Schwankungen im Selengehalt möglich. Selen liegt in Lebensmitteln hauptsächlich an die enthaltenen Proteine gebunden vor. Bei einer Eiweißunterversorgung ist somit gleichzeitig eine Mangelversorgung mit Selen denkbar (insbesondere in ärmeren Ländern).

Für die täglich empfohlene Selenaufnahme gibt es Schätzwerte zwischen 20–100 Mikrogramm. Für die Bewertung von Lebensmitteln mit Schulnoten gehen wir von einer mittleren Zufuhrempfehlung von etwa 60 µg aus. Enthält eine Portion eines Lebensmittels mehr als 12% dieses Mittelwertes, erhält es die Note 1 (siehe Tabelle).

Mangelerscheinungen sind beim Menschen äußerst selten. Nur in Gegenden mit extrem selenarmen Böden (z. B. China) konnten Selenmängel festgestellt werden. Jugendliche und Schwangere entwickelten hier die sogenannte „Keshan-Disease", eine durch Herzmuskelschwäche gekennzeichnete Krankheit. Außerdem wurde beobachtet, daß bestimmte Krebsarten sowie Herzinfarkt in Gebieten mit selenreicher Ernährung deutlich seltener sind. Aus diesem Grund wird Selen eine gewisse Schutzwirkung vor Krebs und Adernverkalkung zugesprochen.

Es kann jedoch nicht zu einer **übermäßigen, unkontrollierten Zufuhr** von Selen geraten werden, da Selen in höheren Dosen giftig ist. Bereits die Aufnahme von 800 Mikrogramm pro Tag über längere Zeit kann zu chronischer Selenvergiftung mit Symptomen wie Karies, Haarausfall, Herz-Kreislauf-Beschwerden und Leberschäden führen.

Tabelle:

Selen, µg	Note
>8 µg	1
6,1–8 µg	2
4,1–6 µg	3
2,1–4 µg	4
>0–2 µg	5
0 µg	6

NÄHRSTOFFREGISTER

Selen

Lebensmittel	Selen (µg) je Portion	Note	Lebensmittel	Selen (µg) je Portion	Note
Forelle (150 g)	1 200,00	1	Blumenkohl, roh (100 g)	3,20	4
Hering (150 g)	210,00	1	Wirsing, roh (100 g)	2,50	4
Thunfisch (100 g)	130,00	1	Mais, ganzes Korn (50 g)	2,30	4
Scholle (150 g)	98,00	1	Grünkohl, roh (100 g)	2,30	4
Karpfen (150 g)	90,00	1	Roggen, ganzes Korn (50 g)	2,00	5
Leber, Schwein (140 g)	81,20	1	Rotkohl, roh (100 g)	1,80	5
Rotbarsch (150 g)	66,00	1	Camembert, 50% F. i. Tr. (30 g)	1,80	5
Schälgurke (200 g)	60,00	1	Birne (140 g)	1,70	5
Makrele (150 g)	53,00	1	Hafer, ganzes Korn (50 g)	1,30	5
Weizen, ganzes Korn (50 g)	50,00	1	Schweinefleisch, Muskel, mager (120 g)	1,20	5
Kohlrabi, roh (100 g)	50,00	1	Schaffleisch, Hammel u. Lamm (120 g)	1,20	5
Leber, Rind (140 g)	49,00	1	Apfel (120 g)	1,20	5
Miesmuschel (100 g)	48,00	1	Sellerie, roh (100 g)	1,10	5
Kabeljau (150 g)	40,50	1	Erdnuß (50 g)	1,00	5
Sojabohne, Samen, trocken (60 g)	36,00	1	Rettich, roh (50 g)	0,90	5
Gans (150 g)	34,50	1	Weintraube (24 g, 10 St.)	0,77	5
Weizenvollkornbrot (50 g)	27,50	1	Zwiebel, roh (50 g)	0,60	5
Reis, unpoliert, ganzes Korn (60 g)	24,00	1	Zitrone, Saft (50 g, 4 EL)	0,60	5
Weizenmehl, Type 405 (100 g)	19,00	1	Kopfsalat (80 g)	0,60	5
Weißkohl, roh (100 g)	18,00	1	Pfirsich (115 g)	0,50	5
Weißbrot (50 g)	14,00	1	Joghurt, 3,5% Fett (150 g)	0,45	5
Bohne, Samen, getrocknet (60 g)	13,20	1	Tomate (60 g)	0,40	5
Kartoffel, roh (100 g)	12,00	1	Niere, Schwein (130 g)	0,40	5
Milch, entrahmt, 0,3% Fett (200 g)	9,60	1	Grapefruit (200 g)	0,40	5
Clementine, Mandarine (50 g)	8,50	1	Pflaume (150 g, 5 St.)	0,30	5
Champignon, Zucht- (110 g)	7,70	2	Mandel (15 g, 10 St.)	0,30	5
Linse, Samen, getrocknet (60 g)	6,60	2	Sahne, süß, 30% Fett (30 g)	0,20	5
Apfelsine (180 g)	6,30	2	Haselnuß (10 g, 10 St.)	0,20	5
Hühnerei (1 Ei)	6,00	3	Möhre, roh (80 g)	0,16	5
Gerste, ganzes Korn (50 g)	6,00	3	Johannisbeere, rot (125 g)	0,13	5
Banane (140 g)	6,00	3	Kondensmilch, 7,5% Fett (5 g)	0,06	5
Haferflocken (50 g)	4,50	3	Butter (20 g)	0,06	5
Rindfleisch, Muskel, mager (120 g)	3,60	4	Zucker (5 g)	Spuren	5
Emmentaler, 45% F. i. Tr. (30 g)	3,30	4			

Zink

Der menschliche Körper enthält etwa 2 g Zink, die sich auf die unterschiedlichsten Organe und Gewebe verteilen. Im Stoffwechsel erfüllt Zink spezielle **Funktionen** als Bestandteil bzw. Aktivator einer ganzen Reihe von Reglerstoffen (Enzymen) des Protein- und Kohlenhydratstoffwechsels. Auch ist Zink von Bedeutung für das Immunsystem und Wundheilungsprozesse.

Als empfohlene tägliche Zufuhr werden 12–15 mg Zink (=15000 µg) angegeben. Enthält die Portion eines Lebensmittels mehr als 12% dieser Empfehlung, erhält das Lebensmittel die Note 1 (siehe Tabelle).

Bei erhöhtem Streß und/oder einseitiger Ernährung ist ein Zinkmangel denkbar. Anzeichen sind Appetitlosigkeit, erhöhte Anfälligkeit gegenüber Infektionen sowie eine Verzögerung der Wundheilung. Das Ausmaß dieser Störungen ist abhängig vom Grad der Unterversorgung. In besonders schweren Fällen kann es zu Wachstumsstörungen und Unfruchtbarkeit kommen.

Die Schwelle, ab der Zink **giftige Wirkungen** zeigt, liegt sehr hoch. Erst bei einer Zinkaufnahme, die um das 100–1000fache über der empfohlenen Zufuhr liegt, sind Überdosierungen mit Magen-Darm-Störungen und Blutarmut (hypochrome Anämie) möglich.

Tabelle:

Zink, µg	Note
1620 µg	1
1216–1620 µg	2
811–1215 µg	3
406– 810 µg	4
>0– 405 µg	5
0 µg	6

NÄHRSTOFFREGISTER

Zink

Lebensmittel	Zink (µg) je Portion	Note
Leber, Schwein (140 g)	8260,00	1
Leber, Rind (140 g)	7140,00	1
Roastbeef (150 g)	5400,00	1
Rindfleisch, Muskel, mager (120 g)	5040,00	1
Kalbfleisch, Muskel (150 g)	4500,00	1
Linse, Samen, getrocknet (60 g)	3000,00	1
Jungmasthuhn/Hähnchen (350 g)	2975,00	1
Schaffleisch, Hammel u. Lamm (120 g)	2760,00	1
Miesmuschel (100 g)	2700,00	1
Truthahn/Puter, Brust (150 g)	2700,00	1
Schweinekotelett, Kamm (120 g)	2520,00	1
Ente (150 g)	2400,00	1
Schweinefleisch, Muskel, mager (120 g)	2280,00	1
Erbse, Samen, getrocknet (60 g)	2280,00	1
Hafer, ganzes Korn (50 g)	2250,00	1
Haferflocken (50 g)	2200,00	1
Weizen, ganzes Korn (50 g)	2050,00	1
Gans (150 g)	1950,00	1
Weizenmischbrot (50 g)	1750,00	1
Thunfisch (100 g)	1700,00	1
Bohne, Samen, getrocknet (60 g)	1680,00	1
Suppenhuhn (120 g)	1560,00	2
Gerste, ganzes Korn (50 g)	1550,00	2
Erdnuß (50 g)	1535,00	2
Edamer, 40% F.i.Tr. (30 g)	1500,00	2
Emmentaler, 45% F.i.Tr. (30 g)	1389,00	2
Mais, ganzes Korn (50 g)	1250,00	2
Knäckebrot (40 g)	1240,00	2
Gouda, 45% F.i.Tr. (30 g)	1170,00	3
Weizenvollkornbrot (50 g)	1050,00	3
Schmelzkäse, 45% F.i.Tr. (30 g)	1050,00	3
Roggenmehl, Type 1150 (100 g)	1000,00	3
Parmesan, 35% F.i.Tr. (30 g)	900,00	3
Hirse, ganzes Korn (50 g)	900,00	3

Lebensmittel	Zink (µg) je Portion	Note
Brie, 50% F.i.Tr. (30 g)	900,00	3
Rotbarsch (150 g)	885,00	3
Speisequark, mager (150 g)	855,00	3
Reis, unpoliert, ganzes Korn (60 g)	840,00	3
Buttermilch (200 g)	840,00	3
Camembert, 50% F.i.Tr. (30 g)	810,00	4
Roggenvollkornbrot (50 g)	800,00	4
Milch, entrahmt, 0,3% Fett (200 g)	800,00	4
Hühnerei (1 Ei)	783,00	4
Roggenmehl, Type 815 (100 g)	770,00	4
Trinkmilch, 3,5% Fett (200 g)	760,00	4
Speisequark, 40% F.i.Tr. (150 g)	750,00	4
Scholle (150 g)	750,00	4
Makrele (150 g)	750,00	4
Kabeljau (150 g)	750,00	4
Trinkmilch, 1,5% Fett (200 g)	740,00	4
Kefir, 3,5% Fett (200 g)	720,00	4
Forelle (150 g)	720,00	4
Dickmilch, 3,5% Fett (200 g)	720,00	4
Karpfen (150 g)	705,00	4
Zwiebel, roh (50 g)	700,00	4
Roggen, ganzes Korn (50 g)	650,00	4
Himbeere (125 g)	625,00	4
Sojabohne, Samen, trocken (60 g)	600,00	4
Sauermilchkäse, max. 10% F.i.Tr. (30 g)	600,00	4
Kartoffel, gekocht mit Schale (200 g)	600,00	4
Spargel, gekocht (180 g)	594,00	4
Joghurt, 3,5% Fett (150 g)	570,00	4
Walnuß (20 g, 5 St.)	540,00	4
Niere, Schwein (130 g)	518,00	4
Möhre, roh (80 g)	512,00	4
Grünkohl, gekocht (200 g)	512,00	4
Möhre, gekocht (150 g)	510,00	4
Roggenbrot (50 g)	430,00	4

NÄHRSTOFFREGISTER

Lebensmittel	Zink (µg) je Portion	Note
Champignon, Zucht- (110 g)	429,00	4
Roggenmischbrot (50 g)	420,00	4
Wirsing, gekocht (150 g)	381,00	5
grüne Bohnen, gekocht (150 g)	381,00	5
Spinat, gekocht (150 g)	375,00	5
Grapefruit (200 g)	340,00	5
Chinakohl, roh (100 g)	340,00	5
Grünkohl, roh (100 g)	330,00	5
Birne (140 g)	322,00	5
Schälgurke (200 g)	320,00	5
Blumenkohl, gekocht (150 g)	317,00	5
Mandel (15 g, 10 St.)	315,00	5
Preiselbeere (125 g)	313,00	5
Sellerie, roh (100 g)	310,00	5
Porree (Lauch), roh (100 g)	310,00	5
Banane (140 g)	308,00	5
Wirsing, roh (100 g)	300,00	5
Kohlrabi, gekocht (150 g)	291,00	5
Kartoffel, roh (100 g)	270,00	5
Kohlrabi, roh (100 g)	260,00	5
Porree (Lauch), gekocht (150 g)	255,00	5
Weißbrot (50 g)	250,00	5
Johannisbeere, rot (125 g)	250,00	5
Erdbeere (200 g)	240,00	5
Blumenkohl, roh (100 g)	230,00	5
Kirsche, süß (150 g)	225,00	5
Johannisbeere, schwarz (125 g)	225,00	5
Rotkohl, roh (100 g)	220,00	5
Weißkohl, roh (100 g)	210,00	5
Chicorée, roh (100 g)	200,00	5
Haselnuß (10 g, 10 St.)	187,00	5
Apfelsine (180 g)	180,00	5
Kopfsalat (80 g)	176,00	5
Doppelrahmfrischkäse, mind. 60% F.i.Tr. (30 g)	162,00	5
Tomate (60 g)	144,00	5
Apfel (120 g)	144,00	5

Lebensmittel	Zink (µg) je Portion	Note
Stachelbeere (125 g)	125,00	5
Heidelbeere (125 g)	125,00	5
Pflaume (150 g, 5 St.)	105,00	5
Sahne, sauer, 20% Fett (30 g)	102,00	5
Rettich, roh (50 g)	100,00	5
Einlegegurke, milchsauer (80 g)	88,00	5
Sahne, süß, 30% Fett (30 g)	78,00	5
Honig (20 g, 1 EL)	70,00	5
Zitrone, Saft (50 g, 4 EL)	60,00	5
Butter (20 g)	46,00	5
Clementine, Mandarine (50 g)	40,00	5
Kondensmilch, 7,5% Fett (5 g)	39,00	5
Aprikose (50 g)	35,00	5
Margarine (20 g)	32,00	5
Pfirsich (115 g)	23,00	5
Schweineschmalz (20 g)	22,00	5
Weintraube (24 g, 10 St.)	20,00	5
Rindertalg (10 g)	8,00	5

Natrium

Im Körper eines Erwachsenen ist Natrium mit etwa 100 g vertreten und zählt damit zu den **Mengenelementen**. Es spielt eine große Rolle für den Wasserhaushalt des Organismus und die Muskelreizbarkeit. Außerdem ist Natrium für die Aufnahme von Zuckern und Aminosäuren aus dem Darm ins Blut notwendig und beeinflußt die Funktion der Zellmembran. Natrium gilt ferner als Aktivator einiger Reglerstoffe (Enzyme) und als ein Bestandteil der Knochen.

Natrium kommt in der Nahrung als Natriumchlorid (Kochsalz), aber auch in Form anderer Salze, z. B. Natriumkarbonat und Natriumphosphat, vor. Ein Natriumüberschuß wird beim Gesunden über die Nieren, zum Teil auch mit dem Schweiß ausgeschieden.

Die ausreichende bzw. wünschenswerte tägliche Natriumzufuhr wird mit etwa 2 g angegeben. Zuviel Natrium ist gesundheitlich nicht unbedenklich. Daher wird in unserem Schulnotensystem für Lebensmittel die Lebensmittelportion mit der Note 6 bewertet, die mehr als ein Viertel der empfohlenen täglichen Zufuhr deckt (siehe Tabelle).

Ein **Natriummangel** äußert sich in Schwäche, Übelkeit und Absinken des Blutdrucks. Bei der derzeitigen Ernährungsweise in den westlichen Industrieländern ist durch den natürlichen Natriumgehalt der Lebensmittel ein Natriummangel jedoch äußerst selten. Wesentlich häufiger ist dagegen eine **Überversorgung** mit Natrium. Da der Bundesbürger durchschnittlich 10 g Kochsalz (Natriumchlorid) pro Tag verzehrt, werden dem Körper allein in Form von Salz 4 g Natrium täglich zugeführt (2,5 g Kochsalz enthalten 1 g Natrium). Gerade Natriumchlorid ist jedoch als Risikofaktor für salzempfindliche Menschen anzusehen, da es den Blutdruck erhöht. Andere Natriumverbindungen wie Natriumkarbonat, das z. B. in Mineralwasser enthalten ist, haben neueren Studien zufolge keine blutdrucksteigernde Wirkung.

Ein Überschuß an Natrium in der Flüssigkeit außerhalb der Zellen führt zur Bildung von Wasseransammlungen (Ödemen). Als weitere Symptome einer Überversorgung mit Natrium gelten Schwindel und Erbrechen, Übererregbarkeit der Muskulatur sowie Haut- und Schleimhautaustrocknung.

Tabelle:

Natrium, mg hier Bezugsgröße:		Note
0– 5 %	0–100 mg	1
6–10 %	101–200 mg	2
11–15 %	201–300 mg	3
16–20 %	301–400 mg	4
21–25 %	401–500 mg	5
>25 %	>500 mg	6

Natrium

Lebensmittel	Natrium (mg) je Portion	Note	Lebensmittel	Natrium (mg) je Portion	Note
Zucker (5 g)	0,02	1	Haferflocken (50 g)	2,60	1
Pflanzenöl (10 g)	0,10	1	Birne (140 g)	2,80	1
Rindertalg (10 g)	0,10	1	grüne Bohnen, gekocht (150 g)	3,00	1
Haselnuß (10 g, 10 St.)	0,20	1	grüne Erbse, Samen, gekocht (150 g)	3,00	1
Kokosfett (10 g)	0,20	1	Mais, ganzes Korn (50 g)	3,00	1
Schweineschmalz (20 g)	0,24	1	Grapefruit (200 g)	3,20	1
Walnuß (20 g, 5 St.)	0,48	1	Kartoffel, roh (100 g)	3,20	1
Weintraube (24 g, 10 St.)	0,48	1	Mandel (15 g, 10 St.)	3,36	1
Maisgrieß (50 g)	0,60	1	Tomate (60 g)	3,60	1
Clementine, Mandarine (50 g)	0,70	1	Brombeere (125 g)	3,75	1
Aprikose (50 g)	1,00	1	Apfel (120 g)	3,80	1
Roggenmehl, Type 1150 (100 g)	1,00	1	Rotkohl, roh (100 g)	4,00	1
Roggenmehl, Type 815 (100 g)	1,00	1	Weizen, ganzes Korn (50 g)	4,00	1
Butter (20 g)	1,02	1	Hafer, ganzes Korn (50 g)	4,20	1
Gerstengraupen (20 g)	1,04	1	Kirsche, süß (150 g)	4,20	1
Bohne, Samen, getrocknet (60 g)	1,20	1	Chicorée, roh (100 g)	4,40	1
Heidelbeere (125 g)	1,25	1	Zwiebel, roh (50 g)	4,60	1
Banane (140 g)	1,40	1	Erdbeere (200 g)	4,80	1
Zitrone, Saft (50 g, 4 EL)	1,40	1	Kondensmilch, 7,5 % Fett (5 g)	4,90	1
Himbeere (125 g)	1,50	1	Stachelbeere (125 g)	5,00	1
Hirse, ganzes Korn (50 g)	1,50	1	Porree (Lauch), roh (100 g)	5,20	1
Honig (20 g, 1 EL)	1,50	1	Spargel, gekocht (180 g)	5,76	1
Johannisbeere, rot (125 g)	1,50	1	Kartoffel, gekocht, mit Schale (200 g)	6,00	1
Pfirsich (115 g)	1,61	1	Reis, unpoliert, ganzes Korn (60 g)	6,00	1
Johannisbeere, schwarz (125 g)	2,00	1	Chinakohl, roh (100 g)	7,20	1
Weizenmehl, Type 1050 (100 g)	2,00	1	Rosenkohl, gekocht (150 g)	7,80	1
Weizenmehl, Type 405 (100 g)	2,00	1	Kopfsalat (80 g)	8,00	1
Linse, Samen, getrocknet (60 g)	2,40	1	Champignon, Zucht- (110 g)	8,80	1
Pflaume (150 g, 5 St.)	2,40	1	Gerste, ganzes Korn (50 g)	9,00	1
Reis, gekocht (120 g)	2,40	1	Porree (Lauch), gekocht (150 g)	9,00	1
Sojabohne, Samen, trocken (60 g)	2,40	1	Rettich, roh (50 g)	9,00	1
Apfelsine (180 g)	2,50	1	Wirsing, gekocht (150 g)	9,00	1
Preiselbeere (125 g)	2,50	1	Wirsing, roh (100 g)	9,20	1
Erdnuß (50 g)	2,60	1	Sahne, süß, 30 % Fett (30 g)	10,20	1

NÄHRSTOFFREGISTER

Lebensmittel	Natrium (mg) je Portion	Note
Weißkohl, gekocht (150 g)	12,00	1
Weißkohl, roh (100 g)	13,20	1
Erbse, Samen, getrocknet (60 g)	15,60	1
Sahne, sauer, 20 % Fett (30 g)	15,96	1
Blumenkohl, roh (100 g)	16,00	1
Blumenkohl, gekocht (150 g)	16,80	1
Schälgurke (200 g)	16,80	1
Roggen, ganzes Korn (50 g)	20,00	1
Margarine (20 g)	20,24	1
Kohlrabi, roh (100 g)	32,00	1
Kohlrabi, gekocht (150 g)	37,80	1
Grünkohl, roh (100 g)	42,00	1
Thunfisch (100 g)	43,00	1
Möhre, roh (80 g)	48,00	1
Speisequark, 40 % F.i.Tr. (150 g)	51,00	1
Forelle (150 g)	60,00	1
Speisequark, mager (150 g)	60,00	1
Schweinefleisch, Muskel, mager (120 g)	67,20	1
Rindfleisch, Muskel, mager (120 g)	68,60	1
Karpfen (150 g)	69,00	1
Spinat, gekocht (150 g)	69,00	1
Truthahn/Puter, Brust (150 g)	69,00	1
Hühnerei (1 Ei)	69,12	1
Joghurt, 3,5 % Fett (150 g)	72,00	1
Schweinekotelett, Kamm (120 g)	74,40	1
Möhre, gekocht (150 g)	75,00	1
Sellerie, roh (100 g)	77,20	1
Grünkohl, gekocht (200 g)	86,40	1
Trinkmilch, 1,5 % Fett (200 g)	94,40	1
Dickmilch, 3,5 % Fett (200 g)	96,00	1
Kefir, 3,5 % Fett (200 g)	96,00	1
Suppenhuhn (120 g)	96,00	1
Trinkmilch, 3,5 % Fett (200 g)	96,00	1
Milch, entrahmt, 0,3 % Fett (200 g)	106,40	2
Kabeljau (150 g)	108,00	2
Leber, Schwein (140 g)	108,10	2
Roastbeef (150 g)	111,00	2
Doppelrahmfrischkäse, mind. 60 % F.i.Tr. (30 g)	112,50	2
Schaffleisch, Hammel u. Lamm (120 g)	112,80	2
Buttermilch (200 g)	114,40	2
Rotbarsch (150 g)	120,00	2
Köhler (Seelachs) (150 g)	121,80	2
Gans (150 g)	129,00	2
Emmentaler, 45 % F.i.Tr. (30 g)	135,00	2
Kalbfleisch, Muskel (150 g)	141,00	2
Makrele (150 g)	142,50	2
Seehecht (150 g)	151,50	2
Scholle (150 g)	156,00	2
Leber, Rind (140 g)	162,40	2
Hering (150 g)	175,50	2
Ente (150 g)	180,00	2
Knäckebrot (40 g)	185,00	2
Weizenvollkornbrot (50 g)	190,00	2
Parmesan, 35 % F.i.Tr. (30 g)	211,20	3
Niere, Schwein (130 g)	225,20	3
Gouda, 45 % F.i.Tr. (30 g)	260,70	3
Roggenvollkornbrot (50 g)	263,40	3
Weizenmischbrot (50 g)	267,50	3
Roggenmischbrot (50 g)	268,60	3
Camembert, 50 % F.i.Tr. (30 g)	270,00	3
Edamer, 40 % F.i.Tr. (30 g)	270,00	3
Weißbrot (50 g)	270,00	3
Roggenbrot (50 g)	276,00	3
Jungmasthuhn/Hähnchen (350 g)	288,40	3
Miesmuschel (100 g)	296,00	3
Brie, 50 % F.i.Tr. (30 g)	351,00	4
Schmelzkäse, 45 % F.i.Tr. (30 g)	378,00	4
Sauermilchkäse, max. 10 % F.i.Tr. (30 g)	456,00	5
Einlegegurke, milchsauer (80 g)	768,00	6

Literaturverzeichnis

Bundesministerium für Ernährung,
Landwirtschaft und Forsten
Statistisches Jahrbuch 1991
Landwirtschaftsverlag, Münster-Hiltrup

Deutsche Gesellschaft
für Ernährung e.V. (DGE)
Empfehlungen zur Nährstoffzufuhr
5. Überarbeitung 1991
Umschau Verlag, Frankfurt

Deutsche Gesellschaft
für Ernährung e.V. (DGE)
Ernährungsbericht 1988
DGE, Frankfurt

Elmadfa, I. et al.
Die große GU Nährwert-Tabelle
Neuausgabe 90/91
GU, München

Elmadfa, I. et al.
Die große GU Vitamin- und
Mineralstoff-Tabelle
4. Auflage 1989
GU, München

Franke, W.
Nutzpflanzenkunde
Thieme, Stuttgart 1985

Hopfenzitz, P.
GU Kompaß Mineralstoffe
GU, München, 1990

Liebster, G.
Warenkunde Obst und Gemüse
Band 1 und 2
Morion, Düsseldorf 1990

Oberritter, H.
Die aktuelle Ballaststofftabelle
Falken, Niedernhausen, 1992

Souci, S. W. et al.
Die Zusammensetzung der Lebensmittel
Nährwert-Tabellen 1989/90
WVG, Stuttgart

Unger-Göbel, U.
GU Kompaß Vitamine
GU, München, 1990

Vollmer, G. et al.
Lebensmittelführer,
Band 1 und 2
Thieme, Stuttgart, 1990